高等学校交通运输与工程类专业教材建设委员会规划教材

Transportation Economics and Policy Making
交通运输经济与决策

马书红　王元庆　戴学臻　主　编

周　伟　主　审

人民交通出版社股份有限公司

China Communications Press Co., Ltd.

内 容 提 要

本书围绕经济学原理在交通运输领域的应用，结合科学研究和工程案例展开论述。全书共分 11 章，内容包括：绪论，微观经济学理论，交通运输需求与供给，交通运输成本，交通运输服务价格理论，可达性、交通与区位理论，交通运输项目投融资，投资项目经济评价，不确定性分析，交通系统决策分析与评价，交通投资与政策的经济影响分析。

本书可作为高等学校交通运输类专业本科生和研究生教材，也可供相关从业者参考使用。

图书在版编目(CIP)数据

交通运输经济与决策 / 马书红，王元庆，戴学臻主编. — 北京：人民交通出版社股份有限公司，2019.1
ISBN 978-7-114-15222-1

Ⅰ.①交… Ⅱ.①马… ②王… ③戴… Ⅲ.①交通运输经济—高等学校—教材 Ⅳ.①F5

中国版本图书馆 CIP 数据核字(2018)第 288907 号

高等学校交通运输与工程类专业教材建设委员会规划教材

书　　名：	交通运输经济与决策
著 作 者：	马书红　王元庆　戴学臻
责任编辑：	李　晴
责任校对：	张　贺
责任印制：	刘高彤
出版发行：	人民交通出版社股份有限公司
地　　址：	(100011)北京市朝阳区安定门外外馆斜街 3 号
网　　址：	http://www.ccpress.com.cn
销售电话：	(010)59757973
总 经 销：	人民交通出版社股份有限公司发行部
经　　销：	各地新华书店
印　　刷：	北京鑫正大印刷有限公司
开　　本：	787×1092　1/16
印　　张：	24.5
字　　数：	586 千
版　　次：	2019 年 1 月　第 1 版
印　　次：	2022 年 1 月　第 2 次印刷
书　　号：	ISBN 978-7-114-15222-1
定　　价：	49.00 元

(有印刷、装订质量问题的图书由本公司负责调换)

高等学校交通运输与工程(道路、桥梁、隧道与交通工程)教材建设委员会

主 任 委 员:沙爱民　(长安大学)

副主任委员:梁乃兴　(重庆交通大学)
　　　　　　陈艾荣　(同济大学)
　　　　　　徐　岳　(长安大学)
　　　　　　黄晓明　(东南大学)
　　　　　　韩　敏　(人民交通出版社股份有限公司)

委　　　员:(按姓氏笔画排序)

马松林　(哈尔滨工业大学)　　　王云鹏　(北京航空航天大学)
石　京　(清华大学)　　　　　　申爱琴　(长安大学)
朱合华　(同济大学)　　　　　　任伟新　(合肥工业大学)
向中富　(重庆交通大学)　　　　刘　扬　(长沙理工大学)
刘朝晖　(长沙理工大学)　　　　刘寒冰　(吉林大学)
关宏志　(北京工业大学)　　　　李亚东　(西南交通大学)
杨晓光　(同济大学)　　　　　　吴瑞麟　(华中科技大学)
何　民　(昆明理工大学)　　　　何东坡　(东北林业大学)
张顶立　(北京交通大学)　　　　张金喜　(北京工业大学)
陈　红　(长安大学)　　　　　　陈　峻　(东南大学)
陈宝春　(福州大学)　　　　　　陈静云　(大连理工大学)
邵旭东　(湖南大学)　　　　　　项贻强　(浙江大学)
胡志坚　(武汉理工大学)　　　　郭忠印　(同济大学)
黄　侨　(东南大学)　　　　　　黄立葵　(湖南大学)
黄亚新　(解放军理工大学)　　　符锌砂　(华南理工大学)
葛耀君　(同济大学)　　　　　　裴玉龙　(东北林业大学)
戴公连　(中南大学)

秘 书 长:孙　玺　(人民交通出版社股份有限公司)

前言

交通运输经济与决策是经济学一般理论和方法在交通运输领域的专门应用，是研究和探讨与交通运输有关的各类问题的一门学科。本书在一般交通运输经济学内容的基础上，增加了交通系统决策、交通投资与政策分析等相关内容，进一步丰富了经济学在交通运输领域的应用。内容包括微观经济学相关理论在交通投资、需求分析、运输定价、项目评价、成本分析、交通政策及决策等领域的应用方法和具体案例等。

本书共11章。第1章为绪论，内容包括交通运输业的特征、性质、意义及交通运输经济学的含义和研究关键等；第2章为微观经济学理论，主要包含均衡价格理论与弹性理论、消费者行为理论与生产理论、福利经济学理论、外部性等；第3章为交通运输需求与供给，主要介绍运输需求、运输供给、运输弹性理论，运输市场的供需分析等；第4章为交通运输成本，重点阐述交通运输业的内部成本和交通运输业的外部成本；第5章为交通运输服务价格理论，主要对交通运输服务定价的基本原理和定价方法、价格歧视在定价中的应用、高速公路收费定价等进行介绍；第6章为可达性、交通与区位理论，包括机动性与可达性的比较，交通与区位选择（商业、居住、政策影响等），交通与土地利用和土地价值等；第7章为交通运输项目投融资，给出了常见的交通运输项目融资模式，并对中美交通基础设施投资进行比较；第8章为投资项目经济评价，重点介绍经济费用效益评价、财务评价等内容及相关案例;第9章为不确定性分析,主要包括盈亏平衡分析、敏感性分析、概率分析、蒙特卡洛模拟分析等;第10章为交通系统决策分析与评价,重点介绍确定型问题的决策、风险型问题的决策、不确定型问题的决策、综合评价方法及其应用等;第11章为交通投资与政策的经济影响分析,分析常用的经济分析指标、投入产出法、可计算的一般均衡模型等。

本书由长安大学运输工程学院马书红、王元庆和戴学臻主编。编写过程中受到了众多师友和前辈的关心和帮助,感谢原交通运输部总工程师周伟教授对本教材编写提出的宝贵意见,为本书编者进一步指明了编写方向;感谢德克萨斯大学奥斯汀分校的 Kockelman 教授在访学期间给予的指导,其对可达性和居住选址的研究和对拥挤收费的研究为编者提供了借鉴;感谢姚志刚副教授(长安大学运输工程学院)、王圆圆(陕西省交通规划设计研究院)、向前忠(广东省交通规划设计研究院股份有限公司)、盖轶婷(中交第一公路勘察设计研究院有限公司)、叶建勇(浙江省发展规划研究院)等为本教材编写提供的相关资料及数据支持;本书的成型和出版也要十分感谢课题组研究生王瑶、汤薛艳、阴星星、唐大川、刘传起、胡美芳、葛永、付建川、张艳、杨文杰、周烨超、岳敏等的付出和长安大学教务处、运输工程学院各位同仁的帮助。

本书以交通运输、交通工程等相关专业的本科生和研究生为主要使用对象,也可以为相关从业者、教学人员等提供参考。

限于编者水平,本书难免会有不妥和错误之处,恳请读者批评指正。

编者
2022 年 1 月

目录

第1章　绪论 ··· 1
  1.1　交通运输业概述 ··· 1
  1.2　交通运输经济学概念解析 ·· 8
  1.3　交通运输经济学的产生与发展 ··· 12
  1.4　本课程的目标与内容 ·· 16
  思考与练习 ·· 18

第2章　微观经济学理论 ··· 19
  2.1　均衡价格理论与弹性理论 ·· 19
  2.2　消费者行为理论和生产理论 ·· 31
  2.3　福利经济学理论 ··· 45
  2.4　外部性 ··· 48
  2.5　公共物品和公有资源 ·· 54
  思考与练习 ·· 56

第3章　交通运输需求与供给 ·· 58
  3.1　交通运输需求 ·· 59
  3.2　交通运输供给 ·· 70
  3.3　交通运输市场供需分析 ··· 74
  3.4　案例分析 ··· 81
  思考与练习 ·· 82

第4章　交通运输成本 ··· 83
  4.1　交通运输成本的概念、分类及影响因素 ································ 84

4.2　交通运输业的内部成本 91
4.3　交通运输业的外部成本 101
4.4　出行时间价值及可靠性分析 108
思考与练习 112

第5章　交通运输服务价格理论 113
5.1　概述 113
5.2　交通定价原理 116
5.3　价格歧视在定价中的应用 123
5.4　公路收费定价研究 130
5.5　案例分析：重庆轻轨票价方案研究 137
思考与练习 139

第6章　可达性、交通与区位理论 140
6.1　可达性的基本概念 140
6.2　区位理论概述 143
6.3　交通运输与区位选择 149
6.4　交通与土地利用和土地价值 156
6.5　案例分析 162
思考与练习 164

第7章　交通运输项目投融资 166
7.1　交通运输项目投融资概述 167
7.2　中美交通基础设施投融资比较 176
7.3　案例分析 186
思考与练习 189

第8章　投资项目经济评价 190
8.1　资金的时间价值和等值计算 190
8.2　经济效果评价指标 200
8.3　经济费用效益评价 212
8.4　财务评价 228
8.5　案例分析 248
思考与练习 258

第9章　不确定性分析 260
9.1　盈亏平衡分析 260

9.2 敏感性分析 ·· 266
9.3 概率分析 ·· 272
9.4 蒙特卡洛模拟分析 ·· 277
9.5 案例分析 ·· 281
思考与练习 ·· 286

第10章 交通系统决策分析与评价 ·· 287
10.1 交通系统决策概述 ·· 287
10.2 确定型问题的决策 ·· 292
10.3 不确定型问题的决策 ·· 293
10.4 风险型问题的决策 ·· 299
10.5 综合评价的基本原理 ·· 309
10.6 交通项目决策分析与评价常用方法 ······························ 312
思考与练习 ·· 344

第11章 交通投资与政策的经济影响分析 ·································· 347
11.1 经济影响分析概述 ·· 347
11.2 经济指标 ·· 349
11.3 生成和再分配影响 ·· 351
11.4 经济分析方法 ·· 352
11.5 投入产出模型 ·· 354
11.6 可计算一般均衡模型 ·· 367
思考与练习 ·· 376

参考文献 ·· 378

第1章 绪论

1.1 交通运输业概述

交通运输是国民经济的命脉,是物质生产活动和商品流通的支柱,要实现国民经济的现代化,必须首先实现交通运输现代化。交通运输业作为国民经济的重要产业之一,其运输布局是否合理、运输能力的大小、运输效率和服务品质的高低等都直接影响着整个社会的经济效益,关系着整个国家的经济发展速度和发展水平。理论和实践都证明,交通运输发展对创造就业机会、调整产业结构、合理开发自然资源以及发挥城市的经济辐射作用等均有着重要意义。随着综合交通运输体系的不断完善,交通运输在国民经济发展和社会生活中将发挥越来越重要的作用。

一、交通运输的概念

"交通"和"运输"两个词在日常生活、专业领域和科学研究中,都应用得较为广泛。有些研究对这两个概念不加区分,即把交通运输作为一个概念来使用;有些研究把交通和运输当作两个概念分别定义。在汇总《辞海》《大英百科全书》《中国大百科全书》等对交通和运输各自定义的基础上,从交通和运输的侧重点、表达参数等方面整理了两者的区别与联系,如表1-1所示。

运输与交通的区别与联系　　　　　　　　　　　表1-1

来源	运输	交通
《辞海》	使用适当工具实现人和物空间位置变动的活动	各种运输和邮电通信的总称,即人和物的转运和输送,语言、文字、符号、图像等传递和播送
《大英百科全书》	将物品与人员从一个地方运送到另一个地方及完成这类运输的手段	—
《中国大百科全书·交通卷》	运输的任务是输送旅客和货物	包括运输和邮电两个方面。运输的任务是输送旅客和货物;邮电是邮政和电信的合称
归纳总结	借助基础设施、运载工具来实现人与物空间位移的一种经济活动和社会活动	通过一定的组织管理技术,实现运载工具在运输网络上流动的一种经济活动和社会活动
侧重点	侧重于运载工具上运载人员与物资的多少、位移的距离	侧重于运载工具在运输网络上的流动情况,与人员或物资的有无、货物多少没有关系
表达参数	客运量、货运量、旅客周转量、货物周转量、平均运距等	交通量、通行能力、服务水平、拥挤状况等
联系	运输以交通为前提,没有交通就不存在运输;没有运输的交通也失去了存在的必要。有人认为,狭义的交通就是运输	

从表1-1可以看出,交通与运输既相互关联,又相互区别,统一在一个整体之中。运输以交通为前提,没有交通就不存在运输;没有运输的交通也失去了存在的必要。交通仅仅是一种手段,而运输才是真正的目的。交通强调的是运输工具(交通工具)在运输网络(交通网络)上的流动情况,与交通工具上载运人员与物资的多少没有关系;运输则更强调载运工具上载运人员和物资的多少、位移的距离等。本书在借鉴西方"Transportation Economics"概念的同时,认为交通与运输应该统一为一个概念,并将其翻译为"交通运输"。

交通运输为什么会产生？1974年Thompson曾经对现代社会人们为什么需要交通运输的原因进行了总结,主要可以归结为以下7个方面:

(1)交通运输的出现首先是由于政治军事原因,在两次世界大战中的发展尤为迅速。国家需要良好的交通运输系统以支持国防和经济上的凝聚力,强大的运输能力更是一个国家强盛的标志。

(2)自然资源分布的非均匀性,使得任何一个地方都不可能提供当地居民所需要的全部物品,因此,需要运输来使不同地区之间的资源相互流通、互通有无。

(3)现代社会的高度物质文明依赖于专业化的分工,而大工业既需要从各地获得多样化的原材料,也需要为自己的产品开拓更多的市场。

(4)良好的运输系统有利于实现由技术革新、自动化、大批量生产与销售以及研究与开发活动支持的规模经济。

(5)良好的交通是增加社会交流与理解的基础,并且有助于解决由于地域不同而产生的问题;对于许多不发达国家,提供基本的交通条件目前还是解除一些地区封闭状态的首要途径。

(6)交通条件的改善使得人们在自己的居住地点、工作地点以及日常购物、休闲地点之间可以做出很多的选择和安排,这在很大程度上影响了人们的生活方式。

(7)现代交通有助于国际文化之间的交流,以便人们了解其他国家的文化特点,并通过国际展览、艺术表演、体育比赛等方式向其他国家展示本国的文化。

二、交通运输业的产生与发展

1. 世界交通运输发展

纵观交通运输业的发展史,从世界范围内交通运输业的发展侧重点和起主导作用方面来考察,整个交通运输业的发展可划分为四个阶段,每个阶段以一种或几种运输工具为标志。

(1)水上运输阶段(19世纪20年代以前)。

在原始社会,早期的运输方式是手搬、背扛、肩挑、头顶,后来发展到绳拖、棍撬。随着人类活动范围的扩大,为了求得生存和发展,出现了最早的交通工具——筏和独木舟,以后逐渐出现了车,进而出现了最原始的航线和道路。船和车的发明与使用,使运输进入了新的发展阶段,这就是运输史上的第一次革命。船和车的使用,使得邮递业、客运业、货运业发展起来,逐渐出现了专门从事运输的商人,运输业开始萌芽。车的出现,促进了道路的发展。如我国秦朝时,就修筑了以咸阳为中心向外辐射的"驰道"。在这一时期,水上运输发展尤为迅速,随着人类对河流和海洋认识的深化、造船技术的进步、新航路的开辟、指南针的使用、人工运河的开凿,使得内河运输和沿海海洋运输迅速发展。我国商代就掌握了木板造船技术,隋代就开凿了世界上最早、规模最大的大运河,盛唐时就开辟了"海上丝绸之路"。在地中海地区,古代腓尼基人曾以造船和航海著称于世。这个时期船舶主要靠人力拉纤、划撑,以小帆船为主。

14世纪以后,出现了以风力为动力的远程三桅帆船。凭借这些大帆船以及改进的航海设备和航海技术,欧洲人离开了自己的海岸,开辟了新航路,进行环球航行,发现了新大陆,进入"地理大发现"时代。三桅帆船因此成为运输业第二次革命的标志。这一时期,水上运输同陆上运输相比,无论从运输能力和运输成本方面,还是从方便程度上,都处于优势地位,因而称为"水上运输阶段"。

(2)铁路运输阶段(19世纪30年代—20世纪30年代)。

两次交通运输革命虽使得交通运输有了巨大的发展,但运输工具的动力还仅靠畜力、人力和风力。18世纪80年代到19世纪初,蒸汽机相继用于船舶和火车上,由于动力的改变,交通运输有了突飞猛进的发展。1807年,世界上第一艘蒸汽机船"克莱蒙特"号在纽约哈德逊河下水。1825年,从英国斯托克顿到达灵顿的第一条铁路正式通车,标志着运输史上第三次革命的到来,也宣告了铁路时代的开始。由于铁路能够高速、大量地运输旅客和物资,几乎垄断了当时的运输,成了当时最新、最好的交通运输方式。欧美各国掀起了铁路建设的高潮,并扩展到亚非拉地区。这一时期,水上运输也发展较快,由于改变了动力,消除了以前航海依赖信风的现象,任何季节轮船都能航行。

(3)公路、航空和管道运输阶段(20世纪30年代—50年代)。

19世纪末,在铁路运输发展的同时,随着汽车工业的发展(1886年德国人本茨发明了真正的汽车),公路运输悄然兴起。公路运输由于机动灵活、迅速方便,不仅在短途运输方面显示出优越性,而且随着大载重专用货车、各种完善的长途客车和高速公路的出现,在长途运输方面也显示出优越性。

航空运输产生于19世纪末20世纪初(1905年美国人莱特兄弟制造了真正的飞机),由于航空运输在速度上的优势,不仅在旅客运输方面占重要地位,在货运方面发展也很快。

随着石油工业的发展,管道运输开始崭露头角(19世纪60年代,美国出现第一条木制的专用输油管道),由于具有成本低、输送方便、有连续性的特点,主要运输的货物是原油、成品油、天然气、矿砂和煤浆等化工流体。这一阶段,铁路运输、水上运输也有长足的发展,但公路、航空、管道这三种运输方式发挥的作用显著增强,从而成为交通运输业发展的第三阶段。

(4)综合运输阶段(20世纪50年代以来)。

20世纪50年代以来,人们开始认识到在交通运输业的发展过程中,水运、铁路、公路、航空和管道五种运输方式是相互制约、相互影响的,许多国家开始有计划地发展综合运输,协调各种运输方式之间的关系,重点是进行铁路、公路、航空和管道运输之间的分工,发挥各种运输方式的优势,各显其能,开展联运,构建海陆空立体交通的综合运输体系。

2. 我国交通运输发展

近代以来,我国交通运输业飞速发展。由于运输方式不断增加,我国交通运输由单一的水上运输,进而逐渐发展成具有水、陆、空等多种交通运输方式的交通运输系统。随着运输水平不断提高,路网等级及结构不断完善。我国交通运输业的发展过程可以划分为以下几个阶段。

(1)1840年,英帝国主义发动鸦片战争,用炮舰打开中国大门,迫使清政府签订各种不平等条约之后,现代交通运输也随之在我国出现。最初先是轮船和水上航运业,随后火车和铁路、汽车和公路相继出现。

(2)1952—1978年。这一时期,我国铁路、公路、水运、民航和管道现代运输方式都有较快发展。铁路通车里程从1952年的2.4万km发展到1978年的5.17万km,公路通车里程从12.67万km发展到89.02万km,内河航道里程从7.3万km发展到13.60万km,沿海港口泊位达到313个,民航机场达到34个。在各种运输方式中,铁路运输承担了绝大多数的运输量,到1978年,铁路运输占客运总周转量的62.7%,占货运总周转量的72.8%。这20多年间,公路运输发展最为迅速,公路货运和客运的运输周转量都翻了3番,其中货物周转量从1952年的726亿吨公里发展到1978年的9829亿吨公里,旅客周转量从1952年的248亿人公里增加到1978年的1743亿人公里。

(3)1978—1995年。改革开放后,我国制定了运输结构调整的相关政策,在政策指导下,公路运输又开始了新一轮的发展,运输结构有了较大的变化。铁路在客、货周转量中的比重不断下降,公路运输在全社会各种运输方式完成的运输量中所占的比例不断提高。公路运输的快速增长是我国运输结构调整变化的重要因素。到1995年,公路运输的客运周转量占客运总周转量的1/2以上,达51.13%。这一时期,我国的航空运输也得到了发展,特别是航空货运突破了零的历史。

(4)1996年至今。随着我国各种运输方式的发展,运输结构继续发生较大变化,并且逐渐形成趋于合理的运输结构:铁路、水运在旅客运输中的比重继续下降(由于高速铁路的快速发展,2015年的铁路旅客运输量和周转量相对于2010年有较大幅度增加),公路运输变化不大,民航的比重不断上升。在货物运输中,铁路运输比重继续下降,公路、管道运输所占比重略有回升。我国部分特征年的客货运结构见表1-2。

我国部分特征年的客货运结构　　　　　　　表1-2

年份(年)	客运量(%)				货运量(%)				
	铁路	公路	水运	民航	铁路	公路	水运	民航	管道
1978	32.08	58.75	9.07	0.09	44.23	34.22	17.39	0.00257	4.16
1980	26.98	65.19	7.74	0.10	20.36	69.90	7.81	0.00163	1.93
1985	18.08	76.83	4.98	0.12	17.53	72.15	8.49	0.00268	1.83
1990	12.39	83.87	3.52	0.21	15.52	74.60	8.25	0.00381	1.63
1995	8.76	88.76	2.04	0.44	13.43	76.16	9.17	0.00818	1.24
2000	7.11	91.13	1.31	0.45	13.14	76.46	9.01	0.0145	1.38
2005	6.26	91.90	1.10	0.75	14.46	72.06	11.80	0.0165	1.67
2010	5.13	93.37	0.68	0.82	11.24	75.52	11.69	0.0174	1.54
2015	13.05	83.32	1.39	2.24	8.04	75.43	14.69	0.0151	1.82
年份(年)	客运周转量(%)				货运周转量(%)				
	铁路	公路	水运	民航	铁路	公路	水运	民航	管道
1978	62.72	29.91	5.77	1.60	54.38	2.79	38.45	0.0099	4.37
1980	60.63	31.98	5.66	1.74	47.54	6.35	42.02	0.0117	4.08
1985	54.46	38.88	4.03	2.61	44.25	10.36	42.09	0.0226	3.28
1990	46.42	46.56	2.93	4.10	40.53	12.81	44.23	0.0313	2.39
1995	39.39	51.13	1.91	7.57	36.02	13.14	49.12	0.0624	1.65
2000	36.97	54.30	0.82	7.92	31.27	13.79	53.39	0.1131	1.43
2005	34.71	53.20	0.39	11.71	25.82	10.83	61.89	0.0983	1.36
2010	31.41	53.85	0.26	14.48	19.49	30.59	48.24	0.1261	1.55
2015	39.79	35.74	0.24	24.23	13.32	32.49	51.45	0.1167	2.62

数据来源：依据《中国统计年鉴2016》计算。

三、交通运输业的显著特征

1. 交通运输业的产品是实现位移的功能，生产和消耗同时进行

交通运输的产品不同于普通的工农业产品，看得见、摸得着，其产品并非实体。交通运输业生产的产品只是为了完成旅客或货物两地之间空间位置上的移动，旅客和货物的数量和质量没有发生任何的改变。由于运输产品的非实体性，它既表现在一定时间内运输服务对象的数量上，又表现在一定运输要求下运输服务对象的空间位置上。因此，运输产品的计量单位采用复合计量单位，即人公里、车公里等。

工农业产品的生产和消费，在空间和时间上都是分开的。它们生产的产品离开生产领域之后，继而以商品的形式进入流通领域被消费。但是对于交通运输业而言，其生产和消耗过程是不可分离的，表现为运输产品在其被生产的瞬间必然被消耗掉。

2. 交通运输需求是一种派生性需求

由于运输业产品的特殊性，使得运输是一种由直接产品消费而衍生出的消费，也就是说消费者对运输的需求，其真正目的并非在于位移这一中间过程，而是为了实现生产或生活中的其他需求。因此，虽然在完成位移之时带给消费者的是正效应，而在运输过程中，却给消费者带来负效应，即耗时、耗资等。

3. 交通运输业具有网络经济特性

交通运输业的网络经济特性是指在一定的条件下，随着交通运输的总产出扩大所引起的平均运输成本的下降，这是交通运输业的规模经济与范围经济相互作用的结果。

交通运输业的规模经济是指随着运输总产出的扩大，平均运输成本不断下降的现象。交通运输业的范围经济是指在相同投入的情况下，由单一运输企业关联产品比由多个不同运输企业分别单独生产这些关联产品的成本要低得多的经济现象。由于运输产品的特殊性，使得整个运输业的规模经济与范围经济几乎无法分开，它们通过交叉的方式共同构成了运输业的网络经济，又由于运输业的规模经济和范围经济的特殊性，网络经济又进一步通过它们转型，由运输密度经济和幅员经济组成。此外，交通运输业的网络经济还有一些具体表现：线路通过密度经济、特定运输产品的线路密度经济、载运工具载运能力经济、车队规模经济、港站处理能力经济、运输距离经济等。

4. 交通运输业的投资属于资本密集型和沉没成本

因为交通运输不产生有形的产品，所以交通运输业的成本构成和其他产业不同。交通运输业中固定资本所占的比重非常大，资本的有机构成比一般的产业要高，资金周转速度较慢，投资回收期长。而且一旦投资，基础设施就很难移作他用，大部分交通运输投资都具有沉没成本的特性，也就使得交通运输投资具有很强的资产专用性。

5. 交通运输业的公共性与强管制性

交通运输业是为人们生产、生活提供的一种必不可少的服务行业，运输业特别是运输基础设施就必须具有公共服务特性，即它必须公平地为社会所有行业、所有成员服务。因此，交通运输业不同于一般的企业，在经营与管理时，不能以盈利为目的。与公共特点伴随而出的还有一个强管制性的特征。由于交通运输业是为全社会提供一种必不可少的服务，其公共性必然导致政府对它的高度管制，特别是对运价的管制。

6. 交通运输业内部的弱替代性

现代运输产业涉及公路、水路、铁路、航空、管道这五种运输方式，从产品技术角度来说，各种运输方式都提供人和物的空间位移，存在一定程度的相互替代性。而各种运输方式的技术经济特征、发展水平、在综合运输系统内部的分工均不相同，这就使得各种运输方式之间的替代是受一定限制的。因此，五种运输方式之间既不是异功能的协同关系，也不是同功能的竞争关系，而是有时呈现竞争性，有时呈现协同性。

7. 交通运输业具有外部特性

一般来说，当个人或企业的福利或成本要受其他人行为的影响，而这些"其他人"在他们自己的决策过程中又不会考虑这种相互影响的关系时，外部性就出现了。交通运输业具有很强的外部性特征。交通运输的发展会促进相关地区经济发展，它带来的利益可能超过了人们直接对其支付的费用；同时，交通运输又会带来环境污染、噪声污染、安全、气候变化等问题，并且当交通拥挤超过一定程度时，运输服务自身就不能以一种完全有效的方式提供给人们，这些就带来了交通运输的外部成本。但是交通运输所产生的效益和成本并没有由交通运输经营企业来承担,这就使交通运输产业具有了显著的外部特征。

8. 需求的快变性与供给的慢变性

交通运输需求随着社会经济的发展呈现快速增长趋势,具有快变性,主要表现为机动车数量、交通量、客货运输量等的不断增长,需求量随时间、地点等条件的变化而快速变化;运输供给具有慢变性,由于交通运输基础设施投资大、建设周期长等特点,往往导致运输能力的提高较为缓慢,在种种快速变化的需求面前,运输供给不能及时做出反应。

9. 交通运输业对自然条件依赖性较大

交通运输生产是在一定空间范围内进行,它不能摆脱对自然条件的依赖,例如飞机只能在允许的条件下才能够起飞和降落,轮船也只能在合适的风浪条件下才能起航。

四、交通运输业的意义

亚当·斯密在《国富论》中有一重要观点:在一切改良中,以交通运输的改良最为有效。这句话充分说明了交通运输在现实生活中的重要地位及其对社会经济发展的重要意义。

1. 交通运输对社会发展的意义

交通运输业的发展反映人类社会文明的发展程度,同时影响人类社会的改变。在人类社会生产力的发展过程中,交通运输同步发展,从最初的人扛畜拉,发展到今天的海、陆、空立体交通。交通运输的发达与便利,使得经济繁荣、文化技术交流广泛。交通运输负责完成社会中人与货物的空间位移,对社会的发展具有多方面的意义和影响。

(1) 交通运输业的发展促进了不同地区人员与物质的流动

交通运输业的发展,使不同地区的合作交流、人们的出行旅游成为可能,促进了社会人员与物质的流通。

(2) 交通运输业的发展促进广阔地理区域的政治统一

古罗马的建立是得益于其早期形成的道路系统;在近代,美国联邦政府批准并支持修筑的横贯大陆铁路,部分促成了国内战争时期加利福尼亚州留在联邦内部;在19世纪中后期,俾斯麦将众多独立的小洲和公国统一到德意志帝国的过程中,铁路起到了关键性的作用。

(3) 交通运输业是国防建设的重要影响因素

无论是古代还是现代,运送部队和装备能力都是影响战争胜负的因素之一。在今天的国际环境下,这种能力更是与各国工业、经济和国防力量结合在一起,在国际对抗中起着越来越重要的作用。

(4) 交通运输在自然灾害等突发事件的处理中起着非常重要的作用

自然灾害一旦发生,影响巨大,灾后救援、重建工作的顺利开展,都需要高效的交通运输体系作保证。

2. 交通运输对经济发展的意义

交通运输业是发展国民经济的先决条件和基础,其对经济发展的意义和影响体现在如下几个方面。

(1) 交通运输是经济发展的基础

交通运输业为全社会提供运输服务,它处于国民经济的基础地位。从经济结构和各产业相互关联的观点来看,交通运输属于基础结构,交通运输设施是基础设施。安全高效的交通运输体系,是地区、城市开发的先决条件,通过运输线路、站场等基础设施的建设,可以有效联结社会经济各个部门,充分进行商品交换和信息交流,进而推动地区经济发展。

(2) 交通运输使得规模经济得以实现

交通运输是生产和分配的必要组成部分,经济发展有赖于大规模生产和销售,如果没有高效率和低成本的运输,二者都不可能实现。因此,交通运输是规模经济得以发展的基础,体现在以下两个方面:

① 生产角度。

除非把生产原材料送到所需的地方,否则它们就毫无价值,运输通过改变人和物的位移使得生产活动的进行成为可能。通过高效的运输,还可以缩短各种原料运送的时间,减少停工待料的出现,降低成本。

② 销售角度。

生产出的产品如果不能及时运输出去,大批量生产就不能持续有效地进行。因此,运输是大规模销售的保障。规模经济造成生产和资源的集中,形成垄断,不利于竞争,而运输可以带来产品的分散,在一定意义上促进竞争,有效缓解这一矛盾。

(3) 交通运输有利于促进地区分工,不断扩大商品市场范围

由于地理位置、资源、文化等的差异,各个地区人们掌握的技能有所不同,产生了比较优势,如生产效率高、产品成本低、产品质量好。但同时,生产单一与需求多样产生矛盾,而运输就是克服这一矛盾的有效手段。运输的存在使得不同地区之间能够高效便捷地进行产品交换,大大促进了地区分工。各地集中生产优势产品,既提高了生产效率,又保证了产品的优质性与多样性。运输使生产企业所需原材料不再受空间范围的限制。运输的发展使得上游产品的可获性增强,不管是原材料、能源,还是产成品、中间产品,都能够方便快速地得到满足。

(4) 交通运输对经济发展的作用机制

交通运输对经济发展的作用机制主要表现为乘数效应和空间溢出效应两个方面。

① 乘数效应。

交通运输的乘数效应主要由交通基础设施的建设投入所致,通过对交通基础设施进行建设,能够使国民收入以及社会总需求变成原来的数倍。具体来说,初期时加大对某地区的交通基础建设投资,能够带动能源、装备制造业等相关产业的发展,交通基础设施建成后,又能刺激交通运输业、物流仓储业的发展,从而使得地区生产总值增加。

② 空间溢出效应。

交通运输具有网络性,交通网络设施能够加快各种要素资源在地域范围的扩散及聚集,使得区域间的空间位置关系更加密切,进一步加快区域间的资源流动和互相往来,促进分工、专业化以及聚集作用的产生。同时,随着交通基础设施的投资运营,由于区域可达性和通行能力提高,会使得经济活动在空间范围内扩散,最终形成空间溢出效应。

1.2 交通运输经济学概念解析

一、从经济学角度看交通运输

交通运输(Transportation)是发生在我们身边的一种经常性的活动。它是联系工业和农

业、城市和乡村的桥梁,是加强生产与消费、地区与地区间联系的纽带,在整个社会生产生活中具有重要地位。比如:原材料和产成品的运输,使得产品的生产和销售、地区间的贸易活动等成为可能并日益频繁;居民可以从一个地方到达另一个地方,从而工作、业务、购物、休闲等目的的出行得以实现。从地方小镇到大中城市,甚至一个国家的经济绩效在一定程度上都取决于交通运输功能的发挥;同时交通运输活动也影响着人们的休闲活动和生活质量,从计划周密的旅游到简单的周末自驾游、街边散步等,交通条件起着关键性的作用。

任何人和物的空间移动都要依靠交通运输来完成。经济理论经过数百年的改进,许多第一次突破都涉及国际贸易和农产品的定价,两者都依赖于交通运输。这对经济学家来说是一个挑战。挑战就在于交通运输作为一种活动,很容易被看到,但不容易被定义,尤其是要将基于交通活动的"事实"用"概念性"来解释。

交通按是否产生出行成本可分为两类:小区散步、公园骑行等交通活动不会产生出行成本;坐观光巴士欣赏美景、坐火车欣赏沿途风光等则会产生交通成本。交通成本是选择采用某种交通方式的衡量指标,如驾驶员在道路和桥梁不收费时会选择开车上班,商务旅客往往更倾向于选择舒适便捷的运输方式。除此之外,交通也可以作为一种产品或者是产品生产时的投入或影响因素,即交通既可以作为一种消费活动,又可以作为生产活动。如何准确定义和分析不同形式的交通运输成为经济学家面临的重要挑战。

交通运输依赖于时间、空间和交通方式。大多数经济模型仅仅考虑运输发生与否,而没有考虑运输的时间和空间状态。从空间的角度来讲,需要了解地球表面是不连续的,如山川、湖泊的阻断会影响道路网连接程度,气流会影响航班的线路,冰川会影响海路和运河的航行等。而且,出于对交通运输时间和空间的考虑,厂房的选址问题随之产生。厂房建设是应该靠近市场?是应该建设在原材料产地(比如矿山、森林、农场等)附近?还是将其设置在两者之间?不同的产品会有不同的选址方式,经济学家需要根据地理位置、人口和原材料获取等因素来确定市场的位置。

交通运输是一种促进商品贸易的服务。如果两个国家或地区之间允许商品间的自由贸易,那么就会出现商品流动,依靠交通运输的支持,进、出口贸易将商品运输到其价格更高的地方。但是如果运输成本高于商品的销售利润,商品流动就不会发生。由于商品贸易产生的交通运输会有一定的成本,因此有的人认为交通运输服务在一定程度上阻碍了贸易发生。消费者在购买商品后希望商家送货上门,那么商家就有必要提供相应的运送服务。商家可以购买一些卡车,独自承担货物运输服务;或者与货车租赁公司达成协议,通过第三方公司完成运输任务。经济学家需要通过经济学理论得出究竟是商家还是第三方承担运输任务更合适。

最后,交通运输依赖于私营个体和政府部门。城市道路和人行道多由政府出资修建,可通过对道路使用者收取费用回收成本。政府修建高速公路时,同样只有道路使用者支付高速公路相关费用。但如果是由私人出资修建的道路,必定希望向每个驾驶员收取费用。经济学家应该通过相关经济理论,解释如何保持私人与公共部门之间的平衡。

二、交通运输经济学含义及研究关键

1. 交通运输经济学的含义

交通运输经济学是经济学一般理论和方法在交通运输领域的专门应用,是研究和探讨与交通运输有关的各类问题的一门学科,可以说是一种应用微观经济学。交通运输经济学和其他应用经济学一样,将一般经济学理论广泛应用于分析交通问题或交通现象,例如:生产与竞争理论、国际贸易理论、消费行为经济学、空间经济学、成本效益分析、公共财政理论、税收理论、规制经济学等。总之,交通运输经济学蕴含着丰富的知识。

图1-1反映了交通运输经济学与经济学的关系。

2. 交通运输经济学研究的关键要素

交通运输经济学基本涉及了所有经济学家的研究,包括收集事实资料、发展人类行为理论、提出并评估特定政策以实现特定目标等。在对交通运输经济学进行研究时,对这些方面的分析是至关重要的。

图1-1 交通运输经济学与经济学关系

(1) 事实(Fact)

事实是通过观察、调查、访问等多种手段,用文字、数据、图表等不同形式所传递出的各类信息。这些信息可能是原始数据表中的数值,例如从芝加哥运送到达拉斯的各种商品的运费率(运价),也可以将原始数据转化成具有统计意义的数据,如芝加哥运往达拉斯的某类货物的平均运费率(运价)。在这种情况下,平均运费率往往是一个加权平均值。

事实可以通过对研究对象的观察获得,比如,通过历史数据能够知道达拉斯到芝加哥使用航空运输比铁路运输频率高的年份。有趣并且值得注意的是,在收集事实时,人们往往仅仅观察了出行行为的一个或几个要素,但常常希望结果包含所有要素。

(2) 理论(Theory)

经济学中的理论是一种反映人类活动行为的一般性声明或者模型(Generalized Statement or Model)。所有的理论(包括经济理论)都依赖于事实,并通过事实证明其正确性。经济学理论应该是可以被验证和检验的,尽管这并不意味着理论必须具有"现实性",但它必须能够解释一些现实问题。例如,有人曾提出这样一种理论:顾客购票时,往往越接近航班飞行日期,票价越高(即航空公司往往对接近航班飞行日订票的旅客实施高票价)。换句话说,我们希望通过"最后一分钟旅客理论"来解释这个定价"事实"。这个理论在理解航空公司如何设定票价时,听起来可能不太现实,但如果它符合事实,那么这个理论就是有效和有用的。

理论是对现实的抽象,这也是为什么在描述理论时往往用到"模型"。作为一种基于事实的模型而非事实本身,模型在其构建过程中对被认为是相关的因素考虑较多,而被认为不相关的因素则选择忽略。换句话说,模型必须是可处理的,这样才能理解它的工作原理。现实世界中,事物之间互相联系、互相影响,建模时要对其影响因素进行分析和取舍。

经济行为理论化的方式可以分为两种。一种是通过详细地分析原始数据和进行试验得出理论;另一种是直接假定某种行为模式为理论,并检验其是否与观察到的事实相违背。到底哪种方法更有效?实际上,鉴于事实和数据在这两种方法中都发挥了很大作用,并且有助于验证理论的正确性,因此它们都是经济行为理论化的合理方法。通过现实得出理论的方法称为归纳法,而将提出的理论与事实进行对照的方法称为演绎法。因为经济学家很少能够测试人类在受控环境中的行为,所以他们更经常地使用演绎法来提出理论。

模型本身是一种逻辑化的系统,它的构建包括相关事实因素的选择和合理的假设。如果构建的模型无法反映现实,则需要检验模型的假设。模型必须是符合逻辑的,如果逻辑假设发生错误,将会造成构建模型的错误。假设交通经济学家 A 和 B 在被问到"增加汽油税对污染物排放的影响"时,A 说,增加汽油税将增加私家车出行的成本、增加拼车次数、减少周末出行,从而导致尾气排放污染减少;B 说,增加汽油税确实会增加开车出行的成本,但政府会将增加的税收收入用于提高现有道路质量和修建新的道路,道路的修建会增加更多的出行量,从而导致尾气排放污染增加。验证这两种说法是否正确,就要分析驾驶员对油价上涨所做出的反应以及政府是否将资金投入到道路建设中。例子中两个交通经济学家都建立了完美的逻辑理论,只是他们做出了不同的假设,那么谁的假设合理则取决于谁能准确地预测驾驶员及政府对增加汽油税的反应。

(3)政策(Policy)

两个交通经济学家对政府应该采取何种措施减少尾气排放,发表了各自的观点。A 建议增加汽油税,而 B 则认为增加汽油税无法减少尾气污染,建议降低汽油税。后者认为,交通量的增加会使拥挤加重,道路路面出现坑洼等,最终会有足够多的人不再驾车出行,从而导致污染排放量减少。与此同时,通过降低汽油税,政府没有足够的资金用于修复道路,从而没有新的驾驶员会选择该道路出行。

两种理论提出了两种实现目标的方法。一个理论被用来实现一个特定的目标则被称为政策。换句话说,决策者在有一套解决实际问题的理论时,才能提出实现该目标的政策。

政策并非都由政府制定,它也包含消费者、企业和整个行业内的所有决定。以下例子从不同角度说明了不同主体下的政策及其理论。

①高峰期的通勤出行者(a Rush-hour Commuter)在通行高峰期内,即使新建轻轨系统(Light Rail Transit,简称 LRT)可以免费使用,依然开车上班。显然,对该通勤者来说,存在着这样一种理论:他对高峰时刻汽车和轻轨的出行成本赋予较低的权重,而主要关注出行时间、舒适性、直接性等因素。

②为了保证更好地服务顾客,商家决定不将货物运输业务承包给第三方,而是自己购买载货汽车提供货物运输服务。可见,对这类商家也存在一种理论:顾客需求至上,而对运输活动的完全控制则可以提高顾客的满意程度。

③一家航空公司希望与另一个国家的航空公司建立联盟,从而获得成为一家大型航空公司所能获取的利润,但实际上这两个航空公司之间并不需要合并。显然,这个航空公司有一个"越大越好"的理论,并认为政府将限制外国公司对本国公司的所有权,合并可以实现许多好处,如共享航班代码和协调飞行时间,这种协调方式使两地间服务无缝衔接,从而吸引更多的顾客,获得更高的利润。

政策的制定既需要现有理论的支持,也需要有现实的依据。三者间的关系如图 1-2 所示。

图 1-2 运输经济学研究要素间相互关系

由理论制定相应政策时,蕴含着丰富的经济学原理。掌握这些原理有助于我们去理解一些经济政策和决策,并且对其中存在的不足之处进行改进。

1.3 交通运输经济学的产生与发展

一、交通运输经济学产生的必要条件

运输经济理论的发展与社会经济发展、运输方式变革、运输业兴起有着密不可分的联系。社会经济的发展促进了运输技术的变革,二者同时为运输业兴起奠定经济、技术基础;运输业的产生与发展推动了运输经济理论的发展。一般认为,交通运输经济学的产生需要以下两个必要条件:

1. 交通运输产业的存在

交通运输产业的存在是交通运输经济学产生的前提,同时,交通运输产业是交通运输经济学的研究对象。随着交通运输业的发展,运输方式也不断增加,交通运输经济学研究的对象也随之不断更新。缺少研究对象,仅依靠经济理论不能产生交通运输经济学这一概念。两者产生有先有后,需要注意两者产生的顺序。

2. 有一般普适的经济学理论作为基础

普适的经济学理论是对对象进行研究时所应用的一般方法。然而对交通运输对象进行研究时,简单运用经济学的某一理论来解决单一的交通运输问题还不足以使交通运输经济学成为一门学科,交通运输经济学要成为一个独立学科需建立起自己的理论体系,运用该理论体系对交通运输业相关问题进行系统研究,即由一般经济理论上升到专业理论。

综合上述分析,可以得出如下结论:运输经济学是社会化大生产的产物;运输经济学植根于一般经济学原理之中,运输经济学的学术水平最多只能达到同期一般经济学的学术水平。运输经济学内容之中的新生长点最好是从运输工程类学科之中寻找、发现。

二、交通运输经济学的产生与发展

在自然经济社会中,生产、生活所需要聚集的必要要素种类少,因此,物质、能量、信息的流通域小,且在大地域范围内的流通频度也很低,只在窄小范围之中相对较高,所以在这种社会中,经济是以"板块割据"的形态出现。由于自然经济社会生产产品单调,导致各经济板块具有同质性,经济的同质性则使其流通域中的流通频率低,强度小,这时的运输并非现代意义上一种产业。因此,有学者认为,包括运输经济学在内的任何一种经济学都是资本主义生产方式的产物,只有当流通的涉及面广、强度大、方向复杂、频繁重复时,研究其有效性才有重大的社会意义和价值。

从发展过程来看,在20世纪20年代到50年代,运输经济学还没有什么显著的发展,其中的显例就是在1936年凯恩斯的名著《就业、利息及货币之一般理论》中都没怎么讨论这方面的问题;直到20世纪60年代美国成立交通运输部(1966年)之时,运输业才得以大发展,从而也促使运输经济学理论的大发展,并逐渐发展成为一门独立的经济学。

根据运输方式、运输技术的革新,运输经济理论的演进,可以将交通运输经济学的发展阶段划分为萌芽阶段、形成与发展阶段、繁荣阶段。

1. 萌芽阶段

1776年亚当·斯密在《国富论》中论述了运输对城市和地区经济繁荣所起的促进作用，政府在交通设施方面的开支等问题。马克思在其《资本论》中用大量篇幅论述了铁路和航运对资本主义大工业的作用。这一时期，经典经济学家对交通运输领域开始关注，表明运输业在资产阶级工业革命前后对经济活动的影响开始上升，并逐步产生了运输经济理论的早期萌芽。

18世纪60年代到80年代，运输方式与运输技术发生了巨大变化，轮船和火车的出现改变了原有的运输体制，交通运输得到迅速发展。伴随着交通运输的发展，其在社会经济活动中的地位开始凸显，经济学家开始探讨运输活动对社会经济的作用，同时开始运用部分经济学原理分析运输问题。但是，经济学家的各种观点并没有形成系统的理论体系，主要关注的是铁路运输的发展及运营成本利润等问题，以及铁路与国家的关系。这一时期欧美的经济学家出版了许多关于运输经济方面的著作，这些著作为运输经济科学奠定了基础，为后来运输经济理论的形成提供了理论准备。

2. 形成与发展阶段

第二次世界大战前，科学技术进一步发展，汽车制造业在欧美国家发展迅猛，并逐渐向铁路运输产生冲击与挑战。同时，航空、管道运输也逐渐兴起，各种运输方式得到迅速发展。随着运输方式的多样化及社会经济的发展，交通运输对国家经济的影响力已经被人们重视。经济学家开始全面讨论包括铁路、水运、公路、航空、管道各种运输方式的经济问题。交通运输业也已经成为独立的新型产业而受到人们的关注。第二次世界大战以后，各种运输业的发展、变化和经济学理论在宏微观理论方面的进步，吸引了更多的经济学家逐渐加入运输经济研究。从第二次世界大战前夕到20世纪50年代，运输经济理论开始形成，并得到一定的发展。美国经济学家路克林所著的《运输经济学》的出版，标志着交通运输经济学的形成。

这一时期，由于世界工业化程度的不断提高，世界经济发展迅速，并对作为国民经济流动载体的交通运输业提出更高要求；同时，国民经济的增长也为交通基础设施建设提供了保障。各国铁路、公路建设里程大幅提升，各种运输方式在竞争中开始出现一定的合作机制，交通运输业形成了初步运输化模式，并已经成为社会经济增长所依赖的重要基础产业、基础结构和条件设施之一。随着工业化发展，社会经济体系前进必然需要进行更频繁的人与物的空间位移，交通运输业为这些需求提供支持和保障，从最基础的方向确保社会经济的发展，由此可见这一时期的交通运输业是社会经济发展不可或缺的重要支柱。甚至从某种意义上讲，这一时期的交通运输业主导着社会经济的发展，这就使得对运输经济理论的研究变得尤为重要，促进了运输经济理论的系统形成与发展。

3. 繁荣阶段

19世纪60年代以后，西方国家各种运输规划方面的可行性研究和环境影响研究，吸引了很多工程专家参与，这使得运输经济学在投资和成本—效益分析方面取得了较快进展。这填补了运输经济理论研究的空白，运输经济理论研究进入繁荣时期。这一时期随着物流业的产生与发展，一体化运输被重视，城市交通与区域经济理论的发展，运输业在国民经济中的地位进一步凸显。在这一时期，为适应社会经济和交通运输发展的这种变化，交通运输经济学的研究内容也有所调整。除各种运输方式的发展和竞争、定价原理、运输经营、国家对运输业的管理和运输政策外，还扩充了许多新的领域，如航空经济、海运经济、客运、城市交通、运输与能源、环境与土地利用、运输需求分析、各国运输政策分析等。1997 年，Kenneth D. Boyer 的《运输经济学》第一次比较清晰地将运输经济建立在运输业网络经济特性分析上，可以看作是运输经济学走向成熟的标志。

这一时期运输经济理论可以说是百家争鸣，国内外经济学家对运输经济问题进行了深入细致的研究，提出各种运输经济理论，如一体化运输理论、运输化理论、城市交通与区域经济理论等。就我国而言，一些学者近年来对运输经济问题研究已经不断深入，产生了多种运输经济理论，这些观点可以从"2007 年运输经济理论与政策暨产业经济学发展"学术论坛会议报告中体现。

北京交通大学荣朝和教授《重视基于交通运输资源的运输经济分析》的报告中指出，运输资源理论强调交通运输资源的数量与质量对运输业及社会经济运转体系的影响。运输资源理论与运输产品理论及网络经济理论一起，构成了运输经济分析框架的内源性基础内核。国家发改委郭晓培研究员在《综合运输发展政策》中指出，建设综合运输体系有利于减少资源占用和节约消耗，提高运输效率、降低成本。并强调各种运输方式协调发展、综合利用，运输技术的综合进步，从运输业的成本消耗及内部协调方面阐述运输经济问题。其他学者分别对运输业与社会经济发展关系、区域运输经济等方面进行研究。

三、交通运输经济学在中国的发展

20 世纪 70 年代末，我国进入从计划经济向市场经济过渡的经济转轨时期。与此相应，我国交通运输的基建体制、市场体制、行业体制也随之发生了变化。为适应这些变化，从 70 年代末开始，我国的经济和交通运输方面的学者一直在努力探索适应我国国情且符合市场经济体制的新的运输经济学学科理论体系。在这一时期，陆续出版了《铁路运输经济》《公路运输经济学》《航运经济》《中国运输布局》《中国交通经济分析》《中国的交通运输问题》等一批著作，其中一部分着重论述了部门内部的运输经济、管理活动和体制改革，另一部分则主要反映了对宏观运输经济问题进行研究的成果。

到了 20 世纪 90 年代，运输经济学学科理论体系逐渐显现出来：

(1) 北京交通大学许庆斌教授通过主持运输经济学理论体系改造研究工作，不仅出版了《运输经济学导论》（许庆斌、荣朝和、马运等主编，1995 年），《运输经济——实践、理论和政策》（赵传运、荣朝和、马运等译，1989 年）等著作，还发表了《论运输化》（荣朝和著，1993 年）等多篇论文，在国内影响较大。

(2) 赵锡铎的《运输经济学》（1998 年）注重研究交通运输业的本质及运输经济规律，从宏观角度研究了经济结构中的交通运输业。

(3) 1999 年，上海海运学院陈贻龙教授和西安公路交通大学（现长安大学）邵振一教授主编的《运输经济学》是国内最具系统性的一部运输经济学论著，包括运输经济引论、运输市场、运输企业、宏观调控、运输与经济社会发展五篇。

(4) 2002 年，管楚度的《新视域运输经济学》和荣朝和的《西方运输经济学》等著作出版。后者在国内首次直接借鉴 Kenneth D. Boyer《运输经济学》中"需求-成本-价格-市场"的结构方式：以运输需求（货物运输需求、旅客运输需求），运输成本（概念与计算、公路、铁路等固定运输设施成本、运输工具成本、运营成本、运输业投资），运输价格（运价原理、方法），运输市场（市场结构、管制、外部性的控制）为线索，比较全面地介绍了当前国外运输经济学的内容体系与基本结构,并融入了作者多年来的教学与研究成果,对我国运输经济学体系的形成起到了推动作用,并于 2008 年出版第 2 版。

巴顿在《运输经济学》中提到,20 世纪 70 年代英国以运输为专业的经济学家的人数,几乎可以靠两只手数出来,然而到 20 世纪 80 年代,对该领域感兴趣的热烈程度是 50 多年来所未曾见过的。这种情况也同样发生在当前的中国。近十年来我国在运输经济学领域中的研究取得了十分显著的成绩,研究队伍也随之发展壮大。将近十年来的主要相关论著进行汇总,整理结果见表 1-3。

近十年国内交通运输经济学相关的部分论著　　　　　　　　表 1-3

作者及论著名称	年份(版次)	主 要 内 容	主要思想与特点
隽志才《运输技术经济学》	1989 年(1) 1998 年(2) … 2013 年(5)	包括运输技术经济学的基本原理和方法、运输项目技术经济评价的方法体系、技术经济学应用于运输领域宏观和微观分析对象	在详述技术经济学理论的同时,着重介绍了与之相关的评价方法体系,力求做到理论与具体案例相结合
袁剑波、周伟《公路经济学教程》	2007 年	包括微观经济学理论,经济评价与投资决策,公路工程招投标及经济分析,施工期项目的成本与造价管理,公路收费及收费管理,公路资产的经营与管理等	以微观经济学理论为基础,结合公路建设项目的技术经济特点,全面阐述了其在规划、建设、营运过程中的经济规律,并对公路收费、公路经营权转让等作了理论分析
邵春福《交通经济学》	2008 年	包括交通与国民经济关系、交通需求与供给、交通系统成本、交通价格与服务、交通投资与投资效益、交通政策	从市场经济的角度,适应新的交通市场环境和交通问题,并对许多经济学问题给予理论支持,并从方法和技术上给出解决方案
杭文《运输经济学》	2008 年	分为四大部分:第一篇是运输需求,第二篇是运输供给,第三篇主要讲述运输市场,第四篇讨论运输政策	从以经验知识为主转向以系统化理论分析为主,从对具体工作的描述转向超前运输政策研究,从对问题进行分割或片段的讨论转向完整运输思想和逻辑体系
严作人、杜豫川《运输经济学》	2008 年(1) 2009 年(2)	包括运输需求与运输供给、运输成本与运输价格、运输市场与运输企业、运输基建项目投资、融资与经营、运输基建项目经济评价、运输政策、运输与可持续发展	以交通运输经济学的相关理论为基础,结合最新进展,增加许多相关案例分析,使其更加具有针对性和适用性
徐剑华《运输经济学》	2009 年	在五种运输方式的基础上,深入浅出地介绍运输经济学的知识,通过逻辑划分、时间或区域的次序划分等方式概括运输经济学的内容	与我国目前的实际情况有紧密联系,在许多章节中编录了相应的背景资料,有助于进一步理解交通运输经济学
蒋惠园《交通运输经济学》	2009 年(1) 2016 年(2)	运用微观、宏观和网络经济学的基本原理,对交通运输经济学领域的最新成果进行总结和补充,包括需求与供给、运输市场、投融资、项目评价与管理等 16 章	特点是分别从交通运输项目规划阶段、设计施工阶段和运营管理阶段介绍了相关的理论及经济分析方法

续上表

作者及论著名称	年份(版次)	主要内容	主要思想与特点
贾顺平《交通运输经济学》	2011年(1) 2015年(2)	包括交通运输需求、城市出行需求、交通运输供给、交通运输市场、交通运输外部性、成本与价格、项目评价等内容	不仅从经济学角度研究人与物的空间位移问题,也研究与之相关联的交通设施工具的经济规律,形成较完整的交通运输经济理论体系
秦四平《铁路运输经济学》	2012年	包括铁路运输与国民经济发展关系;经济与铁路运输在空间上的发展规律;铁路运输需求与供给;铁路运输成本;铁路运输设备运用效果评价;铁路运输价格制定理论;铁路运输企业的经济效益分析	用经济学的理论和方法研究铁路运输活动如何与其他经济活动协调发展,铁路运输企业如何充分利用有限资源,以尽可能低的成本满足社会生产和生活需要,同时保证企业效益的最大化
朱志愚《民航运输经济学》	2012年	着重对与民航运输关系较大的运输市场结构、需求与供给、成本与价格、运输企业经济效益以及运输政策与政府管制等内容进行分析	注重基本理论的系统性,强调实用性,突出民航运输特色。将经济问题分析与管理对策的介绍相结合,注重培养学生提出问题、分析问题、解决问题的能力
赵淑芝《运输工程经济学》	2013年	包括资金时间价值及等值计算;建设项目决策分析和要素估算;运输项目经济效果评价方法;运输项目财务、经济、社会分析;不确定性分析和风险决策;运输项目综合评价与决策;运输项目后评价等	以运输工程项目为主,把经济学原理应用到与运输工程经济相关的问题和投资上,以技术—经济系统为核心,研究如何有效利用资源,提高经济效益
张丽娟《运输经济学》	2015年	包括运输需求、综合运输、运输市场、运价、交通运输政策、道路运输经济效益、道路运输成本、汽车运输企业经营管理、道路运输行业管理、运输业民营化、运输现代化	以交通运输经济学理论为基础,结合实例分析,系统性和适用性较强

1.4 本课程的目标与内容

一、课程目标

本课程是培养学生具有工程经济观点,分析和解决各类交通问题的基本训练。包括微观经济学和宏观经济学相关理论在交通投资、需求分析、运输定价、项目评价、成本分析、交通政策及决策等相关交通领域的应用方法和具体案例等。通过本课程的学习,培养学生运用经济学理论和方法分析和解决交通系统投资决策、项目管理与评价、政策影响等各类问题的能力,为后续课程学习打下基础。

1. 知识目标

(1) 掌握经济学的基本原理及其在交通系统的应用领域。

(2) 掌握交通运输需求与供给的影响因素、交通运输需求与供给分析的基本理论与常用分析方法,掌握交通可达性与区位选择的基本概念、关系及分析方法。

(3) 掌握成本及效益分类、构成及测算方法,以及出行时间价值与可靠性分析。

(4) 掌握价格的概念、类型、各种定价理论与方法,以及城市交通拥挤收费的相关理论。

(5) 了解交通系统投融资构成、体制及风险分析等。

(6) 掌握资金时间价值与等值换算的基本公式,项目评价内容与方法、参数,交通项目经济费用效益评价与财务评价的方法与步骤。

(7) 掌握交通投资及政策经济影响分析的方法与步骤、主要分析内容,了解相关案例。

2. 能力目标

具备应用经济学原理和方法分析、推理、测算和解决交通问题的能力,能够从经济角度评价交通投资和决策对出行者、管理者和社会发展等的影响。

二、课程内容

本课程主要研究交通运输经济及政策决策等,不包括军事、场内交通等,属于微观经济学的范畴。具体内容包含以下几个方面:

(1) 交通运输业的概述及交通经济的含义。包括交通运输业的特征、性质、意义以及交通经济的含义(事实、理论、政策)。

(2) 微观经济学基本原理。主要包含均衡价格理论与弹性理论、消费者行为理论与生产理论、福利经济学理论、外部性、公共物品和公有资源、税制的设计等。

(3) 交通运输需求与供给。包括运输需求、运输供给、运输弹性理论,运输市场的供需分析及相关案例等。

(4) 交通运输成本。包括成本基本概念、分类及影响因素、交通运输系统成本与效益、交通运输业的内部成本、交通运输业的外部成本、出行时间价值与可靠性分析等。

(5) 交通定价(价格)理论。包括价格的组成和功能、定价原则、交通运输服务定价的基本原理和定价方法、价格歧视在定价中的应用、高速公路收费定价、相关案例等。

(6) 可达性、交通与区位理论。包括机动性与可达性的比较、区位与区位理论概述、交通与区位选择(商业、居住、政策影响等)、交通与土地利用和土地价值等内容。

(7) 交通系统投融资分析。主要包括交通系统投融资概述、常见的交通运输项目融资模式、中美交通基础设施投资比较、PPP 投资案例等。

(8) 投资项目经济评价。主要包括资金的时间价值与等值计算、评价内容与方法参数、经济费用效益评价、财务评价等内容及相关案例。

(9) 不确定性分析。主要包括盈亏平衡分析、敏感性分析、概率分析、蒙特卡洛模拟分析等。

(10) 交通系统决策。主要包括交通系统决策的基本概念、确定型问题的决策、风险型问题的决策、不确定型问题的决策、综合评价与系统决策等。

(11) 交通投资与政策的影响分析。包括经济影响分析概述、主要经济指标、常用的经济分析方法、投入产出法、可计算的一般均衡模型及相关案例等。

思考与练习

1. 什么是交通运输？如何理解交通运输业的显著特征？
2. 交通运输业对社会发展和经济发展的意义是什么？
3. 交通运输经济学的含义及研究关键是什么？如何理解事实-理论-政策三者之间的关系？
4. 交通运输经济学的主要研究内容有哪些？

第2章
微观经济学理论

　　微观经济学通过对消费者和生产者(企业)的行为分析来说明市场经济的运行规律,即说明市场机制是如何调节经济的。它研究的对象是个体经济单位,如单个消费备、单个生产者、单个市场等。微观经济学理论的建立以一定的假设条件为前提,根据所研究的问题和所要建立模型的不同需要,假设条件存在着差异。但在众多的假设条件中,有两个基本的假设条件:第一,合乎理性的人的假定条件(即理性人假设或最大化原则),即假定现实生活中的人都是"经济人",都力图以最小的经济代价去追逐和获得自身的最大经济利益。第二,完全信息假设,即市场上的所有经济个体(买者和卖者),都对有关的经济情况具有完全的信息。

　　本章介绍的微观经济学理论主要是与本书其他章节有关的基本理论,包括均衡价格理论与弹性理论、消费者行为理论、生产理论、福利经济学等,最后对外部性、公共物品和公有资源进行介绍。

2.1　均衡价格理论与弹性理论

一、需求与需求曲线

1. 需求及其影响因素

　　需求是指消费者在一定时期内,在各种可能的价格条件下针对某种商品愿意而且能够购买的该商品的数量。需求不同于欲望,如果消费者对某种商品只有购买欲望而没有购买能力,就不能算作需求。需求是购买欲望与购买能力的统一。

一种商品的需求数量是由许多因素决定的。其中主要的因素有:商品的自身价格、相关商品的价格、消费者的收入水平、消费者的偏好、消费者对该商品的价格预期以及人口与结构变动、政府的消费政策等。具体分析如下:

(1)商品的自身价格。在其他条件不变的情况下,一种商品的价格越高,该商品的需求量就会越小;价格越低,需求量就会越大。需求与价格的这一关系被称为需求规律或需求定理。

(2)相关商品的价格。相关商品包括替代品和互补品。一般来说,替代品的价格上升,则该商品的需求量就会增加;替代品价格下降,该商品的需求量就会减少。互补品价格上升,则该商品的需求就会减少;互补品价格下跌,则该商品的需求就会增加。

(3)消费者的收入水平。在其他条件不变的情况下,对于多数商品来说,消费者的收入水平增加,会增加对商品的购买,商品的需求量增加;消费者的收入水平下降,商品的需求量就会下降。

(4)消费者的偏好。当消费者对某种商品的偏好程度增强时,该商品的需求量就会增加;相反,偏好程度减弱,需求量就会减少。

(5)消费者对商品的价格预期。当消费者预期某种商品的价格在下一期上升时,就会增加对该商品的现期需求量;当消费者预期某商品的价格在下一期下降时,就会减少对该商品的现期需求量。

(6)人口与结构变动。在其他条件不变的情况下,人口越多,对商品的需求越大;人口越少,对商品的需求越小。

(7)政府的消费政策。商品的需求与政府对该商品的限制或鼓励政策有关。

2. 需求与需求影响因素之间的关系描述

可以通过需求函数、需求表或需求曲线来描述需求量与影响因素之间的相互关系。

(1)需求函数

需求函数是表示一种商品的需求数量和影响该需求数量的各种因素之间的相互关系。假定其他条件不变,仅分析一种商品的价格变化对该商品需求量的影响,则需求函数就可以用下式表示:

$$Q^d = f(P) \tag{2-1}$$

式中:P——商品的价格;

Q^d——商品的需求量。

(2)需求表和需求曲线

需求表是表示某种商品的各种价格水平和与各种价格水平相对应的该商品的需求数量之间关系的数字序列表。表2-1是某商品的需求表。

商品的需求表 表2-1

价格-数量组合	A	B	C	D	E	F	G
价格(元)	1	2	3	4	5	6	7
需求量(单位数)	700	600	500	400	300	200	100

从表 2-1 中可以清楚地看到商品价格与需求量之间的函数关系。当商品价格是 1 元时，商品的需求量是 700 单位；而当商品的价格上升为 7 元时，其需求量减少到 100 单位。

需求曲线是根据需求表中商品的不同价格-需求量的组合在平面直角坐标系上所绘制的一条价格与需求量的函数关系曲线。图 2-1 是根据表 2-1 所绘制的一条需求曲线。图 2-2 是一种常见的需求曲线形式。

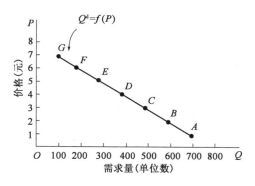

图 2-1　某商品的需求曲线　　　　图 2-2　需求曲线

图 2-1 和图 2-2 中横轴 OQ 表示商品的数量，纵轴 OP 表示商品的价格。与数学上的习惯相反，在微观经济分析需求曲线与供给曲线时，横坐标表示因变量，纵坐标表示自变量。

从表 2-1 可见，商品的需求量随着商品价格上升而减少。相应的，在图 2-1 和图 2-2 中的需求曲线具有一个明显的特征，它是向右下方倾斜的，即它的斜率为负值。它们都表示商品的需求量和价格之间呈反方向变动的关系，这种需求量与价格呈反方向的规律，即我们通常所说的需求定理。在进行交通需求分析时，通常用交通需求曲线来表示价格或运输成本与交通（需求）量之间的相互关系。

(3) 需求曲线的移动

要了解需求曲线的移动，必须区分需求量的变动和需求的变动这两个概念。

需求量的变动是指在其他条件不变时，由某商品的价格变动所引起的该商品的需求数量的变动。在几何图形中，需求量的变动表现为商品的价格-需求数量组合点沿着一条既定的需求曲线的运动。例如，在图 2-1 中，当商品的价格由 2 元逐步上升为 5 元，它所引起的商品需求数量由 600 单位逐步减少为 300 单位时，商品的价格-需求数量组合由 B 点沿着既定的需求曲线，经过 C、D 点，运动到 E 点。需要指出的是，这种变动虽然表示需求数量的变化，但是并不表示整个需求状态的变化。因为，这些变动的点都在同一条需求曲线上。

需求的变动是指在某商品价格不变的条件下，由于其他因素变动所引起的该商品需求曲线的移动。这里的其他因素变动是指消费者收入水平变动、相关商品的价格变动、消费者偏好的变化和消费者对商品的价格预期的变动等。在几何图形中，需求的变动表现为需求曲线的位置发生移动。比如，在商品价格不变的前提下，收入增加则导致需求曲线向右平移。

(4) 需求理论及需求曲线在公路工程中的应用

法国工程师、经济学家朱利斯·什比（Jules Dupuit，1804—1866 年）最早把需求理论运用于桥梁的收益计算以及桥梁收费标准的制定中。法国某城市拟建一座大桥，在大桥修建之前，此处有一渡口。杜比发现，大桥上的交通量与收费价格有关。经过观测，它们之间的关系如图 2-3 所示。即当收费价格为 1 元时，其交通量为 0，而当收费价格为 0 时，其交通量可达 400

万辆/年。因此杜比通过分析计算,确定从最大收费收入角度考虑,其收费价格应定为0.5元,此时的交通量为200万辆/年,其收费收入最大,为100万元/年,而在其他收费标准下,其收费收入均小于100万元/年。

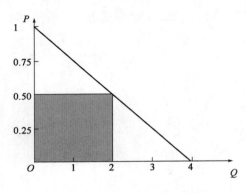

图2-3 大桥收费中的交通需求曲线

二、供给与供给曲线

1. 供给及其影响因素

供给是指生产者在一定时期内在各种可能的价格下愿意而且能够提供出售的某种商品数量,是供给欲望与供给能力的统一。供给量不是生产者想要出售的商品数量,而是确定的计划出售数量。但是,供给量也并不一定等于实际出售量。

一种商品的供给数量取决于多种因素的影响,其中主要因素有:商品的自身价格、生产成本、生产技术水平、相关商品的价格和生产者对未来的预期以及生产者的数量等。

(1)商品的自身价格。在其他条件不变的情况下,商品的价格越高,生产者提供的产量就越大;商品的价格越低,生产者提供的产量就越小。供给与价格的这一关系通常称为供给规律或供给定理。

(2)生产成本。在商品自身价格不变的条件下,生产成本上升会减少利润,从而使得商品的供给量减少;生产成本下降会增加利润,从而使得商品的供给量增加。

(3)生产技术水平。在一般情况下,生产技术水平的提高可以降低生产成本,增加生产者的利润,生产者会提供更多的产量。

(4)相关商品的价格。相关商品包括替代品和互补品。一种替代品价格上升,另一种替代品的供给就会减少。如果两种商品是互补的,即这种商品必须是同时生产的,那么,一种商品的价格上升,另一种的供给也会增加。

(5)生产者对未来的预期。如果生产者对未来的预期看好,如预期商品的价格会上涨,则生产者在制订生产计划时就会增加产量和供给;如预期商品的价格会下降,生产者在制订计划时就会减少产量和供给。

(6)生产者的数量。在其他条件不变的情况下,生产同一种商品的生产者越多,该商品的供给也越多;反之,该商品的供给也越少。

(7)政府的政策。

2. 供给与供给影响因素之间的关系描述

供给与供给影响因素之间的关系也可以通过供给函数、供给表及供给曲线来描述。

(1) 供给函数

一种商品的供给量是所有影响这种商品供给量的因素的函数。如果假定其他因素均不发生变化，仅考虑一种商品的价格变化对其供给量的影响，即把一种商品的供给量只看成是这种商品价格的函数，则供给函数就可以表示为：

$$Q^s = f(P) \tag{2-2}$$

式中：P——商品的价格；

Q^s——商品的供给量。

(2) 供给表和供给曲线

供给表是表示某种商品的各种价格和与各种价格相对应的该商品的供给量之间关系的数字序列表。如表2-2所示是某商品的供给表。

某商品的供给表 表2-2

价格-供给量组合	A	B	C	D	E
价格（元）	2	3	4	5	6
供给量（单位数）	0	200	400	600	800

表2-2清楚地表示了商品的价格和供给量之间的函数关系。例如，当价格为6元时，商品的供给量为800单位；当价格下降为2元时，商品的供给量减少为零。

商品的供给曲线是根据供给表中商品的价格-供给量组合在平面坐标图上所绘制的一条曲线。如图2-4所示便是根据表2-2所绘制的一条供给曲线。

图中的横轴 OQ 表示商品数量，纵轴 OP 表示

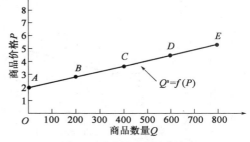

图2-4 某商品的供给曲线

商品价格。以供给函数为基础的供给表和供给曲线都反映了商品的价格变动和供给量变动二者之间的规律。从表2-2可见，商品的供给量随着商品价格的上升而增加。相应地，在图2-4中的供给曲线表现出向右上方倾斜的特征，即供给曲线的斜率为正值。它们都表示商品的供给量和价格呈同方向变动的规律（即所谓的供给定理）。

3. 供给曲线的移动

类似于以上关于需求量的变动和需求的变动的区分，供给量的变动和供给的变动都是供给数量的变动，它们的区别在于引起这两种变动的因素是不相同的，而且，这两种变动在几何图形中的表示也是不相同的。

供给量的变动是指在其他条件不变时，由某商品的价格变动所引起的该商品供给数量的变动。在几何图形中，这种变动表现为商品的价格-供给量组合点沿着一条既定的供给曲线运动。在图2-4中，随着价格上升所引起的供给数量的逐步增加，A 点沿着同一条供给曲线逐步运动到 E 点。

供给的变动是指在某商品价格不变的条件下，由于其他因素变动所引起的该商品的供给数量的变动。这里的其他因素变动可以指生产成本的变动、生产技术水平的变动、相关商品价格的变动和生产者对未来的预期的变化等。在几何图形中，供给的变动表现为供给曲线的位

置发生移动。

在除商品价格以外的其他因素变动的影响下,供给增加,供给曲线向右平移;供给减少,供给曲线向左平移。

三、均衡价格的决定

微观经济学中,商品的价格是指商品的均衡价格,即商品的市场需求量和市场供给量相等时候的同一价格。商品的均衡价格是在商品的市场需求和市场供给这两种相反力量的相互作用下形成的。

1. 均衡价格的决定

一种商品的均衡价格是指该商品的市场需求量和市场供给量相等时的价格。在均衡价格水平下相等的供求数量被称为均衡数量。一种商品市场均衡出现在该商品的市场需求曲线和市场供给曲线相交的交点上,该交点被称为均衡点。均衡点上的价格和相等的供求量分别被称为均衡价格和均衡数量。市场上需求量和供给量相等的状态,也被称为市场出清的状态。

现在把图 2-1 中的需求曲线和图 2-4 中的供给曲线结合在一起,用图 2-5 说明一种商品的市场均衡价格的决定。

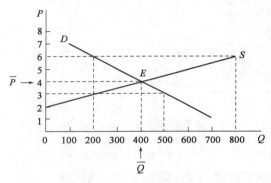

图 2-5 均衡价格的决定

在图 2-5 中,假定 D 曲线为市场的需求曲线,S 曲线为市场的供给曲线。需求曲线 D 和供给曲线 S 相交于 E 点,E 点为均衡点。在均衡点 E,均衡价格 $\overline{P}$ = 4 元,均衡数量 $\overline{Q}$ = 400。显然,在均衡价格 4 元的水平下,消费者的购买量和生产者的销售量是相等的,都为 400 单位。

商品的均衡价格表现为商品市场上需求和供给这两种相反的力量共同作用的结果,它是在市场的供求力量的自发调节下形成的。当市场价格偏离均衡价格时,市场上会出现需求量和供给量不相等的非均衡的状态。一般说来,在市场机制的作用下,这种供求不相等的非均衡状态会逐步消失,实际的市场价格会自动地恢复到均衡价格水平。

用图 2-5 来说明均衡价格的形成。当市场的实际价格高于均衡价格为 6 元时,商品的需求量为 200 单位,供给量为 800 单位。这种供给量大于需求量的商品过剩或超额供给的市场状况,一方面会使需求者压低价格来购买商品,另一方面,又会使供给者减少商品的供给量。这样,该商品的价格必然下降,一直下降到均衡价格 4 元的水平。与此同时,随着价格由 6 元下降为 4 元,商品的需求量逐步地由 200 单位增加为 400 单位,商品的供给量逐步地由 800 单位减少为 400 单位,从而实现供求量相等的均衡数量 400 单位。相反地,当市场的实际价格低于均衡价格为 3 元时,商品的需求量为 500 单位,供给量为 200 单位。面对这种需求量大于供给量的商品短缺或超额需求的市场状况,一方面,迫使需求者提高价格来得到他所要购买的商品量,另一方面,又使供给者增加商品的供给量。这样,该商品的价格必然上升,一直上升到均衡价格 4 元的水平。在价格由 3 元上升为 4 元的过程中,商品的需求量逐步地由 500 单位减少为 400 单位,商品的供给量逐步地由 200 单位增加为 400 单位,最后达到供求量相等的均衡数量 400 单位。由此可见,当市场上的实际价格偏离均衡价格时,市场上总存在着变化的力量,最终达到市场均衡或市场出清。

2. 均衡价格的变动

在供给不变的情况下,需求增加会使需求曲线向右平移,从而使得均衡价格和均衡数量都增加;需求减少会使需求曲线向左平移,从而使得均衡价格和均衡数量都减少。需求的变动对均衡的影响如图2-6所示。

在图2-6中,既定的供给曲线 S 和最初的需求曲线 D_1 相交于 E_1 点。在均衡点 E_1,均衡价格为 P_1,均衡数量为 Q_1。需求增加使需求曲线向右平移至 D_2 曲线的位置,D_2 曲线与 S 曲线相交于 E_2 点。在均衡点 E_2,均衡价格上升为 P_2,均衡数量增加为 Q_2。相反,需求减少使需求曲线向左平移至 D_3 曲线的位置,D_3 曲线与 S 曲线相交于 E_3 点。在均衡点 E_3,均衡价格下降为 P_3,均衡数量减少为 Q_3。

在需求不变的情况下,供给增加会使供给曲线向右平移,从而使得均衡价格下降,均衡数量增加;供给减少会使供给曲线向左平移,从而使得均衡价格上升,均衡数量减少。如图2-7所示。

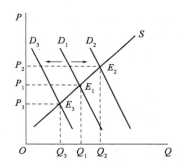 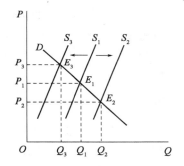

图2-6 需求的变动对均衡的影响　　　图2-7 供给的变动对均衡的影响

在图2-7中,既定的需求曲线 D 和最初的供给曲线 S_1 相交于 E_1 点。在均衡点 E_1 的均衡价格和均衡数量分别为 P_1 和 Q_1。供给增加使供给曲线向右平移至 S_2 曲线的位置,并与 D 曲线相交于 E_2 点。在均衡点 E_2,均衡价格下降为 P_2,均衡数量增加为 Q_2。相反,供给减少使供给曲线向左平移至 S_3 曲线的位置,且与 D 曲线相交于 E_3 点。在均衡点 E_3,均衡价格上升为 P_3,均衡数量减少为 Q_3。

综上所述,可以得到供求定理:在其他条件不变的情况下,需求变动分别引起均衡价格和均衡数量的同方向的变动;供给变动引起均衡价格的反方向的变动,引起均衡数量同方向的变动。

四、弹性及其应用

1. 弹性的基本概念

"弹性"是一个物理学名词,指一物体对外力的反应程度,表示相对数之间的相互关系,即百分数变动的比率,或者说它是一个量变动1%,引起另一个量变动百分之多少(程度)的概念。对于任何存在函数关系的经济变量之间,都可以建立二者之间的弹性关系或进行弹性分析。但弹性分析是数量分析,对于难以数量化的因素便无法进行计算和精确考察。弹性系数表示弹性的大小:

$$\text{弹性系数} = \frac{\text{因变量变动的比例}}{\text{自变量变动的比例}}$$

若两个经济变量之间的函数关系为 $Y=f(X)$,以 ΔX、ΔY 分别表示变量 X、Y 的变动量,以 E 表示弹性系数,则弹性公式为:

$$E = \frac{\Delta Y/Y}{\Delta X/X} = \frac{\Delta Y}{\Delta X} \cdot \frac{X}{Y} \tag{2-3}$$

若经济变量的变化量趋于无穷小,则弹性就等于因变量的无穷小的变动率与自变量的无穷小的变动率之比。即当式(2-3)中的 $\Delta X \to 0$ 且 $\Delta Y \to 0$ 时,则弹性公式为:

$$E = \lim_{\Delta X \to 0} \frac{\Delta Y/Y}{\Delta X/X} = \frac{\mathrm{d}Y/Y}{\mathrm{d}X/X} = \frac{\mathrm{d}Y}{\mathrm{d}X} \cdot \frac{X}{Y} \tag{2-4}$$

通常将式(2-3)称为弧弹性,将式(2-4)称为点弹性。弹性的概念是就自变量和因变量的相对变动率而言的,因此,弹性数值与自变量和因变量的度量单位无关。

2. 需求的价格弹性

(1)需求价格弹性计算公式

需求方面的弹性主要包括需求的价格弹性、需求的交叉价格弹性和需求的收入弹性。其中,需求的价格弹性又被简称为需求弹性。需求弹性通常用需求弹性系数来表示。

需求的价格弹性表示在一定时期内一种商品的需求量变动对于该商品价格变动的反应程度。需求价格弹性系数为:

$$\text{需求的价格弹性系数} = \frac{\text{需求变动率}}{\text{价格变动率}}$$

需求的价格弹性可以分为弧弹性和点弹性。

需求的价格弧弹性表示某商品需求曲线上两点之间的需求量变动对于价格变动的反应程度。简单地说,它表示需求曲线上两点之间的弹性。假定需求函数为 $Q=f(P)$,ΔQ 和 ΔP 分别表示需求量的变动和价格的变动量,以 E_d 表示需求的价格弹性系数,则需求的价格弧弹性的公式为:

$$E_d = -\frac{\Delta Q/Q}{\Delta P/P} = -\frac{\Delta Q}{\Delta P} \cdot \frac{P}{Q} \tag{2-5}$$

在通常情况下,由于商品的需求量和价格是呈反方向变动的,$\Delta Q/\Delta P$ 为负值,为了便于比较,在公式(2-5)中加了一个负号,使需求的价格弹性系数 E_d 取正值。

需求价格点弹性表示需求曲线上某一点的需求量变动对于价格变动的反应程度。需求的价格点弹性的公式为:

$$E_d = \lim_{\Delta P \to 0} -\frac{\Delta Q/Q}{\Delta P/P} = -\frac{\mathrm{d}Q}{\mathrm{d}P} \cdot \frac{P}{Q} \tag{2-6}$$

需求价格弧弹性和点弹性的本质是相同的。区别在于:前者表示价格变动量较大时需求曲线上两点之间的弹性,而后者表示价格变动量无穷小时需求曲线上某一点的弹性。

(2)需求价格弹性的五种类型

①需求富有弹性:弹性系数 $E_d > 1$,如图2-8a)所示。

②需求缺乏弹性:弹性系数 $0 < E_d < 1$,如图2-8b)所示。

③需求单位弹性:弹性系数 $E_d = 1$,如图2-8c)所示。

④需求完全有弹性:弹性系数 $E_d = \infty$,需求对价格变动的反应为无穷大,如图2-8d)所示。

⑤需求完全无弹性:弹性系数 $E_d=0$,需求不受价格变动的影响,如图 2-8e)所示。

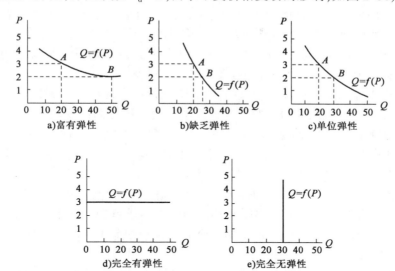

图 2-8　需求的价格弹性的五种类型

(3)需求价格弹性的影响因素

影响需求价格弹性的因素主要有以下方面:

第一,商品的可替代性。一般说来,一种商品的可替代品越多,相近程度越高,该商品的需求弹性往往就越大;反之,该商品需求的价格弹性往往越小。

第二,商品用途的广泛性。一般说来,一种商品的用途越广泛,其需求的价格弹性就可能越大;用途越狭窄,其需求的价格弹性就可能越小。如果一种商品具有多种用途,当它的价格较高时,消费者只购买较少的数量用于最重要的用途上,当它的价格逐步下降时,消费者购买量就会逐渐增加,将商品越来越多地用于其他的各种用途上。

第三,商品对消费者生活的重要程度。一般说来,生活必需品的需求的价格弹性较小,非必需品的需求的价格弹性较大。

第四,商品的消费支出在消费者预算总支出中所占的比重。消费者在某商品上的消费支出在预算总支出中所占的比重越大,该商品的需求的价格弹性越大;反之,则越小。

第五,所考察的消费者调节需求量的时间。一般说来,所考察的调节时间越长,则需求的价格弹性就可能越大。因为,当消费者决定减少或停止对价格上升的某商品的购买之前,他一般需要花费时间去寻找和了解该商品的可替代品。

需要指出,一种商品需求的价格弹性的大小是各种影响因素综合作用的结果。所以在分析一种商品的需求的价格弹性的大小时,要根据具体情况进行全面的综合分析。

(4)需求的价格弹性和厂商的销售收入

假定厂商的商品销售量等于市场上对其商品的需求量,这样,厂商的销售收入就又可以表示为商品的价格乘以商品的需求量。那么,怎样通过合理调整价格来提高销售收入呢？事实上,可以通过考察弹性系数的大小来做出调价决策。

商品的需求价格弹性和提供该商品的厂商的销售收入之间存在着密切的关系。这种关系可归纳为以下三种情况:

第一种情况:对于 $E_d > 1$ 的富有弹性的商品,降低价格会增加厂商的销售收入,提高价格会减少厂商的销售收入,即厂商的销售收入与商品的价格呈反方向的变动。这是因为,当 $E_d > 1$ 时,厂商降价所引起的需求量的增加率大于价格的下降率。这意味着价格下降所造成的销售收入的减少量必定小于需求量增加所带来的销售收入的增加量。所以,降价最终带来销售收入增加。相反,在厂商提价时,最终带来销售收入减少。

第二种情况:对于 $E_d < 1$ 的缺乏弹性的商品,降低价格会使厂商的销售收入减少,提高价格会使厂商的销售收入增加,即销售收入与商品的价格呈同方向的变动。其原因在于 $E_d < 1$ 时,厂商降价所引起的需求量的增加率小于价格的下降率。这意味着需求量增加所带来的销售收入的增加量并不能全部抵消价格下降所造成的销售收入的减少量。所以,降价最终使销售收入减少。相反,在厂商提价时,销售收入增加。

第三种情况:对于 $E_d = 1$ 的单位弹性的商品,降低价格或提高价格对厂商的销售收入都没有影响。这是因为当 $E_d = 1$ 时,厂商变动价格所引起的需求量的变动率和价格的变动率是相等的,由价格变动所造成的销售收入的增加量或减少量刚好等于由需求量变动所带来的销售收入的减少量或增加量。

将 $E_d = \infty$ 和 $E_d = 0$ 的两种特殊情况考虑在内,商品的需求的价格弹性和厂商的销售收入之间的关系如表2-3所示。

需求的价格弹性和销售收入表 表2-3

类别	$E_d > 1$	$E_d = 1$	$E_d < 1$	$E_d = 0$	$E_d = \infty$
降价	增加	不变	减少	同比例与价格的下降而下降	既定价格下降,收益可以无限增加,因此,厂商不会降价
涨价	减少	不变	增加	同比例与价格的上升而增加	收益会减少为零

由于厂商的销售收入就等于消费者的购买支出,所以,以上关于需求的价格弹性和厂商的销售收入之间关系的分析和结论,对于需求的价格弹性和消费者的购买支出之间的关系也同样适用。

3. 需求的交叉价格弹性

任何一种商品的需求量都取决于其替代品和互补品的价格。某种商品需求量对其替代品和互补品价格变动的反应程度用需求的交叉价格弹性来衡量,需求的交叉价格弹性也简称为需求的交叉弹性。

假定商品 X 的需求量 Q_X 是它的相关商品 Y 的价格 P_Y 的函数,即 $Q_X = f(P_Y)$,则商品 X 的需求交叉价格弧弹性可用以下公式计算:

$$E_{XY} = \frac{\Delta Q_X / Q_X}{\Delta P_Y / P_Y} = \frac{\Delta Q_X}{\Delta P_Y} \cdot \frac{P_Y}{Q_X} \tag{2-7}$$

式中:ΔQ_X——商品 X 的需求量的变化量;

ΔP_Y——相关商品 Y 的价格变化量;

E_{XY}——当 Y 商品的价格发生变化时 X 商品的需求交叉价格弹性系数。

当 X 商品的需求量的变化量 ΔQ_X 和相关商品价格的变化量 ΔP_Y 均为无穷小时,则商品 X 的需求的交叉价格点弹性公式为:

$$E_{XY} = \lim_{\Delta P_Y \to 0} \frac{\Delta Q_X / Q_X}{\Delta P_Y / P_Y} = \frac{dQ_X / Q_X}{dP_Y / P_Y} = \frac{dQ_X}{dP_Y} \cdot \frac{P_Y}{Q_X} \tag{2-8}$$

需求的交叉价格弹性系数的符号取决于所考察的两种商品的相关关系。商品之间的相关关系可以分为两种，一种为替代关系，另一种为互补关系。如果两种商品之间可以互相代替以满足消费者的某一种欲望，则称这两种商品之间存在着替代关系，这两种商品互为替代品。如果两种商品必须同时使用才能满足消费者的某一种欲望，则称这两种商品之间存在着互补关系，这两种商品互为互补品。若两种商品之间存在替代关系，则一种商品对其替代品价格的需求交叉弹性系数为正值；若两种商品之间存在互补关系，则一种商品对其互补品的需求的交叉弹性系数为负值。

同样，可以根据需求的交叉弹性来判断两种商品之间的关系。如果交叉弹性系数为正值，则说明这两种商品为替代关系；如果交叉弹性为负值，则说明两种商品为互补关系；如果交叉弹性为零，则这两种商品之间没有替代或互补关系。需求交叉弹性系数的绝对值越大，则这两种商品之间的替代或互补关系也就越密切。

在制定公路的收费标准时，或对公路交通量进行管理过程中，同样应考虑到公路的交叉弹性的影响。例如，某城市原有一座大桥，但交通拥挤严重，因此，贷款新建了一座大桥。为偿还贷款，决定收取过桥费。但根据财政部《贷款修建高等级公路、大型隧道、桥梁收取车辆通行费的规定》，只能在新建桥梁上收费，由于这两座桥梁具有互相替代的作用，结果收费桥梁的交叉弹性致使新建桥梁的交通量很少，而老桥上的交通依然拥挤严重，致使收费收入很少，贷款难以回收，且收费标准越高，这种现象越严重。当市政府发现这一现象是由于需求的交叉弹性原因引起的之后，决定在老桥上也进行收费，结果，新桥受老桥收费后需求交叉弹性的影响而交通量增加，由此不仅解决了老桥交通拥挤的问题，而且加快了贷款总额的回收，缩短了新桥的收费还贷时间。

4. 需求的收入弹性

随着收入增加，某种物品的需求会变动，变动的多少可以用需求的收入弹性来度量。需求的收入弹性表示在一定时期内消费者对某种商品的需求量的变动对于消费者收入量变动的反应程度。它是商品的需求量的变动率和消费者的收入量的变动率的比值，即：

$$需求的收入弹性 = \frac{需求量变动率}{收入变动率}$$

以 E_Y 代表需求收入弹性，Q 代表需求量，Y 代表收入，则该商品需求的收入弧弹性公式为：

$$E_Y = \frac{\Delta Q/Q}{\Delta Y/Y} = \frac{\Delta Q}{\Delta Y} \cdot \frac{Y}{Q} \tag{2-9}$$

需求的收入点弹性公式为：

$$E_Y = \lim_{\Delta Y \to 0} \frac{\Delta Q/Q}{\Delta Y/Y} = \frac{dQ}{dY} \cdot \frac{Y}{Q} \tag{2-10}$$

需求的收入弹性可以为正值，也可以为负值，一般可以分为三种情况：
(1) 需求的收入弹性大于1（富有收入弹性）。
(2) 需求的收入弹性在0与1之间（缺乏收入弹性）。
(3) 需求的收入弹性小于0（负的收入弹性）。

需求的收入弹性为正值的物品称为正常物品，需求的收入弹性为负值的物品称为低档物品。在正常物品中，需求的收入弹性大于1的物品为奢侈品，需求的收入弹性小于1的物品称为必需品。

在需求预测中,需求的收入弹性是很有用的。通过运用这种弹性,可以把对平均收入增长率的预测转变为对某种物品与劳务需求增长率的预测。例如,如果每年平均收入增长3%,那么用这种增长率乘以汽车需求的收入弹性1.36,就可以得出公路交通需求(汽车需求)将增加4%。

5. 供给弹性

供给弹性包括供给的价格弹性、供给的交叉价格弹性和供给的预期价格弹性等。在此考察的是供给的价格弹性,它通常被简称为供给弹性。供给的价格弹性表示在一定时期内一种商品的供给量变动对于该商品的价格变动的反映程度。它是商品的供给量变动率与价格变动率之比。

设供给函数为 $Q_s = f(P)$,以 E_s 表示供给的价格弹性系数,则其弧弹性的公式为:

$$E_s = \frac{\Delta Q/Q}{\Delta P/P} = \frac{\Delta Q}{\Delta P} \cdot \frac{P}{Q} \tag{2-11}$$

供给的价格点弹性的公式为:

$$E_s = \frac{dQ/Q}{dP/P} = \frac{dQ}{dP} \cdot \frac{P}{Q} \tag{2-12}$$

在通常情况下,商品的供给量和商品的价格是呈同方向变动的,供给量的变化量和价格的变化量的符号是相同的。所以,在上面公式中,$\Delta Q/\Delta P$ 和 dQ/dP 均大于零,作为计算结果的 E_s 都为正值。

根据 E_s 值的大小,供给的价格弹性也可分为五个类型。若 $E_s > 1$,表示富有弹性;若 $E_s < 1$,表示缺乏弹性;若 $E_s = 1$,表示单一弹性;若 $E_s = \infty$,表示完全有弹性;若 $E_s = 0$,表示完全无弹性。

在影响供给的价格弹性的众多因素中,时间因素是一个很重要的因素。当商品的价格发生变化时,厂商对产量的调整需要一定的时间。在很短的时间内,厂商若要根据商品的涨价及时地增加产量,或者若要根据商品的降价及时地缩减产量,都存在不同程度的困难,相应的供给弹性是比较小的。但在长时期内,生产规模的扩大与缩小甚至转产,都是可以实现的,供给量可以对价格变动量做出较充分的反应,供给弹性也就比较大了。

另外,商品的技术状况也是影响供给价格弹性的一个重要因素,需要尖端技术、工艺复杂的商品,其供给会缺乏弹性。除此之外,在其他条件不变时,生产成本随产量变化而变化的情况和产品的生产周期的长短,也是影响供给弹性的重要因素。例如,公路的投资规模大,建设周期很长,因此,公路的供给是缺乏弹性的。

6. 需求弹性在公路工程经济分析中的应用

可以应用需求弹性理论来指导公路收费标准的制定或分析收费标准的合理性。

某地贷款修建了一条高速公路,并计划通过收费来偿还公路建设项目的贷款本息。于是业主根据本项目的贷款额、交通量、贷款偿还期限计算出了汽车的收费标准,其平均收费标准为10元/辆,其中大型车的收费标准是1.30元/(辆·km);中型车的收费标准是0.80元/(辆·km);小型车的收费标准是0.40(辆·km);特挂车的收费标准是1.90元/(辆·km)。但在实际的收费过程中,却发现其收费收入达不到原来的预计值,交通量也比预测交通量小了许多。此时出现了两种不同意见:一种意见认为要提高收费收入,应提高收费标准;而另一种意见认为,为提高收费收入,应降低收费标准。为此,业主聘请专家进行了技术经济咨询。

专家通过调查分析发现,有一条与该高速公路平行的二级公路存在,而且沿线还有铁路运输,因此,由于有这两种替代运输的影响,高速公路的交通需求弹性充足,受提高收费标准的影响,交通量的下降十分明显,主要表现为:

(1) 交通量将大量地向并行的二级公路上转移,估计有80%的公路交通量发生在原二级公路上。

(2) 由于收费,原来估计会转化成公路运输的部分铁路客货运输量仍然沿用铁路运输方式。

(3) 由于收费价格太高而抑制了新生交通量的增加。

另外,由于汽车是一种高消费品,其消费支出在消费者预算总支出中所占比重较大,这也是高速公路需求弹性充足的原因。

专家通过进一步的调查发现,业主原来确定的收费标准已达到高速公路级差效益的80%,在假定收费标准等于级差效益时,其高速公路的交通量为0(且需求曲线为一直线)的条件下,专家计算提出此时的弹性系数为:$E_d = 80\% \div 20\% = 4$,因此,为提高收费收入,应降低收费标准。为此,咨询单位提出了降低收费标准的意见,并建议降低收费标准20%。

业主采纳了咨询单位的意见,效果十分明显,收费标准降低后,高速公路的交通量比原来增加了近1倍,扣除降价因素,实际收费收入比原来仍增加了80%。

2.2 消费者行为理论和生产理论

一、消费者行为理论

1. 消费者行为理论概述

消费者行为是指在消费者收入和商品价格一定的条件下,消费者为获得最大满足对各种商品所做的选择活动。消费者行为理论认为,消费者对商品的需求取决于该商品的效用。效用是指商品满足人的欲望的能力评价,或者说,效用是指消费者在消费商品时所感受到的满足程度。一种商品对消费者是否具有效用,取决于消费者是否有消费这种商品的欲望以及这种商品是否具有满足消费者欲望的能力。效用越大,则说明该商品对消费者的满足程度越高。消费者行为理论认为,消费者提供生产要素,获得收入,然后在消费过程中使用自己的既定收入来达到效用最大化。

消费者行为理论分为基数效用论与序数效用论。基数效用论者认为,效用是可以计量并加总求和的,所以效用的大小是可以用基数来表示,其计量单位被称作为效用单位。例如,对某一个人来说,吃一顿丰盛的晚餐和看一场高水平的足球赛的效用分别为5效用单位和10效用单位,则可以说这两种消费的效用之和为15效用单位,且后者的效用是前者的2倍,基数效用论者采用边际效用分析法来研究消费者行为。序数效用论者认为,效用的大小是无法具体衡量的,是不能加总求和的,只能通过顺序或等级如第一、第二、第三等序数来表示。仍用上面的例子,消费者要回答的是偏好哪一种消费,即哪一种消费的效用是第一,哪一种消费的效用是第二。或者是说,要回答的是宁愿吃一顿丰盛的晚餐,还是宁愿看一场高水平的足球赛。进一步地,序数效用论者还认为,就分析消费者行为来说,以序数来度量效用的假定比以基数来度量效用的假定所受到的限制要少,它可以减少一些值得怀疑的心理假设,序数效用论者采用无差异曲线的分析方法来研究消费者行为。

接下来主要介绍基数效用论者是如何运用边际效用分析方法来研究消费者行为以及序数效用论者的无差异曲线分析方法。

2. 边际效用分析

(1) 边际效用的概念

基数效用论者将效用区分为总效用和边际效用。总效用是指消费者在一定时间内从一定数量商品的消费中所得到的效用量的总和,用符号 TU 来表示。边际效用是指消费者在一定时间内增加一单位商品的消费所得到的效用量的增量,用符号 MU 来表示。假定消费者对一种商品的消费数量为 Q,则总效用函数为:

$$\mathrm{TU} = f(Q) \tag{2-13}$$

相应的边际效用函数为:

$$\mathrm{MU} = \frac{\Delta \mathrm{TU}(Q)}{\Delta Q} \tag{2-14}$$

当商品的增加量趋于无穷小,即 $\Delta Q \to 0$ 时有:

$$\mathrm{MU} = \lim_{\Delta Q \to 0} \frac{\Delta \mathrm{TU}(Q)}{\Delta Q} = \frac{\mathrm{dTU}(Q)}{\mathrm{d}Q} \tag{2-15}$$

(2) 边际效用递减规律

边际效用递减规律的内容是:在一定时间内,在其他商品的消费数量保持不变的条件下,随着消费者对某种商品消费量的增加,消费者从该商品连续增加的每一消费单位中所得到的效用增量即边际效用是递减的。

商品的总效用和边际效用之间的关系用表 2-4 来说明。

某商品的效用表 表 2-4

商品数量	总效用	边际效用	价格	商品数量	总效用	边际效用	价格
0	0			4	28	4	2
1	10	10	5	5	30	2	1
2	18	8	4	6	30	0	0
3	24	6	3	7	28	−2	

注:货币的边际效用 $\lambda = 2$。

由表 2-4 可见,当商品的消费量由 0 增加为 1 时,总效用由 0 增加为 10 效用单位,总效用的增量即边际效用为 10 效用单位(因为 10 − 0 = 10)。当商品的消费量由 1 增加为 2 时,总效用由 10 效用单位上升为 18 效用单位,总效用的增量即边际效用下降为 8 效用单位(因为 18 − 10 = 8)。依此类推,当商品的消费量增加为 6 时,总效用达最大值为 30 效用单位,而边际效用已递减为 0(因为 30 − 30 = 0)。此时,消费者对该商品的消费已达到饱和点。当商品的消费量再增加为 7 时,边际效用会进一步递减为负值即效用 −2 单位(因为 28 − 30 = −2),总效用便下降为 28 效用单位。

根据表 2-4 所绘制的总效用和边际效用曲线如图 2-9 所示。

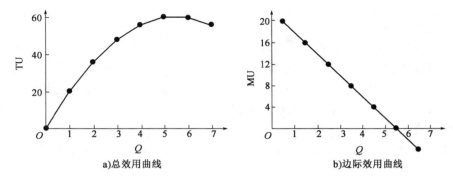

图 2-9 某商品的效用曲线

在图 2-9 中,MU 曲线是向右下方倾斜的,它反映了边际效用递减规律,相应地,TU 曲线是以递减的速率先上升后下降的。当边际效用为正值时,总效用曲线呈上升趋势;当边际效用递减为零时,总效用曲线达最高点;当边际效用继续递减为负值时,总效用曲线呈下降趋势。从数学意义上讲,如果效用曲线是连续的,则每一消费量上的边际效用值就是总效用曲线上相应点的斜率。

为什么在消费过程中会呈现出边际效用递减规律呢?基数效用论者认为,边际效用递减规律成立的原因,是由于随着相同消费品的连续增加,从人的生理和心理的角度讲,从每一单位消费品中所感受到的满足程度和对重复刺激的反应程度是递减的。还可以是由于在一种商品具有几种用途时,消费者总是将第一单位的消费品用在最重要的用途上,第二单位的消费品用在次重要的用途上,如此等等。这样,消费品的边际效用便随着消费品的用途重要性的下降而递减。

(3) 消费者均衡

消费者均衡是研究单个消费者如何把有限的货币收入分配在各种商品的购买中以获得最大的效用。也可以说,它是研究单个消费者在既定收入下实现效用最大化的均衡条件。

消费者实现效用最大化的均衡条件是:如果消费者的货币收入水平是固定的,市场上各种商品的价格是已知的,那么,消费者应该使自己所购买的各种商品的边际效用与价格之比相等。或者说,消费者应使自己花费在各种商品购买上的最后 1 元钱所带来的边际效用相等。

设消费者的既定收入为 I,他可以购买 n 种商品,P_1、P_2、$\cdots$、P_n 分别为 n 种商品的既定价格,λ 为不变的货币的边际效用。以 X_1、X_2、$\cdots$、X_n 分别表示 n 种商品的数量,MU_1、MU_2、$\cdots$、MU_n 分别表示 n 种商品的边际效用,则上述的消费者效用最大化的均衡条件可以用公式表示为:

$$P_1 X_1 + P_2 X_2 + \cdots + P_n X_n = I \tag{2-16}$$

$$\frac{MU_1}{P_1} = \frac{MU_2}{P_2} = \cdots = \frac{MU_n}{P_n} = \lambda \tag{2-17}$$

其中,式(2-16)是限制条件,式(2-17)是在限制条件下消费者实现效用最大化的均衡条件。式(2-16)表示消费者应选择最优的商品组合,使得自己花费在各种商品上的最后一元钱所带来的边际效用相等,且等于货币的边际效用。

注意,上述均衡条件要求的是每一元钱所得到的边际效用相等,不是每一种商品的边际效用相等;每一种商品的边际效用相等并不能保证消费者获得最大的效用,因为各种商品的价格是不同的。

(4)需求曲线的推导

商品的需求价格是指消费者在一定时期内对一定量的某种商品所愿意支付的最高价格。基数效用论者认为,商品的需求价格取决于商品的边际效用。具体地说,如果某一单位的某种商品的边际效用越大,则消费者为购买这一单位的该种商品所愿意支付的最高价格就越高;如果某一单位的某种商品的边际效用越小,则消费者为购买这一单位的该种商品所愿意支付的最高价格就越低。

现在考察消费者购买一种商品的情况,由式(2-17)可知,此时的消费者均衡条件为:

$$\frac{MU}{P} = \lambda \tag{2-18}$$

即:

$$P = \frac{MU}{\lambda} \tag{2-19}$$

所以,在 λ 不变的条件下,商品的需求价格是由商品的边际效用决定的。由于对任何一种商品来说,随着需求量的增加,边际效用 MU 是递减的,因此,由式(2-19)可知,商品的需求价格必然同比例于 MU 的递减而递减。因而商品的需求曲线在形式上必然类似于商品的边际效用曲线。

(5)消费者剩余

在消费者购买商品时,一方面,消费者对每一单位商品所愿意支付的最高价格取决于这一单位商品的边际效用。由于商品的边际效用是递减的,所以,消费者对某种商品所愿意支付的最高价格是逐步下降的。另一方面,消费者对每一单位商品所愿意支付的最高价格并不等于该商品在市场上的实际价格。事实上,消费者在购买商品时是按实际的市场价格支付的。于是,在消费者愿意支付的最高价格和实际的市场价格之间就产生了一个差额,这个差额便构成了消费者剩余的基础。例如:某种汉堡包的市场价格为 3 元,某消费者在购买第一个汉堡包时,根据这个汉堡包边际效用,他认为值得付 5 元去购买这个汉堡包,即他愿意支付的最高价格为 5 元。于是当这个消费者以市场价格 3 元购买这个汉堡包时,就创造了额外的 2 元的剩余。在以后的购买过程中,随着汉堡包的边际效用递减,他为购买第二个、第三个、第四个汉堡包所愿意支付的最高价格分别递减为 4.50 元、4.00 元和 3.50 元。这样,他为购买 4 个汉堡包所愿意支付的最高总金额为 17 元,但他实际按市场价格支付的总金额为 3.00×4=12(元)。两者的差额 =17-12=5(元),这个差额就是消费者剩余。也正是从这种感觉上,他认为购买 4 个汉堡包是值得的,是能使自己的状况得到改善的。由此可见,消费者剩余是消费者在购买一定数量的某种商品时愿意支付的最高总价格和实际支付的总价格之间的差额。消费者剩余用图 2-10 的阴影部分来表示(图中,假定实际价格为 P)。

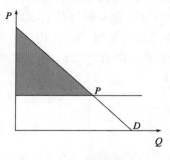

图 2-10　消费者剩余示意图

最后需要指出,消费者剩余并不是消费者实际收入的增加,只是一种心理感觉,它反映消费者通过购买和消费商品所感受到的状态的改善。由于消费者对生活必需品效用评价较高,但其市场价格并不高,因此生活必需品的消费者剩余较大。

3. 无差异曲线分析

（1）无差异曲线及其特点

无差异曲线分析是序数效用论者的一种效用分析方法。无差异曲线是用来表示消费者偏好相同的两种商品的所有组合的。或者说，它是表示能够给消费者带来相同的效用水平或满足程度的两种商品的所有组合的。与无差异曲线相对应的效用函数为：

$$U = f(X_1, X_2) \tag{2-20}$$

式中：X_1、X_2——商品1和商品2的数量；

　　　U——常数，表示某个效用水平。

由于无差异曲线表示的是序数效用，所以，这里的 U 只需表示某一个效用水平，而不在乎某具体数值的大小。这种效用水平又称为效用指数。

用表2-5 和图2-11 具体来说明无差异曲线。

某消费者的无差异表　　　　表2-5

商品组合	表a		表b		表c	
	X_1	X_2	X_1	X_2	X_1	X_2
A	20	130	30	120	50	120
B	30	60	40	80	55	90
C	40	45	50	63	60	83
D	50	35	60	50	70	70
E	60	30	70	44	80	60
F	70	27	80	40	90	54

表2-5 是某消费者关于商品1和商品2的无差异表列。该表由三个子表即表a、表b 和表c 组成，每一个子表中都包含6个商品组合，且假定每一个子表中6个商品组合的效用水平是相等的。以表a 为例：表a 中有 A、B、C、D、E 和F6 个商品组合。在 A 组合中，商品1 和商品2 的数量分别为20 和130；在 B 组合中，商品1 和商品2 的数量分别为30 和60，如此等等。而且，消费者对这6个组合的偏好程度是无差异的。同样地，消费者对表b 中的所有6个商品组合的偏好程度也都是相同的，表c 中6个商品组合给消费者带来的满足程度也都是相同的。

但需要注意，表a、表b 和表c 三者各自所代表的效用水平的大小是不一样的。根据商品数量"多比少好"的原则，可以得出结论：表a 所代表的效用水平低于表b，表b 又低于表c。根据表2-5 绘图得到该消费者的无差异曲线，如图2-11 所示。在图2-11 中，曲线 I_3 所代表的效用最高，而 I_1 所代表的效用最低。

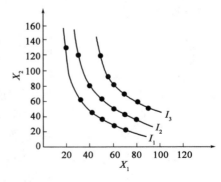

图2-11　某消费者的无差异曲线

无差异曲线具有以下特点：

第一，无差异曲线是一条向右下方倾斜的曲线，其斜率是负值。

第二，在同一平面上任何两条无差异曲线之间，存在着无数条无差异曲线。

第三，同一平面上任意两条无差异曲线不会相交。

第四,无差异曲线是凸向原点的。

(2) 商品的边际替代率

商品的边际替代率是指在维持效用水平或满足程度不变的前提下,消费者增加一单位的某种商品的消费时所需放弃的另一种商品的消费数量之比。以 RCS 代表边际替代率,ΔX_1、ΔX_2 分别代表商品 1 和商品 2 的变化量,则商品 1 对商品 2 的边际替代率公式为:

$$\text{RCS}_{12} = -\frac{\Delta X_2}{\Delta X_1} \tag{2-21}$$

当 $\Delta X_1 \to 0$ 时,则商品的边际替代率公式可写为:

$$\text{RCS}_{12} = \lim_{\Delta X_1 \to 0} -\frac{\Delta X_2}{\Delta X_1} = -\frac{\mathrm{d}X_2}{\mathrm{d}X_1} \tag{2-22}$$

显然,无差异曲线上任何一点的商品的边际替代率等于无差异曲线在该点的斜率的绝对值。

商品的边际替代率是递减的,这一规律称为商品的边际替代率递减规律。商品的边际替代率递减规律决定了无差异曲线的形状凸向原点。

(3) 消费者的预算线

预算线又称预算约束线、消费可能线或价格线,表示在消费者收入和商品价格既定的条件下,消费者的全部收入所能购买到的两种商品的不同数量的各种组合。

设消费者的既定收入为 I,商品 1 和商品 2 的价格为已知的 P_1 和 P_2,以 X_1 和 X_2 表示商品 1 和商品 2 的数量,则预算线的方程为:

$$I = P_1 X_1 + P_2 X_2 \tag{2-23}$$

该式表示,消费者的全部收入 I 等于购买商品 1 的支出与购买商品 2 的支出总和。

预算线方程又可改写为如下形式:

$$X_2 = -\frac{P_1}{P_2} X_1 + \frac{I}{P_2} \tag{2-24}$$

X_1 和 X_2 的关系可用图 2-12 表示,其中 AB 为预算线,$-\frac{P_1}{P_2}$ 为预算线 AB 的斜率,$\frac{I}{P_2}$ 为预算线在纵轴上的截距。

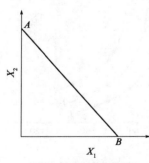

图 2-12 消费者的预算线

既然预算线表示在一定的收入 I 的限制下,当两种商品的价格 P_1 和 P_2 为已知时,消费者可以购买到的两种商品的各种组合。所以,当消费者收入 I 或商品价格 P_1、P_2 发生变化时,便会引起预算线的变动,这种变动可以归纳为四种情况。

第一种情况:商品的价格不变,消费者的收入发生变化,此时,预算线会发生平移,见图 2-13a)。

第二种情况:消费者的收入不变,两种商品的价格同比例同方向变化,此时预算线的位置也会发生平移。

第三种情况:消费者的收入不变,一种商品的价格不变而另一种商品的价格发生变化,此时不仅预算线的斜率 $-\frac{P_1}{P_2}$ 会发生变化,而且预算线的截距 $\frac{I}{P_1}$ 或 $\frac{I}{P_2}$ 也会发生变化,见图 2-13b) 及图 2-13c)。

第四种情况:消费者的收入和两种商品的价格都同比例同方向变动,此时预算线不发生变化。

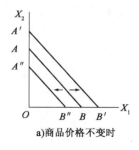
a)商品价格不变时

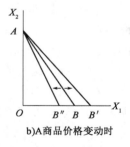
b)A商品价格变动时

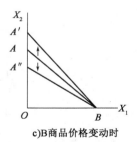
c)B商品价格变动时

图 2-13　预算线的变动

(4)序数效用论的消费者均衡

任何一个理性的消费者在用一定的收入购买商品时,其目的是为了从中获得尽可能大的消费满足。消费者的最优购买行为必须满足两个条件:第一,最优的商品购买组合必须是消费者最偏好的商品组合。也就是说,最优的商品购买组合必须是能够给消费者带来最大效用的商品组合。第二,最优的商品购买组合必须位于给定的预算线上。因此,序数效用论者把无差异曲线和预算线结合在一起来说明消费者的均衡。

消费者最优选择问题实际上就是约束条件下的效用最大化问题:

$$\max. U = f(X_1, X_2) \tag{2-25}$$

$$\text{s.t.} \quad P_1 X_1 + P_2 X_2 = I \tag{2-26}$$

根据条件极值的数学理论可知,确定在预算约束下的效用最大化的拉格朗日函数为:

$$L = f(X_1, X_2) + \lambda(I - P_1 X_1 - P_2 X_2) \tag{2-27}$$

式中:λ——拉格朗日乘数。

效用最大化的一阶条件为:

$$L_1 = \frac{\partial L}{\partial X_1} = \frac{\partial f}{\partial X_1} - \lambda P_1 = 0 \tag{2-28}$$

$$L_2 = \frac{\partial L}{\partial X_2} = \frac{\partial f}{\partial X_2} - \lambda P_2 = 0 \tag{2-29}$$

$$L_\lambda = \frac{\partial L}{\partial \lambda} = I - P_1 X_1 - P_2 X_2 = 0 \tag{2-30}$$

由式(2-28)及式(2-29)可知:

$$\text{RCS}_{12} = \frac{\text{MU}_1}{\text{MU}_2} = \frac{P_1}{P_2} \tag{2-31}$$

这就是消费者效用最大化的均衡条件。它表示:在一定的预算约束下,为了实现最大的效用,消费者应该选择最优的商品组合,使得两种商品的边际替代率等于两种商品的价格之比。也可以这样理解:在消费者的均衡点上,消费者愿意用一单位的某种商品去交换的另一种商品的数量(即 RCS_{12}),应该等于该消费者能够在市场上用一单位的这种商品去交换得到的另一种商品的数量(即 P_1/P_2)。

如果把无差异曲线与预算线组合在一个图上,则表明只有既定的预算线与其中一条无差异曲线的相切点,才是消费者获得最大效用水平或满足程度的均衡点。如图 2-14 所示,预算

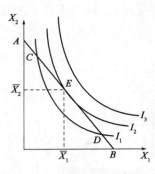

图 2-14 消费者均衡分析图

线 AB 与无差异曲线 I_2 的切点 E 的消费组合是消费者获得最大效用水平或满足程度的均衡点。而对无差异曲线 I_3 而言,尽管它代表的效用水平比 I_2 高,但它与预算线无切点,它表明在既定收入水平及商品价格下,是无法实现对无差异曲线 I_3 上任何一点的商品组合的购买的。就无差异曲线 I_1 来说,虽然它与既定的预算线 AB 相交于 C、D 两点,这表明消费者利用现有收入可以购买无差异曲线 I_1 上 C、D 两点的商品组合。但是,无差异曲线 I_1 的效用水平低于无差异曲线 I_2,C、D 两点的商品组合不会给消费者带来最大的满足。因此,理性的消费者是不会用全部收入去购买无差异曲线 I_1 上 C、D 两点的商品组合的。

(5) 消费者需求曲线

价格—消费曲线是在消费者的偏好、收入以及其他商品价格不变的条件下,与某一种商品的不同价格水平相联系的消费者预算线和无差异曲线相切的消费者效用最大化的均衡点的轨迹。它反映了一种商品价格变化对消费者均衡的影响。图 2-15a) 是一条在商品价格不变及收入水平和消费者偏好不变的条件下,商品 1 的价格-消费曲线。

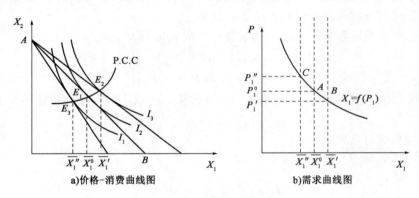

图 2-15 由价格-消费曲线到需求曲线

分析图 2-15a) 中价格-消费曲线上的三个均衡点 E_1、E_2 和 E_3,可以看出,在每一个均衡点上,都存在着商品 1 的价格与商品 1 的需求量之间一一对应的关系。根据商品 1 的价格和需求量之间的这种对应关系,把每一个 P_1 数值和相应均衡点上的 X_1 数值绘制在商品的价格-数量坐标图上,便可以得到单个消费者的需求曲线,即图 2-15b) 中的需求曲线 $X_1=f(P_1)$。在图 2-15b) 中,横轴表示商品 1 的数量 X_1,纵轴表示商品 1 的价格 P_1,需求曲线 $X_1=f(P_1)$ 上的 A、B、C 点分别和图 2-15a) 中的价格-消费曲线上的均衡点 E_1、E_2、E_3 相对应。

可以发现,序数效用论者所推导的需求曲线与基数效用论者所推导的需求曲线具有相同的特征(序数效用论的需求曲线也是向右下方倾斜的,它表示商品的价格与需求量呈反方向变动)。但两者的推导方法不相同,基数效用论者是在效用量可以具体衡量和边际效用递减规律这两个假定条件下推导出需求曲线的。序数效用论者则认为这两个心理假定无法得到证实。于是,序数效用论者用由消费者偏好所决定的效用水平或满足程度的顺序或等级来代替效用量的具体衡量,用商品的边际替代率递减规律来取代商品的边际效用递减规律,同样推导出了向右下方倾斜的需求曲线。

二、生产理论

生产是对各种生产要素进行组合以制成产品的过程,生产者被称为厂商,它包括个人、合伙和公司性质的经营组织。生产的过程就是从生产要素的投入到产品产出的过程。生产要素包括劳动、土地、资本和企业家才能四种类型。劳动指人类在生产过程中提供的体力和智力的总和;土地不仅指土地本身,还包括地上和地下的一切自然资源,如森林、江河湖泊、海洋和矿藏资源等;资本可以表现为实物形态或货币形态,实物形态如厂房、机器设备、动力燃料、原材料等,货币形态通常称为货币资本;企业家才能指企业家组织建立和经营管理企业的才能。生产理论是在厂商生产的目的是追求最大化利润的假设前提下来研究生产者的行为。

1. 生产函数

生产过程中生产要素的投入量和产品的产出量之间的关系,可以用生产函数来表示。生产函数表示在一定时期内,在技术水平不变的情况下,生产中所使用的各种生产要素的数量与所能生产的最大产量之间的关系。

设 X_1、X_2、$\cdots$、X_n 顺次表示某产品生产过程中所使用的 n 种生产要素的投入数量,Q 表示所能生产的最大产量,则生产函数可以写成以下形式:

$$Q = f(X_1, X_2, \cdots, X_n) \tag{2-32}$$

该生产函数表示在一定时期内在既定的生产技术水平下的生产要素组合 X_1、X_2、$\cdots$、X_n 所能生产的最大产量为 Q。

在经济学的分析中通常假定生产中只使用劳动和资本这两种生产要素。若以 L 表示劳动数量,以 K 表示资本投入数量,则生产函数写为:

$$Q = f(L, K) \tag{2-33}$$

在技术水平不变的条件下,生产函数是线性齐次函数,即表示产量和各种投入量都按同一比例变动。在 $Q = f(L, K)$ 中,如果两种投入都按 λ 倍增加,则产量也增加 λ 倍。于是,线性齐次生产函数的公式就是:

$$\lambda Q = f(\lambda L, \lambda K) \tag{2-34}$$

在 20 世纪 30 年代,美国经济学家道格拉斯和数学家柯布根据美国在 1899—1922 年的资料,提出了著名的柯布-道格拉斯生产函数。其形式是:

$$Q = AL^\alpha K^\beta \tag{2-35}$$

式中:Q——生产量;

L、K——劳动和资本投入量;

A、α、β——参数,其中 $0 < \alpha < 1, 0 < \beta < 1$。

当 $\alpha + \beta = 1$ 时,α 和 β 分别表示劳动和资本在生产过程中的相对重要性,α 为劳动所得在总产量中所占的份额,β 为资本所得在总产量中所占的份额。

另有一种生产函数称为固定比例生产函数,在这种生产函数中,各种生产要素的投入数量存在固定的比例关系。在这种函数中,生产某一单位产品所需要的劳动投入量和资本投入量是固定不变的,分别称为固定的劳动和资本的生产技术系数。

微观经济学中的生产理论分为短期生产理论和长期生产理论。短期指生产者来不及调整全部生产要素的数量,至少有一种生产要素的数量是固定不变的时间周期。长期指生产者可以调整全部生产要素的数量的时间周期。

微观经济学通常以一种可变生产要素的生产函数考察短期生产理论,以两种可变生产要素的生产函数考察长期生产理论。

2. 短期生产函数

在短期生产过程中,由于生产时间短,生产者来不及调整资本的投入量。此时,可假定资本投入量是固定的,用 $\overline{K}$ 表示,劳动投入量是可变的,用 L 表示,则短期生产函数可以写成:

$$Q = f(L, \overline{K}) \tag{2-36}$$

(1)总产量、平均产量和边际产量

根据短期生产函数,可以得到劳动的总产量、平均产量和边际产量的概念,分别用符号 TP_L、AP_L、MP_L 来表示。

劳动的总产量 TP_L 是指与一定的可变要素(劳动的投入量)相对应的最大产量。公式为:

$$TP_L = f(L, \overline{K}) \tag{2-37}$$

劳动的平均产量 AP_L 是总产量与所使用的可变要素(劳动的投入量)之比。公式为:

$$AP_L = \frac{TP_L(L, \overline{K})}{L} \tag{2-38}$$

劳动的边际产量 MP_L 是增加一单位可变要素(劳动投入量)所增加的产量。公式为:

$$MP_L = \frac{\Delta TP_L(L, \overline{K})}{\Delta L} \tag{2-39}$$

或者:

$$MP_L = \lim_{\Delta L \to 0} \frac{\Delta TP_L(L, \overline{K})}{\Delta L} = \frac{dTP_L(L, \overline{K})}{dL} \tag{2-40}$$

总产量、平均产量、边际产量与劳动投入量的函数关系可分别用总产量曲线和边际产量曲线来表示,见图2-16。

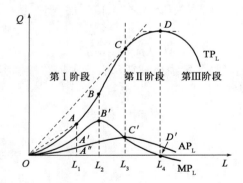

图2-16 总产量曲线与平均产量曲线及边际产量曲线关系图

从图2-16中可以看出,总产量曲线、平均产量曲线和边际产量曲线具有如下特点:

①随着劳动量的增加,最初总产量、平均产量和边际产量都是递增的,但各自增加到一定程度之后就分别递减,即三条曲线都是先上升后下降。

②边际产量曲线与平均产量曲线一定要在平均产量曲线的最高点相交;在相交前,平均产量是递增的,这时边际产量大于平均产量;在相交后,平均产量是递减的,这时边际产量小于平均产量;在相交时,平均产量达到最大,这时平均产量等于边际产量。

③当边际产量为零时,总产量达到最大,以后当边际产量为负数时,总产量就会绝对减少。

(2)边际收益递减规律

在生产中普遍存在这么一种现象:在技术水平不变的条件下,在连续等量地把某一种可变生产要素增加到其他一种或几种数量不变的生产要素上去的过程中,当这种可变生产要素的投入量小于某一特定值时,增加该要素投入所带来的边际产量是递增的;当这种可变要素的投入量连续增加并超过这个特定值时,增加该要素投入所带来的边际产量是递减的。这就是边际收益递减规律,也称为边际报酬递减规律或边际产量递减规律。

边际收益递减规律是一种普遍规律。边际收益递减规律成立的原因是:在任何产品的生产过程中,可变生产要素投入量和固定生产要素投入量之间都存在着一个最佳的组合比例。开始时,由于可变要素的投入量为零,而不变要素的投入量总是存在的,因此,生产要素的组合比例远远没有达到最佳状态。随着可变要素投入量的逐渐增加,生产要素的组合越来越接近最佳组合比例。在这一过程中,边际产量必然是递增的趋势。当生产要素的组合达到最佳比例时,边际产量达到最大值。在这之后,随着可变要素投入量的继续增加,生产要素的组合将越来越偏离最佳组合比例,边际产量便是递减的趋势了。

边际收益递减规律决定了图 2-16 中的 MP_L 曲线是一条先升后降的曲线。

(3)短期生产的三个阶段

根据可变要素的总产量曲线、平均产量曲线和边际产量曲线之间的关系,可将生产划分为三个阶段(图 2-16)。

第Ⅰ阶段,劳动的平均产量始终是上升的,劳动的边际产量大于劳动的平均产量,劳动的总产量是增加的,这说明:在这一阶段,不变要素——资本投入量相对过多,生产者只要增加可变要素——劳动的投入量,就可以增加总产量。因此,任何理性的生产者都不会在这一阶段停止生产,而是连续增加可变要素——劳动的投入量,以增加总产量,并将生产扩大到第Ⅱ阶段。

在第Ⅲ阶段,劳动的平均产量继续下降,劳动的边际产量降为负值,劳动的总产量下降。这说明:在这一阶段,可变要素——劳动的投入量相对过多,理性的生产者会通过减少劳动投入量来增加产量,以脱离劳动的边际产量为负值的第Ⅲ阶段,退回第Ⅱ阶段。

由于任何理性的生产者既不会将生产停留在第Ⅰ阶段,也不会在第Ⅲ阶段进行生产,所以,生产只能进行在第Ⅱ阶段。至于在生产的第Ⅱ阶段,生产者所应选择的可变要素——劳动的最佳投入数量究竟在哪一点,这一问题应结合成本、收益和利润进行深入分析。

3. 长期生产函数

在生产理论中,通常以两种可变生产要素的生产函数来考察长期生产问题。假定生产者使用劳动和资本两种可变生产要素来生产一种产品,并且两种要素可以互相替代,则两种可变生产要素的长期生产函数可以写为:

$$Q = f(L, K) \tag{2-41}$$

式中:L——可变要素即劳动的投入量;

K——可变要素资本的投入数量;

Q——产量,其函数图形可以通过等产量曲线来表示。

(1)等产量曲线与边际替代率

等产量曲线是在一定技术条件下,可以生产出同等产量的两种生产要素有效组合点的轨迹,如图 2-17 所示。

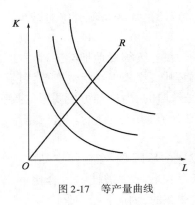

图 2-17 等产量曲线

等产量曲线和无差异曲线是很相似的。每条等产量曲线上各点的产量相等,等产量曲线不会相交,等产量曲线凸向原点,离原点越远的等产量曲线代表的产量水平越高。

与等产量曲线相联系的一个概念是边际技术替代率（MRTS）。在维持产量水平不变的条件下,增加一单位某种生产要素投入量时所减少的另一种要素的投入数量,被称为边际技术替代率。劳动对资本的边际技术替代率的定义公式为：

$$\mathrm{MRTS}_{LK} = -\frac{\Delta K}{\Delta L} \tag{2-42}$$

式中：ΔK、ΔL——资本投入量的变化量和劳动投入量的变化量。

公式中加一负号是为了使 MRTS 值在一般情况下为正值,以便于比较。

当 $\Delta L \to 0$ 时,边际技术替代率的公式为：

$$\mathrm{MRTS}_{LK} = \lim_{\Delta L \to 0} -\frac{\Delta K}{\Delta L} = -\frac{\mathrm{d}K}{\mathrm{d}L} \tag{2-43}$$

边际技术替代率实际上是等产量曲线斜率的绝对值,在维持产量不变的前提下（即每一条等产量曲线上）,当一种生产要素的投入量不断增加时,每一单位的这种生产要素所能替代的另一种生产要素的数量是递减的,这一规律称为边际技术替代率递减规律。边际技术替代率递减规律使得等产量曲线必然凸向原点。

图 2-17 中的射线 OR 是一条等比例生产函数线,它与等产量曲线的差别是：一条这样的射线表示要素投入数量的不变比例的组合和可变的产量之间的关系；一条等产量曲线表示不变的产量水平和要素投入数量的可变比例的组合之间的关系。

（2）规模经济

规模经济分析是分析在技术水平不变的条件下,生产规模变化与产量变化之间的关系。生产规模变化意味着全部生产要素发生改变,而且各生产要素是按相同的比例发生变化,所以规模经济分析研究的是一种长期生产问题。

当各生产要素按相同的比例发生变化时,企业的产量将出现规模收益递增、规模收益不变及规模收益递减三种情况。在规模收益递增阶段,产量增加的比例大于各种生产要素增加的比例；在规模收益不变阶段,产量增加的比例等于各种生产要素增加的比例；在规模收益递减阶段,产量增加的比例小于各种生产要素增加的比例。

前面介绍的柯布-道格拉斯生产函数中,若 $\alpha + \beta > 1$,则生产处于规模收益递增阶段；若 $\alpha + \beta = 1$,则处于规模收益不变阶段；若 $\alpha + \beta < 1$,则处于规模收益递减阶段。

微观经济学理论认为,企业的规模收益变化呈现如下的规律：当企业从最初的很小的生产规模开始逐步扩大的时候,企业面临的是规模收益递增阶段,在企业得到了由生产规模扩大所带来的产量递增的全部好处以后,一般会继续扩大生产规模,此时生产保持在规模收益不变阶段。这个阶段有可能比较长。在这以后,企业若继续扩大生产规模,就会进入一个规模收益递减阶段。

4. 生产要素的最优组合

在长期,所有生产要素的投入数量都是可变动的,任何一个理性的生产者都会选择最优的生产要素组合进行生产。接下来将等产量曲线和等成本线结合在一起,研究生产者是如何选择最优的生产要素组合,从而实现既定成本条件下的最大产量,或者实现既定产量条件下的最小成本。

等成本线是在既定的成本和既定生产要素价格条件下生产者可以购买到的两种生产要素的各种不同数量组合的轨迹。假定要素市场上既定的劳动的价格即工资率为 ω,既定的资本的价格即利息率为 γ,厂商既定的成本支出为 C,则成本方程为:

$$C = \omega L + \gamma K \tag{2-44}$$

由成本方程可得:

$$K = -\frac{\omega}{\gamma}L + \frac{C}{\gamma} \tag{2-45}$$

根据以上式子可以得到等成本线,如图 2-18 所示。它表示既定的全部成本所能购买到劳动和资本的各种组合。

在图 2-18 中,等成本线以内区域中的任何一点,如 A 点,表示既定的全部成本都用来购买该点的劳动和资本的组合以后还有剩余。等成本线以外的区域中的任何一点,如 B 点,表示用既定的全部成本购买该点的劳动和资本的组合是不够的。唯有等成本线上的任何一点,才表示用既定的全部成本能刚好购买到的劳动和资本的组合。

(1)既定成本条件下的产量最大化

假定在一定的技术条件下厂商用两种可变生产要素劳动和资本生产一种产品,且劳动的价格 ω 和资本的价格 γ 是已知的,厂商用于购买这两种要素的全部成本 C 是既定的。把厂商的等产量曲线和相应的等成本线画在同一个平面坐标系中,来确定在既定成本下厂商实现最大产量的最优要素组合点,即生产的均衡点。

在图 2-19 中,唯一的等成本线 AB 与其中一条等产量曲线 Q_2 相切于 E 点,该点为生产的均衡点。它表示:在既定成本条件下,厂商应该按照 E 点的生产要素组合进行生产,即劳动投入量和资本投入量分别为 OL_1 和 OK_1,厂商就会获得最大的产量。

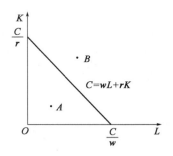

图 2-18　等成本线

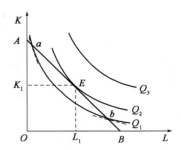

图 2-19　既定成本条件下产量最大的要素组合

由于边际技术替代率反映了两要素在生产中的替代比率,要素的价格比例反映了两要素在购买中的替代比率,所以,只要两者不相等,厂商总可以在总成本不变的条件下通过对要素组合的重新选择,使总产量得到增加。只有在两要素的边际技术替代率和两要素的价格比例相等时,生产者才能实现生产的均衡,在图中就是唯一的等成本线 AB 和等产量曲线 Q_2 的相切点 E。于是,在生产均衡点 E 有:

$$\mathrm{MRTS}_{LK} = \frac{\omega}{r} \tag{2-46}$$

它表示:为了实现既定成本条件下的最大产量,厂商必须选择最优的生产要素组合,使得两要素的边际技术替代率等于两要素的价格比例。这就是两种要素的最优组合原则。

因为边际技术替代率可以表示为两要素的边际产量之比,所以,上式可以写为:

$$\mathrm{MRTS}_{LK} = \frac{\mathrm{MP}_L}{\mathrm{MP}_K} = \frac{\omega}{r} \tag{2-47}$$

进一步,可以有:

$$\frac{\mathrm{MP}_L}{\omega} = \frac{\mathrm{MP}_K}{r} \tag{2-48}$$

它表示厂商可以通过对两要素投入量的不断调整,使得最后一单位的成本支出无论用来购买哪一种生产要素,所获得的边际产量都相等,从而实现既定成本条件下的最大产量。

(2)既定产量条件下成本最小化

如同生产者在既定成本条件下会力求实现最大的产量,生产者在既定的产量条件下也力求实现最小的成本,如图2-20所示。

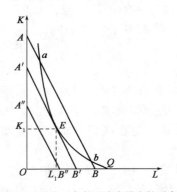

图2-20 既定产量条件下成本最小的要素组合

图中有一条等产量曲线 Q 和三条等成本线 AB、$A'B'$、$A''B''$。唯一的等产量曲线 Q 代表既定的产量。三条等成本线具有相同的斜率(即表示两要素的价格是既定的),但代表三个不同的成本量。其中,等成本线 AB 代表的成本大于等成本线 $A'B'$ 代表的,等成本线 $A'B'$ 代表的成本大于等成本线 $A''B''$ 代表的。唯一的等产量曲线 Q 与其中一条等成本线 $A'B'$ 相切于 E 点,这就是生产的均衡点或最优要素组合点。它表示:在既定的产量条件下,生产者应该选择 E 点的要素组合 OK_1、OL_1,才能实现最小的成本。

在均衡点 E,有:

$$\mathrm{MRTS}_{LK} = \frac{\omega}{r} \tag{2-49}$$

它表示,厂商必须选择最优的生产要素组合,使得两要素的边际技术替代率等于两要素的价格之比,从而实现既定产量条件下的最小成本。上式可以写为:

$$\mathrm{MRTS}_{LK} = \frac{\mathrm{MP}_L}{\mathrm{MP}_K} = \frac{\omega}{r} \tag{2-50}$$

即:

$$\frac{\mathrm{MP}_L}{\omega} = \frac{\mathrm{MP}_K}{r} \tag{2-51}$$

它表示:为了实现既定产量条件下的最小成本,厂商应该通过对两要素投入量的不断调整,使得花费在每一种要素上的最后一单位的成本支出所带来的边际产量相等。

(3)利润最大化可以得到最优的生产要素组合

厂商生产的目的是为了追求最大的利润。在完全竞争条件下,对厂商来说,商品的价格和生产要素的价格都是既定的,厂商可以通过对生产要素投入量的不断调整来实现最大的利润。

假设在完全竞争条件下,企业的生产函数为 $Q = f(L, K)$,既定的商品价格为 P,既定的劳动的价格和资本的价格分别为 ω 和 γ，π 表示利润。由于厂商的利润等于总收益减去总成本，于是，厂商的利润函数为：

$$\pi(L,K) = P \cdot f(L,K) - (\omega L + \gamma K) \tag{2-52}$$

式中：$P \cdot f(L,K)$——总收益；

$\omega L + \gamma K$——总成本。

利润最大化的一阶条件为：

$$\frac{\partial \pi}{\partial L} = P \cdot \frac{\partial f}{\partial L} - \omega = 0 \tag{2-53}$$

$$\frac{\partial \pi}{\partial K} = P \cdot \frac{\partial f}{\partial K} - \gamma = 0 \tag{2-54}$$

根据以上两式，可以整理得到：

$$\frac{\frac{\partial f}{\partial L}}{\frac{\partial f}{\partial K}} = \frac{MP_L}{MP_K} = \frac{\omega}{r} \tag{2-55}$$

这说明，追求利润最大化的厂商是可以得到最优的生产要素的组合。

2.3 福利经济学理论

一、福利经济学的内涵

福利经济学是一种规范经济学。福利经济学的福利是指个人或集体得到的好处或得到的满足。具体来说，福利经济学是在一定的社会价值判断标准条件下，研究整个经济的资源配置与个人福利的关系，特别是市场经济体系的资源配置与福利的关系，以及与此有关的各种政策问题。换句话说，福利经济学研究要素在不同厂商之间的最优分配以及产品在不同用户之间的最优分配，即研究资源的最优配置。

二、帕累托最优状态

福利经济学涉及资源配置优劣的判断以及确定所有可能的资源配置中的最优资源配置。意大利经济学家帕累托提供了最优配置的判断标准，称之为帕累托最优状态标准。具体是：在两种不同的社会经济状态 A、B 中，如果至少有一人认为 A 优于 B，而没有人认为 A 劣于 B，则从社会的观点看亦有 A 优于 B。

利用帕累托最优状态标准，便可对资源配置状态的任意变化做出"好"与"坏"的判断：如果既定资源配置状态的改变使得至少有一个人的状况变好，而没有使任何人的状况变坏，则认为这种资源配置状态的变化是"好"的；否则认为是"坏"的。这种以帕累托标准来衡量为"好"的状态的改变称为帕累托改进。

利用帕累托标准和帕累托改进，可以来定义所谓"最优"资源配置。即：如果对于某种既定的资源配置状态，所有的帕累托改进均不存在，即在该状态上，任何改变都不可能使至少有一个人的状况变好而又不使任何人的状况变坏，则称这种资源配置状态为帕累托最优状态。

如果对于这种既定的资源配置状态,还存在帕累托改进,即在该状态上,还存在某种(或某些)改变可以使至少一个人的状况变好而不使任何人的状况变坏,则称这种状况就不是帕累托最优状态。

帕累托最优状态又称作经济效率。满足帕累托最优状态时是具有经济效率的;反之,是缺乏经济效率的。例如,如果产品在消费者之间的分配已经达到这样一种状态,即任何重新分配都会至少降低一个消费者的满足水平,那么,这种状态就是最优的或最有效率的状态。同样的,如果要素在厂商之间的配置已经达到这样一种状态,即任何重新配置都会至少降低一个厂商的产量,那么这种状态就是最优的或最有效率的状态。

三、完全竞争和帕累托最优状态

完全竞争条件下,任何竞争均衡都是帕累托最优状态,同时,任何帕累托最优状态也都可由一套竞争价格来实现。

早在两百多年前,亚当·斯密就曾断言:人们在追求自己的私人目的时,会在一只"看不见的手"的指导下,实现增进社会福利的社会目的。每一个人所考虑的不是社会利益,而是他自身的利益。但是,他对自身利益的需求,必然会引导他选定最有利于社会的用途。所以,每一个人都受一只"看不见的手"的指导,去尽力达到一个并非他本意想达到的目的。当代西方经济学家将亚当·斯密的上述思想发展成为一个更加精致的"定理",即给定一些理想条件,单个用户和厂商在完全竞争经济中的最优化行为将导致帕累托最优状态。这就是所谓的"看不见的手"的定理。

实现帕累托最优状态的条件如下:

1. 交换的最优条件

任何两种产品的边际替代率对所有的消费者都相等。用公式表示即:

$$MRS_{XY}^{A} = MRS_{XY}^{B} \qquad (2-56)$$

式中:X、Y——任意两种产品;

A、B——任意两个消费者。

2. 生产的最优条件

任何两种要素的边际技术替代率对所有生产者都相等。用公式表示即:

$$MRTS_{LK}^{C} = MRTS_{LK}^{D} \qquad (2-57)$$

式中:L、K——任意两种要素;

C、D——任意两个生产者。

3. 生产和交换的最优条件

任何两种产品的边际替代率等于它们的边际转换率。用公式表示即:

$$MRS_{XY} = MRT_{XY} \qquad (2-58)$$

式中:X、Y——任意两种产品。

当上述三个边际条件均得到满足时,称整个经济达到了帕累托最优状态。

现在考虑在完全竞争经济中,帕累托最优状态是如何实现的。我们知道,完全竞争经济在一些假定条件下存在着一般均衡状态,即存在一组价格,使得所有商品的需求和供给都恰好相等(这里不考虑自由商品)。设这一组均衡价格为 P_X、P_Y…P_L、P_K…,其中,P_X、P_Y…分别表示

商品 X、$Y\cdots$的均衡价格；P_L、$P_K\cdots$分别表示要素 L、$K\cdots$的价格。在完全竞争条件下，每个消费者和每个生产者均是价格的接受者，它们将在既定的价格条件下来实现自己的效用最大化和利润最大化。换句话说，均衡价格体系 P_X、$P_Y\cdots P_L$、$P_K\cdots$对所有消费者和生产者均是相同的。首先来看消费者的情况，任意一个消费者，例如 A 在完全竞争经济中的效用最大化条件是对该消费者来说，任意两种商品的边际替代率等于这两种商品的价格比率，即有：

$$\text{MRS}_{XY}^A = \frac{P_X}{P_Y} \tag{2-59}$$

同样地，其他消费者如 B 在完全竞争条件下 $\text{MRS}_{XY}^A = \text{MRS}_{XY}^B$ 的效用最大化条件亦是对 B 而言，任意两种产品的边际替代率等于这两种产品的价格比率，即：

$$\text{MRS}_{XY}^B = \frac{P_X}{P_Y} \tag{2-60}$$

由式(2-59)和式(2-60)即得到：

$$\text{MRS}_{XY}^A = \text{MRS}_{XY}^B \tag{2-61}$$

这就是交换的帕累托最优条件，即式(2-56)。因此，在完全竞争经济中，产品的均衡价格实现了交换的帕累托最优状态。

其次来看生产者的情况。在完全竞争经济中，任意一个生产者例如 C 的利润最大化条件之一是对该生产者来说，任意两种要素的边际技术替代率等于这两种要素的价格比率，即有：

$$\text{MRTS}_{LK}^C = \frac{P_L}{P_K} \tag{2-62}$$

同样地，其他生产者如 D 在完全竞争条件下的利润最大化条件是对 D 而言，任意两种要素的边际技术替代率等于这两种要素的价格比率，即：

$$\text{MRTS}_{LK}^D = \frac{P_L}{P_K} \tag{2-63}$$

由式(2-62)和式(2-63)即得到：

$$\text{MRTS}_{LK}^C = \text{MRTS}_{LK}^D \tag{2-64}$$

这就是生产的帕累托最优条件式(2-57)。因此，在完全竞争经济中，要素的均衡价格实现了生产的帕累托最优状态。

最后来看生产者和消费者综合在一起的情况。现在的问题是要说明完全竞争经济如何满足生产和交换的帕累托最优状态，即在完全竞争条件下，产品的边际转换率是如何与边际替代率相等的。为此，先对产品的边际转换率再作一点解释。我们知道，产品 X 对产品 Y 的边际转换率就是：

$$\text{MRT}_{XY} = \left|\frac{\Delta Y}{\Delta X}\right| \tag{2-65}$$

它表示增加 ΔX 就必须减少 ΔY，或者，增加 ΔY 就必须减少 ΔX。因此，ΔY 可以看成是 X 的边际成本(机会成本)，ΔX 也可以看成是 Y 的边际成本。如果用 MC_X 和 MC_Y 分别代表产品 X 和 Y 的边际成本，则 X 产品对 Y 产品的边际转换率可以定义为两种产品的边际成本的比率：

$$\text{MRT}_{XY} = \left|\frac{\Delta Y}{\Delta X}\right| = \left|\frac{\text{MC}_X}{\text{MC}_Y}\right| \tag{2-66}$$

现在容易说明完全竞争均衡的帕累托最优的性质了。在完全竞争中，生产者利润最大化

的条件是产品的价格等于其边际成本,于是有:

$$P_X = MC_X \qquad P_Y = MC_Y$$

即有:

$$\frac{MC_X}{MC_Y} = \frac{P_X}{P_Y} \tag{2-67}$$

再由消费者效用最大化条件:

$$MRS_{XY}^A = \frac{P_X}{P_Y} \tag{2-68}$$

即得:

$$MRT_{XY} = \frac{P_X}{P_Y} = MRS_{XY} \tag{2-69}$$

式中:MRS_{XY}——每一个消费者的共同的边际替代率。

式(2-58)即生产和交换的帕累托最优条件。因此,在完全竞争经济中,商品的均衡价格实现了生产和交换的帕累托最优状态。

2.4 外 部 性

一、外部性基本概念

当一个人从事一种影响旁观者福利的活动,而对这种影响既不付报酬又得不到报酬时,就产生了外部性(Externality)。如果对旁观者的影响是不利的,就称为负外部性;如果这种影响是有利的,就称为正外部性。

外部性是多种多样的,下面来看一些例子:

汽车废气有负外部性,因为它产生了其他人不得不呼吸的烟雾。政府努力通过规定汽车的废气排放标准来解决这个问题,同时对汽油征税来减少人们开车的次数。

修复历史建筑物具有正外部性,因为那些在这种建筑物附近散步或骑车的人可以欣赏到这些建筑物的美丽,并感受到这些建筑物带来的历史沧桑感。建筑物的所有者得不到修复的全部利益,因此,他们往往很快就遗忘了那些古老的建筑物。许多政府对这个问题的反应是对拆毁历史建筑物实行管制,并向修复这些建筑物的所有者提供税收减免。

狂吠的狗引起负外部性,因为邻居会受到噪声干扰。狗的主人并不承担噪声的全部成本,因此很少采取防止自己的狗狂吠的预防措施。地方政府通过宣布"干扰平静"属于非法来解决这个问题。

新技术研究带来正外部性,因为它创造了其他人可以运用的知识。由于发明者并不能占有其发明的全部利益,所以往往倾向于用很少的资源来从事研究。政府通过专利制度部分地解决了这个问题,专利制度赋予发明者在一定时期内对其发明的专有使用权。

上述情况中,一些决策者没有考虑到自己行为的外部效应,政府的反应是努力影响这种行为,以保护旁观者的利益。

二、外部性和资源有效配置

在外部性存在的情况下,私人的边际收益和边际成本同社会的边际收益和边际成本将会发生偏离。由于决定个人或厂商经济选择的是私人边际收益和私人边际成本,而不是社会的边际收益和边际成本,所以当个人或厂商仅从自身的利益出发,忽略外部性带给他人或其他厂商的效益和成本时,其所做出的决策可能会使资源配置发生错误。

为了使分析更具体,下面考虑一个特定的市场——铜市场。图 2-21 表示铜市场的供给曲线与需求曲线。

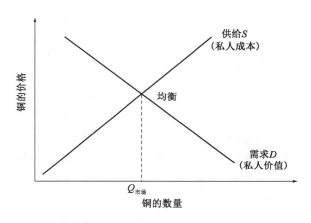

图 2-21 铜市场的供需曲线

供给曲线与需求曲线包含了有关成本与收益的重要信息。铜的需求曲线反映了消费者对铜的评价,这种评价用他们愿意支付的价格来衡量。在任何一种既定数量下,需求曲线的高度表示边际购买者的支付意愿。换句话说,它表示消费者购买最后一单位铜的价值。同样,供给曲线反映了铜的生产成本。在任何一种既定数量下,供给曲线的高度表示边际卖者的成本。换句话说,它表示生产者出售最后一单位铜的成本。

在没有政府干预时,铜的价格会自发调整,使铜的供求达到平衡。图 2-21 中 $Q_{市场}$ 表示市场均衡时的生产量和消费量,在使生产者剩余和消费者剩余之和最大化的意义上说是有效率的。这就是说,市场以一种使购买和使用铜的消费者的总价值减去生产并销售铜的生产者的总成本最大化的方式来配置资源。

1. 负外部性和资源配置

现在假设铜工厂排放污染物:每生产 1t 铜就有一定量烟尘进入大气。由于这种烟尘可能损害人的健康,所以它产生了负外部性。由于这种外部性,生产铜的社会成本大于铜生产者的成本。每生产一单位铜,社会成本包括铜生产者的私人成本和受到污染不利影响的旁观者成本。图 2-22 表示负外部性和资源配置效率。如图 2-22 所示,社会成本曲线在供给曲线之上,考虑了铜生产者给社会所带来的外部成本。这两条曲线的差别反映了排放污染物的成本。

应该生产多少铜呢? 计划者力图使该市场产生的总剩余(铜消费的价值减去生产铜的成本)最大化,这里生产铜的成本包括污染的外部成本。如图 2-22 所示,在存在负外部性时,物品的社会成本大于私人成本,因此,最适量 $Q_{最适}$ 小于均衡量 $Q_{市场}$。计划者将选择需求曲线与社会成本曲线相交时铜的生产水平。从整个社会的角度来看,这个交点决定了铜的最适量。

低于这一水平时,铜消费者的评价(用需求曲线的高度来衡量)大于生产它的社会成本(用社会成本曲线的高度来衡量)。计划者不会使产量高于这一水平,因为生产额外铜的社会成本大于消费者的评价。

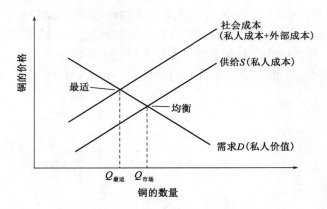

图 2-22 负外部性和资源配置效率

由图 2-22 可知,铜的均衡量(即 $Q_{市场}$)大于社会的最适量(即 $Q_{最适}$)。这种无效率的原因是市场均衡仅仅反映了生产的私人成本。在市场均衡时,边际消费者对铜的评价小于生产它的社会成本。这就是说,在 $Q_{市场}$ 时,需求曲线位于社会成本曲线之下。因此,若将铜的生产量和消费量降低到均衡水平之下,就会增加社会的总经济福利。

要达到最适结果,一种方法是对铜生产者销售的每吨铜征税。税收使铜的供给曲线向上移动,移动量为税收规模。如果税收准确地反映了排入大气的烟尘的社会成本,新的供给曲线就与社会成本曲线相一致。在达到新的市场均衡时,铜生产者将生产社会最适量的铜。这种税的运用被称为外部性内在化,因为它给市场买者与卖者以考虑其行为外部影响的激励。实际上,铜生产者在决定供给多少铜时会考虑到污染的成本,因为税收使其要支付这些外部成本。而且,由于市场价格反映了对生产者征收的税收,少消费铜的消费者也将得到鼓励。

2. 正外部性和资源配置

一些活动会带来额外的成本,但也有一些活动会带来额外的收益,如教育。在相当大程度上,教育的利益是私人的:教育的消费者将成为生产率高的工人,从而以高工资的形式获得大部分利益。但是,在这些私人利益之外,教育也产生了正外部性。第一种外部性是,受教育更多的人会成为更理智的选民,这对每个人来说就意味着更好的政府;第二种外部性是,受教育更多的人意味着更低的犯罪率;第三种外部性是,受教育更多的人可以促进技术进步的开发与扩散,这给每个人带来更高的生产率和更高的工资。由于这三种正外部性,人们可能更喜欢受过良好教育的人。

对正外部性的分析类似于对负外部性的分析。如图 2-23 所示,需求曲线并不反映一种物品的社会价值。由于社会价值大于私人价值,因此社会价值曲线在需求曲线之上。在社会价值曲线和供给曲线(代表成本)相交之处得出了最适量。因此,社会最适量大于私人市场决定的数量。如图 2-23 所示,在存在正外部性时,物品的社会价值大于私人价值,因此,最适量 $Q_{最适}$ 大于均衡量 $Q_{市场}$。

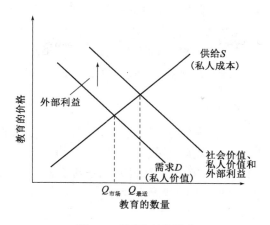

图 2-23 教育与社会最适

政府可以通过使市场参与者把外部性内在化来纠正市场失灵。在存在正外部性的情况下,政府的适当反应正好与负外部性的情况相反。为了使市场均衡向社会最适移动,需要对正外部性进行补贴。实际上,这正是政府所遵循的政策:通过公立学校和政府助学金来大量补贴教育。

三、矫正外部性的措施

外部性会引起市场配置资源的无效率。在现实中,私人主体和公共政策制定者都以各种方式对外部性做出了反应。所有这些解决方法的共同目标都是使资源配置接近于社会帕累托最优。换句话说,就是对劳动产品或劳务的私人边际成本或私人收益进行调整,使之与社会边际成本或社会边际收益相一致,实现外部性的内在化。解决外部性的措施主要有私人对策和公共对策两种。

1. 私人对策

(1) 道德规范和社会习俗

一些道德格言劝导人们为他人着想,从而把自己行为产生的外部性内在化。这些格言具有校正市场缺位的作用。但是道德规范和社会习俗在某种范围内可以发挥作用,但由于缺乏激励和强制,只能作为一种辅助手段。

(2) 慈善行为

另一种私人解决外部性的方法是慈善行为。例如,西拉俱乐部是一个通过私人捐款筹资的非营利组织,其目的在于保护环境;学院和大学接受校友、公司和基金会的捐赠,部分是因为教育对社会有正外部性;政府通过允许计算所得税时扣除慈善捐赠的税制来鼓励这种外部性的私人解决方法。

(3) 合并

私人市场往往可以通过依靠有关各方的利己的动机来解决外部性问题。有时这种解决方法采取了把不同类型经营者整合在一起的形式。例如,一家同时经营钢铁和渔场的厂商会考虑总利润的最大化而不是两项产业各自的利润,因此,他会考虑钢铁产量对渔业的影响,使外部性"内在化",这也是某些企业进行不同类型经营的一个原因。而位置相邻的一个苹果园主和一个养蜂人,每个人的经营都给对方带来了正外部性:蜜蜂在苹果树上采花粉,有助于果树结果实,同时,蜜蜂也用从苹果树上采集的花粉来酿造蜂蜜。但是,当苹果园主决定种多少苹果树和养蜂人决定养多少蜜蜂时,他们都没考虑到正外部性。结果,苹果园主种的苹果树太少,而养蜂人养的蜜蜂也太少。如果养蜂人购买苹果树,或苹果园主购买蜜蜂,这些外部性就内在化了:可以在同一个企业内进行这两种活动,而且这个企业可以选择最适的苹果树数量和蜜蜂数量。

(4)签订合约

另一种解决外部效应的私人市场方法是利益各方签订合约。例如,苹果园主和养蜂人通过签订合约可以解决树太少和蜜蜂太少的问题。可以在合约中规定树和蜜蜂的数量,也许还可以规定一方对另一方的支付。通过确定树和蜜蜂的正确数量,这个合约就可以解决这种外部性通常产生的无效率问题,并使双方的状况都变好。

(5)科斯定理

科斯定理认为,如果私人各方可以无成本的就资源配置进行协商,那么他们就可以自己解决外部性问题,并有效地配置资源。

尽管科斯定理的逻辑很吸引人,但私人主体往往不能自己解决外部性所引起的问题,只有利益双方在达成和实施协议中没有遇到麻烦时,科斯定理才适用。但现实中,甚至在有可能达成互利协议的情况下,协商也并不总是有效。有时利益各方不能解决外部性问题是因为交易成本的存在,交易成本是各方在达成协议过程中所发生的成本;另一些时候,谈判很容易破裂,当利益各方人数众多时,达成有效率的协议就尤为困难,因为协商每个人的代价高昂。当私人解决无效时,政府有时可以起作用。

2. 政府对策

当外部性引起市场达到一种无效率的资源配置时,政府可以通过两种方式做出反应:一是通过命令与控制政策直接对行为进行管制;二是以市场为基础的政策提供激励,使私人决策者选择自己解决问题。

(1)命令与控制政策:管制

政府可以通过规定或禁止某些行为来解决外部性。例如,把有毒的化学物质倒入供水系统是一种犯罪行为。在这种情况下,社会的外部成本远远大于排污者的利益。因此,政府规定了完全禁止这种行为的命令与控制政策。

在环境管制中,设置污染物排放的限制和允许使用的规则是政府在反污染政策的实践中广泛采取的手段,但实际中想要直接控制污染还是存在困难的,比如市场上的成本存在差别时,为了制定出良好的规则,政府管制者需要了解有关某些特定行业以及这些行业可以采用的各种技术的详细信息,但政府管制者要得到这些信息往往是困难的。

但是,在污染的大多数情况下,事情并不是这么简单。尽管一些环境保护主义者确定了目标,但要禁止所有污染的活动是不可能的。例如,实际上各种形式的运输工具,都会带来一些不合格的污染副产品。然而,要让政府禁止使用所有运输工具肯定是不明智的。因此,社会不是要完全消除污染,而是要权衡成本与利益,以便决定允许哪种污染以及允许多少污染。在美国,环境保护署(EPA)就是一个提出并实施旨在保护环境的管制的政府机构。

环境管制可以采取多种形式。有时EPA规定工厂可以排放的最高污染水平,有时EPA要求企业采用某项减少排污量的技术。在所有情况下,为了制定出良好的规则,政府管制者需要了解有关某些特定行业以及这些行业可以采用的各种技术的详细信息,但政府管制者要得到这些信息往往是困难的。

(2) 以市场为基础的政策：矫正性税收与补贴

对于外部性，政府也可以不采取管制行为，而通过市场为基础的政策向私人提供符合社会效率的激励。政府可以通过对有负外部性的活动征税以及对有正外部性的活动提供补贴来使外部性内在化。用于纠正负外部性影响的税收被称为矫正税。一种理想的矫正税应该等于有负外部性的活动引起的外部成本，而理想的矫正补贴应该等于有正外部性的活动引起的外部利益。

作为解决污染的方法，经济学家对矫正税的偏爱通常大于管制，因为税收可以以较低的社会成本减少污染。例如：假设有造纸厂和钢铁厂这两家工厂，每年各自向河中倾倒500t黏稠状的废物。美国环境保护署(EPA)决定减少污染量，考虑了以下两种解决方法：

管制：EPA可以让每个工厂把年排污量减少为300t。

矫正税：EPA可以对每个工厂排出的每吨废物征收5万美元的税收。

管制规定了污染水平，税收则给工厂所有者一种减少污染的经济激励。哪一种解决方法更好呢？大多数经济学家倾向于税收。EPA可以通过把税收确定在适当的水平上，来达到它想达到的任何污染水平。税收越高，减少的污染也越多。如果税收足够高，工厂将全部关门，污染减少为零。

虽然管制和矫正税都可以减少污染，但税收在实现这个目标上更有效率。管制要求每个工厂都等量减少污染。但是，等量减少并不一定是净化河水成本最低的方法。可能的情况是，造纸厂减少污染的成本比钢铁厂低。如果是这样的话，造纸厂对税收的反应将是大幅度减少污染，以便少交税，而钢铁厂的反应则是小幅减少污染，多交税。

实际上，矫正税规定了污染权的价格。正如市场把物品分配给那些对物品评价最高的买者一样，矫正税把污染权分配给那些减少污染成本最高的工厂。无论EPA选择的污染水平是多少，它都可以通过税收以最低的总成本达到这个目标。

经济学家还认为，矫正税对环境更有利。在命令与控制的管制政策下，一家工厂的排污量减少到了300t，就没有理由再减少排污。与此相反，税收激励工厂去开发更环保的技术，因为更环保的技术可以减少工厂不得不支付的税收量。

(3) 以市场为基础的政策：可交易的污染许可证

污染许可是指管制当局制定总污染量上限，并按此上限发放污染许可证。污染许可证可以在市场上买卖，在这个制度下，每个厂商都必须有许可证才能排放。每个许可证明确了厂商可以排放的数量，如果由厂商排放了许可证没有允许的污染时将会受到大量罚款，许可证在厂商间分配，所选择的许可证排放数目是使污染排放量达到理想的最高水平。

1991年7月，美国最大的交易市场——芝加哥交易所投票同意创建排放硫化物的污染权市场。到2000年，电力企业必须将其二氧化硫的排放减少到当前水平的50%，环境保护署已向这些电力厂配发了倾倒有限数量此类化合物的权力。每份权力的购买者每年可以向大气中排放1t二氧化硫，那些自己清除垃圾的企业并没有用完它所获得的污染权，它可以将剩下的污染权卖给那些想排放更多废物或者接受其所出价格的人。污染权的市场价格越高，减少排放的动机就越大。

污染许可证市场的优点是，从经济效率的角度看，污染许可证在企业之间的初始配置是无关紧要的。那些能以低成本减少污染的企业将出售它们得到的所有许可证，而那些只能以高成本减少污染的企业将购买它们需要的所有许可证。只要存在一个污染权的自由市场,无论最初的配置如何,最后的配置都将是有效率的。同时,污染许可证能够给排污者表达意见的机会,避免了管制部门对控制成本估计错误而造成厂商不愿投资的问题。

虽然采用污染许可证减少污染看起来可能与采用矫正税不同,但这两种政策有许多共同之处。在这两种情况下,企业都要为污染付费。在使用矫正税时,排污企业必须向政府交税;在使用污染许可证时,排污企业必须为购买许可证进行支付(即使自己拥有许可证的企业也必须为排污进行支付:排污的机会成本是它们在公开市场上出卖其许可证所能得到的收入)。矫正税和污染许可证都是通过使企业产生排污成本而把污染的外部性内在化。

回到前面造纸厂和钢铁厂的例子。假设,尽管经济学家提出了建议,EPA 仍决定实行管制,并要求每个工厂把排污量减少到每年 300t。在管制实施而且两个工厂都予以遵守之后的某一天,两个企业来到 EPA 提出了一个建议:钢铁厂想增加 100t 排污量;而如果钢铁厂付给造纸厂 500 万美元,造纸厂就同意减少等量的排污量。EPA 应该允许两个工厂进行这一交易吗?

从经济效率的观点看,允许这一交易是一种好政策。这一交易必然使这两个工厂所有者的状况都变好,因为他们是自愿达成交易的。而且,这种交易没有任何外部影响,因为污染总量仍然是相同的。因此,通过允许造纸厂把自己的排污权出售给钢铁厂可以提高社会福利。

同样的逻辑也适用于任何一种排污权从一个企业到另一个企业的自愿转移。如果 EPA 允许进行这些交易,实际上它就创造了污染许可证这种稀缺资源。交易这种许可证的市场将最终形成,而且,这种市场将为供求力量所支配。看不见的手将保证这种新市场有效地配置排污权。这就是说,许可证最终会在那些根据其支付意愿判断对它评价最高的企业手中。反过来,企业的支付意愿又取决于它减少污染的成本:一个企业减少污染的成本越高,对许可证的支付意愿就越高。

2.5 公共物品和公有资源

公共物品是外部性的一种极端表现形式。外部性概念的引入使我们对社会上各种消费品的认识不再局限于理想的假设,而更具有现实性。一般来说,可以从以下两个特征来区分不同的物品:其一是排他性,如果某人在使用某种物品时,其他人就不能再使用它,那么这种物品就具有排他性;其二是竞争性,如果一个人对某种物品的使用减少了其他人对该种物品享用的数量或程度,那么这种物品就具有竞争性。物品的这两个特性都与它的外部性程度有关,具有完全排他性和完全竞争性的物品就没有外部性,而随着物品的排他性和竞争性的逐渐减弱,它的外部性则会逐渐增强。

根据物品在这两个方面的表现不同,可以把物品分为四大类:一为私人物品,这类物品既具有排他性,又具有竞争性;二为公共物品,它们既不具有排他性,也不具有竞争性;三为公有资源,它们没有排他性,但却具有竞争性,绝大多数不具备私有产权的自然资源都属于这类物品,如公共补偿、公海里的鱼类资源等;当一种物品在消费中有排他性但没有竞争性时,为自然垄断物品。

在本章中,重点考察没有排他性的物品:公共物品和公有资源。

一、公共物品

1. 公共物品的最优数量

如图 2-24 所示,假定每个消费者对公共物品的需求曲线是已知的,为 D_A 和 D_B,公共物品的市场供给曲线为 S。如何从个人的需求曲线形成市场的需求曲线呢?这里的关键之处在于由于公共物品消费上的非竞用特点,公共物品的市场需求曲线不是个人需求曲线的水平相加,而是它们的垂直相加。由于消费上的非竞用性,每个消费者消费的都是同一个商品总量,因而每一消费者的消费量都与总消费量相等;另一方面,对这个总消费量所支付的全部价格,却是所有消费者支付的价格的总和。例如,设公共物品的数量为图 2-24 中的 R,则消费者 A 和 B 的消费量都是 R。当 A 和 B 的消费量均为 R 时,他们所愿意的支付价格按各自的需求曲线分别为 L 和 N。因此,当消费量为 R 时,消费者 A 和 B 所愿意支付的价格之和就是 $L + N = T$。

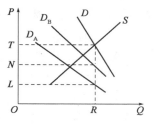

图 2-24 公共物品的最优数量

有了公共物品的市场供求曲线,则公共物品的均衡数量即可决定,这就是市场供求曲线交点所指示的 R。实际上,这个均衡数量 R 也代表着公共物品的最优数量。当公共物品数量为 R 时,根据供给曲线,公共物品的边际成本为 T,而根据消费者的需求曲线,A 和 B 的边际利益分别为 L 和 N,从而总的社会的边际利益为 $L + N = T$。于是,边际的社会利益等于边际成本,公共物品数量达到最优。

2. 公共物品与市场失灵

上文在假定每个消费者对公共物品的需求曲线均存在且已知的条件下,讨论了公共物品的最优数量的决定。但是,这种讨论并没有多大的实际意义。首先,单个消费者通常并不是很清楚自己对公共物品的需求价格,更不用说去准确地陈述他对公共物品的需求与价格的关系;其次,即使单个消费者了解自己对公共物品的偏好程度,他们也不会如实地说出来。为了少支付价格或不支付价格,消费者会低报或隐瞒自己对公共物品的偏好。他们在享用公共物品时都想当"免费乘车者",不支付成本就得到利益。由于单个消费者对公共物品的需求曲线不会自动显示出来,故我们无法将它们加总得到公共物品的市场需求曲线并进而确定公共物品的最优数量。

尽管我们在实际中难以通过公共物品的供求分析来确定它的最优数量,但却可以有把握地说,市场本身提供的公共物品通常将低于最优数量,即市场机制分配给公共物品生产的资源常常会不足。我们知道,在竞争的市场中,如果是私人物品,则市场均衡时的资源配置是最优的。生产者之间的竞争将保证消费者面对的是等于商品的边际成本的价格,消费者则在既定的商品产出量上展开竞争。某个消费者消费一单位商品的机会成本就是在市场价格上卖给其他消费者的同样一单位商品,故没有哪个消费者会得到低于市场价格而买到商品的好处。但是,如果是公共物品,情况将完全不同。任何一个消费者消费一单位商品的机会成本总为 0。这意味着,没有任何消费者要为他所消费的公共物品去与其他任何人竞争,因此,市场不再是竞争的,如果消费者认识到他自己消费的机会成本为 0,他就会尽量少支付给生产者以换取消费公共物品的权利。如果所有消费者均这样行事,则消费者们支付的数量就将不足以弥补公共物品的生产成本,结果便是低于最优数量的产出,甚至是 0 产出。

公共物品会造成市场机制失灵,采用下面的政策可以纠正公共产品供求方面的市场失灵。

(1)给予公共物品的供应者以特许的收费权以消除"搭便车"的现象。

(2)政府自行提供公共物品。如果说一般企业是生产私人物品的组织,那么政府则应该是提供公共物品的机构。政府的主要职责就是提供社会所需要的公共物品,创造社会经济正常而又有效运行的基本条件,而不是去经营一般企业能够生产的私人物品。

(3)政府可以直接或间接地通过税收制度对公共物品的私人供应给予补贴。

(4)加强公共物品的成本-效益分析。成本-收益分析是用来评估经济项目或非经济项目的。它首先估计一个项目所需花费的成本以及它所可能带来的收益,然后把二者加以比较,最后根据比较的结果决定该项目是否值得。公共物品也可以看成是一个项目,并运用成本-收益分析方法来加以讨论。如果评估的结果是该公共物品的收益大于或至少等于其成本,则它就值得生产,否则便不值得。

二、公有资源

公有资源与公共物品一样,没有排他性,但是公有资源在消费中有竞争性。因此,公有资源产生了一个新问题:一旦提供了一种物品,决策者就需要关注它被使用了多少。公有资源很可能会被过度地使用,从而造成灾难性的后果。以被西方学者经常使用的"公地悲剧"为例来说明公有资源所面临的这种困境。

考虑这样一个乡村,村里有一块公共土地,村民们在这块公地上放牧奶牛。如果每一个村民都能够毫无限制地使用公共土地,则实际的均衡奶牛数量将远远超过它的最优水平。由此引起的后果就是:公共土地将由于长期的超载放牧而日益衰落。这就是所谓的"公地悲剧"。

什么原因引起了这种悲剧?实际上,公地悲剧的产生是由于外部性。当一个家庭的奶牛在公共土地上吃草时,它降低了其他家庭可以得到的土地质量。由于人们在决定自己养多少奶牛时并不考虑这种负外部性,结果使奶牛的数量过多。

如果预见到这种悲剧,可以通过各种方法解决这个问题。可以管制每个家庭中奶牛的数量,通过对奶牛征税把外部性内部化,或者拍卖数量有限的牧牛许可证。同时,也可以把土地分给每个家庭,每个家庭都可以把自己的一块地用栅栏圈起来,并避免过度放牧。用这种方法,土地就成为私人物品而不是公有资源。

由公地悲剧得出一个一般性的结论:当一个人使用公有资源时,他就减少了其他人对这种资源的享用。由于这种负外部性,公有资源往往被过度使用。政府可以通过管制或税收减少公有资源的使用来解决这个问题。此外,政府有时也可以把公有资源变为私人物品。

思考与练习

1. 设某商品的市场需求函数为 $D = 12 - 2P$,供给函数为 $S = 2P$,均衡价格和均衡产量各是多少?

2. 我国征收燃油税之后,引起了燃油价格上升。但有人认为燃油价格的变化只是暂时现象,因为燃油价格上升后会引起需求减少,而需求的变动(需求曲线左移)又会使燃油价格下降到原来的水平。这种观点是否正确?为什么?

3. 某商品的需求价格弹性系数为 0.15,现价格为 1.2 元,则该商品的价格上涨多少元才能使其消费量减少 10%?

4. 效用的含义是什么?总效用和边际效用之间有何差异?解释边际效用递减规律,并举例说明。

5. 假设某消费者的均衡如图 2-25 所示。其中,横轴 OX_1 和纵轴 OX_2 分别表示商品 1 和商品 2 的数量,线段 AB 为消费者的预算线,曲线 U 为消费者的无差异曲线,E 点为效用最大化的均衡点。已知商品 1 的价格 $P_1 = 2$ 元。

(1)求消费者的收入;(2)求商品 2 的价格 P_2;(3)写出预算线方程;(4)求预算线的斜率;(5)求 E 点的 RCS_{12} 的值。

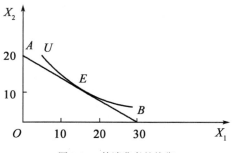

图 2-25 某消费者的均衡

6. 已知某消费者每年用于商品 1 和商品 2 的收入为 540 元,两商品的价格分别为 $P_1 = 20$ 元和 $P_2 = 30$ 元,该消费者的效用函数为 $U = 3X_1X_2^2$,该消费者每年购买这两种商品的数量应各是多少?每年从中获得的总效用是多少?

7. 令某消费者的收入为 M,两商品的价格为 P_1、P_2。假定该消费者的无差异曲线是线性的,且斜率为 $-a$。求该消费者的最优商品消费组合。

8. 用图说明序数效用论者对消费者均衡条件的分析以及在此基础上对需求曲线的推导。

9. 举例说明负外部性的校正措施。

10. 如何理解交通运输的外部性?

第 3 章
交通运输需求与供给

　　交通运输需求与交通运输供给是构成交通运输市场的两个基本方面。交通运输需求是交通运输供给的原因,而交通运输供给则是交通运输需求的基础。所谓交通运输市场,其实质是交通运输需求方(买主)和交通运输供给方(卖主)相互作用并共同决定运价和运输数量的机制。市场机制的自行调节,使供给和需求形成规律性的变动,出现某种量价关系的均衡状态,即市场均衡。但随着时间的推移、生产的发展,供给与需求条件按各自的规律在发生变化,这种量价关系就要被打破,从而向新的均衡推进。下面用一个例子来说明交通运输需求与运输条件和运输价格的关系。

　　假定有 A、B 两地被群山隔开,它们之间只有崎岖的山路相连, A 地是一个农产品生产和加工中心,有过剩的农产品, B 地是一个工业城市,本身不生产农产品。显然,对于 A 地来说,如果能花费一定的费用,把农产品运到城市 B,则 B 是一个很好的农产品销售市场。在这种情况下,可能会有少数商人,不辞辛苦,用马背驮着农产品将其运到城市 B。显然,这些农产品的价格肯定要比在 A 地贵得多,因为运输条件极其艰难,人力物力的消耗很大。其结果是,在城市 B 只有少数人能买得起这种外来的高价农产品。

　　第二种情况,两地之间修了一条小路,可以走马车。用马车运送农产品比用马驮费用和时间减少了很多,这样,农产品在城市 B 的售价降低,较多的居民愿意购买, A、B 之间的交通运输需求也增加了。

第三种情况，A、B间建成了一条简易公路，小型卡车可以通行。这使得运输费用更为下降了，商人有可能以相对低的费用，将大批农产品运到城市B，农产品在城市B的价格进一步降低，使更多的人消费得起。可以想象，如果A、B间的运输条件进一步改善，运输费用会进一步下降，两地间的交通运输需求也会相应增加。

这一例子中，A、B之间交通运输需求的变化可以用图3-1a)表示。从图中可以看出，由于运输条件的改善，导致城市B农产品价格下降，对农产品的需求量增加，引起交通运输需求增加。A、B间交通运输需求是随着运输条件的变化而变化的。

如果把图3-1a)中的横坐标换成运输费用，如图3-1b)所示，运输费用随着运输条件的改善而降低，这样，图中的曲线代表交通运输需求与运输费用之间的关系，运输费用降低，交通运输需求增大。

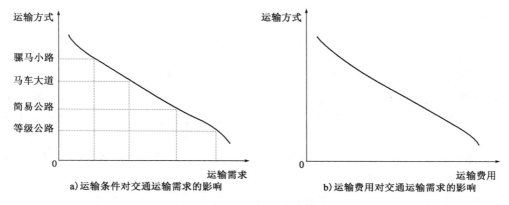

图3-1　简单的交通运输需求曲线

事实上，A、B两地间的交通运输需求除了受运输条件或运输费用的影响之外，还受城市B农产品市场需求的制约。如果城市B对这类农产品的需求很少或根本不存在，不论城市A、B间运输条件如何改善，A、B间根本谈不上对这类产品的运输需求。

3.1　交通运输需求

一、交通运输需求的基本概念

1. 交通运输需求的含义

交通运输需求是指在一定时期内的一定价格水平下，社会经济生活在货物与旅客空间位移方面所提出的具有支付能力的需要。交通运输需求必须具备两个条件，即具有实现位移的愿望和具备支付能力。

交通运输需求包含以下六项要素：

(1) 运输需求量，也称流量，通常用货运量和客运量来表示，用来说明货运需求和客运需求的数量与规模。

(2) 流向，指货物或旅客发生空间位移时的空间走向，表明客货流的产生地和消费地。

（3）运输距离，也叫流程，指货物或旅客所发生的空间位移的起始地至到达地之间的距离。

（4）运输价格，简称运价，是运输单位重量或体积的货物和运送每位旅客所需的运输费用。

（5）运送时间和送达速度，又称流时和流速，前者是指货物或旅客发生空间位移时从起始地至到达地之间的时间；后者是指货物或旅客发生空间位移时从起始地至到达地之间单位时间内移动的距离。

（6）运输需求结构，是按不同货物种类、不同旅客出行目的或不同运输距离等对交通运输需求的分类。如铁路运输中常把货物分为 22 个品类；旅客运输可分为公务、商务、探亲、旅游等；不同的运输方式中常按运输距离分为短途运输、长途运输等。

2. 交通运输需求的产生

交通运输需求由旅客运输需求和货物运输需求所组成。

（1）旅客运输需求

旅客运输需求一般可分为两类：生产性旅行需求和消费性旅行需求。

生产性旅行需求是与人类生产、交换、分配等活动有关的需求，包括机关和企事业单位以政务、公务、商务为目的各种运输需求。它是生产活动在运输领域的继续，其运输费用进入产品或劳务成本。

消费性旅行需求包括非生产性旅行的各种运输需求，如探亲、旅游、购物和各类休闲旅行。消费性旅行需求的运输费用一般由个人支付。

从经济学角度看，生产性旅行需求和消费性旅行需求除了产生来源存在明显差别外，前者可产生效益或创造财富，后者是对财富的消耗。

（2）货物运输需求

货物运输需求的产生有以下几方面原因：

①自然资源地区分布不均衡，生产力布局与资源产地相分离。自然资源地区分布不均衡是自然现象，生产力布局不可能完全与资源产地相配合，这就必然产生运输需求。

②生产力布局与消费群体的空间分离。由于自然地理环境和社会经济基础的差异，各地区经济发展水平和产业结构的差异，决定了生产性消费分布的存在。随着生产社会化、专业化的发展，生产与消费在空间上日益分离，也就必然产生运输需求。

③地区间商品品种、质量、性能、价格上的差异。国家、地区之间的自然资源、技术水平、产业优势等的差异，造成各自产品的质量、品种、价格等均存在千差万别，由此必然会引起货物在各国、各地区间的流动，从而产生运输需求。

3. 交通运输需求的分类

根据研究运输需求的内容和目的的不同，可对交通运输需求进行如下分类：

（1）按运输对象种类不同，可分为货物运输需求和旅客运输需求。

（2）按运输需求的范围，可分为个别运输需求和总体运输需求。

个别运输需求是指在一定时期内，一定价格水平下，许多性质不同、品种不同、运输要求相异的具体需求；总体运输需求是由个别运输需求的总和构成的。个别运输需求是有差异的，但总体运输需求是无差别的，都是实现运输对象的空间位移。

(3)按运输需求产生的地域不同,可分为区域内运输需求、区域间运输需求及过境运输需求。

运输需求的起点与终点在同一区域 A,则为 A 区域内的运输需求;运输需求的起点在 A 区域而终点在 B 区域的,为 A、B 区域之间的运输需求;运输需求的起点、终点均不在 A 区域,但运输对象利用了 A 区域内的运输线路而完成其位移的为 A 区域的过境运输需求。

(4)按运输方式不同,又可分为铁路运输需求、公路运输需求、水路运输需求、航空运输需求和管道运输需求以及多种方式的联合运输需求。

二、影响交通运输需求的因素

在运输需求函数中,客运需求和货运需求分别有各自的影响因素。

1. 影响客运需求的主要因素

(1)人口数量及构成情况。客运需求的变化与人口数量成正比关系,人口数量的增加必然会带来客运需求的增加。城市的客运需求就要比农村高出许多,目前我国城市化进程正在加快,必然会带来更大的旅客交通压力。同时人口的年龄构成、性别构成、文化程度构成也会对客运的需求产生不同程度的影响。

(2)居民收入水平。交通运输需求的产生基础在于移动的需要,但必然需要有居民支付能力的支持。以人均收入指标反映的居民生活水平的高低对客运需求的影响很大。居民经济收入的提高,必然会带来更大的探亲访友、旅游观光以及文化娱乐等方面的出行需求。

(3)工农业生产的发展。工农业生产的发展将会带来公务、商务出行的大量增加,由此带来客运需求的大量增加。近年来,随着我国经济的高速增长,地区之间、城乡之间、产销之间的联系日益频繁,人员来往不断增加,客运的需求增长相当迅猛,特别是由于农村运输条件的改善,在很大程度上也促进了农村经济的发展。

(4)人口的地区流动。近年来,在我国由于人口的地区流动所带来的运输压力日益增大。农民工进城打工形成的民工流,学生放假形成的学生流,"五一""十一"黄金周所形成的旅游观光流,导致了大量的人口跨地区流动,这种运输需求表现出了极强的时间特征和地域特征。

除此之外,如同第 2 章需求的影响因素一样,相关的交通运输政策、运价水平、可替代方式、消费者偏好等也将对客运需求产生较大影响。

2. 影响货物运输需求的主要因素

(1)国民经济发展的规模和速度。经济规模的增长,意味着更多的运输需求,从而产生更多原材料的运输需求、生产环节内部的运输需求、流通环节的运输需求。经济增长的速度在很大程度上刺激着运输需求的增长速度。一般情况下,运输需求增长的速度要高于经济增长的速度。

(2)经济行业和部门结构。不同的部门、行业对于运输的需求是不同的,用产品的运输系数来描述不同产品的运输需求。

$$产品运输系数 = \frac{某种产品的运输量}{该产品的生产量}$$

当产品运输系数高的行业和部门在国民经济中的比例增加时,即便此时经济总量没有增加,也会带来运输需求的增加。

(3) 自然资源的分布和生产力布局。自然资源分布的不均衡性不以人的意志为转移,于是便产生了区域间相应的货物运输需求。生产力布局决定着运输网络的布局,运输网络的布局合理性影响着货流的流向、流量和运输距离,不合理的运输网络布局会导致大量不必要的运输需求,从而增加生产的总成本。所以,在进行生产力布局的同时,合理的运输网络布局必须予以考虑。

(4) 交通运输行业的发展。交通运输业的重要目的是保证最大限度地满足国民经济发展对运输的需要。因此,交通运输作为一个独立的经济部门,在社会再生产过程中处于"先行"的战略地位。这一点早已是世界各国的共识。新的运输工具的出现,运输能力的增加,运输速度的提高和质量的改善,运输成本的下降,都会刺激交通运输需求的增加。

除此之外,相关的交通运输政策、运价水平等也是货运需求的重要影响因素。

三、交通运输需求函数及模型

1. 交通运输需求函数

为了定量地研究运输需求量受各因素影响的弹性大小,需引入交通运输需求函数的概念。交通运输需求函数是用函数形式表示运输需求量与影响因素之间的数量关系。

这里运输需求量是指在特定的时间、空间和一定的条件下,运输消费者愿意购买运输服务的数量。由于研究目的及范围不同,从时间上说,可以是一年、一季、一月或一日的运输需求量;从空间上说,可以是一个国家、一个地区、一条线路或一个方向的运输需求量;从运输方式上说,可以是各种运输方式的总需求,也可以是某一种运输方式的需求量。"特定的条件"是指影响运输需求的各主要因素。

交通运输需求函数可表示为:

$$Q = f(P, Y_1, Y_2, \cdots, Y_n) \tag{3-1}$$

式中: Q——运输需求量;

P——运输服务价格;

$Y_1, Y_2, \cdots, Y_n$——除运价外的其他影响因素,例如,人均收入是影响客运量的重要因素,国内生产总值(GDP)或工农业产值是影响货运量的重要因素等。

为求简化,上式中可仅保留一个非价格因素 Y:

$$Q = f(P, Y) \tag{3-2}$$

根据所研究的运输方式不同,Y 可以是人均收入、国内生产总值(GDP)或工农业产值等某一重要因素。或更简捷地写成 $Q = Q(P)$,并将价格关于需求量的函数 $P = P(Q)$ 称为需求逆函数。

2. 交通运输需求函数模型

(1) 线性模型

$$Q = a + bP + rY \tag{3-3}$$

式中: Q——运输需求量;

P——运输价格;

$a、b、r$——待定参数;

Y——影响因素变量,根据所研究的运输方式,Y 可以是人均收入、国内生产总值(GDP)

或工农业产值等某一重要因素。

如同时考虑多种因素,则式(3-3)成为:
$$Q = a + bP + r_1Y_1 + \cdots + r_iY_i + \cdots + r_nY_n \tag{3-4}$$

如仅考虑价格因素变量,则式(3-3)成为:
$$Q = a + bP \tag{3-5}$$

如仅考虑某一非价格因素变量,则式(3-3)成为:
$$Q = a + bY \tag{3-6}$$

该模型表明运输需求量 Q 是运输的价格 P 和(或)变量 Y 的线性函数。

(2)半对数模型
$$Q = a + b\ln P + r_1\ln Y_1 + \cdots + r_i\ln Y_i + \cdots + r_n\ln Y_n \tag{3-7}$$

该模型表明运输需求量 Q 是运输的价格 P 的对数和变量 Y 的对数的线性函数。

(3)对数模型
$$\ln Q = a + b\ln P + r_1\ln Y_1 + \cdots + r_i\ln Y_i + \cdots + r_n\ln Y_n \tag{3-8}$$

该模型表明运输需求量 Q 的对数是运输的价格 P 的对数和变量 Y 的对数的线性函数。

同线性模型一样,半对数模型和对数模型也可只选取价格和非价格因素变量中的任意一个或若干个变量。

在实际应用时,可针对具体问题选择上述模型或建立其他合适的模型,通过具体的经济分析和数据统计、数量计算,以求得出确切的函数表达式。由于数据来源不同,计算模型计算的结果会有较大差别,通常应选择几个模型经试算挑选其中之一。

四、交通运输需求的价格弹性

1. 基本概念

交通运输需求的价格弹性 E_d 反映了运输需求量对运输价格变动反应的程度,表示为:
$$E_d = \frac{\Delta Q/Q}{\Delta P/P} = \frac{\Delta Q}{\Delta P} \cdot \frac{P}{Q} \tag{3-9}$$

式中:Q、ΔQ——运输需求量及其变化值;

　　P、ΔP——运价及其变化值。

一般情况下,交通运输需求弹性指的是交通运输需求的价格弹性。

旅客运输需求中生产性旅行需求的价格弹性较小,尤其是客运中有相当部分运量属于出差、探亲等各种形式的公费旅行,这部分运量对运价的弹性比较小。消费性旅行需求的价格弹性较大,但消费性旅行需求要受收入水平高低的影响,人均收入高的国家和地区,由于运输费用占收入的比例小,价格弹性小。然而,在很多国家公共客运长期不进入市场调节的范围,旅客位移不能当作纯粹的商品,而是一种半福利品。在福利价格下,旅客票价仅相当于运输成本的 $1/3 \sim 1/2$,交通费用在家庭生活支出中的比重非常小,因而价格变动对交通需求量的刺激是有限的。

货物运输需求的价格弹性往往与货物价值有关,价值小的弹性较大,价值大的弹性较小。价格弹性的大小还同货物的季节性以及市场状况等有关,当某种货物急于上市销售或不易储存时,其运价弹性小,货主情愿选择运价高、速度快的运输方式,而不去选择运价低、速度慢的运输方式。此外,运输需求与资源分布及工业布局关系极大,它们决定了相当部分的货运量,这些运量一经形成,其运价弹性就比较小。比如,在铁路的货物发送量中,30%左右是运距在 200km 以内的,但其中的 70% 属于铁路专用线的运输,这部分运量已经形成比较固定的运输形式,对运价变动的弹性也比较小。如果希望利用提高铁路短途运价,将一部分运量分散到公路上,使公路在短途零散货运中充分发挥作用,则这种措施对铁路专用线运量的影响是十分有限的。

不同运输市场上客货运输的需求弹性有很大差别,还表现在弹性与具体的运输方式、线路和方向有关。能力紧张的运输方式、线路和方向,需求的价格弹性显然较小,运价变动尤其是运价提高对需求影响不大;而能力富裕的运输方式、线路和方向,需求的价格弹性就较大。

2. 计算方法

(1) 点弹性

点弹性是运输需求曲线上某一点的弹性 e_d,即:

$$e_d = \lim_{\Delta P \to 0} E_d = \lim_{\Delta P \to 0} \frac{\Delta Q/Q}{\Delta P/P} = \frac{\partial Q}{\partial P} \cdot \frac{P}{Q} \tag{3-10}$$

如果交通运输需求函数是线性形式,则有:

$$e_d = \frac{\partial Q}{\partial P} \cdot \frac{P}{Q} = b \cdot \frac{P}{Q} \tag{3-11}$$

如果交通运输需求函数是对数线性形式,则有:

$$e_d = \frac{\partial Q}{\partial P} \cdot \frac{P}{Q} = \frac{\partial \ln Q}{\partial \ln P} = b \tag{3-12}$$

显然,对数线性需求函数模型的回归系数的经济意义十分明确,b 是运输需求的价格弹性。

如果运输需求曲线为直线,如图 3-2a) 所示,则 M 点的点弹性 $e_{PM} = BM/AM$;如果运输需求曲线为曲线,如图 3-2b) 所示,过 N 点的切线为 AB,$e_{PN} = BN/AN$。如果给定运输需求曲线的方程,可以很方便地求出某点的点弹性。

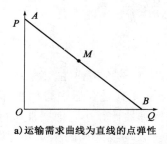
a) 运输需求曲线为直线的点弹性

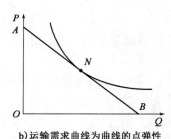
b) 运输需求曲线为曲线的点弹性

图 3-2 运输需求量点弹性

(2) 弧弹性

实践中,为了避免由于价格上升和价格下降计算得到的弹性值不同,常用中点弧弹性来表示。中点弧弹性为运输需求曲线上某两点间的平均弹性,记为:

$$E_d = \frac{\dfrac{Q_2 - Q_1}{(Q_1 + Q_2)/2}}{\dfrac{P_2 - P_1}{(P_1 + P_2)/2}} = \frac{Q_2 - Q_1}{P_2 - P_1} \cdot \frac{P_1 + P_2}{Q_1 + Q_2} \tag{3-13}$$

当运输需求曲线方程未知,只知道曲线上两点的坐标,则可用中点弧弹性的公式求此两点间弧的弹性。

应当说明的是:①由于运价与运输需求量反方向变化,所以,求出的弹性值为负值。②通常使用绝对值比较弹性的大小,如果说某种运输需求的价格弹性大,指的是其绝对值大。③如果需求曲线是一条直线,尽管直线上各点斜率的值不变,但由于 $E_d = (dQ/dP) \cdot (P/Q)$,直线上各点 P/Q 的值是变动的,所以这条直线上价格弹性也是变动的。

3. 运输需求价格弹性的五种情况

在微观经济学中,当一种物品的价格弹性很高时,称这种物品是"富有弹性"的,这意味着该物品的需求量对价格变动反应强烈。当一种物品的价格弹性很低时,称这种物品是"缺乏弹性"的,也就是说该物品的需求量对价格变动反应微弱。根据价格弹性取值的不同,运输需求价格弹性也可分为以下五种情形(可参见第2章图2-8):

完全无弹性:$|E_d| = 0$,在这种情况下,不论运价如何变动,需求量保持不变。

完全有弹性:$|E_d| = \infty$,在这种情况下,运价不变,需求量可以无限增加。

单位弹性:$|E_d| = 1$,运价每变动一定的百分率,导致需求量变动同样的百分率。具有这种弹性的需求曲线是一条正双曲线。

缺乏弹性:$0 < |E_d| < 1$,在这种情况下,需求量变动的百分率小于运价变动的百分率。具有这种弹性的需求曲线比较陡峭且斜率较大。

富有弹性:$|E_d| > 1$,在这种情况下,需求量变动百分率大于运价变动的百分率。具有这种弹性的需求曲线比较平坦且斜率较小。

上述五种情形中前三种只是理论上的推导,极少数商品可能呈现这种需求弹性,大多数商品需求弹性为后两种。我们讨论的运输需求弹性也多为后两种,即缺乏弹性或富有弹性。

4. 需求的价格弹性和运输收入

运输收入可以表示为:

$$TR = P \cdot Q \tag{3-14}$$

图 3-3 中,运输需求曲线的 $E_d > 1$。当运价为 OP_M 时,运输收入 $= OP_M \times OQ_M = S_1 + S_2$;当运价为 OP_N 时,运输收入 $= OP_N \times OQ_N = S_2 + S_3$,因为 $S_1 < S_3$,所以,当富有弹性时,降低运价可增加运输收入,提高运价可减少运输收入。图 3-4 中,需求曲线 $E_d < 1$,因为 $S_1 > S_3$,所以,当缺乏弹性时,降低运价将减少运输收入,而提高运价将增加运输收入。

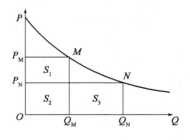

图 3-3 运输需求曲线

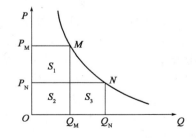

图 3-4 运输需求曲线

5. 运输需求价格弹性的应用

据推算，如美国航空公司能弄清乘客的需求弹性，则每年可带来数十亿美元的收益。理想的情况下，航空公司希望向商务人员要求尽可能高的票价，而向闲适的游客提供足够低的票价以填补飞机上的空座，因为需求弹性差别很大的不同类型的顾客会分别购买不同类型的机票。这是航空公司为增加总收益、追求利润最大化所希望采取的措施。表 3-1 显示了在美国境内三种航空服务的需求价格弹性和需求收入弹性。

不同空中旅行服务的需求弹性　　　　表 3-1

弹性类别	票价类别		
	头等舱	非限定经济舱	特别折扣票
价格弹性	-0.3	-0.4	-0.9
收入弹性	1.2	1.2	1.8

从表 3-1 中数据可以看到，特别折扣票的需求价格弹性是非限定经济舱和头等舱的 2~3 倍。理由是特别折扣票是家庭或其他有闲暇时间的旅行者购买的，而非限定经济舱和头等舱一般是商务旅客乘坐。商务旅客对何时旅行往往很少能选择，而且他们的公司或雇主会承担费用。当需求弹性差距如此之大时，就难怪航空公司要对不同的服务制定如此不同的价格了。

但是，航空公司要想对缺乏价格弹性的商务人员和富有价格弹性的闲适游客收取不同的费用，它们必须解决一个大难题——识别两种不同类型的乘客。它们如何阻止缺乏弹性的商务人员购买为闲适游客准备的便宜机票？又如何避免富有弹性的闲适乘客占用了商务人员本来愿意付费的座位？航空公司通过对不同乘客采用"价格歧视"的措施解决了这个难题，这正是利用不同价格弹性的一种方法。价格歧视是指同一种服务对于不同的顾客收取不同费用的行为。航空公司通常会对事先计划并希望选择低价时机的游客提供折扣。同时，航空公司也许会要求乘客等到周六晚上之后才能拿到打折的机票，这一条规定使得急于回家度周末的商务人员望而却步。另外，最后的时刻通常不提供折扣，因为许多商务往来事先并未计划，而是为了处理意外的危机——这是另外一种缺乏弹性情况。航空公司已经设计出极其复杂的计算机程序来管理机票的销售，从而确保缺乏弹性的乘客无法从折扣中获益。因此，尽管用有预算约束的旅客填补空位，他们仍然有利可图。

6. 影响运输需求价格弹性的因素

(1) 影响货物运输需求价格弹性的因素

一般来说，货物运输需求价格弹性主要受以下几方面的因素影响：

①是否具有可以替代的运输服务。一个地区，如果有几种运输方式，或者虽然只有一种运输方式，但是有多家运输服务部门可以满足市场对于运输的需求，这就会给消费者带来更多的选择机会，使得运输服务的替代性增强，从而形成较大的运输需求价格弹性。反之，若没有可替代性的运输服务，需求者选择的机会就少，弹性就小。

②运输费用在产品总生产费用中所占的比重。运输需求的价格弹性，往往取决于货物的价值。货物的价值越高，运输费用在总生产费用中所占的比重就越小，货主对于价格的敏感程度就越低。他所关心的可能是其他的问题，如安全性、快速性、服务质量等。因此，价格弹性就会很小，工艺品、贵重物品的运输大多如此。如果货物的价值较低，则运输费用在产品总生产费用中的比重就大。因此，运输费用的多少，将直接影响产品的价格，从而影响其销售。在这种情况下，运输的消费者对于运价就会比较重视，如果定价过高，消费者有可能就会去选择其他的运输方式。所以，所运输的货物价值越低，其价格弹性就越大，例如蔬菜运输。

③时间的紧迫性。价格弹性的大小还同货物的季节性以及市场状况有关。当某种货物急于进入市场销售,或者是属于易腐易烂的食品等货物,其运输的需求者一般宁愿选择价格较高但速度快的运输方式,尽快把货物推向市场,而不会去选择运价低、速度慢的运输。因此,在这种情况下,运输需求的价格弹性就小。反之,如果货物的所有者有充分的市场时间的话,那么他会选择运输速度慢但价格较低的运输方式或者干脆等待运输价格的下降。此时,运输需求的价格弹性就比较大了。

(2) 影响客运需求价格弹性的因素

①旅行的目的。在所有影响客运需求价格弹性的因素中,最重要的因素就是旅行的目的。某些类型旅行的价格弹性远低于其他种类的旅行。特别是商务或公务旅行需求,对于运输价格的变化反应比其他原因的旅行要迟钝得多。公务出差的需求价格弹性低于以旅游度假及探亲访友为目的的旅行。据美国学者最近的分析结果,相对于旅行费用而言,开私人小汽车度假的旅行需求弹性值为 -0.955,长途公共汽车的需求弹性值为 -0.694,铁路为 -1.2,航空为 -0.378;对于公务旅行来说,小汽车的弹性值为 -0.7,公共汽车为 -0.3,铁路为 -0.57,航空为 -0.18。由于公务旅行需求的价格弹性要比个人出行小得多,因此,航空公司就可以依此而制定不同的定价策略以增加收入。

②居民的收入水平。在居民的收入水平较高的地区,其运输需求对价格的变动就不敏感,人们旅行时一般只求安全、舒适、快速。而在低收入的地区,运价对旅行者的影响较大,因为经济性是旅客考虑的主要因素之一,在这种情况下,价格需求弹性必然要大一些。

③出行的距离也影响到价格的弹性。在同一运输方式内部,运距越长,其对价格的敏感程度就越高。运输距离越长,运输的总价格就越高,价格变动的百分率所影响的运输费用的绝对量就越大,给运输需求的消费者的心理上会带来一定的影响。这一规律同样也适合于货物运输。都是20%的上涨率,但5美元票价和500美元票价两种基数却会使人反应不同。研究结果是休闲旅行需求在长距离的价格弹性要大于短距离。例如,一项研究说明美国航空旅行需求的价格弹性在400英里时为 -0.525,而在800英里时为 -1.0。

④费用支付方式。例如,私人小汽车的燃油等直接费用相对于既包括燃油又包括保险、保养和折旧等间接费用的全成本来说只是一小部分,这使驾车人的需求弹性按燃油费用与按全成本计算相比就有差别。公交车票又分别有一次性票、按时间的期票和按里程的累积优惠票等,结果使得需求的价格弹性也不同。

⑤长短期的弹性不同。例如,人们对市内公交车票涨价的反应,表现为需求价格弹性短期较高而长期较低。燃油价格对人们驾车行为的影响却是一种相反的情况:当20世纪70年代石油危机导致燃油价格上升时,在短期内人们的驾车距离似乎没有很大变化,但在更长的时期内,它对人们选择居住和上班地点以及选择车型都发生了影响。

五、交通运输需求的其他弹性

1. 交通运输需求的收入弹性

(1) 基本概念及计算方法

运输需求的收入弹性 E_1,反映运输需求量对消费者收入变化的反应程度,多用于分析客运需求,表示为:

$$E_I = \frac{\Delta Q/Q}{\Delta I/I} = \frac{\Delta Q}{\Delta I} \cdot \frac{I}{Q} \quad (3-15)$$

点弹性：

$$e_I = \frac{\partial Q}{\partial I} \cdot \frac{I}{Q} \quad (3-16)$$

如果运输需求函数是线性形式，则有：

$$e_I = \frac{\partial Q}{\partial I} \cdot \frac{I}{Q} = r \cdot \frac{I}{Q} \quad (3-17)$$

如果运输需求函数是对数线性形式，则有：

$$e_I = \frac{\partial Q}{\partial I} \cdot \frac{I}{Q} = \frac{\partial \ln Q}{\partial \ln I} = r \quad (3-18)$$

显然，对数线性需求函数模型回归系数的经济意义十分明确，r是运输需求的收入弹性。

弧弹性：

$$E_d = \frac{Q_2 - Q_1}{I_2 - I_1} \cdot \frac{I_1 + I_2}{Q_1 + Q_2} \quad (3-19)$$

运输需求收入弹性一般为正值。因客运需求量Q和居民收入水平I一般按同方向变动，即居民收入增加时，消费性旅行需求增加；居民收入减少时，消费性旅行需求减少。

客运需求分两种类型：第一是派生性需求，是生产和生活过程必要的需求，它是维持生产和消费正常进行的基本需求。即使人们收入水平降低，但为了工作需要仍必须利用交通工具；相反，即使人们收入水平提高，用于上下班乘坐交通工具的支出也不会提高。第二是本源性需求，如观光、旅游、赛车等利用交通工具，本身就是为了消费。旅游、观光等活动的增加将导致娱乐场所、住宿设施的大量建设以及交通工具的不断改进等。由于客运需求具有派生性和本源性，所以在收入水平很低时，也具有较高的弹性值。这说明运输需求的收入弹性与居民收入水平关系并不十分密切，派生性需求占有较大的比重。

(2)运输收入价格弹性的应用

在进行交通规划决策时，收入弹性将是其中一个重要的考虑因素。收入弹性大的运输项目，如城市客运，由于需求量增长较快，所以发展速度应当提高。收入弹性小的运输项目，如农村客运，由于其需求增长较慢，所以发展速度可以适当放慢。

私人交通需求增长与居民人均收入水平关系密切，人均收入增长对私人交通需求的影响主要体现在拥有私人小汽车的数量上，而不是体现在每辆车每年的行驶距离上。例如，美国的一项研究材料指出，私人小汽车拥有量相对于人均收入水平的弹性值是0.8，而每辆车每年的行驶距离相对于人均收入水平的弹性值只有0.1，也就是说，假定人均收入水平增加了10%，那么私人小汽车拥有量可能会提高8%，而平均每辆车每年的行驶距离只增加1%。

居民收入与所有开销的相对关系也影响着私人交通的数量和需求，包括需要购买交通工具、车辆的保险、维修、燃油、停车费等，但不如对私人小汽车拥有量影响大。例如，有研究说明，小汽车价格的上升会减少居民购买小汽车的数量，但同时又会促使人们延长每辆车的使用寿命，因此私人小汽车拥有量相对于汽车价格的弹性值几乎为零。汽车燃油涨价会减少人们对燃油的购买数量，但国外居民可能更倾向于更换一辆比较节省燃油的汽车，而不是减少自己每天驾车行驶的距离,因此,汽车行驶距离相对于燃油价格的弹性值也几乎为零。

2. 交通运输需求的交叉弹性

(1) 基本概念及计算方法

由于运输服务具有替代性,引入交叉弹性,反映一种运输方式、一条运输线路和一家运输企业的运输需求量可以替代的另一种运输方式、另一条运输线路或另一家运输企业价格变化的反应程度,即一种可替代的运输服务的价格每变化百分之一将引起的另一种被替代的运输服务的需求量变化百分之几,表示为:

$$E_{XY} = \frac{\Delta Q_Y / Q_Y}{\Delta P_X / P_X} \tag{3-20}$$

式中:E_{XY}——价格 X 变动引起需求量 Y 变动的反应灵敏程度。

点交叉弹性:

$$e_{XY} = \frac{\partial Q_Y}{\partial P_X} \cdot \frac{P_X}{Q_Y} \tag{3-21}$$

如果运输需求函数是线性形式,则有:

$$e_{XY} = \frac{\partial Q_Y}{\partial P_X} \cdot \frac{P_X}{Q_Y} = b_X \cdot \frac{P_X}{Q_Y} \tag{3-22}$$

如果运输需求函数是对数线性形式,则有:

$$e_{XY} = \frac{\partial Q_Y}{\partial P_X} \cdot \frac{P_X}{Q_Y} = \frac{\partial \ln Q_Y}{\partial \ln P_X} = b_X \tag{3-23}$$

显然,对数线性需求函数模型的回归系数的经济意义十分明确,$b_X(X \neq Y)$ 是第 Y 种运输(或商品)的需求相对于第 X 种运输价格变动的交叉价格弹性。

弧交叉弹性:

$$E_{XY} = \frac{Q_{Y2} - Q_{Y1}}{P_{X2} - P_{X1}} \cdot \frac{P_{X1} + P_{X2}}{Q_{Y1} + Q_{Y2}} \tag{3-24}$$

不同的交叉弹性值具有不同的经济意义。

①交叉弹性为正值,$E_{XY} > 0$,运输服务 X 的价格变动将引起运输服务 Y 的需求的同方向变动。如航空运价提高,会使铁路、水路的运输需求量增加,表明航空运输同铁路运输和水路运输的可替代性。

②交叉弹性为负值,$E_{XY} < 0$,说明运输服务 X 的价格变动将引起运输服务 Y 的需求反向变动。如水运价格提高会使疏港汽车的运输需求量减少,表明这两种相关运输服务存在互补性,即它们的结合使用,更能满足消费者的要求。对于互补型的运输工具或运输企业,需求的交叉价格弹性应该是负值,例如市内道路交通为市际铁路和航空集散客流、支线航空公司与干线航空公司共同组成轴辐型结构。

③交叉弹性为零,$E_{XY} = 0$,说明运输服务 X 的价格变动对运输服务 Y 的需求量没有影响,表明两种运输服务互相独立,互不相关。如航空运价提高,对公路长途运输需求量没有影响,因就长途运输而言,航空运输与公路运输无替代性和互补性,两者互不影响。

(2) 运输需求交叉弹性的应用

运输需求的交叉弹性与价格弹性、收入弹性一样,在价格和运输量分析中起着重要的作用。即使在同一种运输方式内部,也可能存在不同运输企业之间的竞争,而分析这种运输企业之间的需求交叉价格弹性,对企业的经营也是很现实和极有实用价值的。

运输行业管理部门或计划部门、运输企业在制定行业、企业的运输发展规划时,应当考虑运输项目的替代性和互补性影响。如一条拥有3级以上航道的通航河流,在无特殊需要时,一定不要沿河修一条铁路,这是因为运输服务具有替代性(运输需求的交叉弹性为正值),否则就会导致运输资源的浪费。又如港口、火车站的建设要与港口、火车站的集疏运系统协调发展,如果在建设港口、火车站的同时,不发展相应的集疏运系统,就会产生压港、压站现象。轮船和火车运输价格的提高,对港口、车站集疏运系统会产生影响,这是由于运输服务具有互补性(运输需求的交叉弹性为负值)。

3.2 交通运输供给

一、交通运输供给的基本概念

1. 交通运输供给的含义

交通运输供给是指在一定时期内,一定价格水平下运输生产者愿意而且能够提供的运输服务的数量。交通运输供给必须具备两个条件,运输生产者出售运输服务的愿望和生产运输服务的能力。

交通运输供给包含如下四方面内容:

(1)运输供给量。通常用运输工具的运输能力来表示,说明能够承运的货物和旅客的数量与规模。

(2)运输方式。指水运、铁路、公路、航空和管道五种不同的运输方式。

(3)运输布局。指各种运输方式的基础设施在空间的分布和活动设备的合理配备及其发展变化的状况。

(4)运输经济管理体制。包括为指导运输业发展所相应建立的运输所有制结构、运输企业制度、运输资源配置方式以及相应的宏观调节机构、政策和法规等。

交通运输供给是由现有的社会运输能力所确定的,或者现有的运输能力是交通运输供给的基础因素。当现有的运输能力发生变化时,如运输基础设施建设增加、运输工具增加或减少时,交通运输供给就会发生改变。

2. 运输供给数量的变化与运输供给的变化

与运输需求的变动和运输需求量的变动相类似,运输供给的变动和运输供给量的变动也是两个不同的概念。简单地说,运输供给表示的是运输供给量与运价之间的一种对应关系,一个特定的运输供给对应于一条供给曲线。而运输供给量则表示在已确定的价格水平下,运输生产者提供的运输服务量,对应于运输供给曲线上的一点。运输供给量的变动就是非价格因素不变,供给量随价格发生变化而沿供给曲线移动;运输供给的变化是指非价格因素变化所导致的供给曲线的位移,如果供给发生了变化,即使价格不变,运输供给量也会发生变化。

(1)运输供给数量的变化

供给数量是指对于某一特定的运价,生产者愿意并能够提供的商品或服务的具体数量。

供给量的变动是指在其他因素不变的条件下,商品本身价格的变化,引起供给曲线上点的移动,如图3-5所示。

当商品价格为 P_1 时,生产者的供给数量为 Q_1;当价格上涨到 P_2 时,意味着供给曲线的点从 (Q_1,P_1) 移动到 (Q_2,P_2),此时,生产者的供给数量为 Q_2。也就是说,当供给数量发生变化时,点会在供给曲线上移动,这是供给量的变化。那么,供给曲线本身会发生变化吗?这就会涉及对供给变化的理解。

(2)运输供给的变化

供给是指对于每一个可能的价格,生产者愿意并能够提供某种商品或服务的数量构成的整体。在现实生活中,"其他因素不变"的前提在大部分情况下都很难满足,而"其他因素的变化"会影响到供给本身,使供给发生变化。所以,供给的变化是指商品本身的价格不变,其他因素变化(成本、技术变化)所引起的供给曲线的移动。供给曲线的移动有两种方式:供给曲线右移和供给曲线左移。

如图3-6所示,原供给曲线为 S_0,当成本上升时,供给曲线向左移动,供给减少,新供给曲线 S_1 在 S_0 左上方。这就意味着,在相同的价格水平下,新的供给曲线下供给数量减少了。当成本下降时,供给曲线向右移动,供给量增加,新供给曲线 S_2 在 S_0 的右下方。这就意味着在同样的价格水平下,新的供给曲线下供给数量增加了。

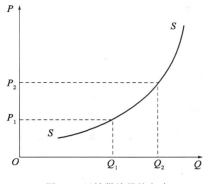

图3-5　运输供给量的变动

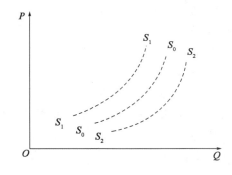

图3-6　运输供给曲线的变动

二、影响交通运输供给的因素

讨论影响交通运输供给的影响因素,必然要联系到交通运输需求,因为需求与供给是密切相关的,影响交通运输需求的因素同样影响交通运输供给。

1. 经济因素

一个国家或地区的经济状况直接影响着运输供给的发展。从经济发展状况分析,运输供给实质上是探索资源的合理配置和有效应用的问题。国家或地区的经济实力越强大,越可能拿出更多的国民收入投入到运输基础设施建设和运输设备制造中。从一个国家不同地区的局部运输供给也可以看出上述规律性。如珠江三角洲地区、长江三角洲地区、京津塘地区、辽东半岛和山东半岛等是我国经济发达地区,也是运输供给水平较高的地区,其经济发达,运输基础设施比较完备,运输网络密度较大,配套水平较高,供给能力较强;而青藏高原地区是我国经济最落后的地区,也是运输供给能力最差的地区。

2. 政治、军事因素

运输业是一个国家重要的基础产业,它不仅关系到一个国家经济的发展、政治的稳定,而且也关系到国防的巩固,各国政府一般对运输行业实行不同程度的干预。因此,政治和军事因素也对运输供给产生重要的影响。

运输政策是影响运输供给的重要政治因素。它是一个国家为发展运输而制定的准则,是经济政策的组成部分,运输政策的制定需要从经济、政治、军事以及国际社会等各个方面加以考虑。不同国情的国家在各自不同的发展时期,都制定不同的运输政策。在航空运输发展初期,许多国家政府都实行保护和扶持政策,以加速航空业的发展。航运也是如此,据联合国贸发会的调查表明,在被调查的主要航运国家中,各国政府无一例外地对本国的航运业实行保护和扶持政策,或是给予财政方面的支持,或是通过行政和法律手段保护本国航空企业的利益,这无疑为运输供给能力的增加提供了有力的支持。有时,为了抑制某种运输供给的过快增长,政府采取一定的限制措施。如近年来某些城市出租汽车的运输供给增长迅速,导致城市交通拥挤日益严重,地方政府相应采取一定措施抑制这种过快的供给增长,防止道路阻塞情况的进一步恶化。

军事运输是一个国家运输业的重要组成部分,运输经济学的研究对象虽然不包括军事运输,但军事因素对运输业的影响显而易见。一个国家的运输网规划、设计和建设不能不考虑到国防建设和军事上的需要,例如,我国在 20 世纪 70 年代所修建的"战备公路"今天仍然在经济建设中发挥着重要的作用。

3. 技术因素

科学技术是推动社会发展的第一生产力,也是推动运输业发展的第一生产力,新型运输工具的出现,运输工具性能的重大改进,无一不是科技进步的结果。科学技术对提高运输生产效率、降低运输成本、提高运输后服务质量、提高生产的组织管理水平起着重要作用,从运输工具的发展史上就可以看到科学技术在提高运输供给中的巨大作用。因此,科学技术的应用不但提高了运输供给量,也提高了运输供给能力。

4. 运输成本

运输成本是影响运输供给价值的经济因素。影响运输成本变动的因素主要是生产要素的价格和生产技术状况,生产要素的价格上涨必然导致运输成本增加,使运输供给减少,而生产技术的进步则意味着运输能力的提高或运输成本的降低,其结果是能够在原运价水平下,增加运输供给量。运输的相关市场如运输工具的制造市场、运输工具的买卖市场等,其价格也将影响投放到运输市场上的供给能力。

三、交通运输供给的价格弹性

1. 基本概念与计算方法

供给的价格弹性是指以价格为自变量,供给量为因变量的弹性关系。运输供给的价格弹性是指在其他条件不变的情况下,运价变动所引起的供给量变动的灵敏程度,用供给量变动百分比除以价格变动百分比来计算。所以,运输供给的价格弹性系数表示为:

$$E_s = \frac{\Delta Q/Q}{\Delta P/P} = \frac{\Delta Q}{\Delta P} \cdot \frac{P}{Q} \qquad (3\text{-}25)$$

点弹性计算公式：

$$e_s = \frac{\frac{dQ}{Q}}{\frac{dP}{P}} = \frac{dQ}{dP} \cdot \frac{P}{Q} \quad (3\text{-}26)$$

式中符号含义如前所示。中点弧弹性的计算公式可以借鉴式(3-13)。

2. 影响交通运输供给价格弹性的因素

(1) 生产要素适应运输需求的范围大小

运输服务就是使运输对象发生空间位移，但由于个别运输需求的差异性，导致运输服务生产要素的差异性。如果生产要素适应运输需求的范围大，则供给价格弹性就大；反之，供给价格弹性就小。如普通货车与油罐车相比，普通货车运输货物范围广，在运输市场上便于灵活调配，供给价格弹性较大；而油罐车专用性较强，较难转移到其他货类市场，因此供给价格弹性较小。

(2) 调整运力的难易程度

一般来说，能够根据价格的变动灵活调整运力的产业，其供给价格弹性大；反之，其供给价格弹性就小。定期船市场与不定期船市场相比，前者调整运力较困难，供给价格弹性较小，后者调整运力较容易，供给价格弹性较大。

(3) 运输成本增加幅度大小

如果一种运输服务增加供给引起的成本增加较大，那么，其供给价格弹性就小；反之，如果增加的成本不大，供给价格弹性就大。如旅客运输在满员情况下还能超员运输，其成本随运量变化而增加的幅度小，则供给价格弹性大。相对而言，处于运量饱和的货物运输再增加运量，就需增加运输工具等，因此带来成本增加幅度大，此时的供给价格弹性小。

(4) 时间因素

时间因素是一个很重要的因素。运输价格变化时，对运输量的调整需要一定的时间。短期内，都存在不同程度的困难，供给价格弹性较小。与此相反，长期内，运输规模的扩大与缩小，都是可以实现的，供给价格弹性较大。

四、交通运输供给交叉价格弹性

由于运输业在不同运输方式之间存在某种程度的可替代性和互补性，因此，有时要研究在运输企业、各运输方式之间的供给交叉价格弹性，即某种运输服务价格的变动引起的另一种运输服务价格变动的灵敏程度，表示为：

$$E_{sij} = \frac{\Delta Q_{si}/Q_{si}}{\Delta P_j/P_j} = \frac{\Delta Q_{si}}{\Delta P_j} \cdot \frac{P_j}{Q_{si}} \quad (3\text{-}27)$$

式中：E_{sij}——j 种运输服务价格变化引起 i 种运输服务价格变化的弹性值；

Q_{si}、ΔQ_{si}——i 种运输服务价格供给量及供给量变化值；

P_j、ΔP_j——j 种运输服务价格及价格的变化值。

注意，供给交叉价格弹性与需求交叉价格弹性符号相反。

理论上若 i 种运输服务与 j 种运输服务供给相互独立，则 $E_{sij}=0$；供给可替代，则 $E_{sij}<0$；供给可互补，则 $E_{sij}>0$。

值得注意的是,目前我国运输需求急剧扩大,而各种运输方式的运价在原本很低的水平上向上调整,其运能在不断增加的情况下,也可能出现可替代运输方式之间交叉价格弹性为正值的假象。

3.3 交通运输市场供需分析

一、交通运输市场概述

1. 交通运输市场的概念

运输需求和运输供给是运输市场的两个基本组成部分。狭义的运输市场指的是运输劳务交换的场所,是从形态上看得见、摸得着的场所,该场所为货主、旅客以及运输代理商等各运输参与者提供交易的活动空间。广义的运输市场不仅指提供运输交换的场所,还包括运输参与者在交易过程中产生的经济活动和经济关系。在现代经济市场中,市场的概念又用来表示实现社会资源配置的机制。由此,广义的运输市场概念包括三层含义:一是指运输劳务交易场所,二是指运输劳务交换活动,三是指实现资源配置的手段。

运输市场是多层次、多要素的集合体。运输市场的参与者包括以下四个方面:

(1)运输方:旅客、货物运输的需求者,例如居民、单位等。

(2)供给方:客货运输服务的提供者,例如道路运输企业、铁路局等。

(3)中介方:提供运输服务的第三方,例如各种货代公司。

(4)政府方:各种政府交通运输管理部门,包括交通运输部、省交通厅、市(县)交通局等地方各级交通运输主管部门,以及财政、税务、金融、海关、城建、环保、工商、物价、商检、标准计量、经贸委、仲裁等各部门和机构,它们代表国家和公众利益对运输市场的监管、管理和调控。

在运输市场活动中,由于需求方、供给方和中介方直接参与客货运输生产和交换活动,因此属于运输市场行为的主体。而政府方不具体参与运输市场的决策过程,只是通过经济、法律、行政等手段对运输活动进行管理、监督和调控,使运输活动能够遵循相关的法规政策,运输市场可以有序运行。

2. 交通运输市场的主要特征

运输市场作为市场体系的组成部分之一,具有一般市场的共性,如供给方与需求方构成市场主体的两大阵营,供给和需求的变化虽然都受不同因素影响,但最终都受价值规律的支配,要遵循等价交换的原则等。但运输市场又是市场体系中的一个专业市场,具有其自身特点。

(1)运输商品的非实体性使得运输市场供求调节不同于一般商品市场

运输市场与一般商品的市场不同,一般的商品市场出售的具有实物形态的商品,商品都是提前生产,如果没有销售完还可以储存起来,更能实现不同地区的调拨。而运输市场出售的是不具有实物形态的运输服务,生产过程只是实现了客货位移,因此,运输产品没办法储存,也不能调拨。由于运输生产和消费具有同时性,一旦运输需求小于运输供给,就会造成运输能力的浪费,而运输需求大于运输供给,则运输需求得不到满足,又会影响服务质量。因此,运输市场只能通过提高运输效率或增加新的运输能力来满足不断增长的运输需求,而一旦运输需求下降,一些供给能力就会闲置起来。因此,对于运输市场,准确地预测运输需求,合理地规划运输供给是非常重要的。

(2) 运输市场在空间上具有广泛性而具体位移又具有特定性

运输产品进行交换的场所无所不在。客运市场交换主要集中在汽车站、火车站、码头、机场等地;货运市场更加分散,只要有货物需求的地方就有货物交易场所。但旅客和货物位移又是特定的,旅客的任何一次出行、货物的每次运送都是具有特定的始发地和目的地的。

(3) 运输市场比一般商品市场更容易形成垄断

运输市场容易形成垄断,主要是由自然条件和生产力发展到一定阶段,某一运输方式具有技术上明显的优势等原因造成。即使到了五种运输方式综合协调发展的今天,运输市场的垄断还是存在的。例如,很多发达国家及发展中国家都曾有过水运占统治地位的时期,而后铁路运输又稳坐"铁老大"之位上百年。第二次世界大战以后,随着经济、技术的发展,公路、航空和管道运输的迅速崛起以及快速发展,打破了铁路的统治地位,但各种运输方式依然在自己的优势领域保持一定的独占性。特别是管道运输,由于其在线路方面具有其他运输方式所不具有的优越性,其在某些运输时,自然具有垄断性。

(4) 运输市场强调安全正点

商品质量即商品的使用价值,不同的使用价值无大小可言,相同的使用价值却有高低之分,因此,同类商品存在着质量比较。一般商品(主要是工、农、建产品)的质量主要由它自身的性能来体现,表现为操作性、可靠性、经济性等。交通运输服务质量主要由其对象的位移来体现,表现为安全与正点。安全,是确保旅客生命财产不受损害,并提供优质服务,使其平安地、愉快地到达目的地;或确保货物不丢失、不损坏,使其保质保量到达目的地。正点,指按规定或合同将旅客或货物准时运送到目的地。

(5) 运输市场价格透明度高

不同商品的价格,由商品的价值量来决定。相同商品的价格,其价值量相同,由供求关系来决定。供不应求,价格上涨;供过于求,价格下跌。在供求关系一定的情况下,一般商品(主要是工、农、建产品)的价格,在同一时间、同一地点还受交易双方的经营素质与承受能力的影响。对不同的买主,价格可能不同,因为在同一时限、同一地点,不同的顾客或用户背靠背,价格具有隐蔽性。这种现象,即使在完全规范的市场上也在所难免。交通运输服务的价格则不同,它在同一时限、同一地点规范一致,因为在同一时限、同一地点,不同的乘客或用户面对面,价格具有公开性。

(6) 运输市场供需调节性差

一般商品(主要是工、农、建产品)市场,商品的供求不受时空限制,特别是在交通、信息事业高度发达的现代社会更是如此。由于市场价格的驱动,可以自动而比较容易地调节这种时空不平衡的关系。交通运输市场却不同,交通运输服务的供求受到时空的严格限制。就我国目前的情况看,沿海、平原、城市交通运输比较发达,内地、山区、农村比较落后,存在着空间不平衡;客运中"春运"供不应求,货运中农副产品运输有季节性,存在着时间不平衡。这种时空的不平衡关系,不可能由交通运输市场自动、轻易地来调节。交通运输服务是以交通运输设施为前提条件的,铁路、公路的修建,航道、航线的开通以及站、港、场的建设需要国家的大量投资。这种投资,要以国家工农业生产的发展为基础,即使投资,也不可能在短期内见效。如果单靠交通运输部门自我发展、自我完善,将会更加延误进程。

二、交通运输市场供需状态分析

交通运输业中的供给与需求是构成交通运输市场的两个基本要素,其在交通运输业中的供需状态可分为以下三类:

1. 总供给与总需求正好一致

运输总供给与总需求正好一致是指运输市场的供给能力与经济发展所产生的运输需求正好相适应,这种情况称为"绝对均衡"。显然,这是一种理想状态,实际上是并不存在的。

首先,这是由于运输需求与运输供给在性质和特征上的不对称性所决定的。从运输需求方面来看,它属于派生性需求,是由经济和社会发展派生出来的,经济和社会生产本身就千变万化,这就势必造成运输需求具有广泛性、多样性的特点。从运输供给方面来看,运输业是一个特殊的行业,其整体性特点非常突出,体现在很多方面,如运输生产过程需要多个部门之间的合作才能完成。由于运输需求与运输供给在性质和特征上的不对称性,就决定了需求与供给在总量上不可能达到正好一致。

其次,运输需求和运输供给的变动不同步、不对称也决定了总需求和总供给不可能正好一致。运输需求的增长一般是随着经济与社会发展缓缓地、持续地进行的,只有在极其特殊的情况下才会有跳跃式增长。而运输供给的增长却恰恰相反,它总是跳跃式增长。因此,这种运输供给增长与运输需求增长的不同步、不对称,也使供给总量与需求总量很难达到"绝对均衡"。

由此看来,由于受到各种因素的制约,运输总供给与总需求要达到绝对均衡是很困难的,总供给与总需求之间相互超前或者滞后的情况是不可避免的。

2. 总供给与总需求不一致

总供给与总需求不一致,存在两种情况:一种情况是运输总供给滞后于运输总需求,从而不能满足经济增长所引发的运输需求对运输供给能力的要求;另一种情况是运输总供给超过了运输总需求,即运输业的发展超过了经济发展的要求,以现成的运输供给能力等待经济发展产生的运输需求。这两种"不均衡"情况都不符合经济发展和社会进步的需要,均是不可取的,因为如果运输总供给滞后于经济发展,甚至成为经济增长的"瓶颈",就会阻碍经济发展,而如果总供给超前于经济与社会发展所产生的运输需求,就会造成运输资源的浪费。

3. 总供给与总需求基本一致

在现实的运输市场中,可实现目标是实现运输总供给与总需求基本一致,即运输供给基本满足运输需求增长的需要,或者供给稍微超前于需求发展,或者供给稍微滞后于需求发展,两者之间并不出现大的差距,相互协调地向前发展。这种情况称为"相对均衡"。

从前面的分析可知,运输总供给与总需求正好一致是不可能实现的,不一致是不可取的,只能追求第三种情况,即运输总供给与总需求基本一致。与一切事物的发展变化一样,运输总供给与总需求的变动是具有规律的,而客观规律是可以被人们认识的,运输总供给与总需求变动的规律也是一样的。因此,运输总供给与总需求基本一致的目标需要经过长期的努力才能达到。

三、交通运输市场供需均衡分析

1. 运输市场中的供需均衡及均衡分析的概念

运输系统是一个开放的大规模复杂系统,由固定设施和移动设备通过相应的运输组织工作实现其运输功能。组成运输系统的要素之间相互联系、相互制约,同时运输系统又处于千变万化的环境之中,因此,运输系统的均衡会受到多种因素的复杂作用,均衡的形成是一系列动态平衡的过程,均衡也只是一种相对稳定的状态。运输系统的均衡包括:运输市场均衡、用户均衡、运输经营主体均衡和供需均衡。本节着重介绍运输经济学均衡中最重要的内容——供需均衡。

运输市场的供需均衡是指运输市场中各种变动着的力量,在相互冲突、调整和运行的过程中,促使市场中的需求和供给处于暂时平衡的一种状态。

运输市场的均衡分析就是从运输供给与运输需求两方面的对比关系出发,在假定各经济变量及其关系已知的情况下,考察运输市场的状态和变化规律及其到达均衡状态的条件等。

2. 交通运输市场供需均衡的形成

(1)供需均衡

运输市场的供需均衡常常表示成如图3-7所示的形式,图中D是运输需求曲线,S是运输供给曲线,纵轴表示运价P,横轴表示供给或需求数量Q,E为均衡点,它是供给曲线与需求曲线相交点,其对应的运价为均衡运价,相应的运量为均衡运量。

(2)供需均衡过程

均衡运价是通过运输市场自发调节形成的。当市场运价背离均衡运价时,由于需求曲线和供给曲线没有发生改变,也就是说市场的均衡点没有改变,这样,市场供需就会自发地发挥作用,使市场运价恢复到均衡运价。从图3-8中,可假设价格从P_E下降到P_1或上升到P_2来说明运输市场均衡的过程。

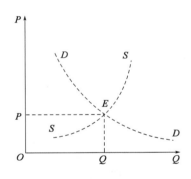

图3-7 简单的运输供需均衡

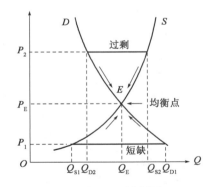

图3-8 简单的运输供需均衡过程

当市场价格小于P_E,例如下降到图中P_1水平时,供给量Q_{S1}小于需求量Q_{D1},市场出现短缺现象,短缺量为Q_{D1}和Q_{S1}之差,如图中标有"短缺"的线段所示。在存在着短缺的情况下,需求方为了得到有限的运力而将展开竞争,由此导致价格上升,如图中向上的箭头所示。在价格上升的过程中,需求量沿着D曲线逐渐减少,而由于运价的上升,供给方将增加,这样,短缺量就逐渐减少,直到价格等于均衡价格P_E时,供给短缺现象完全消除,达到均衡状态。反之,当价格从P_E上升到P_2时,需求量Q_{D1}受价格上涨的影响下降到Q_{D2},而由于运价提高,供给量Q_{S1}提高到了Q_{S2},以致造成市场上运力的过剩,过剩为供给量和需求量之差。过剩的市场供给为了寻找市场,必将降低价格,以争取更多的需求方。因此,只有在均衡点E点,需求和供给才能达到平衡,价格稳定在可以持续不变的水平上。

运输市场均衡的形成与变动过程是基本的运行机制。在供求条件不变的情况下,市场处于一定的稳定均衡状态。虽然不均衡状态也会时常出现,但通过运价与供求的相互冲突与调整,能不断地恢复和维持均衡。

3. 交通运输市场供需变动分析

当某种均衡形成后,随着时间的推移,供给与需求条件可能会产生变化,导致原本的供需关系(供需曲线)发生改变。这表示原本的均衡状态要被打破,并朝着新的方向发生变化。

(1) 供给不变,需求变动对均衡点的影响

图 3-9 中,D 是运输需求曲线,S 是运输供给曲线,纵轴表示运价 P,横轴表示供给或需求数量 Q,E 为均衡点,P_0 表示原均衡运价,Q_0 为原均衡运量。假定由于某种因素导致需求增加,使需求曲线 D 向右上方移动至 D_1,新需求曲线 D_1 与 S 交于点 E_1,此时,新的均衡运价为 P_1,新的均衡运量为 Q_1,均衡价格上升,均衡数量增加,即 $P_1 > P_0, Q_1 > Q_0$。

假定由于某种原因导致运输需求减少时,使运输曲线 D 向左下方移动至 D_2,新需求曲线 D_2 与 S 交于点 E_2,此时,新的均衡运价为 P_2,新的均衡运量为 Q_2,均衡价格上升,均衡数量增加,即 $P_1 < P_0, Q_1 < Q_0$。

(2) 需求不变,供给变动对均衡点的影响

图 3-10 中假定需求曲线 D 不变,S 是运输供给曲线,纵轴表示运价 P,横轴表示供给或需求数量 Q,E 为均衡点。当供给因素变化导致供给增加时,供给曲线 S 向右下方移动至新供给曲线 S_1 处,新均衡价格点为 P_1,新的均衡供给量为 Q_1,并且,新供给曲线 S_1 与需求曲线交于点 E_1,均衡价格下降,均衡数量增加,即 $P_1 < P_0, Q_1 > Q_0$。

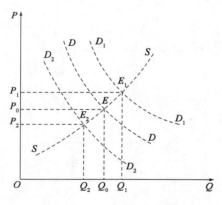

图 3-9 运输供需曲线(供给不变)

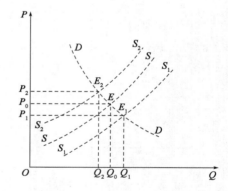

图 3-10 运输供需曲线(需求不变)

假定由于供给因素引起供给量减少,供给曲线 S 向左上方移动至新供给曲线 S_2 处,新均衡价格点为 P_2,新的均衡供给量为 Q_2,并且,新供给曲线 S_2 与需求曲线交于点 E_2,均衡价格下降,均衡数量增加,即 $P_2 > P_0, Q_2 < Q_0$。

(3) 需求与供给同时变动对均衡点的影响

在运输市场运行中,需求与供给往往会同时发生改变,此时,均衡如何变动将取决于需求与供给的变化方向及幅度。供给与需求同时变动往往有两种情况:一种是同方向变动,另一种是反方向变动。每一种情况又有两种情形,同方向变化、反方向变化时,均存在供给增加、需求减少和供给减少、需求增加两种情况。

现以需求与供给同时增加为例来研究供需同时变化对均衡的影响。

如图 3-11 所示，D 是运输需求曲线，S 是运输供给曲线，纵轴表示运价 P，横轴表示供给或需求数量 Q，E 为均衡点，P_0 表示原均衡运价，Q_0 为原均衡运量。现假定需求由 D 增加到 D_1，供给由 S 增加到 S_1，此时供给增加的幅度小于需求增加的幅度，新均衡点为 E_1，新均衡运价为 P_1，新均衡运量为 Q_1，$P_1 > P_0$，$Q_1 > Q_0$。

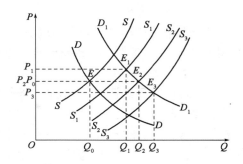

图 3-11　运输供需曲线（需求、供给均改变）

如果供给由 S 增加到 S_2，此时供给增加幅度等于需求增加幅度，新均衡点为 E_2，新均衡运价为 P_2，新均衡运量 Q_2，$P_2 = P_0$，$Q_1 > Q_0$。

如果供给由 S 增加到 S_3，此时供给增加幅度大于需求增加幅度，新均衡点为 E_3，新均衡运价为 P_3，新均衡运量为 Q_3，$P_3 < P_0$，$Q_3 > Q_0$。

从以上分析可见，在需求、供给均增加的情况下，均衡运量是一定增加的，而均衡价格的上升还是下降，则取决于需求与供给增加幅度的相对大小。当需求增加幅度大于供给增加的幅度，则均衡价格上升；当需求增加幅度等于供给增加幅度，则均衡价格不变；当需求增加幅度小于供给增加幅度，则均衡价格下降。用同样的方法可分析在需求与供给的其他变化情形时均衡价格的变化情况。

通过运输供需曲线的变化可以得出以下结论：

①在其他条件不变的情况下，需求变动引起均衡价格和均衡数量的同方向变动。

②在其他条件不变的情况下，供给变动引起均衡价格的反方向变动以及均衡数量的同方向变动。

③以上分析了均衡运价与均衡运量如何确定以及当需求状况与供给状况发生变化时，相应的均衡量的变化，但并未涉及从原均衡点到新均衡点的发展变化过程，故称为静态均衡分析法。

四、交通运输市场供需均衡调节

运输市场供需均衡状态反映了运输市场的资源配置效率，当市场上的总供给量和总需求量相同或总供给价格与总需求价格相等时，市场就实现了均衡，资源配置达到最优。但是，市场均衡状态往往是暂时的，在实际中，由于运输生产具有使用价值和价值同时实现，运输生产使用价值不可存储，以及运输扩大再生产周期长、规模大等特点，运输业要力保运输供给与社会需求之间的平衡非常困难。但是总供给与总需求的不一致性也不是任意的、永久的，可以通过各种调节手段对供需进行调节，使其形成新的均衡。运输市场供需均衡的调节手段主要有内力调节和外力调节两种，内力调节主要是指利用运输市场的运行机制进行调节，而外力调节主要依靠政府采取各种政策进行宏观调控。

1. 运输市场运行机制调节

通过市场来调节运输的供需情况是一种市场的自发行为，当供给大于需求时，将导致运价的下跌，从而刺激需求增加，供给减少，使供需达到新的均衡；而当供给小于需求时，将导致运价上涨，在一定程度上刺激供给增加，使供需达到新的均衡。具体的调节作用上节已进行详细解释，在此就不再赘述。

2. 政府宏观调控

政府在运输市场供需均衡的调节中起着非常重要的作用,主要通过定制价格政策、财政政策、投资政策和对运输需求进行管理等方式来实现对运输市场供需均衡的调节。

(1) 价格政策调节

在纯粹的市场经济中,均衡是一种趋势,市场上有一种市场力量促使均衡价格的形成,而实际上,纯粹的市场经济仅仅是一种理论上的假设。在现实经济生活中,由于某些经济和政治因素的介入,市场竞争会陷入一些不健康的状态,如无序竞争、恶性竞争等。政府作为宏观调控的主体,为了保证市场物价的基本稳定,保证竞争的公平有序,保证生产者和消费者的利益,对运输市场产品有时会实行最低限价和最高限价的政策,这些政策往往会对运输市场的供需均衡带来一定的影响。

(2) 财政政策调节

国家财政政策是调节运输市场供需均衡的重要手段,税收政策是其重要的措施。

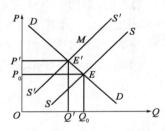

图 3-12 税收对均衡的影响

S 为某种运输的供给曲线,D 为需求曲线,见图 3-12。现假定国家对此运输服务实行征税,因为征税是由生产者或销售者付给国家的,并且包含在消费者所接受的运价当中,购买者对于价格中是否含有税金并不关心,他们关心的只是价格的高低。价格高了,需求量就会减少;价格低了,需求量就会增加。所以征税对需求曲线没有影响。

但征税对供给曲线有影响。征税后,供给曲线沿运价轴方向向上移动一段距离,这段距离的长短为单位运输服务的税额(EM),使新供给曲线为 S',此时新的均衡点为 E',运价从原来的 P_0 升高到 P',需求量由原来的 Q_0 降为 Q',征税使运价提高了,需求量减少了。

相反,如果政府给予某种运输服务以补贴,则运价会降低,需求量将增加。那么税收负担由谁来承担呢?作为运输服务生产者,力图把税收转嫁给消费者,而该种服务的消费者力图把税收推给生产者,究竟由谁负担取决于双方寻找替代服务能力的比较。如果消费者在运价下跌时寻找可替代的运输服务的能力大于生产者在价格下跌或成本增加时寻找替代服务的能力,那么消费者负担的税收份额将小于生产者所负担的税收份额;反之,前者所承担的税收份额将大于后者所负担的税收份额。寻找替代服务的能力决定需求弹性与供给弹性,寻找替代服务能力越强,则弹性越大,反之,弹性越小。这就是经济学中的税收负担原理,即税收负担由消费者负担,还是由生产者负担,还是两方负担,取决于这种运输服务的需求弹性和供给弹性。如果需求弹性大于供给弹性,消费者负担的税收份额就小于生产者负担的税收份额;如果需求弹性小于供给弹性,则消费者负担的税收份额就大于生产者所负担的税收份额。这种关系可用公式表示如下:

$$\frac{消费者负担的税收份额}{生产者负担的税收份额} = \frac{供给弹性}{需求弹性} \tag{3-28}$$

由于:

$$需求弹性 = \frac{Q_1 Q_0}{OQ_1} \div \frac{P_1 P_0}{OP_0} \quad 供给弹性 = \frac{Q_1 Q_0}{OQ_1} \div \frac{P_2 P_0}{OP_0}$$

所以:

$$\frac{供给弹性}{需求弹性} = \frac{P_0 P_1}{P_1 P_2}$$

公式右边表示需求价格上升部分与供给价格减少部分的比例,亦即表示消费者负担单位运输服务的税收份额同生产者负担的单位运输服务的税收份额比例。如图3-13所示为生产者与消费者税收负担份额关系。

(3) 投资政策调节

交通运输基础设施建设的投资巨大、回收期长、利润率低,而且交通运输基础设施又具有准公共性等特征,这使得交通运输业的建设和发展仅依靠市场本身解决供需矛盾是远远不够的,需要政府作为投资主体介入。

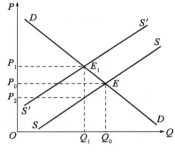

图3-13 生产者与消费者税收负担份额关系

国家实施的交通运输投资政策主要包括直接投资和引导投资。直接投资是由国家财政将资金投向某一地区的某一种运输方式。政府可以通过对运输基础设施加大投资,并向运能紧张的运输方式进行投资倾斜,以提高运输供给能力,从而使供给适应需求。引导投资是指国家考虑到交通运输行业的公共资源性质和基础性质,通过财政、税收、信贷等杠杆引导或者限制社会资本投向某交通运输项目。如国家常常通过各种优惠政策鼓励企业投资于那些社会效益较好的运输项目,而对某些容易引起垄断的运输方式则会对投资进行限制。

(4) 运输需求管理调节

运输需求管理主要是从需求采用相应的政策或技术进行调节,使运输需求在时间、空间上趋于均衡化,以在运输供给和运输需求间保持一种有效的均衡。

运输需求管理主要措施有通过减少产生出行的活动而减少总的出行总量,如利用网络和通信技术,以电视电话会议、电子商务等方式代替传统出行;通过改变交通方式和有效地使用机动车减少车辆交通,如通过调整停车费、通行费、乘车费,鼓励利用公交出行;将交通在时间、空间上进行分散,如向出行者提供实时交通信息或通过强制收费或价格优惠,以减少高峰时段和高峰路线出行。

3.4 案例分析

全国各地囤油风潮越演越烈

2008年年底,在国际油价不断下跌(由年中的140美元/桶暴降至50美元/桶以下)时,我国的成品油出厂价、批发价却出现反弹大涨。其原因就在于我国燃油税改方案基本成型但尚未开征,人们预期"费改税"之后,基础油价虽然会随着国际油价的下跌进行下调,但加上燃油税之后的"总油价"反而还会有所提升。因此,不仅全国各地的油商囤油,而且车主们也在大桶小罐地储存着汽油。

据《成都商报》《大河网》《信息时报》等媒体报道:就在国家发改委研讨燃油税消息发出的第一天,成品油批发价格上扬,山东地方炼厂30家企业中,就有25家上调了汽柴油价格,最低幅度为20元/t。菏泽地区的东明石化将柴油价每吨上调了350元,报价为5750元/t。河南郑州汽油柴油批发价格闻风而涨,部分油企柴油批发价每吨上涨500元,一些民营加油站的汽油柴油也应声涨价。广东成品油批发价每天升逾50元/t~100元/t。车主因担心燃油税促使油价上涨,四处奔走借油桶"储"油。近日,北京一些车主,听说燃油税出台后,油价可能还要涨价的消息,不仅将自己家里的备用油罐总动员,还将亲戚家的油罐也借来进行"储油"。近日,在江苏省和安徽省的各级公路加油站也可以看到,汽车和摩托车的车主们利用大桶小罐在灌油存油,加油站的员工抱怨说连吃饭的时间都没有。

(引自:红香克,新浪博客,2008-11-30)

思考与讨论:

人们为何要囤油? 你认为囤油的行为是否理性?

思考与练习

1. 交通运输需求包含哪几项要素? 与一般商品需求相比,交通运输需求具有哪些特殊性?

2. 什么是运输需求价格弹性? 与一般商品需求价格弹性相比,有哪些影响运输需求价格弹性的特殊因素?

3. 某货物运输需求函数为: $Q = 50 - 4P$,式中,Q表示货物运输需求量,P表示运价。

(1)计算$P = 10$时的运输需求价格弹性。

(2)计算$P_1 = 5$与$P_2 = 10$之间的运输需求价格弧弹性。

4. 某运输企业为了制订长期客运发展计划,假定根据研究资料已知高档客运收入弹性为0.9~1.1,低档客运收入弹性为0.8~1.0,估计今后5年内,人均实际收入的年均增长率为3%,则5年后,高档客运需求量和低档客运需求量各增加多少?

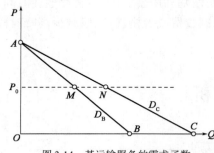

图3-14 某运输服务的需求函数

5. B组和C组人群对某一运输服务的需求函数D_B、D_C均为线性方程,且D_B和D_C均与价格纵坐标轴P相交于A点(图3-14)。

(1)请证明,对任意价格P_0,B和C两组人群对该运输服务的价格弹性相等,即$E_{dM} = E_{dN}$。

(2)如$A = 100$,$B = 100$,$C = 150$,则对两组人群D_B、D_C服务的最大收入各为多少? 此时P_0多大?

6. 什么是交通运输供给? 其特征是什么?

7. 什么是市场均衡? 交通运输市场均衡是如何形成的?

8. 某航运企业经营从A地到B地之间的海运业务,据该公司的统计资料表明,其船舶运力与运价之间的函数关系为:$Q = 2P + 10$(Q表示船舶吨位供给量,P表示运价)。

(1)计算$P = 5$时的船舶运输供给价格点弹性e_s;

(2)计算$P_1 = 5$与$P_2 = 10$之间的船舶供给价格弧弹性E_s;

(3)假设从A地到B地还可以通过航运,如果该航空运输运价从目前的100个单位下降10%,目前海运运价为5个单位,则海上运输供给量可提高到22个单位,试计算这两种运输方式的供给价格弹性E_{sij}。

第4章
交通运输成本

交通运输在整个社会生产生活中占有重要地位,据统计,美国交通方面的支出平均占到家庭支出的20%左右,交通导致的温室气体(Greenhouse Gas,简称GHG)排放量占到30%,国内石油消费量70%。在可利用的资源有限、材料价格不稳定、能源安全问题以及多重环境问题的背景下,准确地估计和测算交通投资和政策对利益相关者的影响就显得至关重要。经济理论和实践要求我们熟悉各种成本和效益(Cost & Benefit)的概念,并在交通运输工程和规划实践中合理应用。一个交通运输项目或政策的经济价值可以通过预测其潜在的成本和收益来进行估算。表4-1列举了交通系统投资和决策中可能需要的成本或效益测算。

交通系统中典型的成本和效益估计　　　　表4-1

交通项目及政策潜在成本(效益)	描　述	举　例
资金	一次性设计、建设成本	新设施的投资成本包括:规划、前期工程、设计、环境影响分析、土地及路权的获得、施工、设备采购等相关费用
运营	持久性使用、保养、维修成本	典型公路营运成本包括:交通管理、与事故或天气相关的设施维修和清理、设备(汽车、交通信号、标志)、公共设施、路面重铺等

续上表

交通项目及政策潜在成本(效益)	描 述	举 例
机动车	车辆拥有成本和维护成本,如燃料、更换轮胎、保险等	如路面重铺可以改善道路行车条件,减少机动车磨损和保养成本
出行时间	损失时间或效率	实施主干道信号协调控制实现更快的出行时间,并减少延误
出行时间可靠性	时间或计划的不确定性	对多占位优先车道或收费车道实施动态定价,使车辆在该车道上以近乎自由速度行驶,从而减少出行时间的不确定性
安全性	事故次数、严重程度、事故损失	增加震动带数量,减少由疲劳驾驶引起的事故
排放	由于车辆类型、出行时间、出行距离、油耗等变化所产生的污染对健康及其他方面的成本损失	柴油到压缩天然气的转变,使机动车尾气排放量减少
噪声	交通噪声增多带来的不舒适感增强和财产价值损失	在高速公路设施和邻近住宅间设置声屏障以降低噪声
生态影响	出行对野生动物栖息地、水流、水质量的影响	规划的道路线形经过濒危物种栖息地,对动物的活动造成影响

4.1 交通运输成本的概念、分类及影响因素

一、成本的基本概念与分类

1. 成本的含义

生产理论一般是从实物的角度分析投入的生产要素与产出量之间的物质技术关系,而成本理论是从货币的角度分析投入成本与效益(收益)之间的经济价值关系。

成本一般是生产一定数量和质量的产品和服务而花费的生产费用或代价,主要是由为生产这些产品或服务而购买的有关生产要素时所支付的货币额所构成的。所以,成本一般是指所消耗生产要素的数量与其价格乘积的总和。

成本可以从不同的角度进行分析和研究,一般的成本分类包括使用土地的地租和各种原材料燃料费用、生产用工的工资以及资本(如厂房、设备和其他必要设施)费用等。成本还可以分为固定成本和变动成本,其中固定成本是不随产量变化而变化的要素支出,变动成本是随产量变化而变化的要素支出。根据时间的长短或者企业的规模是否发生变化,成本也可以分为短期成本和长期成本。

实践中,可能会用到不同类型的成本及其分类,具体介绍如下:

2. 成本的分类

(1) 会计成本和机会成本

会计成本(Accounting Costs)也称财务成本,它是以实际发生的成本为基础的。一般认为,为生产而发生的各项财务支出均为会计成本。而机会成本(Opportunity Costs)更多地是指为了做这件事而不得不放弃做其他事的机会。使用一种资源的机会成本是指把该资源投入某一特定用途所放弃的在其他用途中所能获得的最大利益。例如,不论是土地还是其他自然资源,也不论是劳动力还是资金,一旦被用于某种运输设施建设或运输服务,就不能同时用于其他产品的生产或提供其他服务,因此,选择了资源在运输方面的使用机会就意味着放弃了其他可能获得利益的机会。机会成本还可以有一个补充定义:在做出希望使损失最小的某种选择时,如果不做该选择可能会遭受的更大损失,就是该选择所要避免的机会成本。值得注意的是,运输经济分析中所使用的成本概念应该是机会成本。

由于机会成本一般不能用会计成本直接代替,且本身又不容易准确地进行计算,因此,如何测算机会成本就成为一个比较困难的问题。在运输经济分析中有两个机会成本衡量方法,即利用隐性成本和影子价格。所谓隐性成本是指厂商使用自己所拥有的生产要素,由于在形式上没有发生明显的货币支出,故称为隐性成本。例如,运输企业拥有运输工具的情况下,从事运输业务时并不需要支付运输工具的租金及利息。这部分支出虽然在形式上没有发生,但却蕴含了机会成本的概念,因为购买运输工具时的支出,可以存放在银行获取利息,或投入其他领域获取利润。影子价格主要应用在投入使用的生产要素的外显成本与这些要素市场价格有差别的情况下。例如,运输业者或运输企业原来存储的燃油与现实的燃油市场价格有了较大不同,或所拥有的土地及其他财产也由于时间和其他条件变化产生了价值的增减,这就需要把有关生产要素放到开放的要素市场中去进行重新估价,用当前的市场价格修正外显成本。例如,运输公司用一辆载货汽车运输5t棉花赚取200元时,公司不可能同时用它来运输10t矿砂赚400元。后者就是被前者错过的机会成本。

(2) 固定成本与可变成本

固定成本(Fixed Costs)是在一定的生产规模内不随所提供的运输服务的数量变动而变动的成本,如运输基础设施的建设费用、运输设备和工具的折旧费、运输企业的管理费、保险费、借贷资本的利息等。运输固定成本是运输企业固定占用的运输资源所形成的成本。

可变成本(Variable Costs)是随着运输服务的数量变动而变动的成本,如燃料、物料、动力等费用的支出以及直接生产工人的工资等。运输业是一种资本密集型产业,在许多情况下,运输企业的固定成本在总成本中所占的比重要远远高于可变成本。

交通系统的建设和运营,一般需要庞大规模的固定设施,因此固定成本占总成本的比例很高。很多学者计算了铁路固定成本占总成本的比例。例如,W. M. Acworth给出了50%,C. Pirath给出了67.5%等。然而,固定成本与可变成本的区分并没有严格的界限,上述比例会随着总成本的变化而变化,也与设备折旧期的设定长短有关,折旧期短,固定成本的比例就高,反之亦然。

(3) 平均成本与边际成本

平均成本(Average Costs)是指平均每生产一个单位产出或提供一个单位运输服务所产生的成本。企业可通过比较平均成本与平均收益确认是否盈利。

边际成本(Marginal Costs)是指额外生产一个单位产出或提供一个单位运输服务所需要增

加的成本。例如，某运输公司提供 100t·km 的货物运输服务的总成本是 80 元，提供 101t·km 的货物运输服务的总成本是 81 元，则提供第 101t·km 的货物运输服务的边际成本就是 1 元。

利用与产量之间的关系定义平均成本和边际成本。具体表示如下：

平均成本	$ATC = TC/Q = AFC + AVC$	(4-1)
边际成本	$MC = \Delta TC/\Delta Q$	(4-2)
平均固定成本	$AFC = FC/Q$	(4-3)
平均可变成本	$AVC = VC/Q$	(4-4)

式中：MC——边际成本；
　　　TC——总成本；
　　　FC——固定成本；
　　　VC——可变成本；
　　　Q——产量。

(4) 增量成本和沉没成本

增量成本(Incremental Costs)是指随某一特定决策而发生变动的成本。现时决策改变，成本也会发生变化，其是与现时决策有关的成本。

如果成本不因决策而发生变化，那么这种成本就是沉没成本(Sunk Costs)。沉没成本无法回收，因而不会影响企业今后的决策，是与现时决策无关的成本支出。

例如，某运输公司在新增运输业务后将会引起可变成本(燃料、物料、直接生产工人的工资等)的增加，但不会引起固定成本(折旧费、企业的管理费、保险费、借贷资本的利息等)的变化。因此，可变成本的增加部分就是增量成本，而固定成本则相当于沉没成本。

(5) 短期成本和长期成本

短期成本(Short-term Costs)是运输生产规模不作变动情况下的成本，长期成本(Long-term Costs)是运输生产规模发生变动情况下的成本。任意运输企业均有某一种生产规模，在该生产规模下发生的一切成本，包括固定成本和可变成本、增量成本和沉没成本、联合成本和共同成本等都属于短期成本；但从长期看，任意运输企业都有足够的时间与可能通过调整及投入生产要素来改变生产能力，以保持在最低成本下进行生产。在这种情况下，所有的投入都是可变的，因此在长期成本范畴中不存在固定成本这样的概念。

(6) 私人成本和社会成本

私人成本(Private Costs)也称内部成本和企业成本，是运输企业本身所负担的成本；社会成本(Social Costs)是包括该企业在内的全社会和公众承担的成本，即：社会成本 = 私人成本 + 外部成本。其中外部成本是该企业以外的社会和公众所负担的成本，它是社会成本中的主要研究对象。

外部成本是独立于市场机制以外的成本。例如，运输业生产给社会造成的环境污染和破坏，以及由消费者(旅客)承担的延误、拥挤等的成本。如果运输企业在创造财富的同时，让社会来承担由它造成的巨大外部成本：大气污染、噪声、全球温室效应、水质下降、湿地减少等；如果运输价格中根本就不考虑其社会成本，并且这种做法被人们普遍接受，那么就会导致社会在进行投资决策和其他基础设施管理决策时，错误地配置有限的资源或是产生某些不公平的补贴和税收政策。解决这一问题的办法之一，是使税收水平能够覆盖运输的全部成本，而不仅是运输企业(包括私人交通工具的使用者)的支出或是短期的边际成本，即通过收税(费)，一方面使运输的外部成本部分转变成内部成本,另一方面可对运输产生的外部成本(社会成本)起到约束作用。

(7)联合成本与共同成本

成本还可以分为联合成本与共同成本。若物品 A 被生产,另一物品 B 如果与其一起生产要比单独生产所用的成本小,这说明物品 A 和物品 B 之间存在联合成本(Joint Costs)。联合成本存在于两个维度:一个是空间维,不同的产出在空间范围上存在联合成本;另一个是时间维,它指同一种产出由于季节等因素所引起的共同成本(Common Costs),如公交高峰与低谷的运输。为方便计算,运输经济中也这样来定义联合成本和共同成本:生产 A 类运输产品的同时以某一比例生产 B 类运输产品,当两者保持固定比例时就是联合成本,比例不固定时则为共同成本。

充分利用联合成本能够有效提高运输的效益,以往、返运输服务为例:如两地间的运输成本 = 两地间的距离 × 每公里的运费 + 装卸费,设装卸费为 100 元,两地间的距离为 100km,每公里的运费为 2 元/km。这样,单程运输(应包括空返行驶费用)的总成本为 100 × 2 × 2 + 100 = 500(元);如果返回时有了可以运输的货物,则往返运输的总成本为 600 元,增量成本仅为返程运输时增加的 100 元装卸费。完成双倍的运输业务而成本只增加了 1/5,大大提高了运输效益。

3. 交通运输成本的分类

所有以上的成本分类在运输经济分析中都是必须的,然而对运输业或者运输活动来说,成本的分类还有一种特殊的复杂性,就是运输活动的特殊性,运输业所使用的资本被分成了固定设施和移动设施两大部分,这对运输成本的类型划分具有关键性的意义。运输业的固定设施一般是运输基础设施,如铁路、公路、站场和港口等,它们一旦建成就不能再移动,这些基础设施一般不能直接提供运输服务;运输业的移动设施是指移动性运输工具,如铁路机车车辆、汽车、船舶、飞机等,这些载运工具一般用来直接提供运输服务,它们显然也可以根据需要在不同地区或不同运输市场之间转移。运输业资本的这种特殊性质,使得运输成本的分类与其他行业有所不同,即除了前述按生产要素的类别、与产量变化的关系及时期长短划分,运输成本还需要被特别地划分为固定设施成本、移动设备拥有成本及运营成本三个部分。

(1)固定设施成本

固定设施对每一种运输方式都是必不可少的。铁路运输需要轨道、车站和编组场,汽车需要公路和停车场地,航空离不开机场和空中指挥系统,船舶要在港口停泊和装卸,管道则本身就是固定设施。有些固定设施(如管道)的所有者本身就提供相应的运输服务,但在大多数情况下,固定运输设施的所有者与相应运输服务的提供者是分离的。

固定运输设施的投资被认为是一种沉没成本,因为这些设施一旦建成就不能再移动,而且在一定程度上不能再被用于其他任何用途。例如,港口和道路被废弃时,原来的码头和路基几乎无法改作他用。有学者甚至认为,从这一点来看,已经形成固定运输设施的投资是没有机会成本的,原因是该资源已经没有再被用于其他用途的机会了。

由于固定运输设施在地理位置上的固定位置,决定了只能被与那个位置有关的人群或货物所利用。也由于这个原因,在运输系统中常常出现一部分固定设施存在拥挤的现象,而同时另一部分固定设施却被闲置在一边。

固定运输设施除了起初的投资建设,还有在使用寿命期间内所需要的养护及维修,因此,固定设施成本还包括养护、维修以及其他相关成本。与投资相比,这些固定设施的养护、维修以及使用费用较少,其中有些费用与使用这些固定设施提供的运输量关系不大,属于固定成本。另外,一些则可能与运输量的多少有着密切的关系,因此被认为属于变动成本。

(2) 移动设备拥有成本

管道是唯一仅使用固定设施的运输方式,其他各种运输方式都同时包括固定设施和移动设备,可移动的载运工具包括铁路机车车辆、各类载货汽车、公共汽车、小汽车、各类客货船舶和飞机等。由于这些运输工具可以根据需要在不同运输市场之间甚至不同用途之间转移,也就是说它们的用途不是唯一的,能够允许人们进行选择,因此在移动工具上的投资不属于沉没成本。各种载运工具都有自己的市场价格,其中既有新车、新船、新飞机的市场价,也存在很多载运工具的二手货市场,以方便人们转让那些还有使用价值的载运工具。

各种运输工具都有自己的使用寿命,运输工具的价值在其使用期内会逐渐转化为运输成本,因此使用寿命决定着运输工具的折旧过程。有些运输工具的使用寿命是以年限计算的,在这种情况下,运输工具的折旧转移成本似乎与其使用中所提供的运输量没有直接关系,是每年或每月固定的成本。还有些运输工具的使用寿命是以行驶里程计算的,在这种情况下,运输工具的折旧转移成本就与其使用中提供的运输量直接有关,属于变动成本。

(3) 运营成本

在运营成本中有两类是直接与运输量相关的变动成本:一类是直接运营人员的工资,另一类是运输工具消耗的燃料。运输工作量越大,这些直接的运营成本的数量也会变大。除了这些直接与运输量相关的变动成本,运输企业一般还需要配备若干辅助人员和管理人员,这些辅助人员和管理人员的工资以及所需要的工作开支属于间接运营成本。间接运营成本的一部分是与运输量有关的变动成本,其他部分与运输量变动的关系不大。

不同运输方式的运输成本中固定设施成本、移动设备拥有成本和运营成本各自所占的比重和各自涉及的程度是有差别的,其相应部分伴随产量的不变性或可变性也不一样。而且,这种不变性和可变性还需要根据使用者的具体身份来确定。例如,车票对于每次上车购票的公共交通乘客来说应该是变动成本,因为如果他不出行就没有这笔开销,但对购买月票的乘客来说这却是每月的固定支出。又如,高速公路的保养和维护对其经营者大体上是一种固定成本,但对使用该收费道路的汽车驾驶员来说,却是根据行驶里程支付的变动费用。因此,运输业的三种成本划分与产量变化的关系交织在一起,再加上运输经营者和使用者的极其多样化,使得运输成本分析具有较大的难度和挑战性。

二、运输成本的影响因素

影响单位运输成本的因素既有国家社会经济发展水平、交通基础设施建设水平、交通运输政策、运输技术等宏观因素,也有运输规模、运距、装载率等微观因素。这里主要分析微观因素对运输成本的影响。

1. 规模

运输企业的规模会直接影响运输成本。通常,将大规模生产引起的成本节约称为"规模经济"。规模经济是指企业规模与生产成本之间的关系,如当企业规模增大时,产品的平均成本下降,这种情况称为"规模经济";当企业规模增大时,产品的平均成本不降反升,则称为"规模不经济"。当"规模经济"效应存在时,增大规模可减小平均成本,当"规模不经济"效应存在时,增大规模会增大平均成本。通常,生产规模较小时,报酬增加的幅度要大于要素投入增加的幅度,但达到一定规模时,继续增加投入会产生相反的后果。因此,平均成本曲线常常呈先降后升的 U 形规律。通常,大型运输企业往往因其较低的运输成本而在竞争中占有优势。例如,小航空公司与汽车运输企业相比,规模算是相当大了,但处于最大航空公司快速扩张运输网的阴影之下,它们在航空产业中生存依然十分艰难。同时,在运输业中,规模经济问题还涉及运输工具,巨大的运输工具往往具有成本优势。

2. 运距

每一种运输方式都有自己经济合理的运距范围,称为经济运距。一般来讲,航空和海洋运输最适合长距离运输;铁路和内河运输最适合中长距离运输;公路在短途运输中占有优势。如图 4-1 所示是汽车、火车和飞机经济运距的示意图。在经济合理的运距范围内,各种运输方式的平均吨公里、人公里的运输成本随距离的增加而递减。这是因为总成本中的固定成本与中转作业的费用与运送距离无关,随距离的增加,这部分成本分摊到货物和旅客身上也就愈来愈少。

对于同一运输方式,运输设备大、载运量大,则经济运距通常也较长。如普通小型飞机的经济运距在 600km 以上,而大型波音 747 客机的经济运距为 2500km 以上。平均飞行距离增加 1%,可减少 0.148% 的平均运输成本。

3. 运载率

运载率是实际周转量与额定周转量的比值,它包含时空的利用率:装载率和运输密度。

装载率也称装载系数,即实际装载量与额定装载量的比值,它对运输成本有极大的影响。无论是汽车、火车、轮船还是飞机,从半载到满载的运输总成本增加非常有限:固定成本不会增加,运行成本中人工费和维修费不会(或很少)增加,燃料费中设备自重消耗的通常占有相当的比重,实际增加比例也远远小于装载比例,在距离和运输密度一定的情况下,运输成本随运输设备的装载率的增加而减小,其关系如图 4-2 所示。显然,各种运输工具都具有满载效益,即装载率越高,平均运输成本就越低,运输企业的利润也就越大。

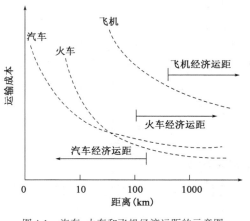

图 4-1 汽车、火车和飞机经济运距的示意图

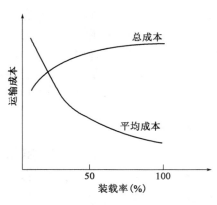

图 4-2 运输成本与装载率的关系

正因为如此,运输企业要提高经济效益,要尽可能使运输设备满载运行,如水运中要对船舶进行科学配载,以充分利用舱容和载重力;铁路运输中,运输设备的满载运行除了使车辆的容积和载重力得到充分利用外,还有机车牵引力充分利用问题,如出现"大马拉小车"的现象,必然使运输成本上升。公路运输中经常发生超载现象,4t 的载货汽车装 6t 甚至 8t 的货物,就

是车主过度利用满载效益的例子——虽然能极大地提高了运输利润,但容易引发交通事故和严重损坏路面,是绝不能提倡的。

虽是满载,但如本来跑两趟,现在只走一回,仍然不可能降低运输成本。因此,光有装载率还不行,还必须有一定的运输密度,"多拉快跑"才能创造高效益。

在运输经济学中有密度经济的概念。运输密度的经济定义是:运输网内提高运输量能够导致单位运输成本的下降。密度经济也可以被描述为运输网经济。密度经济来自运输资源共享造成的节约,或者说是因运输网的交通量增加效益成倍提高时,相应运输服务需要的所有资源投入,如运输人员、运输工具和运输设施并非要同比增加,由此便获得了额外的高效益。例如,铁路高峰时段的客流量能够超过平时的一倍以上,但是,完成这样的客运任务绝不需要再投入一倍的驾乘人员、一倍的火车头和车厢,更不需要再建一倍的车站和铁路线,而只需要适量增加人员和机车,加强管理科学调度。当然,过高的运输量可能导致运输的密度经济耗尽甚至走向反面,这时,运输网外的经营反而成为比较便宜的运输经营方式。例如当高速公路出现拥挤时,平行的相关道路可能具有更高的效率。

4. 劳动生产率和材料、燃油消耗

劳动生产率的高低,也是影响运输成本的一个主要因素。由于工资支出在运输成本中占相当比例,而工资支出的多少取决于职工人数和平均工资。通过改善劳动组织,充分发挥职工的积极性,尽量采用先进的操作方法,提高主要工种的劳动生产率,并尽量减少非劳动人员的比重,尽可能用较少的人力完成相同的运输任务,或以同样的人力完成更多的运输任务,从而节约使用人力,或减少劳动消耗,降低运输成本。

设定工资在运输成本中的比重为 A,劳动生产率提高百分比为 B,则在工资水平不变的情况下,运输成本降低幅度为:$A \times B/(1 + B)$。

例如:工资支出占运输成本的比例为 15% 时,设劳动生产率提高 10%,则运输成本可降低 $15\% \times 10\%/(1 + 10\%) = 1.4\%$。当然,随劳动生产率的提高,工资水平也会有所增长,但一般工资的增长速度低于劳动生产率的提高速度,所以运输成本会降低。

在运输生产中,生产动力特别是燃油、电力和各项设备的运用、维修用的材料数量是很大的。由于各种材料、燃油、电力消耗量在一定的情况下,与其消耗定额成正比。因此,可通过该项费用占运输成本的比重和消耗定额的减少幅度来计算其对运输成本的影响。例如:铁路运输中,蒸汽机车用煤费用占运输成本的 9%,设用煤消耗定额减少 10%,在煤价格不变的情况下,运输成本可降低 $9\% \times 10\% = 0.9\%$。

三、案例分析

沃尔玛降低运输成本的学问

沃尔玛公司是世界上最大的商业零售企业,物流运营过程中,尽可能地降低成本是其经营的哲学。他们主要采取了以下措施:

(1)使用一种尽可能大的载货汽车,大约有 16m 加长的货柜,集装箱运输卡车更长或更高。沃尔玛把载货汽车装得非常满,物品从车厢的底部一直装到最高,这样非常有助于节约成本。

(2)车辆都是自有的,驾驶员也是他的员工。沃尔玛的车队大约有 5000 名非驾驶员员工,有 3700 多名驾驶员,车队每周、每一次运输可以达 7000 ~ 8000km。

沃尔玛知道,载货汽车运输是比较危险的,可能会出交通事故,因此,对于运输车队来说,保证安全是节约成本最重要的环节。沃尔玛认为,载货汽车不出事故,就是节省公司的费用,就是最大限度地降低物流成本。由于狠抓了安全驾驶,运输车队已经创造了 300 万 km 无事故的纪录。

(3)采用全球定位系统对车辆进行定位,在任何时候,调度中心都可以知道这些车辆在什么地方,距离商店有多远,还需要多长时间才能运到商店,这种估算可以精确到小时。沃尔玛知道载货汽车在哪里,产品在哪里,就可以提高整个物流系统的效率,有助于降低成本。

(4)沃尔玛连锁商场的物流部门,24h 进行工作,无论白天或晚上,都能为载货汽车及时卸货。另外,沃尔玛的运输车队利用夜间进行从出发地到目的地的运输,从而做到了当日下午进行集货,夜间进行异地运输,翌日上午即可送货上门,保证在 15~18h 内完成整个运输过程,这是沃尔玛在速度上取得优势的重要措施。

(5)载货汽车把产品运到商场后,商场可以把它整个地卸下来,不用对每个产品逐个检查,这样就可以节省很多时间和精力,加快了沃尔玛物流的循环过程,从而降低了成本。

(6)沃尔玛的运输成本比供货厂商自己运输产品要低,所以厂商也使用沃尔玛的载货汽车来运输货物,从而做到了把产品从工厂直接运送到商场,大大节省了产品流通过程中的仓储成本和转运成本。

沃尔玛的集中配送中心把上述措施有机地组合在一起,做出了一个最经济合理的安排,从而使沃尔玛的运输车队能以最低的成本高效率地运行。

(引自:马绝尘.《"沃尔玛"降低运输成本的学问》)

4.2 交通运输业的内部成本

经济学家经常用固定成本和可变成本进行分析,当然,在分析过程中还会用到不同的成本分类,图 4-3 说明了它们之间的内在关系。从图 4-3 中可以看出,投资成本和运营成本可能是固定的,也可能是可变的。同时,该图还表明,所有的成本可以被分为内部成本和外部成本。本节重点对其内在关系进行分析。

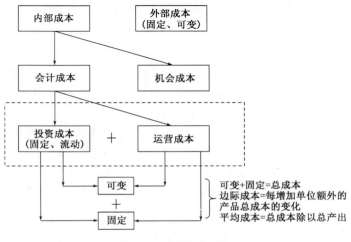

图 4-3 成本概念关系图

一般而言,内部成本是由系统运营商或用户承担的成本,而外部成本是指那些由非用户承担的成本。对道路运输而言,内部成本包括道路建设、维护、运营和用户使用成本(例如燃料和注册费等),噪声、污染、交通事故、交通拥挤等由道路使用者以外的群体承担的都属于外部成本。

在计算内部成本时,首先要理解会计成本与机会成本的概念,并辨析两者之间的区别。前者是真实的、实际发生的货币成本,而后者是潜在的或错过的效益(收益)。

一、内部成本中的会计成本

会计成本是指实际发生的各项财务支出,传统工程项目成本估计中往往包括建设费用、维护费用、运营成本等。这类成本在总成本中可能只出现一次(如初始项目投资中建设用地/路权的获得、设计等),也可能是连续或有规律地出现,如项目的运营、维护和修理等。

1. 投资成本(资本成本)与运营成本(Capital Costs & Operating Costs)

在交通系统中,投资成本通常包括设施建设成本和移动工具拥有成本。表4-2对不同交通方式的投资成本和运营成本进行了比较,结果显示不同交通方式下的运营成本类似,而投资成本组成不同。

不同交通方式的投资成本、运营成本对比 表4-2

交通方式	投资成本	运营成本
汽车	机动车、道路、交通信号等	燃料、劳动力、维修/维护、供应等
铁路	车辆、车站、信号系统、调车场、轨道等	
航空	机场、交通控制系统等	
轮船	港口、轮船等	

(1)投资成本的估计

投资成本除了标准建设成本外,一般还包含项目设计、环境和路权用地征收等资金。以美国为例,联邦公路管理局建议项目成本中应包括5%~10%的应急成本/预留费用,该部分成本用于一些不可预见的变化。低风险项目必须有明确的范围、时间表、可能的风险和不确定性等。对于有重大风险或不确定性的项目,联邦公路管理局建议预测投资成本的可能范围而并非一个定值。例如,在规划阶段估计项目成本约1500万美元,在95%的置信水平下,可能的范围为1400万~1800万美元。

估计项目建设成本可采用两类基本方法:详细的投标项目成本估算和粗略的成本概算。前者是基于承包商投标项目的数量和投标价格的预估。例如,某一工程中需要长300英尺、$\phi 36mm$的金属波纹管(CMP),工程师必须事先通过合理的方法确定$\phi 36mm$的金属波纹管的每英尺价格以及相应的项目规模。成本概算通常适用于草图规划、概念性规划阶段,不需要过于注重细节,但也需要估计某一特定项目的数量和每单位成本分配,差别在于所需估计项目的数量及大小。例如,佛罗里达州交通运输部门开发的一个每英里成本估计模型,它可以用来估计2012年城市洲际公路新建的一个双车道公路的成本。国内也经常使用单位公里造价来估计一个公路建设项目的可能投资。

道路建设中的项目投资成本,必须包含设计成本、路权成本(这里主要指项目建设用地的获得)。设计成本通常作为项目的一部分进行计算,相关部门首先会设置一个默认设计成本比例,然后根据项目的复杂性对其进行调整。路权的获得需要首先估计所需路权的位置、数量,然后确定哪些建筑物、私人设施、公共设施需要移除,最后来估计路权成本。

以公路建设项目为例,其建设投资一般包括建筑安装工程费、设备及工具器具购置费、工程建设其他费用和预留费用。表4-3显示了某项目投资费用组成及估算结果,一般项目进行经济评价时常以此为基础进行建设费用调整(将财务成本调整成经济成本)。

某公路建设项目投资估算 表4-3

项　　目	单　位	估算金额(万元)
一、建筑安装工程费	公路公里	778534.68
1. 人工	工日	76393.96
2. 税金	公路公里	24497.07
二、设备及工器具购置费	公路公里	13230.69
三、工程建设其他费用	公路公里	1805010.99
1. 土地征用费	亩	18246.05
2. 贷款利息	公路公里	114031.78
一、二、三部分合计	公路公里	972274.36
预留费用	公路公里	77241.83
估算总金额	公路公里	1049516.19

(2)运营成本估计

运营成本可以基于运营和维护费用的标准值来确定,相关部门或机构通常基于每车道英里或每车道公里的平均运营和维护成本来进行测算。项目中的路牌、护栏、照明设备和信号等的设计寿命往往比项目的寿命更短,所以其更换成本应入维护成本;对于一些大量使用电器的项目,日常照明的电力需求、信号和智能交通系统的应用也需要包括在内。

如表4-4所示为某高速公路项目运营成本的测算表,可以看出,该项目运营成本包括:养护费、大修费、管理费及隧道通风照明费。养护费根据国内类似高速公路的有关资料及项目所在区域近期同类公路的养护费,在项目建成初年,经常性养护费用确定为5万元/(年·km),以后随着交通量的增加,养护费用将相应提高,增幅约为年均2%。项目大修安排在通车第10年、第11年考虑,大修费用约为60万元/km,大修期不计当年养护费。管理费根据本项目运营管理人数数量和人均综合管理成本(含工资、福利和办公费用等)进行测算,通车年年管理费用500万元,在项目整个运营期间,适当考虑综合管理成本增长所引起的管理费的增加,年均增长按2%计算。隧道通风照明费用在项目通车初年,按照30万元/km考虑,则通风照明总费用为605万元,随着交通量的增长,通风开启数量和通风功率将会增加,通风照明费按年均增长2%考虑。

项目运营成本(单位:万元) 表4-4

年份(年)	管　理　费	养　护　费	大　修　费	机电运营费	合　　计
2013	500	585		605	1689
2014	510	596		617	1723
2015	520	608		629	1757
2016	531	620		642	1792

续上表

年份(年)	管理费	养护费	大修费	机电运营费	合计
2017	541	633		654	1828
2018	552	645		667	1865
2019	563	658		681	1902
2020	574	671		694	1940
2021	586	685		708	1979
2022	598	0	3507	722	4827
2023	609	0	3507	737	4853
…	…	…	…	…	…
2032	728	852		881	2461

在一般的短期运营情况下,投资成本通常被当作固定成本,而运营成本通常被当作可变成本。在长期的运营中,所有成本都是可变的,各成本的时间跨度因工程项目类型的不同而不同。

2. 边际成本与平均成本

(1) 边际成本与平均成本的概念

如表 4-5 所示,解释了边际成本和平均成本的概念和差异,这里通过一个例子来进行说明和比较。一般来说,新建的四车道公路总成本并不会等于同等条件下双车道公路建设总成本的 2 倍,随着工程项目规模的增大,边际成本具有下降的趋势。从本质上看,由于规模经济在设备使用、工人出工、材料订购及检查管理等的多方面作用,边际成本出现随着项目规模的增大而下降的趋势,所以第三车道和第四车道的边际成本很可能是小于第一车道和第二车道的。但不管怎样,新的高速公路车道的平均成本是总成本除以 4。

边际成本与平均成本比较　　　　　　　表 4-5

成本	计算方法(TC-总成本;Q-总产量)	解释
点边际成本(MC)	$MC = \dfrac{dTC}{dQ}$ 例如 TC(美元) = \$200 + 4Q,则 dTC/dQ =4(美元)	TC 函数关于某点 Q 的瞬时斜率。表明了总产量极小变化引起的总成本极小变化量(通常为产出水平的函数)
弧边际成本 (增量,ARC MC)	$ARC\ MC = \dfrac{TC_2 - TC_1}{Q_2 - Q_1}$	当 Q 发生特定或离散变化时,成本的标准化
平均成本(AC)	$AC = TC/Q$,例如:平均单位成本 600 ÷ 100 =6(美元)	也称为单位成本,一般为总成本除以总产量

表 4-5 同时定义了两种类型的边际成本。点边际成本通过函数求导获得(当存在连续总成本函数时);弧边际成本通过简单数学形式,即总成本的增量与产量变化量之比来表示。

(2) 运输业规模经济(网络经济)与平均成本

平均成本与规模经济有一定的关系,在一定的经济规模和范围内,平均成本将随着产量扩张而缩小。这有助于解释为什么越来越多的船舶大小受到限制和主要航空公司为什么倾向于依靠中枢辐射系统(轴辐中转系统)。

这里通过一个航空运输业的例子来说明规模经济与平均运输成本的关系。

现有两组城市,其中一组(包括 A、B、C 和 D)都在左边的区域,而另一组(包括 E、F、G 和 H)都在右边的区域(图4-4)。地区内城市之间的距离,如由 C 到 A、B 或 D,和由 F 到 E、G、H 都是 100 英里,地区之间 C 到 F 距离为 700 英里。假设所有城市之间的客运联系都是通过航空运输,而且为了简化问题,还假设所有旅客均为跨区域出行,也就是说,左边的乘客要往右边的城市中去,而右边地区的旅客都要到左边地区的城市去,没有目的地在本地区的旅行。城市之间的旅客流量大体是由各城市人口数量决定的,表4-6列出了每天总的旅客人数和每一对城市之间的旅客人数。每天总的旅客人数是 2226 人,其中从左边地区到右边地区的和从右边地区到左边地区的都是 1113 人。由于在假设中两个方向的运量相同,所以我们下面的计算只考虑从左边地区到右边地区的客流,在城市对之间,从 D 到 E 的旅客人数最多,每天有 173 人,从 C 到 G 的旅客人数最少,每天只有 16 人。

在本例中,航空公司有两种飞机可用于航班飞行:一种是 150 座的大飞机,其平均每客座英里的运输成本是 0.1 美元;另一种是 20 座的小飞机,其平均每客座英里的运输成本是 0.2 美元。平均每客座英里的运输成本无论飞机是否满员都是需要支出的。此外,每位旅客每次飞行还另有 5 美元的机场费用。实际的航空成本当然比这要复杂得多,但我们的计算中假定只发生这两种费用。

航空公司可以有两种不同的运输组织方式:"点点直达"方式和"轴辐中转"方式。如果采取"点点直达"方式,就要在每一对有运量的城市之间直接开航班,其航线结构如图4-5所示,一共有 16 条航线。采取"点点直达"方式的运输成本计算和分析可见表4-6,在两个区域的城市对之间都需要有直达航班,而有些城市对之间的运量较小或很小,因此要么使用载客率不高的大型飞机,要么只能使用经济性能不好的小型飞机。

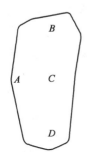 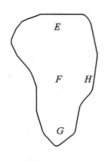 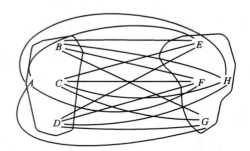

图4-4 两个地区城市分布 　　　　　　　图4-5 "点点直达"方式航线结构

采取"点点直达"方式的运输成本计算及分析　　　　　　　表4-6

城 市 对	旅客人数(位)	直达里程(英里)	飞机数量及类型	运输成本(美元)
A-E	142	806	1 大	12800
A-F	63	800	1 大	12315
A-G	43	806	3 小	9887
A-H	114	900	1 大	14070
B-E	67	700	1 大	10835
B-F	28	707	2 小	5796

续上表

城 市 对	旅客人数(位)	直达里程(英里)	飞机数量及类型	运输成本(美元)
B-G	18	728	1 小	3002
B-H	50	806	3 小	9922
C-E	55	707	3 小	8759
C-F	24	700	2 小	5720
C-G	16	707	1 小	2908
C-H	43	800	3 小	9815
D-E	173	728	2 大	22705
D-F	80	707	1 大	11005
D-G	56	700	3 小	8680
D-H	141	806	1 大	12795
合计	1113		29(8 大 21 小)	161014
客座英里里程数				1240370
人英里总数				858957
平均人英里成本				0.187 美元
客座率				69.3%
平均每位旅客旅行距离				771.8 英里

从表中可以看出,采用"点点直达"的方式每天单向的航班的总数为29,其中使用小型飞机21架次,使用大型飞机只有8架次;运输成本总额为161014美元,平均人英里成本为0.187美元;飞机的客座率为69.3%(表中人英里总数与客座英里总数之比)。

运输业所具有的网络经济可以通过调整运营结构,特别是合并运量和共用固定设施与运载工具,达到降低成本、提高效率的作用。在本例中,相比之下,"轴辐中转"方式的效率更高一些。假设航空公司把C和F作为中转枢纽机场,所有跨地区的旅客都需要通过这两个机场进行中转,例如,从A到E就必须要先后在C和F两次转机才能到达,这样中转枢纽机场之间的主要航线就像"轴",其他机场与枢纽机场之间的次航向就像"辐",共同组成如图4-6所示的"轴辐结构",采用该种方式的运输成本计算和分析如表4-7所示。

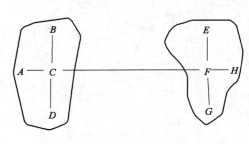

图4-6 "轴辐中转"方式航线结构

采取"轴辐中转"方式的运输成本计算及分析表　　　　表4-7

出发及中转地点	旅客人数(位)	飞行里程(英里)	飞机数量及类型	运输成本(美元)
A 出发	362	100	3 大	6310
B 出发	163	100	1 大、1 小	2715
D 出发	450	100	3 大	6750
C 至 F	1113	700	8 大	89565
到达 E	437	100	3 大	6685

续上表

出发及中转地点	旅客人数(位)	飞行里程(英里)	飞机数量及类型	运输成本(美元)
到达 G	133	100	1 大	2165
到达 H	348	100	3 大	6240
合计	1113		23(22 大 1 小)	120430
客座英里里程数				1052000
人英里总数				968400
平均人英里成本				0.124 美元
客座率				92.1%
平均每位旅客旅行距离				870.1 英里

与"点点直达"方式相比，由于合并了过去分别运送的旅客，因此"轴辐中转"方式的航线数量大大减少，只有 7 条，但每一条航线上航班数却大大增加了。例如，从 A 和 D 出发的旅客分别被集中到每天 3 架大型飞机上先送至 C，从 B 出发的旅客则被集中到每天 1 大 1 小两飞机上先运至 C，从 C 到 F 之间的主航线现在每天有 8 次大型飞机航班(过去只有 2 架小型飞机航班)，而分别到 E、G 和 H 的旅客也分别集中到从 F 出发的 7 架大型飞机航班上。从表 4-7 中可以看出，采用"轴辐中转"方式的运输成本总额为 120430 美元，平均人英里成本为 0.124 美元，分别比"点点直达"方式下降了 25.2% 和 33.7%。

在本例中，"轴辐中转"方式的运输成本节约主要来自两个方面：一是更多地使用了经济性能较好的大型飞机；二是提高了飞机的载客率。目前每天单向的航班总数为 23，航班总数减少了，但其中使用大型飞机 22 架次，使用小型飞机只有 1 次。由于旅客集中，目前载客率达到 92.1%，比"点点直达"方式的 69.3% 提高了 22.8%。

从以上例子可以看出，绝大多数运输企业只要有可能有条件，就会尽可能使用"轴辐中转"方式组织运营。这是因为在运输网络上，允许运输企业把不同运输市场的客户集中到一起，利用经济效能更好的运输工具并同时提高客座率(或货运实载率)，以便降低运管成本。但是在本例中，航空公司利用"轴辐中转"方式也存在着副作用，其中，首先是旅客需要增加中转次数，这一方面会增加旅客的在途时间和不便；另一方面也会增加每次 5 美元的机场费用。其次，虽然运输系统总的客座公里数减少，载客率上升，但旅客人公里数增加了(从 859063 人英里增加到 968400 人英里)，平均每位旅客的旅行距离也延长了将近 100 英里(从 771.8 英里增加到 870.1 英里)，延长了 12.7%。说明大多数旅客的旅程被人为分割成几段，并因此要飞更长的距离和过度耗费更多的时间。但从总的效果看，由于运营成本的节约幅度较大，因此采用"轴辐中转"方式比采用"点点直达"方式还是具有更高的效率。此外，小型飞机在运量小的短航线上还是存在一定的经济性，在短航线中采用小型飞机替代部分大型飞机，还可以得到一定成本的节约。

利用一般的成本理论曲线来进行运输成本的分析具有一定难度，其主要原因之一是，运输企业往往是在一个运输网络内运营，它们经常要把不同质的运输产品或服务合并到共同的固定设施或运载工具中去，也就是说，同时提供多种运输产品或服务的运输企业很难找到一种合适的方法准确地计算每一产品或服务的成本。运输经济分析不得不常常使用吨公里或人公里这些内涵差别很大的统计指标。运输成本分析中还必须注意吨公里或人公里这些统计数字是如何产生的。如果统计量的增加是由于运输需求增加引起的,当然情况比较简单,但在我们上面所举的例子中,由于航空公司运输组织方式的改变使得旅客人英里总数增加了 12.7%,而真正的运输产品——旅客所要求的空间位移却并没有变化,因此用吨公里或人公里这些统计数字去代替运输产品或服务的数量,有时候是不可靠的。

  需要指出的是,在航空业中采用"轴辐中转"方式并不是任何情况下都比采用"点点直达"方式更有效率。在本例子中,"轴辐中转"方式一是用经济性能较好的大型飞机减少了航班数,二是提高了飞机的客座率。也就是说,它更有效地利用了网络中的资源,但它同时也造成中转次数和飞行距离增加的负面影响。如果各个城市的旅客运输需求都增加到"点点直达"方式也同样能够十分有效地利用大型飞机,那么,"轴辐中转"的优势就会消失,而直达方式可能会更可取。实际上,网络的密度经济是普遍存在的,"点点直达"和"轴辐中转"两种运输组织方式都可以利用,而利用的程度取决于各自发挥网络资源效率的水平。图 4-7 是"点点直达"和"轴辐中转"两种民航组织方式的成本曲线示意图,从图中可以看出,每一种运营组织方式都有自己合理的适用范围,"轴辐中转"方式比较适合运输量较小的阶段,而"点点直达"方式在运量较大时更有效率。

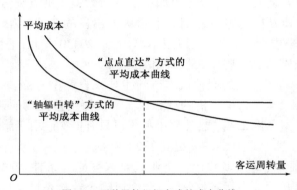

图 4-7 两种民航组织方式的成本曲线

  尽管本例子中举的是民航业,但网络经济或密度经济的原理适用于各种运输方式。例如,大型铁路网可以把各个支线的运量集合到干线上,组成长大客货列车,节约铁路运输的人力和其他资源;公路零担货运公司也可以利用自己的网络把小批货物集中成整车运输,产生密度经济;而公路整车货运往往只能利用大型车的能力。无论哪一种运输方式,如何尽可能充分利用网络经济都有很多值得研究的课题。

  我们还可以在上例中扩大网络来观察一下结果。假设在右边的区域中增加两个城市 J 和 K(图 4-8),其中 J 在距离枢纽机场 F 100 英里的位置,K 在距离枢纽机场 F 200 英里的位置,两个都是中等规模的城市。很明显,J 应该包括在原有的"轴辐中转"系统结构中,而且 J 加入后的结果还可以使平均人英里成本继续降低。但 K 的情况就有所不同,因为 K 如果加入原有的"轴辐中转"系统结构中,会产生一个逆向飞行的问题,该逆向飞行的距离还比较长,而且由于它是中等城市,客流量也许可以满足大型飞机较高载客率的要求,因此 K 可以在原有的"轴辐中转"系统之外采用由左边区域枢纽机场 C 直达的方式提供服务。但如果 K 只是一个小型城

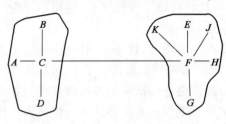

图 4-8 航空网络扩大

市,客流量较小,那么把其并入原有的"轴辐中转"系统中,让旅客在 F 中转可能更为合理。

(3)总成本:固定成本与可变成本

固定成本是不随产量/运输量(如车座公里、车公里)变化而发生变化的成本。换句话说,固定成本是独立于产量/运输量的,即使产量/运输量为零也必须支付。基础设施建设成本,如铁路轨道和公路车道的建设成本通常被认为是固定成本,尽管由于行车道、轨道、机场通道或跑道等数量不同,一些成本可能被认为是可变成本。

可变成本是随产量/运输量变化而发生变化的成本,包括燃料使用、工作人员的工资、车辆维护费等。一般来说,较低的产量/运输量意味着较低的可变成本。

总成本是指在生产活动过程中所有固定成本与可变成本的总和,如图 4-9 所示。可变成本因参考时间范围的不同而不同,比如,某一种成本在短期来讲是固定的,而相对于长期则是可变的,在长期运营中,固定成本是不存在的。

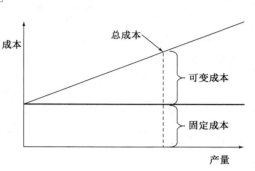

图 4-9　固定成本与可变成本

从图中可以看出,总成本、固定成本与可变成本之间的关系为:

$$TC = FC + VC \tag{4-5}$$

式中:TC——总成本;
　　FC——固定成本;
　　VC——可变成本。

平均成本为厂商平均生产单位商品或劳务所花费的费用或货币支出,它等于商品的总成本除以产品产量。

$$AC = \frac{TC}{Q} = \frac{FC + VC}{Q} \tag{4-6}$$

表 4-8 总结了汽车出行关键的可变成本和固定成本,其中由私人承担的部分(内部成本)见该表。完整的成本分析(包括外部成本)表格见表 4-9。

出 行 内 部 成 本　　　　　　　　　　　　　　表 4-8

成 本 项 目	私人平均成本(美元/英里)	成 本 项 目	私人平均成本(美元/英里)
可变成本		(6)政府服务费	0.005
(1)运营、维护成本	0.141	固定成本	
(2)车辆拥有成本	0.170	(7)道路行驶费	0.016
(3)旅行时间	0.303	(8)停车费	0.007
(4)行驶延误及不可靠性	0.093	总平均成本(不含外部成本)	0.182
(5)交通事故	0.117		

引自:Kockelman,Kara. *The economics of transportation systems:a reference for practitioners*。

出行内部成本与总成本（单位：美元/mile） 表4-9

成本类型	私人成本 （内部成本）	社会成本 （内部成本＋外部成本）	
	平均成本	平均成本	边际成本
可变成本			
1.由公路使用者承担的成本			
（1）运营、维护成本	0.141	0.141	0.141
（2）车辆拥有成本	0.170	0.170	0.170
（3）旅行时间	0.303	0.303	0.388
（4）行驶延误及不可靠性	0.093	0.093	0.172
2.由非公路使用者承担的成本			
（5）交通事故	0.117	0.140	0.178
（6）政府服务	0.005	0.019	0.019
（7）外部成本	0	0.016	0.016
固定成本			
（8）道路行驶费	0.016	0.056	
（9）停车费	0.007	0.281	
总成本	0.852	1.219	

引自：Kockelman, Kara. *The economics of transportation systems : a reference for practitioners*.

二、内部成本中的机会成本

1. 机会成本及其表示方法

机会成本是指当人们将资源（生产要素）用于某种产品或劳务生产时，就必须放弃别的产品或劳务的生产，被放弃的产品或劳务生产中可能获得的最大收益，就是生产这种产品或劳务的机会成本。这些利益可以是货币性质的，也可以是非货币性质的（如时间损失或错过机会的其他价值影响等）。在一个运转良好的竞争市场，考虑机会成本的方法，一种是基于影子价格的基础之上，另一种则是隐性成本。

（1）影子价格

Squire(1975)认为，广义上来讲，影子价格用来衡量"任何商品或生产资料的边际变化"所带来的总体变化。实际上，影子价格决定了生产要素中制约因素的改变对目标价值（常用成本或收益指标衡量）的影响程度。

在交通运输系统中，项目的目标往往是实现用户利益的最大化，但是目标却受限于诸多因素，比如车队中公交车数量的限制。那么，车队公交车的影子价格就是增加一辆公交车的情况下所带来的用户总体收益的增加。同样，影子价格能够应用于解决目标函数最小化问题：比如减少道路养护维修的面层施工时间，这将会减少建设总成本。尽管将道路施工时间减少一整天可能并不现实，但影子价格在这额外时间的价值分析上提供了一种思路。

（2）隐性成本

隐性成本是已经拥有资产的价值，不论是物质性的（如机器、设备），还是时间性的（如个人的时间)。这类资产实际上已经投入,但在形式上没有支付其投入的报酬。事实上,这些资产可以用在其他生产性活动中(如一辆载货汽车可用来进行其他的货物运输,从而获得报酬或者一个人可以享受更多的时间陪伴家人)。例如:美国交通部(DOT)的会计支出中不包含那些交通部没有直接支出的物品、劳动或时间的机会成本,如使用以前购买的机器或原有财产时的成本。此时,该机器的当前市场价格就是其隐性成本。又如,当一个人由于道路拥堵而滞留时,这个出行者的隐性成本是他的时间价值。

2. 旅行时间价值及可靠性

按照西方经济学的影子价格原理,一项活动所消耗的时间若用于生产活动中便可创造商品价值,即该段时间作为一种生产要素投入生产中可以体现其价值。所谓时间价值是指由于时间的推移而产生效益增值量和由于时间的非生产性消耗造成的效益损失量的货币表现。对于出行者来说,单位出行时间的货币化表现即为出行时间价值(Value of Travel Time,简称 VOTT)。

旅行时间价值是隐性机会成本的一种。在其他条件不变的情况下(如往返各活动场所的总出行次数不变),旅行时间的减少(出行时间节省量的增加)使项目的机会成本减少,反之亦然。

旅行时间价值是出行者为节省时间而愿意支付的费用。用更专业的术语进行解释,旅行时间价值是在保持出行者的效用不变的前提下,旅行时间的货币边际替代率。旅行时间价值和可靠性价值(Value of Reliability)的变化能显著影响项目评价,因为一些出行者愿意花费比别人更多的钱来节约旅行时间(如出行者收入较高或者出行有更严格的时间限制)。

除了估测平均出行时间外,人们还会对出行时间可靠性/不确定性进行评估。系统可靠性一般被定义为单元在给定条件和给定时间内完成规定功能的概率。可靠性分析在工程领域应用很广泛,研究已很深入,但在交通领域其研究和应用在近十年内才开始受到重视,并成为交通领域研究的热点问题之一。在交通项目中进行可靠性分析,会带来更多的收益。

4.3 交通运输业的外部成本

交通运输项目的建设或运输服务的提供经常会产生外部成本,有时也有外部收益,往往由那些未直接参与出行或交通设施建设的主体承担。所谓的"外部性",包括高速公路噪声、事故,以及空气和水污染带来的视觉和健康的影响等,而外部成本的减少(主要源于建设隔音墙、铺设低噪声路面、采用环保汽车和更安全道路设施设置等)则可以认为是外部效益。在全面的成本效益分析中,不仅要考虑内部成本和效益,还需要考虑外部成本和收益,以便估计交通运输项目和政策的总经济价值和社会福利。

表4-9 是表4-8 的扩展,不仅显示了可变成本和固定成本,还显示了在拥挤的美国路网上高峰时一个典型的上下班出行中的私人成本和社会总成本(包括内部成本和外部成本)。除此之外,该表还计算了一次旅行增加 1mile 所产生的边际成本和将总通勤成本按车辆总通勤行驶里程划分的平均成本(单位成本)。可以看出,与其他成本相比,旅行时间边际成本和延误及不可靠性边际成本都很高。车辆成本、运营和维护成本以及事故成本也非常高。总的来说,每辆车每英里花费出行者和整个社会大致 1 美元,外部成本(社会成本减去私人成本)约占总成本的 30%。

一、交通运输业的外部成本

外部成本是交通运输生产者和消费者的活动给其他个体或群体带来的负面影响,例如,运输业生产给社会造成的环境污染和破坏,以及由消费者(旅客)承担的延误、拥挤等。下面将从交通污染、交通噪声、交通事故、交通拥挤四个方面对交通运输业的外部性和外部成本进行分析。

1. 交通污染

交通运输的快速发展与严峻的环境状况形成了鲜明的对比。交通运输消耗了大量的能源,产生大量的废气物等,这些废气是大气污染的主要来源。汽车、火车等各种交通工具是造成大气污染的流动污染源,他们产生的空气污染量比其他单一的人类活动所产生的空气污染量都要大。在城市中心,特别是在拥挤的车道上,空气中一氧化碳含量的90%~95%、氧化氮和碳氢化合物含量的80%~90%以及大部分的颗粒物都是由交通车辆排放的,对人类健康形成了巨大的威胁。

公路运输使用的能源类型包括汽油、柴油、电力、甲醇、乙醇、压缩天然气等,但汽油和柴油仍是我国目前主要的驱动燃料,占公路机动车燃料的绝大部分。柴油车和汽油车的排放组成基本相似,一般来讲,汽油车排放的污染物主要是 CO、HC、NO_x 和铅化物、硫酸、硫酸盐、低分子物质等颗粒物,而柴油车排放的污染物主要是 NO_x、碳烟、硫酸盐、高分子可溶性有机物等颗粒物。柴油车产生的颗粒物要比汽油车多,成分也比较复杂。颗粒物主要包括燃料的不完全燃烧排放的物质,同时,还有汽车运行产生的扬尘、路面沥青烟尘等。交通污染对人的健康影响很大,从欧盟国家的研究数据可以看出,每增加 $10\mu g/m^3$ 污染物,或增加 100 万居民所增加的影响,如表 4-10 所示。

污染对健康的影响情况　　　　表 4-10

健康影响	影响人数(人)	健康影响	影响人数(人)
慢性死亡(成人≥30 岁)	350	慢性病(未成年<15 岁)	4216
呼吸病(所有年龄)	170	出行限制时间(成人≥20 岁)	251009
心血管病(所有年龄)	321	哮喘病(未成年<15 岁)	2444
慢性支气管病(成人≥25 岁)	413	哮喘病(成人≥15 岁)	6279

2. 交通噪声

经济快速发展促使城市发展的步伐加快,城区不断向外扩张,交通设施沿线居住和生活的人口数量急剧增长,受交通噪声污染的人群数量也日益增多。交通运输运载工具汽车、飞机、船舶等,在运输过程中是一种流动性的噪声源,它们产生的噪声是环境噪声污染的主要噪声源之一,约占城市噪声的70%。交通噪声的影响范围广、干扰时间长,随着交通运输业的快速发展,其影响程度将日益加深。

噪声的影响不但与声压、声强等客观物理量有关,还与噪声的频率、起伏变化程度有关。噪声以不同的方式变化着,如大小、频率、持续时间、产生时刻等,目前通用的评价量度是加权平均分贝值 dB(A)。噪声的危害主要表现在以下几个方面:

（1）干扰睡眠。连续噪声会影响人的睡眠质量,突发噪声会使人惊醒,老年人和病人对噪声更为敏感,易引起失眠、耳鸣、疲劳等神经衰弱症状。

（2）损伤听力。噪声可使人暂时性或持久性听力损失。当听阈位移达 25~40dB(A) 时为轻度耳聋,当听阈位移达 40~60dB(A) 时为中度耳聋,当听阈位移达到 60~80dB(A) 时为重度耳聋。

（3）对人体的生理影响,可引发多种疾病。在噪声的作用下会引起视觉分析器官功能下降,130dB(A) 以上的强烈噪声会引起眼震颤及眩晕;噪声会使交感神经紧张,引起心跳加速、心律不齐、血压升高,诱发心肌梗死等疾病;噪声作用于中枢神经,会引起消化不良及食欲不振,使人易患胃溃疡等肠胃病。

由于噪声污染的受害者不只交通使用者,还包括更多的非使用者,因此噪声污染成本属于外部成本,同时环境、健康这种要素并没有纳入市场交易价格体系中,因此噪声污染总成本全部要计入交通运输外部成本中。

3. 交通事故

根据外部性定义,交通事故的外部成本应为交通事故对其他个体或群体的影响,而这种影响并没有从货币或市场交易中反映出来。显而易见,事故结案后的损害赔偿费用不能简单地代表交通事故的外部成本,外部成本包含的内容要比损害赔偿广。

交通事故引发的总社会成本包括以下 4 项:

（1）受害者的人身健康、时间和经济、精神等损失,受害者家人的时间、经济、精神损失。

（2）受害者无法参与工作给其所在单位带来的经济损失。

（3）处理事故的司法机构的管理费用。

（4）交通事故造成的固定资产的损失,如车辆、建筑设施等损失。

交通事故的外部成本是总的交通事故社会成本减去已经被合理支付的部分。在实际计算过程中,首先要统计各种交通方式造成交通事故的具体数据,以及对每次事故造成的损失进行经济化计量。其中涉及交通事故的风险价值,是因为乘坐交通工具会有一种潜在的人身风险,这部分风险也是由乘客承担的外部成本。

4. 交通拥挤

交通拥挤给人们带来额外的出行时间。由于交通拥堵造成的行车速度降低,出行时间增加,造成了额外时间的损失,给人们日常生活带来沉重的时间成本。

交通拥挤是交通运输外部特性的重要组成部分,在外部成本中占有比较高的比重。墨尔本市 1995 年对公路外部特性调查表明,交通拥挤引起的外部成本高达 66%,交通事故约占 30%,噪声和排放污染物的不足 4%。拥挤意味着无谓的损失和运输系统经济效率的降低。

二、外部成本的计算方法

在很多情况下,人们对外部成本货币化的概念有很多模糊不清之处,因此,想衡量某一外部性的物理或生化影响本身就很困难,更不用说对其价值进行估计了。但尽管存在着这些困难,计量运输活动造成的环境、拥挤或事故成本的方法,近年来还是取得了一定进展,有人把有关的方法大体分成了如下几类:

（1）实际发生法。该法是把实际发生的严重交通污染如车船泄漏，或交通事故所造成的直接和间接成本进行加总计算。该法一般只适用于较严重的交通事故。

（2）物理（或生化）转换法。该法首先要通过技术手段测定有关交通污染对空气、水体、动植物和建筑物等造成的物理或生化后果，然后通过对这些物理或生化损害进行价值评估，从而计算出交通污染造成的成本。

（3）防护行为法。该法是通过对一定数量的人们为保护其自身不受某种交通污染影响所花费的成本（如为减少噪声而加装的防护设施费用），利用统计分析推算出该种交通污染对该地区造成的环境损害。

（4）价值影响法。交通、振动、噪声和其他污染超过一定水平，就会使暴露在其影响下的有关住房等不动产价值遭受贬损，该法就是根据住房等市场价格与环境质量方面的联系，推断交通污染所引起的环境成本。

（5）旅行成本法。该法是依据不同人们的出行时间价值和交通拥挤给人们造成的时间损失，相对地推算交通拥挤对社会造成的额外成本。货物运输在交通拥挤中的损失，也可以通过有关货物占用资金的时间价值类似地进行计算。

（6）表述性偏好法。该法是通过问卷调查方式，向一定数量的人群询问他们为消除某种交通污染（如噪声、空气污浊）或交通拥挤影响所愿意花费的成本，再利用统计分析推算出该地区该种交通外部性的成本。由于并不是对实际发生损害或人们实际支出的直接计算，而是依据人们在问卷上的意愿表述进行的推断，因此被称为表述性偏好计算法。

这些评估方法各有自己的长处，也都存在着局限性。很难对所有不同的外部性影响都只使用同一种价值评估手段，因此可能会对不同的外部成本利用不同的定量计算方法，或者可能需要利用一种以上的评估方法。甚至对两种外部成本，不同的分析人员或在不同的国家所使用的评估方法也不同，于是计算结论也存在很大差别。这里面当然也就产生了问题，以不同方式计算出来的运输外部性定量分析结果有时候很难进行简单比较，也无法相加求和。

三、交通拥挤收费原理

在某种交通工具的使用者由于基础设施容量的有限而开始妨碍其他使用者时，就产生了拥挤的外部性。交通拥挤不仅给公路使用者造成时间和燃料的浪费，而且由拥挤带来的停车和起动进一步恶化了空气并产生其他形式的污染。因此，人们不仅仅是在污染领域提倡对外部成本制定价格，当汽车驾驶员进入一条拥挤的道路时，他们也应该为造成的"过分"拥挤支付费用。就公路而言，理想的做法是，与收取污染费用一样，汽车驾驶员应向受到拥挤影响的公路使用者（包括自己）付费。但实际上，这显然是难以做到的。因而，有关的公路管理部门有责任征收拥挤费用。

效率原则在逻辑上也同样要求运输使用者为出行的边际成本付费，即每一位道路的使用者都要支付由其引起的边际成本。这意味着除了支付燃油费、维护费、车辆折旧和自己驾车时间的成本，新加入的驾驶员还应该承担其引起的其他驾驶员行车时间损失（这些损失并非驾驶员自己的实际花费，而是由于车速降低给整个道路系统带来的时间损失）。最优道路价格（即拥挤收费），反映的正是出行的边际成本和平均成本之间的差异。

图4-10表示驾驶员基于普遍化成本的出行选择。其中，MPC代表在每一交通量水平条件

下拥挤的边际私人成本(包括了驾驶员承担的货币成本和其所感受到的自身时间成本),MSC 曲线代表在每一交通流量水平下拥挤的边际社会成本(MSC 与 MPC 的区别在于前者还包括了驾驶员对其他公路使用者的外部影响)。当道路车流量超过某一点,如图中的点 E,每个驾驶员的边际社会成本不但包括其边际私人成本,而且包括交通拥挤所导致的道路使用者之间的相互影响。当交通量大于 F_E 时,MPC 曲线与 MSC 曲线的差是该流量下拥挤的经济成本(外部成本)。从社会角度来看,最优流量是在 MSC 和需求相等处(F_0)。然而,由于公路使用者不知道他给其他公路使用者带来的拥挤成本和外部成本,他们仅仅根据 MPC 选择是否出行,实际流量往往在 F_A 处,从而造成了"过度"的拥挤($F_A - F_0$),此时,驾驶员只享有 F_AB 的利益,但成本被强加到了 F_AA。超出最优水平 F_0 的外加交通量的成本对应图中的区域 F_0CAF_A,但享有利益却只是 F_0CBF_A 对应的区域,显然,损失的福利为 MPC、MSC 曲线之间直到交通量 F_0 所围成的区域 ABC。

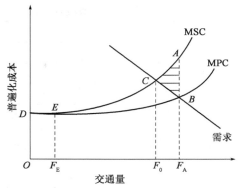

图 4-10 交通拥挤造成的损失

虽然,交通拥挤税在理论上被认为具有很高的效益,但具体操作实施却有很大的难度。因为交通拥挤税必须因时间和地点的不同而不同,也就是说,它有时间的不均衡性和地域的不均衡性两个特性。地点的不均衡性是指只有发生拥挤的地区或交通流量集中的地区才对进入该地区的车辆征收拥挤税。时间的不均衡性指税额根据是否是交通高峰时间而定,一般,高峰期税额将提高。

四、外部成本的内部化

运输外部成本的内部化是指将运输的外部影响纳入市场过程,其目的是使资源能得到更有效的利用。通过外部成本的内部化,人们就会从价格上获得更多运输成本和效益的正确信息,以便在各种替代方案中做出正确的判断,特别是使交通参与者会更加意识到自己出行行为所产生的全部成本,结果会使那些外部成本的不利影响减少,经济与环境资源总的利用更为有效。内部化并不意味着由运输而引起的负外部性,包括环境成本和拥挤成本会完全消除,内部化只不过会有利于降低外部成本,内部化导致的正确价格可以提供一种导向,促进外部成本最小化。所以说,外部成本内部化的手段也是控制运输外部成本的政策制定方向。

外部成本的内部化通常有两种做法:一种是直接管制的方法,也称行政命令手段,即政府部门通过发布行政命令或制定法规条例,向运输供给者和使用者提出具体的环境损害标准,从而直接或间接影响各种运输方式的运输需求,达到改善环境的目的。另一种是经济手段的方法,也称为市场手段,即税收和收费,从影响运输业供给和使用者的成本和收益入手,使价格能反映全部成本,引导经济当事人的行为选择,以达成资源有效利用的目的。排污收费、产品收费、车辆里程税、汽油和柴油税、道路拥挤费用等是目前各国运用最普遍的经济手段。欧洲国家和美国、日本等国的经验证明,经济手段的效果优于直接管制手段。

如表 4-11 所示是根据 1994 年欧洲运输部长联合会的《交通社会成本的内部化》第 18 页资料整理得出的。

控制公路运输外部成本的政策选择　　　　　　　　表 4-11

控制对象	市场手段		行政管理手段	
	直接手段	间接手段	直接手段	间接手段
车辆排放	排放收费	可交易的许可证	制定排放标准	强制性检查排放系统
		汽车的差别税收		强制性推行低污染汽车
		补贴新型汽车		强制报废汽车
燃油类型		燃油的高税收	燃油成分标准	燃油的经济标准
		燃油的差别税收	逐步淘汰高污染燃油	限速
交通拥挤	拥挤收费	停车收费	汽车禁行区	汽车的使用限制
		对大众交通方式的补贴	限行行驶路线	公交专用道和其他优先

从表4-11可以看出，尽管只考虑了对公路运输污染排放和拥挤外部成本的控制，可以用于减少运输外部性的政策手段也是多种多样的。例如，对车辆排放，可以采用制定排放标准、强制性推行低污染汽车或强制报废旧汽车等直接或间接的行政命令手段，也可以采用排放收费、可交易的许可证、不同类别汽车的差别税收或补贴新型汽车等直接或间接的市场手段；对交通拥挤，可以采用汽车禁行区、限定行驶路线或公共汽车专用道和其他优先等直接或间接的行政命令手段，也可以采用拥挤收费、停车收费或对大众交通方式实行补贴等直接或间接的市场手段。

运输业外部成本的内部化，首先需要对外部成本进行准确的币值评估；其次，外部成本内部化的解决不能完全依靠市场力量，必要的行政手段也是必不可少的。我国运输业外部成本的内部化有赖于通过行政和市场相结合的混合手段对各种运输方式的发展进行协调，从而促进运输结构的优化发展。

可以看出，欧洲国家制定了许多控制外部成本的政策，对我国运输业外部成本内部化有着很大的借鉴作用。针对我国运输业现状，分析以下几种做法的实施可行性。

1. 政府采用行政手段来解决

政府解决方式是政府管制，所谓管制，就是由有关行政当局根据相关法律、规章条例和标准等，直接规定经济活动者产生负外部性的允许数量和方式，它可以分为直接管制和间接管制。前者是由行政当局直接对污染物排放做出规定；后者是通过对某种生产投入或消费的前端过程中可能产生的污染物数量进行规定，制定出统一标准，最终达到控制污染物的目的。由于各国的具体情况不同，因此在具体政策措施上并没有完全统一的标准。但实行管制的国家具有共同的前提，即它们都必须具有一些环境污染控制方面的相关法律、法规和标准。对于我国而言，应完善交通管理体系，加强宣传教育和优化城市结构。借鉴外国经验，加强综合规划研究，合理配置财力、人力、物力等交通资源，理顺交通管理体系完善交通管理制度、加强对出行者的教育、使所有出行者都能严格遵守交通规则，以减少因交通混行、超速行驶、抢道占道而导致交通拥堵。加强城市总体规划，优化城乡结构和建立主副城市结构，减少人口向中心城市的单向流动，使居住区、商业区和工作区相接近，以减少人们因工作或购物涌向市中心而带来的交通压力。另外，由于交通拥堵通常发生在上下班时间，可以将不同部门、企事业单位的上下班时间错开，使高峰时间的一部分需求转向非高峰时期，以缓解交通压力、提高交通效率。对某些时间限制性不强的工种，实行弹性工作制和家庭工作制，进一步减少道路交通量。

2. 利用经济手段(税收和收费)

通过税收和收费,影响运输业供给者和使用者的成本和收益,尽量使价格能反映全部成本,引导交通运输使用者的行为选择,以达到资源有效利用。目前,世界各国运用的最普遍的经济手段包括:排污收费、产品收费、车辆里程税、燃油税、交通拥挤税等。

(1)征收燃料税。对运输所消耗的燃料征税,将引起总运输成本的增加。对于我国运输业,若燃料成本提高50%,则不同运输方式的运输成本将增加8%~15%。若所有运输方式的燃料税率都相应提高,则主要运输方式的税收将提高7%~8%。由于我国交通运输量对税率的变化相对敏感,因此客运量和货运量都会大幅下降,而当前我国的经济增长很大程度上与客货运量联系紧密,运量下降会导致国内生产总值下降约2%。可见征收燃料税对整个国民经济的影响很大,可能带来一系列社会经济问题。因此征收燃料税并非解决我国运输业外部成本内部化的最优选择。

(2)对超标有害气体排放收费。由于公路运输的外部成本可能受车辆类型和状况、燃油的级别和成分,以及交通量等多种因素的影响,我国制定的关于道路机动车有害气体排放收费的国家标准,实际上无法起到促进环境友好型运输方式发展的目的。对车辆排放可以通过采用强制性推行低污染汽车或强制报废旧汽车等直接或间接的行政命令手段,也可以采用排放收费、可交易的许可证、不同类别汽车的差别税收或补贴新型汽车等直接或间接的市场手段来控制公路运输的外部性。

(3)收取道路拥挤费。当对高峰时间的出行车辆收取交通拥挤费时,出行者的收益会下降、在高峰时行驶的车辆会有一部分选择低峰时间或者其他交通密度较低的地区,也可能放弃出行。这样,高峰时间的交通需求下降,高峰时间的交通拥堵的压力在一定程度上得到缓解。征收交通拥挤费的具体操作措施有多种,比如,对乘坐不同人数的车辆收取不同的费用,对乘坐人数多的车辆收取相对较低的费用或者实行多种优惠措施,以鼓励多人搭乘,有效地提高车辆的利用率。

(4)利用现代化技术

提高交通运输设施设备的现代化水平,利用智能交通等先进的手段,减少道路拥挤,提高交通运输效率,从而降低交通的外部成本。

智能交通系统是一种综合利用电子、信息、传感器等科学技术手段全面发展起来的信息化、智能化、社会化的新型的交通管理系统。系统包括交通信号控制系统、110接警出警系统、交通电子收费系统、动态路段查询系统等子系统,应用该系统可以在很大程度上减少交通拥堵的发生。例如,电子收费系统(Electronic Toll Collection,简称ETC),可对行驶中的车辆收取费用,而不必使车停下。香港的实践证明,使用电子收费系统能令高峰时期的车辆停车次数减少20%~25%。动态路段查询系统通过网络和遍布各区的各种传感器及时收集各种交通信息,经过综合分析做出预测,并把信息及时传递给交通管理者和出行者。管理人员据此迅速地实施交通管制方案,出行者可以选择更好的行驶路线,从而缓解交通拥堵。

五、案例分析

碳排放交易权和清洁空气

20世纪80年代,美国控制空气污染的成本大约是每年180亿万元。一个有效的排放物交易权制度能在未来几十年大大降低这些成本。环境保护署的泡沫和抵消计划为利用交易制度来降低清污成本提供了温和的尝试。一个泡沫允许单个公司调整其对各个污染源的控制，只要该公司不超过总的污染限制。

理论上泡沫能被用来为许多公司或者整个地理区域确定污染限制。然而，在实践中，它被用于单个公司。事实上，结果是"许可证"在厂商内部的交易——如果厂商的某一部分能够减少它的排放，另一部分就会允许多排放。自1979年以来，环境保护署的42个泡沫计划大约节省了3亿美元的减污成本。

在抵消计划下，新的排放源可以处在空气质量标准没有达到的地区，但是只有它们的排放物被现存排放源的排放物同量的减少所抵消才行。抵消可以通过内部交易实现，厂商之间的外部交易也是允许的。自1976年以来，已经发生了2000多个抵消交易。

由于它们的有限性质，泡沫计划和抵消计划大大低估了一个有广泛基础的排放物交易制度的受益。在一项研究中，使美国所有的杜邦工厂的烃排放减少85%的成本有三种不同的政策：①每家工厂的每个排放源都必须减少85%；②每家工厂必须将其总的排放减少85%，只允许内部交易；③所有工厂的总的排放减少85%，允许内部交易和外部交易。在不允许内部交易时，减少排放的成本是10570万美元，允许内部交易使成本降到4260万美元，允许外部和内部交易使成本进一步降低1460万美元。

显然，一项有效的可转让排放计划带来的潜在的成本节约是很大的。这可以解释，为什么在1990年清洁空气法案中，美国国会强调把可转让许可证作为对付酸雨的办法。酸雨是在二氧化硫和一氧化氮污染穿过大气，变为硫酸和硝酸回到大地时产生的。这些酸对人、动物、植物和建筑都是极其有害的。政府已经批准了一项许可证制度，使得到2000年，二氧化硫减少1000万t，一氧化氮减少250万t。

在这一计划下，每一张可交易许可证将允许最多向空气中排放1t二氧化硫。电厂和其他排污实体将以它们目前的排放水平按比例分配许可证。公司可以进行必要的资本投资来降低排放，或许是通过出售他们多余的许可证；它们也可以通过购买许可证来避免进行这种代价高昂的减污投资。

在20世纪90年代初期，经济学家预计这些许可证将以每张300美元或更高的价格交易。事实上，在1993年，价格就低于200美元。到1996年，价格跌到了100美元以下。原因是减少二氧化硫排放的成本低于人们预计的成本。低硫煤的价格已经大大降低，许多电厂利用了这点来减少排放。1993—1996年，部分地区由于减少排放，成本降低了，二氧化硫的可转让性许可证的价格一直在下降。

4.4 出行时间价值及可靠性分析

一、出行时间价值的估计

1. 出行时间价值的估计

西方学者对旅行时间的价值计量一直分为两种情况对待：一种是工作时间的出行，另一种是非工作时间的出行。工作出行包括运输工具驾驶员、服务员的在途工作和一般公务旅行，其时间价值一般被认定为出行者工资的100%。但这里有这样一项假定：工资包括他全部劳动所得，每个人的工资都等于他所创造的边际产品，分析范围不包括涉及重大政治、军事、商业或个人机会的情况等。

非工作出行包括以通勤、上学、购物、社交、旅游、娱乐等为目的的旅行，一般认为非工作出行的时间价值要低于工作出行的时间价值，但不同学者之间研究差别很大。由于数据采集地点、数据收集方式以及分析数据的方法不同，不同个体的出行时间价值的测算值不同。一般采用出行者调查数据估计出行者节省出行时间的意愿，这是测算出行时间价值的一种方式。比如，采用 RP 调查询问出行者的工作及收入，采用 SP 调查获得出行者更倾向于采用哪种出行方式。对调查问卷收集到的信息，可以采用各种回归统计技术来获得出行时间价值的分布情况，它们之间的区别在于前者注重实际观察到人们已经做出的选择是什么，而后者则更多根据实际未发生的但人们在调查表上对各种情况明确表述的意愿进行分析。

由于出行时间价值的估计取决于个人支付意愿，高收入人群往往比低收入人群表现出更高的出行时间价值。为了体现出行者之间的差异，可以利用出行时间价值来确定出行者的出行方式。在预测收费政策影响时，应考虑不同的出行方式，比如，高收入的出行者愿意支付道路拥挤费用，而选择收费道路出行。换言之，若每个人的出行时间价值相同，那么采取的收费政策不会收取成效。

出行者的出行时间价值也会受时间等其他因素的影响。例如，当参加重要的会议或赶飞机时，即使是低收入人群，也会采用某种出行时间价值较高的方式出行。

2. 出行时间价值的计算方法

纵观国内外研究现状可见，出行时间价值计算方法各异，而且各种方法均各有优缺点。本书将优化出行时间价值计算方法，充分体现出行者个体差异对其时间价值判断的影响，提高影响因素考虑的全面性和计算结果的精确度，并将时间价值计算结果应用于出行行为预测和交通管理政策评价。

常用的出行时间价值计算方法主要有以下三类：

(1) 生产法

从宏观经济学角度，认为劳动力是生产要素之一，出行者出行时耗的节约可用于国民生产，相当于增加了生产要素，从而导致 GDP 的增加。依据该方法，时间价值计算公式为：

$$VOTT = \frac{GDP}{P \cdot T} \tag{4-7}$$

式中：VOTT——出行时间价值；

　　　GDP——国内生产总值，元；

　　　P——年均就业人数；

　　　T——个人年均工作小时数，h。

研究表明，生产法适用于反映用工作时间(或生产时间)出行的客流群的时间价值，即对工作出行较适用。同时，出行者理论上应是固定职业者。

(2) 收入法

收入法反映出行所占用时间相对于个人的机会成本，即时间被出行过程消耗而导致出行者未能工作所引起的收入减少。计算公式为：

$$\text{VOTT} = \frac{\text{INC}}{T} \tag{4-8}$$

与生产法相比,收入法适用于反映用个人收入支付出行费用的客流群的时间价值,对非工作(或非生产)出行较适用。

(3)非集计模型(Logit 模型)

非集计模型是出行行为预测分析中常用的一种模型。针对旅行时间价值计算,模型的效用函数仅考虑出行时耗和费用两个变量,而且多依托于交通方式选择行为预测模型,其效用函数表达式为:

$$V_i = \alpha + \beta_1 t_1 + \beta_2 c_2 \tag{4-9}$$

式中:V_i——出行者选择第 i 种的交通方式效用;

t_i、c_i——第 i 种的交通方式出行时耗和费用;

α、β_1、β_2——待定参数。

则选择第 i 种的交通方式出行者的时间价值表示为:

$$\text{VOTT}(i) = \frac{\partial V/\partial c}{\partial V/\partial t} = \frac{\beta_2}{\beta_1} \tag{4-10}$$

二、出行时间可靠性分析方法

国际上研究出行时间可靠性价值主要有均值—方差模型、调度模型及平均延误模型。均值—方差模型主要用出行时间分布的方差或标准差表示出行时间波动性;调度模型较好地考虑了早到惩罚和迟到惩罚;平均延误模型是在调度模型的基础上提出的,考虑了对于部分出行者影响较大的延误时间波动。

1. 均值—方差模型

均值—方差模型主要运用于金融风险收益模型中,投资者总是希望其投资风险最低,收益最高,其收益用期望值和投资风险的方差表示。在交通运输领域,不仅出行时间会产生负效用,出行时间波动性(不可靠性)也会产生负效用,出行者希望出行时间和出行时间波动性产生的负效用之和最小。

$$U = \gamma_1 u_T + \gamma_2 \sigma_T \tag{4-11}$$

式中:u_T——期望出行时间,如均值;

σ_T——出行时间波动性,用方差或标准差表示;

γ_1——期望出行时间系数;

γ_2——出行时间波动性系数,反映了出行者的风险规避程度。

通常用线性相加形式的离散选择方法来评估该模型,通过边界替代率就可计算出行时间价值 VOT、出行时间可靠性价值 VOR 及可靠率 RR。其表达式如下:

$$\text{VOT} = \frac{\partial U/\partial U_T}{\partial U/\partial C} \tag{4-12}$$

$$\text{VOR} = \frac{\partial U/\partial \sigma_T}{\partial U/\partial C} \tag{4-13}$$

$$\text{RR} = \frac{\text{VOR}}{\text{VOT}} \tag{4-14}$$

均值—方差模型也是基于期望效用理论,效用函数的形式主要通过出行者决策行为的描述来确定,函数形式决定了决策者的风险偏好,在选择效用函数时,主要选择回归分析或计算简单的函数。Polak 给出的效用函数是关于出行时间变量 T 的二次多项式,形式如下:

$$U = \gamma_1 T + \gamma_2 T^2 \tag{4-15}$$

经过变换后就是期望效用理论下的均值—方差模型,形式如下:

$$E(U) = \gamma_1 E(T) + \gamma_2 [E(U)]^2 + \gamma_2 \text{Var}(T) \tag{4-16}$$

2. 调度模型

调度模型通常用于出发时间选择的研究,这个模型假设出行者必须在规定的时间按时到达目的地,如开始工作时间,早到和迟到都会有一定的惩罚。每个出行者都会有自己偏好的到达时间,根据偏好的到达时间来判断早到和迟到情况。

Gaver 是调度模型的开创者,介绍了描述出行调度决策中波动性的理论框架,考虑给出早到成本或迟到成本不同的延误分布,并提供了评估出行延误概率密度分布的评估程序;Small 考虑活动安排的变化,用早到和迟到惩罚加上额外的迟到惩罚来评估调度通勤出行模型,并基于实践评估和总结,建立了出行时间波动性的理论框架,假设出行者有一个偏好的到达时间,其将通过出发时间的选择使总出行成本及考虑了早到惩罚和迟到惩罚在内的总出行时间成本最低,函数形式如下:

$$U(t_d; \text{PAT}) = \gamma_1 T + \gamma_2 \text{SDE} + \gamma_3 \text{SDL} + \gamma_4 \text{DL} \tag{4-17}$$

式中: t_d——出发时间;

PAT——偏好时间;

T——出行时间;

SDE——早到目的地时间,$\text{SDE} = \max[0, \text{PAT} - (T + t_d)]$;

SDL——迟到目的地时间,$\text{SDL} = \max(0, [T + t_d] - \text{PAT})$;

DL——迟到的额外成本,$\begin{cases} \text{当 SDL} > 0 \text{ 时}, \text{DL} = 1 \\ \text{当 SDL} < 0 \text{ 时}, \text{DL} = 0 \end{cases}$;

$\gamma_1 、 \gamma_2 、 \gamma_3 、 \gamma_4$——待定参数。

通过边界替代率就可计算出行时间价值 VOT、早到时间价值 VSDE 及迟到时间价值 VSDL。在模型中,由于额外的迟到惩罚变量化是不连续的,不利于用数学方法来优化模型,因此常常将其忽略,但是在计量经济学模型中,忽略将提高迟到时间价值。

$$\text{VOT} = \frac{\partial U / \partial T}{\partial U / \partial C} \tag{4-18}$$

$$\text{VSDE} = \frac{\partial U / \partial \text{SDE}}{\partial U / \partial C} \tag{4-19}$$

$$\text{VSDL} = \frac{\partial U / \partial \text{SDL}}{\partial U / \partial C} \tag{4-20}$$

3. 平均延误模型

平均延误模型目前主要应用于铁路客运的可靠性分析中,其出行时间波动性用出行起点和(或)终点的平均延误时间来表示,没有考虑早到时间对出行波动性的影响。平均延误模型的时间节点及时间组成部分如图 4-11 所示。

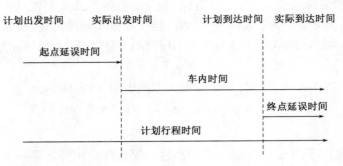

图 4-11　平均延误模型时间组成示意图

火车运营公司协会(Association of Train Operating Companies，简称 ATOC)仅仅考虑了到达目的地的平均延误时间，基于此提出了一个简单的平均延误模型，具体表达式如下：

$$E(U) = \theta \text{Sched}T + \mu \overline{T^+} \tag{4-21}$$

式中：$\text{Sched}T$——计划行程时间；

　　　$\overline{T^+}$——到达出行目的地的平均延误时间；

　　　μ、θ——待估参数。

思考与练习

1. 什么是成本？影响运输成本的因素是什么？
2. 交通运输成本由哪几部分构成？
3. 运输成本的外部性主要表现在哪些方面？
4. 试述私人成本与社会成本的区别与联系。
5. 结合图 4-10，说明拥挤收费如何缓解交通拥挤程度。
6. 如何理解交通拥挤税的时间的不均衡性和地域的不均衡性？
7. 说明出行时间价值的含义，出行时间价值的测算方法有哪些？

第5章 交通运输服务价格理论

5.1 概 述

作为了解交通运输市场的一个重要话题，定价是交通运输经济中研究最广泛的领域之一。交通运输价格涉及出行者的各类费用和财政激励等，包括（但不局限于）交通票价、货物运输费、燃料税、可变的或统一标准的通行费、停车费、车辆注册费以及保险费等。当车辆价格、停车、燃料或运输费用等发生变化时，交通活动模式也将受到影响。

交通服务价格是交通价值的货币表现，反映了交通生产活动所耗费的社会必要劳动时间。交通服务价格不仅使交通企业获得收入，用以维持和扩大交通再生产，而且是保持交通业与其他行业之间收入分配平衡、调节资源在交通业与其他行业之间以及交通业内部不同交通方式之间配置的重要手段，还是影响生产力布局的因素。更进一步地，合理的定价策略可以帮助社会将拥挤、空气污染、噪声的消极外部影响内在化。本章将在前述成本与效益、需求与供给等分析的基础上，重点研究需求和供给、拥挤和成本、通行费和收入等的相互影响。

一、交通价格的组成与功能

作为交通价值的货币表现，交通价值的构成决定了交通价格的构成。一般而言，交通价值可以分为三个组成部分：第一，已消耗的交通工具、技术设备、燃油、材料和油脂等生产资料的价值,即转移价值 C;第二,劳动者为自己创造的价值 V;第三,劳动者为社会创造的价值 M。

与交通价值的三个组成部分相对应,交通价格也分为三个部分:第一,物质消耗支出——转移价值的货币表现;第二,劳动报酬支出(工资)——劳动者为自己劳动所创造价值的货币表现;第三,盈利(包括税金)——劳动者为社会劳动所创造价值的货币表现。通常,这三部分也用 C、V 及 M 来表示。

交通价格是交通价值的货币表现,是交通企业对运送货物、旅客、行李、邮件等向托运人或旅客收取的各项费用。交通价格关系到国民经济的发展、人民生活以及交通业的发展。

首先,交通价格总水平(即交通价格与工农业产品价格的比例)关系到工农业产品的成本和价格。以交通价格为主体的交通费用(即广义的交通产品价格),就货物交通来讲,它是货主支付给交通企业的各种费用。正常条件下,它在工农业产品价格中所占的比重是较大的,交通价格上升必然促使工农业产品成本上升,从而导致销售价格上涨。

其次,各种交通方式的交通价格水平(即各种交通方式交通价格的比价),关系到货主和旅客对交通方式的选择,关系到各种交通方式的合理分工和综合发展。交通比价合理,就会促进各种交通方式的合理发展,为建成综合交通体系起到应有的作用;反之,就会使交通业畸形发展,使交通价格偏低的交通方式供给紧张,不利于综合交通体系的建成。

第三,交通价格还关系到交通业本身的发展,交通价格在很大程度上反映了交通服务产品的价值,决定着交通企业的收入。交通收入一部分用于交通业的简单再生产和扩大再生产,另一部分则用于交通职工的生活消费(主要是劳动报酬),这部分收入的多少对职工劳动积极性的发挥关系很大。所以必须使交通企业通过自己的劳动取得合理收入,而交通价格则是决定交通企业收入的重要因素。

因此,交通价格在调节国民经济各部门的比例关系、资源的分配、社会总劳动时间的分配、调节或平衡供求关系等方面都起着重要作用。

二、交通运输定价理论

交通运输领域涉及的定价有两种类型:一种是确定运输服务的价格,如普通客运票价和货物的运价等(也包括租赁运输工具,如汽车、火车车厢进行载人和载客运输);另一种是确定使用运输设施的价格,如确定收费公路的取费标准、运河过往船只的取费标准等。

1. 运输价值决定论

运输价值决定论认为,货物运价的形成基础是运输价值,运输价值是凝结在运输服务中的无差别人类劳动,包括物化劳动和活劳动两部分组成。价值量就是劳动量,劳动量用社会必要劳动时间来表示。认为运价应取决于运输劳务的价值。即运输价值决定运输价格,这种观点的形成直接起源于马克思的"劳动价值论"。按照马克思的劳动价值论,运输价格的形成主要受两种因素的影响:一是在既定的运输生产条件下的平均物质消耗和劳动消耗量,即运输部门的平均生产成本;二是因各经济部门的利润平均化趋势而客观存在的社会平均资金利润率的水平。由这种理论来制定货物运价有两点十分重要:

(1)运输成本是反映社会平均劳动消耗的成本,而不应该是个别成本。

(2)应以全社会的平均利润率作为利润的基准。因为在运输市场自由竞争的前提下,市场优化资源配置的结果必然使各部门的利润率趋于平均化。

由此可见,以运输价值定价实际上就是以全社会的平均生产成本(包括平均利润)为定价的基础,它主要为政府制定基准运价提供理论依据,显然,这是计划经济或实行运价控制时的定价依据。

2. 资源配置论

资源配置论认为,运输定价是一种资源配置的方法,不存在所谓的"正确的"价格,只有可以实现预期目标的优化定价策略。从企业角度看,往往要追求利润最大化的价格水平作为阶段目标,它们有时会追求以最大市场份额为目标的价格,有时会追求能保证最大销售收入所需的价格;但从全社会角度看,人们更多会要求制定使社会福利(消费者剩余)最大化的定价方法,要求定价有利于宏观经济发展、有利于大多数人的使用、有利于社会安定和使用者安全等。例如,在港口定价上,传统的"欧洲定价理论"以有利于港口后面内陆的经济发展为出发点,而"英国定价理论"则采用基于回收港口建设与运营成本并尽可能盈利为目标,并不去考虑广大内地的经济影响。虽然方法与目标不同,但是,许多企业认为,运用定价机制去达到它们的目标也将自动地符合顾客的利益。这种观点并非空穴来风,它的理论依据是边际成本定价理论,即在充分竞争的市场中,采用边际成本定价可以达到资源的有效配置,这时,不仅企业利润达到最大化,而且社会福利也达到最大化。正因为如此,边际成本定价理论是1967年以来英国公共企业定价的基础。

三、交通运输服务的定价原则

一般而言,交通运输服务价格的制定应该遵循如下原则:

1. 交通价格必须以交通价值为基础

制定交通价格应该尽可能符合或者接近交通产品的社会必要劳动消耗量,反映价值规律的要求,使交通生产过程中所消耗的活劳动和物化劳动都得到补偿,否则交通再生产过程就无法周而复始地顺利进行。

2. 交通价格应该以交通部门的边际成本作为定价的依据

在西方国家,定价时普遍以边际成本作为基础,一般认为当边际收入等于边际成本时,企业的利润最大。从我国的实际情况出发,从价值规律作用的程度和供求关系的影响来看,以边际成本定价,更能反映交通价值,反映对交通服务的供求,有利于交通收入在交通部门与国民经济各部门之间、在交通部门内部各种交通方式之间和各交通企业之间的合理分配,有利于交通企业在公平的基础上开展竞争,以更多的优质的交通服务来满足国民经济对交通业的需求。

3. 交通价格的制定必须贯彻国家的方针政策

交通价格必须以交通价值为基础,但并不意味着交通价格必须始终与价值完全一致,这是因为边际成本的精确计算比较困难,同时现实经济生活也不能使价格与价值做到永远完全一致。因此,在制定交通价格时,一方面要以价值为基础;另一方面要考虑国家在一定时期政治经济任务,使交通价格与交通价值在一定程度上、一定方向上有所偏离,要充分利用交通价格这个经济杠杆,利用价值规律在一定范围、一定程度上的调节作用,来为社会主义建设服务。这不仅是必要的,而且也是可能的,否则就失去了交通价格的调节作用,也削弱了社会主义国家的经济职能。

具体说来,社会主义交通价格应当做到有利于促进工农业生产的发展、促进交通和生产力的合理布局、提高交通工具的运用效率、实行优质优价从而提高服务质量、保证交通投资者的合理盈利等。

4. 充分考虑交通市场的供求关系

在社会主义市场经济条件下,交通价格作为一个交换范畴必然受市场供求因素的制约。因为供求关系客观上反映了社会交通生产和交通需求之间的矛盾运动,客观上要求二者保持一定的比例关系,包括运力与运量、交通结构和交通质量等方面,它是社会再生产正常进行的一个必要条件。交通价格只有反映了交通市场的供求关系,才能充分发挥其调节作用,适应市场经济发展的要求。同时还必须看到,交通市场供求关系虽然不是决定交通价值的直接因素,但它是影响交通市场价值形成的经济条件,决定交通市场价格偏离交通价值的方向和程度,决定短期交通价格水平与变动趋势的一个基本因素,所以市场价格的形成与变动要受供求关系的支配和影响。

5. 充分考虑不同交通方式之间的比价关系

不同交通方式有不同的交通总成本。在制订交通价格时,除了充分考虑各种交通方式的交通成本以外,还应当考虑各种交通方式之间的比价问题。比价不合理,就有可能加重某一种交通方式的负担,使另一种交通方式的潜力不能充分发挥,导致各种交通方式的合理分工受到影响。如铁路与内河交通之间,若铁路交通价格低于内河就不合理,就会使铁路紧张,而内河交通潜力却不能发挥。所以,必须充分考虑各种交通方式的比例问题。在此基础上,才有可能处理好交通业同工农业产品的比价问题。

6. 制定交通价格时还应考虑费用负担能力

制定交通价格时还应考虑不同货物的费用负担能力,注意运费在货物商品价格中的比重。价高、贵重的货物应当与普通货物区别开来,交通价格应该相应高一些,而普通的低价货物,交通价格不可过高。这样,一方面有利于货物的流通,不影响货物在市场的销售,另一方面也保持了各种类产品合理的比价关系。

5.2 交通定价原理

从不同的利益角度出发有不同的定价方法,从投资者的利益角度出发,往往以销售收入最大化或利润最大化为目标制定价格标准;从社会公益性角度出发,则往往追求项目的国民经济效益最大,并以此为基础制定价格标准;从公平的角度出发,收费标准的制定则应兼顾投资者的利益和国民经济效益。本节在对最优价格进行分析的基础上,介绍常用的定价原理。

一、理论基础

1. 最优价格的提出

最优价格是在20世纪30年代末由荷兰经济学家詹恩·丁伯根首次提出的,又称"计算价格""影子价格""预测价格",它是运用线性规划的数学方式计算,反映社会资源获得最佳配置的一种价格。1954年,他将影子价格定义为"在均衡价格的意义上表示生产要素或产品内在的或真正的价格"。联合国把最优价格定义为"一种投入(比如资本、劳动力和外汇)的机会成本或它的供应量减少一个单位给整个经济带来的损失"。

苏联经济学家列·维·康特罗维奇根据当时苏联经济发展状况和商品合理计价的要求，提出了最优价格理论。其主要观点是以资源的有限性为出发点，以资源最佳配置作为价格形成的基础，即最优价格不取决于部门的平均消耗，而是由在最劣等生产条件下的个别消耗(边际消耗)决定的。这种最优价格被美籍荷兰经济学家库普曼和苏联经济学家们视为影子价格。

2. 理论基础

定价策略的合理性取决于期望达到的目标。如果不加以管制和调节，那么以达到个人利益最大化为目标和以达到社会利益最大化为目标而进行设计的思路是截然不同的。因此，在交通运输领域，为了制定一个好的通行税费策略或提出一个合理的价格标准，管理者必须首先定义他们的目标。将这种情形简化为一个单一的模型，最优定价可以从多种角度进行考虑。为便于理解，这里首先对消费者剩余和社会福利等概念加以介绍。

(1) 消费者剩余

理论上讲，每次出行会使出行者获得一些净效益，也就是我们常说的消费者剩余，它是消费者乐意支付的价格与其实际支付价格的差值。在一个拥有众多消费者(出行者)的市场中，消费者剩余可以用需求曲线下方高于市场价格的区域表示，并可以运用需求曲线在消费数量(出行需求)上的积分求出。

现举例说明这种情况。假设对于 A、B 两地之间的单次出行，车辆运行和燃料成本平均为 40 元，对于 1.5h 的出行来说平均出行时间价值是 12 元/h，每个出行者的出行总成本粗略估计如下：$40 + (12 \times 1.5) = 58$(元/人)。如果出行者对 A、B 两地间出行的价值估计为 60 元(即出行者可以接受的费用是 60 元)，那么出行者成本和出行者对于出行价值的估计之间相差的 2 元就是个体出行者的消费者剩余。如果每天在 A、B 两地间有 10000 个出行者，那么总的消费者剩余将会是 20000 元。

(2) 生产者剩余

生产者剩余是生产者通过卖一个更高的市场价格获得的，这个价格比起他们愿意卖出的最低价格要高。消费者剩余当价格为零时达到最大，相对的生产者剩余当价格达到最大值时是最大的。实际的市场价格通常介于此两种极限条件之间，并且消费者剩余与生产者剩余的总和叫作社会福利。

(3) 基于消费者剩余的出行者效益测算

ROH(Rule-of-half)方法是交通经济领域传统的用户效益估测方法，它假定交通需求是出行时间或费用的线性函数(事实上，交通需求曲线往往并非是线性的)，当出行时间或费用发生变化时，基于广义出行成本变化的消费者剩余(用户效益)可以用经济学中消费者剩余计算图中的梯形表示(图5-1)。目前，国内公路建设项目经济评价中所进行的效益测算大多是基于该方法进行的。

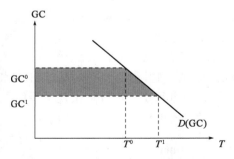

图 5-1 基于 Rule-of-half 的用户效益测算示意图

假设当出行的广义费用从 GC^0 变为 GC^1 时,出行需求相应地由 T^0 变为 T^1,则消费者剩余 ΔCS 可以用式(5-1)来表示:

$$\Delta CS = \frac{1}{2}(T^1 + T^0)(GC^0 - GC^1) \tag{5-1}$$

式中:T^0、T^1——方案实施前后的出行需求;

GC^0、GC^1——方案实施前后的广义出行费用。

二、定价原理

在上述分析的基础上,对以利润最大化、社会效益最大化为目标和基于收益管理的定价思路分别介绍如下。

1. 以实现利润最大化为目标(Maximizing Profit)

大多数个体或企业往往希望实现利润最大化,将利润(Profit)定义为总收入(TR)和总成本(TC)之间的差值,则有:

$$\text{Profit} = \text{TR} - \text{TC} = P_{mkt} \cdot Y - \text{TC} \tag{5-2}$$

式中:P_{mkt}——市场价格;

Y——商品的数量,比如一条收费道路上的日交通量或者一条航线的座位数。

当一次附加的出行所产生的总收入的增加与所产生的总成本的增加相等或者说边际收益(MR)与边际成本(MC)相等的时候,利润是最大的,见式(5-3):

$$\max \text{Profit} = \frac{d(P_{mkt} \cdot Y)}{dY} - \frac{d(\text{TC})}{dY} = P + \frac{dP}{dY}Y - \text{MC} = \text{MR} - \text{MC} = 0 \tag{5-3}$$

因为交通需求通常是有弹性的,价格制定得越高,消费者出行量越少$\left(\frac{dP}{dY}<0\right)$,根据式(5-3)就可以求出利润最大化的价格。

2. 以实现社会效益最大化为目标(Maximizing Social Benefits)

从一个交通管理者的观点来看,免费运营(交通设施不通过价格调节分配就会出现拥挤)和以最大利润定价(与公共设施实现公众利益最大化的目标不符)都是不理想的。政府一般会将消费者(比如全部出行者)放在首要位置。理论上来讲,最大化的净社会效益要确保交通系统资源的最优使用。总社会福利(Social Welfare,简称 SW)是企业收入减去企业成本(即企业利润)再加上消费者剩余,具体可以用公式(5-4)计算:

$$\text{SW} = \text{Profit} + \text{CS} = \text{TR} - \text{TC} + \text{CS} \tag{5-4}$$

根据边际效用递减法则,出行者在两地(假定为 A、B 两地)之间的出行次数越多,对于单次附加出行,他(她)愿意支付的费用越少。对于一个有潜在消费者的市场,同样的需求下降的情形出现了,因为边际社会效益(或者消费者的支付意愿)随着购买数量下降了。当社会福利最大,或当边际社会成本上升到有效抵消了上个单位赢得的边际社会效益时(此时,实现的是最低的边际社会效益),出现了最优服务数量。

对上式求最大值的条件如下:

$$\max \text{SW}: \frac{d(P_{mkt} \cdot Y)}{dY} - \frac{d(\text{TC})}{dY} + \frac{d(\text{CS})}{dY} = P + \frac{dP}{dY}Y - \text{MC} - \frac{dP}{dY}Y = P - \text{MC} = 0 \tag{5-5}$$

因此,社会福利最大化的最优价格与服务的边际成本相等。实际上,利用该定价原理可以确保运输服务资源在供给和需求过程中得到充分利用。

大体上,基于社会效益最大化的边际成本定价结果(P_{SB})介于消费者剩余最大化时的定价($P_{CS}=0$)和利润最大化时的定价(P_p)之间,如图5-2所示。

3. 收益管理(受市场因素影响而频繁调整价格)

一般来说,交通项目投资巨大,平均成本倾向于比边际成本更高,因此边际成本定价结果将使运营者产生一种经济损失。收益管理根据市场因素而调整价格,经常应用于航空业。收益管理主要包括价格歧视和动态收益管理,具体解释如下。

(1) 价格歧视

价格歧视是交通运输服务提供者在提供同种服务时,根据用户(出行者)不同而采取不同价格的一种做法,通常有三种相关的价格歧视:

一级价格歧视:根据个体的意愿或支付能力来调节价格,在现实中很少应用。

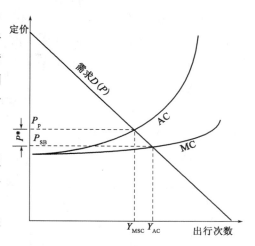

图5-2 边际成本定价

二级价格歧视:根据销售数量来改变价格。在交通运输行业,通过出行数量或者旅行长度来实行不同价格的转换。例如,常规公交用户可以购买不限制次数使用的月卡或年卡。

三级价格歧视:根据市场细分或者消费群体来改变价格。这是交通运输行业里最常见的价格歧视形式。比如民航的头等舱与经济舱、高速公路与普通公共汽车服务,以及对老年人和学生实施的票价折扣现象。

Boyer(1998)曾经描述过对密歇根的麦基诺大桥近乎完美的垄断。该桥是连接半岛的唯一的地面运输线路,为了收回1956年1.5亿元的建设成本,Boyer建议对该桥采取不同的收费策略,这是典型的三级价格歧视。

①针对游客设置高水平收费,而对当地居民设置一种有折扣的收费。

②在周末(此时游客更可能多的使用大桥)收取更高的通行费,而在工作日收取较低的通行费。

③对非高峰时期在桥上的用户实行较低收费。

④一周中特别的日子里进行通行费打折,并提前在当地广而告之。

⑤通过当地媒体资源给对价格敏感的居民发放优惠券。

(2) 动态收益管理

动态收益管理与价格歧视是相似的,因为它也能造成多样化的价格。但是,相对于价格歧视所强调的收入最大化,动态收益管理更应该说是一种对稀缺资源的分配策略。

结合航空公司对某一航班的票价随其剩余空座位数量的减少而上涨的例子来进行说明,航空公司将会分配稀缺的剩余空间(资源)给那些有更高支付意愿的人们。航空公司也会在头等舱、商务舱、经济舱票价上表现出较小的产品差别。因为一个航线的头等舱服务比经济舱服务花费更多,这种价格结构不同于严格意义上的价格歧视(即同样的产品对种类不同的消费者群体的价格不同)。动态收益管理经论证提供了一种更有效的市场结构,因为提供多样化服务的模式相比专门从事单种服务的模式能够提供更低的单元价格。

三、常用的定价方法

1. 平均成本定价

交通平均成本定价理论是指在运量一定的情况下,交通价格总收入必须足以支付交通业务的一切开支,所以交通平均成本是交通价格的最低极限。交通总收入在支付交通平均成本后,一般还应提供足以吸引投资的必要利润。因此,交通平均成本定价的交通价格应等于交通平均成本加利润(税收)。以上叙述是静态的解释,从动态的角度论述,平均成本定价法应当是:根据单位产品(劳务)平均成本的变化,确定在不同交通量条件下产品(劳务)价格的方法。在产品构成中,单位产品(劳务)变动成本(C_V)在一定时间、一定生产技术组织条件下不随运量变化,单位产品(劳务)平均固定成本(F/Q)随运量的增加呈下降趋势,如图5-3所示。根据平均成本曲线,即可求出计划期一定运量条件下的产品(劳务)平均成本。在此基础上加预计利润即可确定价格,可用式(5-6)表示:

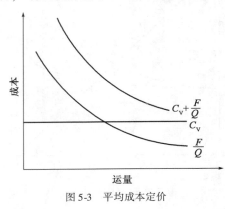

图5-3 平均成本定价

$$P_S = \frac{F}{Q} + C_V + R \tag{5-6}$$

式中:P_S——单位交通价格;
F——总固定成本;
Q——运量;
C_V——单位运量可变成本;
R——单位运量合理利润。

这种定价理论是我国目前普遍采用的理论。这个理论的优点是考虑了交通业的劳动消耗,特别是考虑了物化劳动和活劳动的价值,并且简单易行。它一般适合于竞争不太激烈、交通市场不太活跃、货源比较稳定的交通线路或交通方式。它的缺点是:第一,没有考虑交通市场的供求关系与交通价格的相互影响,无法使交通价格趋近于交通价值。第二,没有考虑交通生产的特点。交通基础设施一旦建成以后,交通供给的增长,往往需要较长的时间,而且呈跳跃式的增长,而交通需求的增长往往是不间断地逐渐向上倾斜,供给和需求有一个时间差,不是超前就是落后,供给和需求绝对一致的情况只是一个短暂的时间。这一特点决定了按平均成本定价不能完全反映交通生产的实际消耗,当交通供给超前时,平均成本低于实际成本,当交通供给落后时,平均成本高于实际成本。第三,没有考虑成本的差异和同等经营管理水平下收益的高低。交通业的实际成本除受配件材料、燃油价格、职工工资水平以及企业经营管理的好坏影响以外,还与路面的好坏、地理环境、线路附近工农业发展状况、资源情况等有关。因此,成本在各个地区、各条线路有很大差异。这些差异并不是企业经营管理造成的,以平均成本定价,必然使各条线路、各个地区交通盈利高低不等,在多种交通方式存在的情况下,必然使运力向低成本高收益线路集中,而使高成本低收益甚至亏损的线路交通趋向萎缩。第四,以平均成本定价的平均范围相差很大。铁路、民航交通基本以部门平均成本定价,公路交通以省、自治区、直辖市平均成本定价,水路交通则以航线、航区平均成本定价,致使有的成本反映了实际成本,而绝大多数与实际成本偏离很大,从而形成同一区域大体平行的几种交通方式比价扭曲。价值规律促使货源在几种交通方式间转移,平均成本高的交通部门在市场竞争中处于不利地位。

2. 边际成本定价

社会福利在价格等于边际成本时达到最大,它等于总收入加上由企业产生的消费者剩余减去总成本。因此,边际成本定价是福利经济学家采取的定价观点,把价格看作是资源配置的方法,用以使社会福利最大化,而不仅是使供应者福利最大化。在某些场合,由于商品或服务由公共机构所提供,这就等于是使供应商福利最大化;在其他场合,则控制或激励私营公司,促使他们修改价格策略,以使社会福利最大化,而不是私人福利最大化。控制或激励的形式可以是限制定价的灵活性或者向企业征税和给予补贴使得它们的价格符合社会最优。

传统的经济理论假设厂商的目标是使利润最大化,为了达到利润最大化的优化价格,可能不同于使福利最大化或是保证最高的销售收入所需要的价格。这时,利润最大化的价格将导致收费超过边际成本和平均成本。

如图 5-4 所示,在有固定成本存在、垄断经营的条件下,交通经营者为使企业利润最大化,会把价格定在 P_M,此时企业的总收入为 $P_M b Q_M O$,消费者剩余为 abP_M,总成本为 $P_{MC}eQ_M O$,社会福利为 $abeP_{MC}$。但这种价格虽然会给交通企业带来最大利润,却不会使社会剩余最大化。使社会剩余最大化的价格是 P_{MC},此时总收益为 $P_{MC}dQ_{MC}O$,消费者剩余为 adP_{MC},总成本为 $P_{MC}dQ_{MC}O$,总社会福利超过利润最大化价格产生的福利,超过的数额为 bed。图中,MR 为边际收益(Marginal Revenue),表示当销售量增加一个单位时,收益的变化量。AR 为平均收益(Average Revenue),指平均每一单位销售产品的收益。

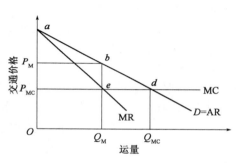

图 5-4 边际成本定价

在一个完全竞争的市场,通常假设这样三条特征曲线:边际成本曲线(向右上方倾斜)、平均成本曲线(U 形)、需求(价格)曲线(水平)。如果一个企业的产量不足以影响市场的价格,无论企业生产多少,价格都是相同的。水平价格线使得平均收益等于边际收益。价格线与边际成本线交叉点的运量为企业获得最大效益的运量,因为更多的运量会使边际成本大于边际收益而产生额外亏损,过少的运量又会损失本来可以获得的利润。

边际成本定价法是为了追求经济效率而采取的一种定价方法,又称为边际贡献定价法,是企业寻求和确定边际成本略低于边际效益时的最后一个增量,以找出最有利可图的运量和运价的定价方法。用公式表示如下:

$$P_M = MC + r = \frac{\Delta TC}{\Delta Q + r} \tag{5-7}$$

式中:P_M——单位运价;

MC——边际成本;

r——单位运量利润和税金;

ΔTC——总成本的增加部分;

ΔQ——运量的增加部分。

在生产规模不变(即固定成本不变)时,边际成本实际上就是所增加的可变成本。边际成本随运量的变化而变化。

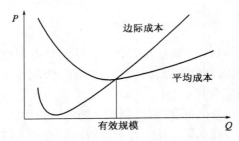

图5-5 平均成本与边际成本关系图

在货源不足、竞争激烈的线路和局部运输市场上,平均成本一般都大于边际成本。如图5-5所示,当运量小于有效规模时,平均成本大于边际成本。这时如果按平均成本定价,一方面抑制了运输需求,制约了经济发展;另一方面又使运输设备闲置,造成了资源的浪费。采用边际成本定价,其灵活性在于能及时地通过调整预期边际收益来调整运输劳务价格,提高运输设备的利用率,以便维持经营,保持市场占有率,同时又可为社会节省运费。对于货源充足、运力不足的运输线路,由于固定生产要素制约着生产规模,当运量超过最有效的运量水平时,边际成本就会迅速增加,并大大超过平均成本,运量大于有效规模的情形如图5-5所示。这时,按边际成本定价,企业可以获得较高的利润,同时也可以限制运量的增长,缓解运力紧张的状况,迫使资源向其他运输线路或运输方式转移,使运输需求的分布趋于合理,并促使各种运输方式在其可替代的各条运输线路上逐渐形成合理的比价关系。

社会福利在价格等于边际成本时达到最大。因此,边际成本定价是福利经济学家采取的定价观点,把价格看作资源配置的方法,用以使社会福利最大化,而不单是使供应者福利最大化。但是,边际成本定价也存在缺陷。由于边际成本只考虑成本的边际变动状况,而不考虑总成本的状况,当边际成本长期小于平均成本时,就会造成运输企业的亏损,阻碍运输企业扩大再生产过程的顺利进行。为了解决这一问题,在实行边际成本定价的交通项目上,固定成本部分往往由政府给予补贴。

按边际成本定价存在一个问题:所根据的是短期边际成本(SRMC)还是长期边际成本(LRMC)。这里的短期是指通行能力固定不变的一段时期。短期边际成本定价的优点是可以保证现有的通行能力得到最优利用,而不用考虑资本及其他固定的成本。理论上,考虑的时间越短,短期边际成本越低,价格也应越低。但是在实际操作中,由于短期通行能力是固定的,应该在短期边际成本之上加价,把加价作为一种有效的定量分配手段来抑制过度的需求。因为在需求达到交通供给量之前,边际成本是不变的;一旦通行能力达到饱和,要想不降低服务水平而满足需求,需要大量投资,此时的短期边际成本直线上升,变成无限大。为了配给供应,只好提高交通价格,如图5-6所示。

3. 完全成本定价

由上可知,按照平均成本或边际成本定价,至少有两个缺陷:一是它们只反映交通企业财务上的成本状况,而公路线路的修建,运河、港口和各种交通设施的改造,交通科研技术试验费用,大部分是由国家财政负担的,而这部分支出也是国民经济为完成交通服务而付出的代价,也应在交通价格中反映出来。二是平均成本或边际成本是根据现存设施和设备的成本统计资料制定的,是一种历史成

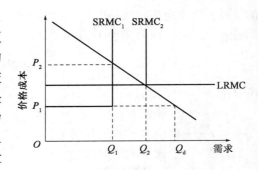

图5-6 短期与长期边际成本定价

本,而交通价格的制定还应能够反映将来的成本支出状况。因此,有些经济学家提出了完全成本定价理论。按照这种理论制定交通价格时,既要考虑固定成本,又要考虑可变成本;既要考虑直接成本,又要考虑间接成本;既要考虑目前支付的成本,又要考虑将来可能支付的成本,力求做到交通价格能够准确地反映社会经济系统为完成一定量的交通活动而必须付出的全部代价。如果所有的交通企业都能按完全成本确定价格,那么交通价格将能反映真正经济学意义上的交通成本,这将有利于资源在各种交通方式间的合理配置以及各种交通方式优势的发挥。

5.3 价格歧视在定价中的应用

一、拉姆齐定价法

在理想状态下,边际成本定价可使社会福利达到最大,但事实上经济中的其他价格不等于边际成本,因此就出现了次优定价法。次优定价法又称拉姆齐定价法,是拉姆齐(Ramsey)于1927年提出来的一种价格理论,即在最优(最有效或福利最大化)定价无法实行的情况下,分摊固定设施成本,利用不同使用者群体的需求价格弹性差别作为分摊固定成本的基础。根据拉姆齐定价法,每一个使用者群体都要支付一部分固定成本,其中需求弹性最小,也就是其他选择可能最少的使用者群体承担的比重相对最大。该理论的解释是,任何偏离边际成本的定价都会引起运输设施使用中的无效率,对于那些需求弹性较大的使用者,价格上升引起的退出使用的无效率也会较大,而为了尽可能地减少这种无效率,就只好对需求弹性较小的使用者提高价格。拉姆齐定价法的计算原理如下:

$$\frac{P_i - C_i}{P_i} = \frac{\alpha}{e_i} \quad (5\text{-}8)$$

式中: P_i ——对使用者 i 群体收取的单位运价;

C_i ——对使用者 i 群体引起的边际运输成本;

e_i ——对使用者 i 群体的需求弹性;

α ——拉姆齐指数。

由此,可以确定出单位运价:

$$P_i = \frac{e_i C_i}{e_i - \alpha} \quad (5\text{-}9)$$

为了收回固定成本,必须制定高于边际成本的价格,这样价格与边际成本之间就形成了一个价格差。这个价格差控制在什么幅度内,才能使消费者剩余的减少最小化,是拉姆齐价格理论关注的核心问题。

拉姆齐定价实际上是一种价格歧视,但当它并非为企业获得垄断利润最大化,而仅仅是用于以回收成本为目的的定价时,是一种管制上所容许的价格歧视。为保证拉姆齐定价不被用于企业获得垄断利润最大化,针对共用事业企业,在采用价格歧视定价时应遵循以下四个原则:

(1) 允许共用事业企业的收费弥补全部成本,但不能过多。
(2) 所有消费群的支出应少于单一价格时的总支出。
(3) 不得有消费者在边际成本以下获得服务。
(4) 生产应在边际成本等于支付意愿时停止。

【例 5-1】 假定有一家企业向市场供应两种产品 X 和 Y,假定这两种产品的边际成本都是常数,为 10 美元,还假定企业每期的共同成本为 99 美元,而且这一成本也必须得到补偿。产品 X 的需求价格弹性为 -1.0,Y 的为 -0.1。如果价格等于边际成本,每种产品每期的销售量为 10 件,但这时该企业每期就会亏损 99 美元。问题是 X 和 Y 应如何定价才能使企业既能补偿它的边际和共同成本,同时又能使对资源配置的消极影响最小?

这里的关键是,如何提高价格以补偿 99 美元的共同成本,同时与边际成本定价法相比,又使消费模式的变化最小。拉姆奇原理认为,产品 Y 因其需求价格弹性较小,因此价格相对于边际成本来说,应该比产品 X 定得更高。最简单的拉姆奇定价法就使用"与弹性成反比"规则,它规定价格偏离边际成本的程度应当与其需求弹性成反比。在这个例子中,由于 Y 的弹性值是 X 的 1/10,因此 Y 的价格偏离边际成本的程度应当是 X 的 10 倍。

根据与弹性成反比的规则,产品 Y 的价格应定为 20 美元,X 则为 11 美元。需要注意,在这里 Y 的价格提高 100%,但销售量只减少 10%(因为需求弹性为 -0.1),即仍可出售 9 件;X 的价格提高 10%,其销售量也只减少 10%(因为需求弹性为 -1.0),也仍可出售 9 件。现在每销售一件 Y 能为共同成本提供贡献 10 美元,总共提供 90 美元;每销售一件 X 能为共同成本提供贡献 1 美元,总共提供 9 美元。加在一起,这一定价方法使 99 美元的共同成本全部得到了补偿,而且这一目标是在对消费者需求模式影响最小的情况下实现的。与边际成本定价法相比,这两种产品需求量的减少都只有一件。

二、高峰定价

1. 高峰问题

大多数运输形式,无论是货运还是客运,对其服务的需求都有高峰,而且这种高峰是有规律的。这种运输需求在时间和空间上的不平衡性导致了运输服务定价的困难。城市公共交通在每个工作日的早晨和傍晚的繁忙时刻经历需求高峰,城市货物运输也有需求高峰以适应顾客的要求和经营习惯;一年之中,空运、公路运输和铁路运输在夏季的几个月和春节等公共节假日期间经历假日交通需求高峰;而在一周之内,周末和工作日之间的需求水平有明显的差异;在更长的时期里,随着世界经济繁荣和衰落的交替,船运需求也出现周期性的变化。从空间的角度来看,运输业者往往需要运载工具在完成运输任务后回到起始时的位置,而实际的运输业务却往往只是单程的,货物一般绝不会再由原车载回;旅客一般倒是需要返回其旅行的原起始地,但却存在一个时间差,于是上下班通勤往返的时段客流的主要方向可能相反,此类运输需求在方向上的不平衡会引起如何在满载方向与回程方向分配运输成本的问题。

在这些情况下,困难在于如何确定一种价格模式,以保证运输基础设施得到最优的利用,并为未来的投资政策提供指导,以及保证所有的相关成本均得到补偿。问题的本质是相对于需求而言,供给在时间和空间上不可分的问题,是特殊形式的联合生产问题。此类问题在其他经济部门也存在,但是运输服务无法被储存起来以使需求变化与平稳而均匀的生产相一致,调节只能通过价格进行。

2. 高峰定价法

这里以甲乙两港口之间的集装箱海运为例,假定甲到乙是主要货运方向,货物是计算机零部件,而乙到甲的返程货物主要是废旧纸,分析过程见图 5-7。图中横轴表示两地之间集装箱航班的数量,纵轴是每个航程的运价;D_{main} 和 D_{back} 分别是主要运输方向和返程方向的运输需求曲线,由于返程方向的货物可以利用主要运输方向货物卸空后的集装箱和轮船舱位。因此可以把这两条需求曲线在纵方向上叠加成为对集装箱轮循环往返的总运输需求曲线 D_{total};图中还有一条表示一个循环周期船舶租金加运营费用的水平直线,这条船舶使用的机会成本曲线也可以看作甲乙两地之间的运输供给曲线。在前面我们已经知道,形成载运工具一次循环的两个运程是联合产品,因为满载方向的运输不可避免会引起船舶回程时的需要。图中总需求曲线上有一个拐点,该点对应着回程方向运价为零时的运输需求量,即 q^*;当航班数量少于 q^* 时,两个运输方向都有为正值的运价水平。而船舶租用费水平由船舶租赁市场上的需求与供给状况决定。

在图 5-7 中,航行次数的均衡数量是 X^*,它是由甲到乙主要运输方向上的运价水平 P_{main} 和乙到甲返程方向上的运价水平 P_{back} 共同决定的。在这一均衡水平的运价和航行次数使有关各方的利益都得到满足,即主要运输方向的客户需求在他们愿意接受的运价上得到满足,回程方向的客户需求也是在他们可以接受的运价上得到满足。在竞争性的航运市场上,市场力量会自动地使主要运输方向的运费水平高于返程方向。这是有效率的运价。因为如果返程方向上的运价水平被拉到与主要方向相同,就会出现空返增加、运力浪费的情况。当然在现实中返程运量不足的情况也是很常见的,我们用图 5-8 继续进行分析。该图与图 5-7 的区别是返程运量很小,该方向运输需求小到回程方向运价为零时其运输需求量 q^* 仍小于航班的均衡数量 X^*。在图 5-8 中我们看到运输量不平衡,返程船只多数不能满载,有些甚至只能空返。这种情况一旦出现,那么船只一个循环的全程成本都需要由主要运输方向来承担,而不管回程方向是否搭载了部分货物。这种定价方法被称作"承载方向定价"或高峰(方向)定价法。

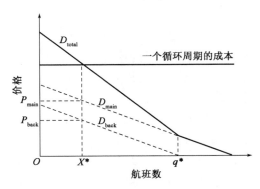
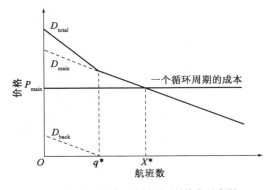

图 5-7 某航线主要货运方向与返程供求均衡示意图　　图 5-8 返程需求不足情况下的均衡示意图

高峰定价法的基本原理是,供给者成本的主要部分应当由需求最大的消费者来承担,即高峰时期或地区的用户应当支付运输费用的大部分,而非高峰用户只要求支付变动成本。由于多个承运人会竞相压低运价以承揽那些数量有限的回程货物,因此回程运价只能定得很低,这时对航运公司来说运价再低也比空返更合算。人们还可以举出城市轨道交通每天都会有两次运输高峰期的例子,其运量在方向上也明显地出现不平衡,早上是从市郊住宅区到市中心工作的客流,下午则是从市中心返回市郊住宅区的客流,一些城市的轨道客运公司就自然地让重车方向的乘客票价能够同时抵偿重空车两个方向的成本。又如,计程出租车对某些前往偏远地点(也可能是所有地点)的乘客也会加收回程车费。

三、互不补贴定价

几乎所有的交通运输基础设施都是由很多使用者共同利用的。载货汽车和小汽车共同使用公路,客机和货机共同使用机场,客运列车与货运列车共同使用铁路,而货运列车上又装载着不同货主的货物等。这就涉及交通运输基础设施的成本如何分摊的问题,从而涉及互不补贴定价原理。

互不补贴定价源于这样一个原则:某一交通运输设施的所有使用者作为一个整体,应该补偿该设施的全部成本。同时,在所有使用者整体内部,也不存在一部分群体比另一部分群体支付过多的情况。

互不补贴定价要求对运输设施成本进行精确的分摊。为了有效地分摊运输固定设施成本,需要找出引起成本的使用者。如果某项运输的取消会导致有关的运输设施成本发生变化,那么该变化的费用就是由这项运输的使用者所引起的。互不补贴定价的另一层含义是,任何一个使用者群体都不能通过取消其他使用者而使自己对运输系统的利用变得更好,即不存在交叉补贴。

互不补贴定价的基础是要对共同使用基础设施所导致的成本进行准确的划分,并能找到对应的使用者。而现实情况下,这样的准确区分往往比较困难。因此互不补贴定价的应用也受到一定的限制。

互不补贴定价的缺陷:

(1)只能适应长期运输成本与短期运输成本的区别不是很清晰、固定成本与沉淀成本的区别也不是很清晰的情况。

(2)对交通量与运输基础设施能力可及时随价格变化而协调有比较严格的要求。

(3)不能完全解决运输固定设施成本回收问题。

(4)由于对交通量的预测往往不能十分准确、运输能力对交通量的反应也往往显得迟钝,互不补贴定价原则的使用会有偏差。

【例5-2】 由 A 经 B 到 D 路径较短,运输成本较低,由 A 到 D 的玉米应由此路径运输。

假设如图5-9所示道路设施已建成,维修成本(表5-1)不因运量而变化。

假如没有小麦的运输,把 B 到 D 的道路废弃是合理的,由 A 到 D 的玉米可改经 C 运输,其可变成本增加5万美元,但整个系统的固定设施成本因此减少12万美元。由此可以断定,小麦运输应承担7万美元的固定设施成本。

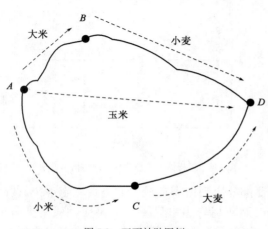

图5-9 互不补贴图例

运 输 信 息   表 5-1

运输方向	货物种类	距离（km）	可变运输成本（万美元）	固定设施成本（分摊前,万美元）	固定设施成本（分摊后,万美元）
A 至 B	大米	3	3	3	3
B 至 D	小麦	12	12	12	$7+a$
A 至 D(经 B)	玉米	15	15		$1+b$
A 至 C	小米	10	10	10	10
C 至 D	大麦	10	10	10	10

注:$a+b=4$。

如果没有大米或玉米运输,各条道路应如何变化？

如果没有大米的运输,A 到 B 的道路仍旧应该维持,因为玉米在这种情况下还是经 B 运输($15+3<20$),不能产生节约,因此大米运输应该承担这部分固定设施成本。

如果没有玉米的运输,把 B 到 D 的道路废弃是合理的,小麦可改由经 A、C 运输其增加的可变成本仍小于维持 B 到 D 的道路的固定设施成本($3+10+10-12=11<12$),即可以断定 1 万美元的固定设施成本是由玉米运输引起的。

由此:A 到 B 的道路成本应由玉米和大米承担,B 到 D 的道路成本应由小麦和玉米承担。但每一种运输所分担的固定设施成本不应超过其单独使用该设施所应承担的数量,即大米运输不超过 3 万美元,小麦运输不超过 12 万美元,玉米运输不超过 15 万美元。

问题是 B 到 D 的道路成本中还有 4 万美元没有得到分配。

(1)单独考虑成本分摊方法:把每一种运输作为网络中独立完成的活动来考虑并计算成本,再以此为基础分配共同成本。本例中小麦运输的单独考虑成本为 24 万美元(可变成本 12+固定成本 12),玉米运输的单独考虑成本为 30 万美元(可变成本 15+固定成本 15),它们分摊共同固定设施成本的比例分别为 44.4% 和 55.6%,即表中 $a=1.78$ 万美元,$b=2.22$ 万美元。

(2)按受益分摊共同成本方法:根据受益各方受益的大小分摊共同成本。本例中假设没有 B 到 D 的道路,小麦运输可变成本增加 11 万美元($3+10+10-12=11$),玉米运输可变成本增加 5 万美元($10+10-3-12=5$),可变成本共增加 16 万美元,每 1 万美元的可变成本增加额应负担 4/16 万美元的道路固定设施成本,即玉米分摊 $5×4/16=1.25$(万美元),小麦分摊 $11×4/16=2.75$(万美元)。

四、按差价或负担能力定价

运输活动的效用就是将一定量的货物或旅客由 A 地运到 B 地,因而在运输企业定价时要考虑这种效用,尤其是在货物运输市场,运输企业为了制定运价,要以货物的运输价值来衡量运输活动的效用,这里所讲的货物的运输价值是指同一种商品在运输作业起讫点上的商品价格差别。也就是说,效用或者货物的运输价值就是两地间该商品运价的最高限度,超过了这一限度,商品便不值得运输。

另外,还存在按负担能力定价的做法,即以货物的负担能力为依据,对高价值货物制定高运价,对低价值货物制定低运价。其根据主要是考虑高价值货物对运价的负担能力较强,由于货物自身价值较高,运费虽高,但它在商品价值总量中所占的比重往往比低价值商品中运价所占的比重低,其承受能力也高,因而即使制定高运价,货物也可以运输。而低价值货物由于自身的价值较低对运价的承受能力也较弱,因此只能制定低运价。此外,运送高价值的货物,托运人对运输条件的要求较高、承运人所承担的风险较大也是一个原因。

按差价或负担能力定价,是运输企业通用的一种定价方法,但这并无严格的科学依据。上述两种做法有时也存在着矛盾。比如,某贵重商品在A、B两地之间的运输需求很少,价格差别也不大,按差价定价,运价不会定得太高;但按负担能力定价,该类贵重货物对高运价的负担能力却是很强的。另外,也有人认为按负担能力定价实际上是使低价值商品享受了高价值商品的补贴,这对货主来说是不公平的。

五、差别定价（收益管理定价）

如前所述,差别定价也属于价格歧视的一种,指的是一家企业在出售一样的产品或服务时,对不同的顾客索取不同的价格的现象,有时候差别定价是指对成本不同的产品制定统一的价格,更多的差别价格是指成本基本相同而价格不同,其目的都是为了增加企业的总利润。实施差别定价需要满足三个条件:首先,企业对价格至少有一定的控制能力(垄断能力),而不是只能被动地接受既定的市场价格;其次,企业能够根据价格弹性的不同把企业的产品市场划分为几个不同的市场,即企业必须能够分清应该向谁索取高价,向谁只能索取低价;最后,企业的市场必须是分割的,即企业必须能够阻止可以支付高价的顾客以低价购买商品。

一度差别价格是指为每单位产品或服务索取最高可能的价格。一度差别价格是差别价格最极端的形式,也是企业最能盈利的一种定价方法。由于每个单位的产品或服务都被索取了最高价格,因此所有的消费者剩余都被攫取了。一度差别价格并不常见,因为它要求卖者十分了解市场需求曲线。

二度差别价格是一度差别价格的不完全形式,它不是为每单位产品或服务制定不同价格,而是根据单个消费者购买的数量大小来定价,每个购买相同数量的消费者支付的价格相同。

三度差别价格更为常见,它要求按需求价格的弹性不同来划分顾客或市场,这种划分可以根据市场的不同地理位置来定,也可以根据用户的特征来定。三度差别价格对需求弹性较小的顾客或市场制定较高的价格,而对需求弹性较大的顾客或市场制定较低的价格。

有时候,价格歧视不仅体现在成本或价格上,在服务质量上也有所体现。一家公司常常会降低其顶级产品或服务的级别来生产性能较差的产品或提供质量较差的服务,这样它就可以以较低的价格出售这些产品,从而赢得低端的市场。

实施差别定价常常会提高经济福利。如航空公司通过严格地运用一些限制条件,把具有不同支付意愿的旅客划分为不同的群体,达到了三级价格歧视的目的。在上述分类的基础上,再根据提供的服务等级不同,在质量维度上对消费者实行二级价格歧视。民航业实施价格歧视的主要措施有:针对低价格机票设定提前购买或最短停留期限,规定不能退换或不能完全退换;针对非经停航班、经停航班、衔接航班,在某些具体时刻实行折扣;采用吸引旅客购买经济舱的全价票,如提供头等舱及公务舱的服务,对经济舱全票价旅客提供附加服务等。航空公司通过以上方法使市场上的旅客更加明确地分化为不同的群体,使群体之间的差异更加明显,从而在不同市场对基本相同的服务实行更有效的价格歧视。

1. 基于时间分段的定价策略

下面,从折扣票价、限量票价和过量票价三种销售方式简要介绍航空公司在收益管理中时间分段的定价和销售策略。

（1）折扣票价

收益管理定价的最基本特征就是有一个分时段的折扣票价系统。它希望通过各种折扣，让票价刚好满足各类旅行者的接受底线，从而将消费者剩余转化成公司的利润。例如，如表 5-2 所示美国联合航空公司的班机从洛杉矶飞纽约的往返票价，实行的就是典型的基于收益管理的折扣票价策略：对提前购票者有巨大折扣优惠，购票越早优惠越大，但同时要求承担承诺成本（退票罚金）。为何出售低价预售票反而能获得更大的收益？一起来分析相关的理论。

洛杉矶飞纽约的往返票价表　　　　　　　　　表 5-2

价格（美元）	提前购票	最短驻留时间	退票罚金
418	14d 以上	周六晚上	100%
683	3～14d	周六晚上	100%
1900	不需要	不需要	无

上面提到的航空公司要求乘客承担的承诺成本并非是乘客实际承受的成本，如果乘客认为自己肯定不会退票，那么他根本不会在乎约定的退款罚金，即对他来说承诺成本等于零。因此，乘客承诺成本 = 公布承诺成本 × 违约概率。

假设，采用两个时段折扣售票，由于预订机票有较大优惠，导致对价格敏感的悠闲旅客总设法事先购票，而且他们不太忙，不会轻易改变行程计划，即承诺成本较小，旅行期望也较小，仅仅玩玩；临行前购票者，往往是商务和行政人员等缺乏弹性的旅客，大多是公费出差，对价格不敏感，但他们很忙，往往公务缠身，身不由己，即承诺成本较高，并且晚购票者更希望及时赶到，公务不等人，因此旅行期望较大。这和购物的情况正好相反，新款手机、时尚服饰、高档汽车，购买越早的顾客对价格越不敏感，后来购买者才是价格敏感型顾客。

（2）限量票价

限量售票是指对折扣机票的销售实行限量供应，这种策略在航空竞争中经常出现。实际中，这种限量决定常常是由系统根据最新的实时信息作出判断，并提出改变票价的最优组合的新方案。以至于会产生星期二一位乘客被告知某航班的优惠折扣票已售完，星期三另一位乘客通过同样的电话买到了同一航班的优惠票的情况。

（3）过量售票

过量售票即超售，是指航空公司出售的机票数量大于班机的总乘坐数量，这种策略在航空竞争中经常出现。

航空客运实践中，常常发生预订机票的乘客临时取消订座（No-show）的情况。对此航空公司除了约定对退票者收取罚金外，还可通过超售策略达到收益最大化。通常航空公司根据历史记录预测反悔乘客的比例（美利坚航空公司认为约 15%），然后制定超售的方案。一般认为，当反悔乘客的数量 C 在 $[0, C_{max}]$ 区间呈平均分布，则采用超售数量 = $C_{max}/2$ 可以使收益最大化。例如，某航班经常有 0～10 名乘客登机前取消行程，则超额售票 5 张是推荐的方案。

过量销售相比限额销售具有一定的风险。2006 年 7 月 21 日，一名从北京到广州的乘客在持票登机时被告知飞机已满员而无法上机，一怒之下，将航空公司告上了法庭，认为出售无效机票是欺诈消费者的行为。这成为我国第一个因超售而产生的司法案例。同年 12 月，深圳航空、海南航空、四川航空等多家航空公司公布"机票超售"的补偿方案，凡持"超售机票"被拒登机的乘客可以获得 200 元至 100% 票价的赔偿。这里应注意的是,前述的效益最大化并未考虑消费者的承受能力,如果当地旅客具有很排斥被强行改变行程的心理,则会对采用过量销售策略的航空公司产生不信任感,从而使该航空公司在竞争中处于不利(如日本禁止超售)。

2. 基于空间(质量)分级的分别定价策略

除了分时段折扣定价外,细分舱位空间(服务)等级形成服务质量的差别定价也是收益管理不可分割的组成部分。

空间优化的主要任务是通过与精细化服务相结合,将机舱分级分别定价。例如,头等舱可按不同排距划分成三个等级:1050mm(41.5 英寸),965mm(38 英寸),915mm(36 英寸);普通舱则有 890mm(35 英寸),864mm(34 英寸),…,762mm(30 英寸)共五个等级。此外还可结合各种优惠策略,如学生票价、军人票价、老人票价、淡季票价、团体票价、旅游票价等。如果将总舱位划分成多个等级,则假设边际成本定价时机舱总座位的机票正好全部售出,那么通过分级差异化定价,在理想的情况下尽可能将消费者剩余转变成企业收益。

3. 用收益管理实现收益最大化

区分时间与空间是为了更有利于理解差别定价内涵。航空公司实际定价是将分舱定价、折扣优惠和预订时间限制合并考虑的,不会作刻意分离。

效益管理使得企业获得时空组合上收益的双重优化,从而达到超额的收益。无论是空间(服务质量)分级还是时间分段,这种划分标准的基本出发点都是要通过价格差异将那些愿意并且能够消费得起的乘客和为了使价格低一点而愿意改变自己消费方式的乘客区分开,最大限度地开发市场潜在需求,提高效益。此外,收益管理定价策略中还必须兼顾与同行的竞争以及与可替代运输方式的竞争的各种策略。更深入来说,还必须兼顾与企业本身其他产品(如折扣商务舱与经济舱,本公司可替代航班等)的协调以及与策略型消费者的周旋等。有关收益管理理论研究大致可分为三个部分:一是基于数量的管理方法,包括存量控制和超订策略;二是基于价格的方法,包括动态定价策略和拍卖机制;三是需求模型和预测方法。

航空公司采用收益管理进行定价和销售需要一个巨大数据库支撑为基础的决策系统,这是一个非常庞大的工程,其开发、运作和管理的成本也相当可观。近年来,我国一些航空公司也相继引入收益管理系统。2005 年 4 月国内民航企业中首个收益管理系统在深圳航空公司投入使用,这将使深圳航空公司的整体经营效益提升 2% ~ 6%,基本达到国际航空企业的先进水平。

美国运输专家 Feldman 曾评论说:"现在想简化航空公司运价收费,但并不能保证新运价办法比收益管理更有效。"而美国铁路及公路客运公司正力图采用一种既吸收收益管理的长处,又尽量使运价表更为简单的定价办法。美国铁路收费表由 1300 多页缩短到 300 多页就体现了这种趋势。现在一些客运航空公司也跃跃欲试,希望有一种比收益管理更简化的办法。

5.4 公路收费定价研究

公路收费(尤其是高速公路收费)在国内外很常见,尤其是国内,基本所有的高速公路都是收费公路,那么如何确定公路的收费标准呢?美国学者 Kockelman 在其著作中基于边际成本定价法从短期边际成本和长期边际成本的角度论述了收费公路定价方法;国内学者袁剑波在对收费公路和平行公路需求分析的基础上,提出了相应的定价方法。分别介绍如下:

一、短期和长期边际成本定价法

不同于大多数市场由制定价格的厂商提供所有的经济资源,并因此承担所有成本,交通运输成本由用户、运营者即(资源)所有者、非使用者共同承担。例如,高速公路运输的总成本可以用式(5-10)表示:

$$TC = Y \cdot AC_{User} + Y \cdot T \cdot VOTT + FC_{Gov} + VC_{Gov} + SC_{Crash} + SC_{Env} \quad (5-10)$$

式中:$Y \cdot AC_{User}$——车辆拥有者和所有出行者(Y)的运营成本,例如尾气、维修费、保险费、牌照费、财政管理费以及注册费,但是不包括通行费;

$Y \cdot T \cdot VOTT$——所有出行者(Y)的出行时间成本,它是单次出行的出行时间(T)和出行时间价值($VOTT$)的函数;

FC_{Gov}——政府部门或者其他高速公路所有者建设高速公路基础设施的固定成本,像其他成本组成一样,建设道路的资本成本根据地形和道路特征的不同而明显地改变;

VC_{Gov}——高速公路基础设施建设的可变成本,包括人行道维护、法律的实施以及紧急事件处理;

SC_{Crash}——由使用者与非使用者在失事风险中产生的社会成本;

SC_{Env}——由使用者与非使用者在空气污染、噪声、水污染以及其他环境方面产生的社会成本。

1. 短期边际成本定价

在短期边际成本(SRMC)定价中,考虑了式(5-10)中除基础设施成本外的所有成本,社会成本在短期内被认为是一种固定成本。因此,相应的每个用户的短期边际成本可以用式(5-11)表示:

$$SRMC = MC_{User} + MT \cdot VOTT + MR \cdot VOR + MC_{Gov} + MSC_{Crash} + MSC_{Env} \quad (5-11)$$

下面讨论式(5-11)中 SRMC 的每一部分。

(1)用户车辆运营成本(MC_{User})

对于小汽车出行,边际车辆运营和所有权成本(MC_{User})——例如轮胎磨损和车辆折旧——是产生于用户的私人成本。车辆资本所有权折旧和利息成本可以通过标准折现方法计算。

(2)出行时间成本($MT \cdot VOTT$)

出行时间的边际成本($MT \cdot VOTT$)对由出行者以及他(她)对其他人造成延误产生的出行时间成本做出了解释。MT 表示道路系统中由于一辆车的增加而造成的出行时间的改变,这取决于现在的拥挤程度。美国联邦公路局函数(BPR)把出行时间和路段交通负荷联系起来,用来估算道路系统中某路径平均出行时间的改变($T_f - T_0$)。在路径出行时间上的总变化即 $T_f \cdot V_f - T_0 \cdot V_0$,如式(5-12)所示:

$$T_f = T_0 \left[1 + \propto \left(\frac{v}{c} \right)^5 \right] \quad (5-12)$$

为了实现出行选择的效率和最优化,理论上讲,由于用户对其他人造成了延误,他们除了支付自己的出行时间成本之外应该另外支付一些成本。另外,个体出行时间的价值呈现出广泛的多变性,因为出行时间的价值很大程度上取决于财富和工资比率,高收入个体较低收入个体而言,更在意出行时间的价值。

(3)计划延误成本

除了出行时间价值本身,个体的价值还体现在信息、预期以及时间计划上。计划延误成本就像出行时间成本,是实质性的。这种不确定性可以被估计为交通负荷的凸函数,如式(5-13)所示:

$$r_a = r_a^0 \left[1 + \sigma \left(\gamma + \frac{v_a}{c_a} \right)^\tau \right] \tag{5-13}$$

式中:r_a^0——路径 a 的自由流出行时间变量;

σ、γ、τ——函数的参数。Fagnant(2010)利用亚特兰大、洛杉矶、西雅图和明尼阿波里斯市的 $2\sim 5$ 英里长的高速公路段的数据估算了这些参数分别为 $\sigma = 2.3$,$\gamma = 0.7$,$\tau = 8.4$。与出行时间成本的计算方法相似,出行时间不确定性乘以用户的确定性价值(VOR)决定了系统总的可靠性(不可靠性)成本。

(4)供应商服务成本

边际供应商成本(MC_P)包括维护与运营成本。Small an Verhoef(2007)运用2006年FHWA的数据估算出这个成本为每车公里0.019美元,包括法律强制、事故处理以及系统管理。MC_P的大部分由高速公路维护开支组成,这部分一般被国家和地方政府通过所有权、许可证、注册费以及补助金的形式从税收收入中补偿。

(5)安全与环境成本

事故成本(MSC_{Crash})和环境成本(MSC_{Env})是由于事故风险增加以及对空气、水质、噪声和其他生态因素产生影响所形成的外部成本。

2. 长期边际成本定价

尽管运用边际成本定价来达到社会福利最大化的想法是有利的,但是关于短期边际成本(SRMC)和长期边际成本(LRMC)哪个更合适的讨论仍然存在。SRMC 不考虑道路建设的资本成本,这对成本收回和交通拥挤有重要影响。然而,Verhoef(2000)检验了三个长期边际外部成本定价的模型,涉及了上面所列因素并得出结论:长期内,短期边际成本(SRMC)定价仍可通过有效地控制需求带来经济效益。

为了解释资本成本,长期边际成本(LRMC)将通行能力视为连续变量或离散变量,以车道为单位进行衡量。在短期内,这些费用被视为固定的,可以根据平均成本纳入道路通行费。Small 和 Verhoef 使用2005年美国商务部的数据估算出城市客车每辆车的平均资本成本为0.056美元。他们考虑了美国高速公路资本股的折旧,假设利率为7%,基础设施寿命为20年。

二、考虑平行公路及需求分析的定价方法

1. 收费公路的交通需求函数研究

设收费公路给汽车带来的运输成本降低的级差效益为 B,公路的最大通行能力为 Q_m。现假定理性的消费者在公路收费价格大于等于 B 时,会继续使用老路而放弃新路的使用,随着

收费价格的下降,行驶在新建收费公路上的交通量将逐步增加,当收费价格为 0 时,所有交通量都将在新建公路上行驶,直至达到其最大通行能力时为止。则收费公路的交通需求函数可用下式表示：

$$P(Q) = B - B\left(\frac{Q}{Q_m}\right)^t \tag{5-14}$$

式中：B——新建公路运输成本降低的级差效益额；

Q_m——最大通行能力；

t——反映交通需求曲线凹凸程度的参数。对存在并行公路的新建公路,有 $0 < t \leq 1$。t 值越小,说明收费价格对交通量变化的影响越大。

式(5-14)是基于上述假定的条件下确定出来的。该假定对一些收费公路并不完全适应,如收费价格为 0 时,老路上也总有一定的交通量,而收费价格即使等于收费公路的级差效益时,其交通量也并不为 0。出现上述差距的原因有如下几方面：

(1)需求曲线是由边际效用决定的而不完全是由级差效益决定的。收费公路由于等级提高、行车舒适性及良好的视觉美学环境,会使得个别消费者即使在收费价格很高(甚至高于级差效益)时也愿意行驶在收费公路上。

(2)级差效益估计不准确。对一些短途交通量,走收费公路要增加绕行距离,其级差效益可能是负值,即使收费价格为 0,人们也不愿意行驶在新建公路上,而依然在老路上行驶。

(3)老路上因交通量减小存在着交通拥挤减少的效益,所以即使新路上的收费价格为 0,也难以将老路上的全部交通量吸引过去。

(4)所估计的级差效益是平均级差效益,对每一个个体而言是有差别的。

(5)由于收费的高速公路对车型、车速有特别要求,部分车辆只能行驶在原来的老路上。因此,当误差较大时,有必要对式(5-14)进行修正,修正后的交通需求函数可用下式表示：

$$P(Q) = BK\left[1 - \left(\frac{Q}{Q_0}\right)^t\right] \tag{5-15}$$

式中：Q_0——收费价格为 0 时新路上的交通量,$Q_0 \leq Q_m$；

K——修正系数,其计算公式是：$K = \dfrac{Q_0^t}{Q_0^t - Q_b^t}$($Q_b$ 是收费价格为 B 时新路上的交通量,由于 $Q_0 > Q_b$,所以 $K > 1$)。

2. 收费公路交通需求的价格弹性

由需求弹性的定义可知,收费公路的交通需求价格弹性 E_d 可用下式表示：

$$E_d = -\frac{P}{Q} \cdot \frac{dQ}{dP}$$

所以,由式(5-14)可得：

$$E_d = \left[\left(\frac{Q_m}{Q}\right)^t - 1\right] \cdot \frac{1}{t} \tag{5-16}$$

式(5-16)又可化成下式：

$$E_d = \frac{P}{B-P} \cdot \frac{1}{t} \tag{5-17}$$

当交通需求函数为式(5-15)的形式时,交通需求的价格弹性计算公式为：

$$E_\mathrm{d} = \frac{P}{BK - P} \cdot \frac{1}{t} \tag{5-18}$$

3. 收费公路交通量的影响因素分析

从式(5-14)、式(5-15)可以看出,收费价格占效益的比例 P/B,是影响收费公路交通量比例 Q/Q_m 的主要因素,P/B 越大,收费路公路上的交通量越小。除此之外,Q/Q_m 还受以下因素的影响:

(1) 收费公路是否有竞争性的并行道路及其他运输方式。当存在竞争性的运输方式特别是存在并行道路时,收费公路的交通量比例 Q/Q_m 受收费价格的影响显著,交通需求的价格弹性更大。

(2) 并行道路的质量。并行道路质量好,不拥挤,则收费公路上的交通量受收费价格的影响较大,反之则较小。

(3) 收费公路的长度(或行驶距离)。汽车走新建公路时要增加绕行距离,且停车交费时要耗费时间和资源,因此,收费公路太短时,其时间和运输成本的节约不明显,相应的交通量较小,反之则较大。

(4) 公路使用者的收入水平及收费的负担度。收费的负担度是收费水平与人均收入之比,它反映公路使用者的付费承受能力。公路使用者的收入水平越高,相同收费价格下的负担越低,公路使用者的付费承受能力越强,其收费价格对交通量的影响越小。

(5) 使用者的心理因素。新建公路开通之初,使用者对新建公路带来的效益认识不足,加上心理承受能力有限,因此交通量较小,但以后会有所增加。

以上五个方面的因素也是影响式(5-14)及式(5-15)中 t 值大小的主要因素。当收费公路不存在竞争性的并行公路及其他运输方式时,由于收费公路的自然垄断性,收费价格对交通量变化的影响不明显,因此,其交通需求曲线通常为凸曲线,交通需求函数中的 t 值大于1甚至趋近于无穷大。

4. 公路收费标准制定方法

公路收费标准的制定需要满足不同的目标,相应的也会有不同的方法:

(1) 以收费收入最大化为目标的收费标准制定方法(方法一)

设收费收入为 R_s,则有:

$$R_\mathrm{s} = P \cdot Q$$

对上式求导得:

$$\mathrm{MR} = \frac{\mathrm{d}R_\mathrm{s}}{\mathrm{d}Q} = P + \frac{\mathrm{d}P}{\mathrm{d}Q} \cdot Q = P\left(1 - \frac{1}{E_\mathrm{d}}\right)$$

由于收费收入最大化的基本条件是 $\mathrm{MR} = 0$,所以,收费收入最大化的条件是:$E_\mathrm{d} = 1$。

将式(5-17)代入上式可得其对应的收费价格为:$P_\mathrm{s} = B[1 - 1/(1+t)]$,即:

$$\frac{P_\mathrm{s}}{B} = \frac{t}{1+t} \tag{5-19}$$

式(5-19)表明,当收费价格占汽车运输成本降低的级差效益的比例为 $t/(1+t)$ 时,其收费收入为最大。当收费价格超过该收费水平时,不仅不会增大收费收入,反而会减少收费收入,更为严重的是影响收费公路的交通量及收费公路国民经济效益的发挥。所以,收费标准最大

不能超过 $B_t/(1+t)$。从式(5-19)中可以看出,最大收费价格随 t 值的增大而增大。当 $t=1$ 时,$P_s=B/2$;当 $t>1$ 时,$P_s>B/2$;当 $t\to\infty$ 时,$P_s=B$。所以,对于不存在竞争性运输方式的收费公路,根据式(5-19)所确定的收费价格是垄断性收费价格,此时,P_s 会大于 $B/2$ 甚至等于 B,经营性的收费企业会将新建公路给消费者带来的收益通过垄断性收费价格全部占有,这对消费者(公路使用者)是不公平的,因此,此种收费标准制定方法对于不存在竞争性运输方式的收费公路是不适应的。对于存在竞争性运输方式的收费公路,由于 $0<t\leqslant 1$,$P\leqslant B/2$。它表明,收费价格最高不能超过该公路给使用者带来的级差效益的二分之一。利用收费收入最大化确定的收费标准对提高收费收入,保证收费经营企业的财务收益及指导收费标准的制定,防止盲目提高收费标准影响国民经济效益及收费收入的行为是有积极意义的。

当交通需求函数为式(5-15)形式时,其收费收入最大化的计算公式为:

$$P_s = \frac{BKt}{1+t} \tag{5-20}$$

(2)以利润最大化为目标的收费标准确定方法(方法二)

按式(5-19)确定的收费价格并未考虑公路在使用过程中的营运成本。如考虑公路的营运成本[设为 $C(Q)$],则利润函数 R_1 为:

$$R_1 = P \cdot Q - C(Q)$$

由于使利润最大化的条件是利润函数的一阶导数为 0。所以,由上式可得:

$$\frac{dR_1}{dQ} = P\left(1 - \frac{1}{E_d}\right) - MC = 0$$

式中:MC——边际营运成本。

将式(5-17)代入上式可得最优收费价格 P_1 为:

$$P_1 = \frac{MC + Bt}{1+t} \tag{5-21}$$

公路在使用过程中的营运成本包括日常维护费、收费管理费及大中修费等。假设日常维护费、收费管理费主要与时间相关,而交通量的变化对其影响较小,则在确定边际成本时,上述两项费用的边际成本可不作考虑。

设公路大中修费为 C_d,公路在累计标准轴载作用 N_d 次后需要进行大修,η 为标准轴载换算系数,则此时其边际成本可近似地按下式计算:

$$MC = \eta \frac{C_d}{N_d} \tag{5-22}$$

按式(5-21)确定的收费价格对于不存在竞争性运输方式的收费公路而言,同样属于一种垄断性的收费价格,会损害公路使用者的合法权益。因此,对于不存在竞争性运输方式的收费公路,此种收费标准确定方法同样是不适应的。

式(5-22)中,MC>0,所以比较式(5-21)及式(5-19)后可知:$P_1>P_s$。它表明,从帕累托效率或项目的国民经济效益出发,以利润最大化为目标制定的收费价格比按收费收入最大化为目标制定的收费价格要高。

当收费公路交通需求函数为式(5-15)形式时,利润最大化的收费标准计算公式为:

$$P_1 = \frac{MC + BKt}{1+t} \tag{5-23}$$

(3) 以国民经济净效益最大化为目标的收费标准制定方法(方法三)

由前面章节可知最优收费价格 P_b 为：

$$P_b = \text{MSC} \tag{5-24}$$

式中：MSC——边际社会成本。

式(5-24)表明,当收费价格等于边际社会成本时,能实现国民经济效益的最大化。即按式(5-24)确定的收费价格是实现资源配置的帕累托效率的最优收费价格。

设单位交通量的平均成本为 AC,则对总成本 TC,有：

$$TC = AC \cdot Q$$

对上式求导得：

$$MC = AC + \frac{dAC}{dQ} \cdot Q$$

由于在成本递减行业中,dAC/dQ < 0,因此有：

$$MC < AC$$

由于在交通量未达到或超过收费公路的最大通行能力时,交通拥挤的边际成本0,所以,如忽略公路交通对环境影响的边际成本,则此时,边际社会成本与边际营运成本相等。

即：

$$MSC = MC < AC$$

相应有：

$$P_b = MC < AC$$

上式表明,按边际成本收费所确定的收费价格会使得公路的初始投资无法回收,其亏损额为平均成本(AC)与边际成本之差。

(4) 以收回全部成本为目标的收费标准制定方法(方法四)

如果在收费中仅考虑成本的回收,即 $P \cdot Q = AC(Q) \cdot Q$。则求解下列方程组：

$$\begin{cases} P = AC(Q) \\ P = B\left[1 - \left(\frac{Q}{Q_m}\right)^t\right] \end{cases} \tag{5-25}$$

可得其收回全部成本的收费标准 P_c。其中,平均成本(AC)包括平均建设成本和平均营运成本(平均日常维护费、平均收费管理费及平均大修费)。

由于 AC 曲线与需求曲线的关系有三种不同的情况,因此,相应的最优收费价格会有所不同。

第一种情况,如图 5-10 所示,AC 曲线与需求曲线有两个交点,分别为 P_c、P_c'。此时,只要收费价格满足 $P_c \leq P \leq P_c'$ 都能保证成本的回收,但从国民经济效益考虑,其收费价格应尽量降低,最优收费价格为 $P = P_c$。

如果按 P_c 收费投资回收期限太长,则可考虑适当提高收费价格。但其收费价格应以不超过 P_1(利润最大化的价格)为限,即 $P_1 < P \leq P_c'$。

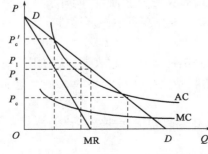

图 5-10 AC 曲线与需求曲线相交

第二种情况,AC 曲线与需求曲线相切(图 5-11),即 P_c 只有一个实数根。此时,为收回成本,其收费价格应取 $P=P_c$。

第三种情况,AC 曲线与需求曲线无交点,见图 5-12。此时 P_c 无实数根,其最大收费价格只能是 $P=P_1$,企业会蒙受亏损,其最小亏损见图 5-12 中阴影部分的面积。此时,政府为稳定收费经营企业,鼓励其参与建设项目的投资,应向收费经营企业支付财政补贴(或收费公路投资中部分由国家无偿投资)。

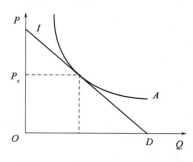

图 5-11　AC 曲线与需求曲线相切

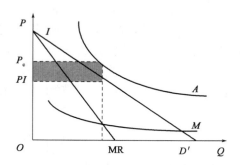

图 5-12　AC 曲线与需求曲线相离

5. 收费标准制定方法的经济比较

前面介绍的四种收费标准制定方法,各有其特点。从收费企业的财务角度考虑,方法二和方法一是对收费企业最有利的收费标准制定方法,特别是方法二确定出来的收费价格最高,按此标准收费时企业的利润最大。而方法三是对收费企业最为不利的一种收费标准制定方法,所得出的收费价格最低。方法四则是收费价格居中的方法,是以收回成本为目标的,企业的利润只考虑正常的利润率,且成本太高时还存在着亏损(或政府必须给予财政补贴)的可能性。从提高建设项目的国民经济效益出发,上述四种方法中最优方法是方法三,方法四是次优方法,而方法一、方法二(特别是方法二)是最不利的方法。

5.5　案例分析:重庆轻轨票价方案研究

重庆轻轨较新线是重庆市重要基础设施,对于这条轻轨如何充分考虑各种因素,制定出既符合社会效益又满足企业正常运转的合理票价是个复杂的问题。

首先,影响轻轨票价的主要因素包括:①轻轨成本。成本是影响票价制定的主要因素。重庆轻轨较新线总投资 45 亿元,固定成本与运营成本都十分庞大,因此仅依据成本来制定票价,将大大超出旅客的承受能力。②公众的承受能力。重庆处于西部欠发达地区,2003 年重庆市城市居民人均可支配收入为 8094 元。通过对居民消费结构的统计分析,按交通费用占居民收入平均比例为 15% 计算,居民全年人均交通费用为 1214 元,则平均日交通费支出为 3.33 元,该数据可作为制定合理轻轨票价的参考。③其他公共交通工具的竞争问题。重庆是著名的"山城",根据重庆市居民出行调查显示,由于受地形、城市布局等影响,公共交通占居民出行方式的 55.3%。目前重庆市普通公交车的平均运价率为 0.1~0.2 元/km。从缓解城市交通和维护轨道公司自身利益考虑,轻轨的票价与其他公共交通的票价应有合理的比例,这样既能体现轻轨方便、快捷和环保的优势,又能吸引大部分客流,从而创造可观的经济效益和社会效益。④政府补贴问题。目前世界上至少有 2/3 的轨道交通需要政府的运营补贴。因此对于轨道公司在客流少的运营时段的损失和低价运营的亏损,政府要通过财政补贴或减免费用等手段加以弥补,使企业能够维持正常的运营。

综合以上分析,重庆轻轨由于巨额的固定成本,导致其平均成本要比边际成本高很多,如果采用边际成本定价,企业会出现巨额亏损,还将导致轨道交通过于拥挤(降低舒适度)和诱发事故;如果采用盈亏平衡定价,又会超出普通居民的承受能力,达不到承担交通分担率的目标,所以应选择一个介于边际成本和盈亏平衡之间的票价水平。介于边际成本和盈亏平衡之间的最优票价水平可由拉姆齐定价法确定。由式(5-8)可以看出姆齐定价法正是考虑在边际成本基础上的一个加价。市场存在高峰和非高峰时段差别时,令 P_i、C_i、e_i($i=1,2$)分别代表高峰和非高峰时段的价格、边际成本和价格需求弹性系数,则式(5-8)可以变形为:

$$\frac{(P_1 - C_1)/P_1}{(P_2 - C_2)/P_2} = \frac{e_2}{e_1}$$

上式是拉姆齐模型的高峰负荷定价法,即消费者在高峰时段对于价格的敏锐程度明显小于非高峰时段。根据上式,企业可以采取在高峰时段定高价,而在非高峰时段定低价的策略。因此最优票价水平就可借助"高峰负荷定价法"来求解。设企业在所有时段(不考虑峰和非峰时段的差别)制定单一的盈亏平衡点票价 P,与之相对应的边际成本和价格需求弹性系数分别为 C 和 e,再根据非高峰时段的边际成本 C_2 和价格需求弹性系数 e_2,利用上式便能求出非高峰时段的票价 P_2($<P$)。由于城市交通最拥挤和繁忙是在高峰时段,那么政府用非高峰时段的票价 P_2 代替盈亏平衡点票价 P,便能够最大限度地对城市交通的客流,特别是高峰时段的客流进行疏导。

由于重庆轻轨 2005 年才正式运营,因此可以根据类似条件轻轨的历史数据作线性回归,估计出 e,取 $e_2 = -0.42$ 作为轻轨非高峰时段的需求弹性值。同时根据轻轨总公司提供的预测客流量和预测成本数据,利用回归分析可以得到边际成本 $C = 0.8957$ 元,盈亏平衡点时相对应的平均票价水平 $P_1 = 3.3836 \approx 3.4$(元/人次)。由于城市轨道交通在所有时段的边际成本变动很小,故可取 $C_1 = C_2 = C = 0.8957$ 元。把盈亏平衡点的平均票价 $P_1 = 3.3836$(元/人次),所有时段需求弹性的平均值 $e = -0.3893$,非高峰时段的需求弹性值 $e_2 = -0.42$,边际成本 $C = 0.8957$ 代入上式得:$P_2 = 2.8122 \approx 2.81$(元/人次),即为重庆轻轨的平均票价水平。

纵观世界各国的轨道交通系统,几乎 60% 以上采用的都是计程票价制,因此重庆轻轨如采用分段计程票价制。在充分考虑重庆市居民承受能力并参照北京地铁相关经验的基础上,采用基本票价 P^* 为平均票价 $P_2 \times 30\%$ 的方案,即:$P^* = P_2 \times 30\% = 2.81 \times 30\% \approx 1$(元)。由重庆轻轨交通需求调查分析可知,乘客的平均乘距为 6.67km/人次,根据运价率 =(平均票价 - 基价)/平均乘距,可算出运价率为:$v = (2.81 - 1)/6.67 \approx 0.27$(元/km)。按照票价进制取整的原则,计程区段长度为 $1/v$ 即 3.7km,换算成乘车区间则为每 4 个乘车区间为一个收费区段。采用按实际乘距,逐渐增加优惠的策略,这也是非线性定价的核心思想。因为轨道交通与普通公交车相比,其短途客流(1~5站)的平均运价率相对较高,显然对长距离乘客具有较强的吸引力,因此在制定计程票价方案时,应考虑尽可能多地吸引中长途乘客。同时根据重庆轻轨交通需求调查分析,62.4%的受访者选择起步价为2元的票价方案,考虑到以上因素,最后制定出的票价建议方案见表5-3。

重庆轻轨分段计程制票价建议方案　　　　表5-3

票价	2元	3元	4元	5元
计程(站)	1~5	6~9	10~14	15~18

考虑到轻轨的客流主要是移乘坐公交车的乘客,所以票价就不能比公交车高太多。又由于乘客的平均乘距为6.67km/人次,即绝大部分的乘客在7、8站以内,所以对于大部分中短途的乘客来说2~3元的票价是具有较强吸引力的。而对于超过8km行程的乘客,票价提高10%,客流仅减少1%,因此该票价方案不会对长途乘客产生较大的影响。

(节选自:赵良杰,陈义华,等.重庆轻轨票价方案研究.铁道运输与经济,2005)

思考与练习

1. 运价制定需要考虑哪些问题?常用的有什么方法?
2. 平均成本定价的优缺点有哪些?
3. 试分析在什么情况下采用边际成本定价法。
4. 什么是价格歧视,试举例说明其在交通运输服务定价中的应用。
5. 拉姆齐定价的原理是什么?
6. 高峰定价有什么特点?
7. 举例说明差别定价和收益管理定价的应用和区别。
8. 有两种货物需要运输,它们每吨的边际成本均为5元,共同成本为300元。设甲货物的需求价格弹性为-0.1,乙货物的需求价格弹性为-1.0。如果价格等于边际成本时两种货物的运输量都是100t,如何分担共同成本最合理?
9. 飞机上公务舱乘客与经济舱乘客的出行需求对票价的弹性不同,设前者的需求价格弹性为-0.1,后者的需求价格弹性为-1.0。前者每人的边际成本均为100美元,后者为50美元,每次航行共同成本为2700美元。如果价格等于边际成本时前者的运输量是20位,而后者为200位,如何分担共同成本最合理?

第6章

可达性、交通与区位理论

出行是人们生活的重要组成部分,永久性的交通基础设施是保证出行的载体,同时也将直接影响城市的布局和形态。城市布局和形态又会影响可达性、土地利用和土地价值等。出行是伴随着工作、购物等生产和消费需求而产生的副产品,是一种衍生需求。当交通基础设施供应得到改善并进而改变可达性和机动性时,它会对商业选址和居住选择等产生怎样的影响?土地价值又会发生什么变化?本章将探讨以上这些问题之间的关系。

6.1 可达性的基本概念

一、基本概念

机动性(Mobility)和可达性(Accessibility)是描述交通和区位间关系的两个关键概念。机动性主要描述在一定的交通基础设施中,使用不同交通工具的出行者的移动能力和效率,常由速度和距离来表征;可达性则指出行潜在目的地的吸引力以及到达该目的地的便宜程度,不仅包括行为主体和交通方式,还包括出行活动目的和内容,表达方式也呈现出多样性的特征。

虽然更大的机动性可以为居民提供更多的便利,减少出行时间,提高可达性,但可达性不仅取决于机动性。可达性,特别是步行、自行车和公共交通的可达性,倾向于随着密度的增加而增强。相比较而言,机动性的增强会使人们在相同的时间内可以到达更远的地方,因此会使土地利用的分散程度增加。

1. 机动性

机动性(Mobility)这一概念首先由北美学者提出,主要应用在社会学领域。在此之后,欧洲学者将这一概念引入城市交通领域,构建了基于"城市机动性"概念的新城市交通研究体系和方法,用来取代传统的以工程技术为特征的"交通"(Transportation)概念,以期能从更为广泛的、动态的视角来研究城市的运行特征。在如今的城市中,城市机动性成为一项重要的公共资源,它保证人人都能够自由地出行、方便地到达目的地,这也是每个城市居民应当享有的基本权利,因为这一机动性能力是保证个人其他权利(如工作、受教育、住房、医疗保健等)的前提条件。

所谓"城市机动性"可以认为是反映一座城市满足其所有居民不同出行需求能力的指标。既是由作为交通主体的出行者(包括个体和团体)、作为交通客体的出行方式(包括交通工具和交通设施)和作为交通本体的城市空间(包括有形的人工环境和自然环境,以及无形的社会环境和文化环境)共同组成的整体,也是交通主体从确定出行意愿、到选择出行方式、再到完成出行行为的全过程;并且在此过程中,三种要素相互影响、相互作用,最终决定城市机动性的发展水平。

其中,作为交通主体的出行者是城市机动性的需求一方,其出于各种目的而产生的出行需求因而成为城市机动性发展的根本动因;作为交通客体的出行方式则是城市机动性的供给一方,可供选择的交通工具和交通设施及其能否满足交通主体多元选择的自由,在相当大程度上决定了城市机动性的发展水平;作为交通本体的城市空间则可被认为是容纳上述供需双方的容器或载体,出行者在怎样的城市环境中,通过自由选择特定的交通工具和交通设施实现出行意愿,满足其出行需求,同样可对城市机动性的发展水平产生决定性影响。城市机动性概念的复合特性决定了城市机动性发展不仅要关注交通主体的出行需求(包括交通出行意愿和对不同出行方式的选择意愿),也要关注交通客体的供给情况(包括交通工具的生产和交通设施的建设),更要关注交通本体的整体发展(包括人工环境、自然环境、文化环境和社会环境的建设)。

为了改善城市机动性,很多城市采取了措施,比如公共自行车、拼车、公共交通、无障碍设施改良等,以满足不同人群的交通需求,为机动性较差的群体提供克服空间距离的有效方式,以提升社会公平和城市的机动性水平。

2. 可达性

可达性一般定义可表述为:获取某种机会或权利的能力大小。一般来讲,可达性是指利用一种特定的交通系统从某一给定区位到达活动地点的便利程度。在不同的空间尺度上,可达性所衡量的具体对象也不相同。在区域范围内,可达性反映了某一城市或区域与其他城市或区域之间发生空间相互作用的难易程度。可达性是产生区域经济发展空间差异,并且使各区域在新的空间经济格局中进行角色调整、重新组织的重要原因。因此,可达性是空间经济结构再组织的"发生器"。在城市内部,一般从个体或区位的角度来评价可达性,Kwan 将可达性分为个体可达性和地方可达性两类,前者是反映个人生活质量的一个很好的指标,后者是指所有人口容易到达的区位或地方所特有的属性,即某一区位"被接近"的能力。

一般的,在日常生活中,人们会根据自身的经历和感受对事物或现象作定性或定量的判断。例如,职员甲和职员乙在同一个公司就职,住在同一个居民小区,甲乘公交车上班,由于高峰时段道路拥堵延误从居民小区到达公司花费40min,乙骑自行车从居民小区到公司只花费30min,他们的出行路线相同,甲就认为上班乘公交车很不方便,乙则认为骑自行车上班可以接受。这说明采取不同出行方式获得的感受不同,也就是人对获取某种机会或权利的能力大小所做出的评价不同。

总之,在众多关于可达性的定义、评价和应用研究中,其含义均与此三点相关:①交通成本:不仅指交通费用,还包括出行时间、风险、舒适度等方面;②端点区位特性(吸引力):如起点和终点的人口、就业或商店的数量等状况;③端点的选择:是一点与多点之间还是一点与一点之间。

二、可达性的特征

可达性的主要特征可归纳为以下三个方面:

(1)可达性是一个空间的概念。可达性反映了空间实体之间克服距离障碍进行交流的难易程度,表达了空间实体之间的疏密关系,因此它与区位、空间相互作用和空间尺度等概念紧密相关。

(2)可达性具有时间意义。空间实体相互作用或接近经济活动中心主要是通过交通系统来完成,时间是交通出行中最基本的阻抗因素,因此通常用时间单位来衡量空间距离。在许多关于可达性的研究和应用中,会设定一个时间阈值,例如从某一区位出发半径在行车45min范围内可以获得的工作机会。

(3)可达性具有社会和经济价值。较高水平的可达性与高质量的生活、满意度、吸引力等相关联。可达性与交通运输的社会、经济成本之间存在着复杂的关系,因此其对于理解和预测城市内相对区位价值和土地利用模式的变化等具有重要的意义。

三、可达性测算方法

常用的测算方法有五种:距离法、重力模型法、累积机会法、效用模型法、时空法。不同方法的切入点及考虑因素有所差异,前三种方法基于集计模型的思路进行建模,后两种方法则从非集计的角度考虑了出行者本身的差异。各类方法的优缺点及适用性见表6-1。

常用可达性测算方法的优缺点及适用性分析 表6-1

方法	表达式	参数含义	优点	缺点	适用性
距离法	$A_i = \dfrac{\sum d_{ij}}{b}$	A_i——i区域的综合可达性; d_{ij}——小区i和j之间的距离; b——一般参数	简单直观,易于理解	未考虑距离的衰减及节点间的相互作用因素	适用于宏观层面的可达性评价
重力模型法	$A_i = \sum_j \dfrac{O_j}{t_{ij}^\alpha}$	A_i——小区i的可达性; O_j——小区j所具有的发展机会,一般由工作岗位数、人口、小区规模等因素表征; t_{ij}^α——小区i和j之间的阻抗函数,一般由出行时间、费用、距离等因素表征	考虑了吸引点的土地利用以及机会随着距离衰减的情况	忽略了个体间的差异性	广泛应用于各种可达性的度量,如土地利用模式研究、交通规划研究等

续上表

方法	表达式	参数含义	优点	缺点	适用性
累积机会法	$A_i = \sum_j O_j \tau$	A_i——小区 i 的可达性； O_j——小区 j 所具有的发展机会； τ——预先设定的出行成本的阈值（如 30min）	考虑了吸引点的土地利用情况	未考虑机会随距离衰减的情况；阈值确定存在主观性	适用于不同时空条件下土地利用变化、交通设施改善等情况的比较
效用模型法	$A_n = \ln \sum_{i \in C} \exp(V_{in})$	A_n——出行者 n 的可达性； V_{in}——出行者 n 选择目的地 i 的效用； C——目的地的所有可能选择集	考虑了不同出行者之间的个体差异	模型解释性不强，不易理解；所需数据量较大	多用于边际收益分析的研究
时空法	$A_{hp} = \ln \sum_{i=1}^{m_{hp}} \exp(V_i)$	A_{hp}——在 h 小区的第 p 种出行目的的出行者可达性； m_{hp}——实现第 p 种出行目的的可选择方案； V_i——第 i 种备选方案的效用	考虑了个体之间的差异以及时间、空间的约束情况	未考虑机会供给之间的竞争关系；所需数据量较大	可用于城市交通问题、区域居住条件、服务设施的布置等

6.2 区位理论概述

区位的含义是"分布的地区或地点"，区位论是研究人类选择空间活动区位的理论，它建立在城市经济学和地理学交叉研究的基础上，研究城市土地的优化配置，使人类的各种空间活动取得最佳、最大效果，或者说在考虑机动性与可达性基础上的最优选址。区位论包括微观和宏观两个层次的内容，前者是关于个体选址的理论，后者是关于整体布局的理论。

区位论的发展大致经历了三个阶段，即：

(1) 古典区位理论。主要指杜能于 1875 年创立的农业区位论和韦伯于 1909 年创立的工业区位论。其共同特点都是立足于单一的农场或工厂，着眼于成本特别是运费最省。

(2) 改进的区位理论。主要指直到第二次世界大战前后经过改进的各种经济区位理论，有市场区边界区位理论、综合区位理论、中心地理论、相互作用理论、分界点理论等。特点是从立足于单一的企业转变为立足于城市，从着眼于成本、运费最省发展为追求市场的扩大。

(3) 现代区位理论(区域经济学)，主要指 20 世纪 60 年代以来得到迅速发展，以区域经济研究为特征的区位理论。本节主要介绍几个有代表性的区位理论。

一、杜能的农业区位论

1826 年德国农业经济地理学家杜能发表了著作《孤立国同农业和国民经济的关系》(通常简称《孤立国》)，提出了农业区位理论。这一理论一般也认为是区位论正式产生的标志，是早期的区位论。

为了说明农产品生产地到农产品消费地的距离对土地利用类型产生的影响，杜能在下列假设的前提下提出了"孤立国"的区位模型:一个城市位于一大片平原地区的中心,该地区的土壤和气候条件是完全相同的;城市负责供应必需的工业品,城市周围的土地则种植各种农作物以供应该城市消费,这也是该平原上农民的唯一市场,完全排除与该地区以外其他市场的联系和竞争关系;城市与周围地区只依靠道路联系,并且从任何一点到城市都是直线运输,农产品运到城市的运输费用与其重量和距离成正比。杜能提出:在平原的各个部分应分别生产什么农产品?

很显然,农民获得的利润等于其产品的市场价格减去生产成本和运输费用。由于市场只有一个,故某一产品的价格只有一个,不论它是在该平原上的哪一个地点生产的,而该产品不论在任何地点生产成本也相同,所以农民的利润是由运输费用决定的。又由于运输费用与农产品重量和运输距离呈正比例变化,那么农民当然应该根据是否有利于节约运费安排生产。

还可以看出,与城市距离相同的地点对同一产品付出的运费相同。这意味着无论选择何种作物,如果在某一地点最为有利,则所有与市场距离相同的其他地点也同样有利。如果把这些等距离地点连接起来,就形成一个围绕城市的圆。因此,作物的安排就被分成为若干同心圆地带,在每一地带中只适合一种产品和方法;每种作物地带的外侧边界是利润等于零的地方。

按照19世纪的运输技术条件,杜能证明了易腐货物和重量大、价值相对低从而不易运输的产品应该靠近市场生产,而不易腐坏和每单位重量价值较高、相对较易运输的产品则可远离市场生产。这样,以市场为中心就会形成一个呈同心圆状的农业空间经营结构,即所谓的"杜能环"。具体来说,由于当时既无快运又无冷藏车辆,所以易腐坏的蔬菜和鲜奶最不易运输,应在城市周围第一地带生产;第二地带应生产重量大价值低的木料和柴薪;第三、四、五地带应生产谷类,其种植密度和集约程度逐渐减低;第六地带是平原的最外区域,应放养牲畜以供屠宰和生产奶酪,如图6-1所示。

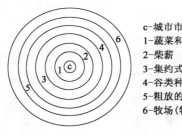

c-城市市场
1-蔬菜和鲜牛奶等易腐产品
2-柴薪
3-集约式的粮食作物
4-谷类种植与牧草轮替
5-粗放的农作物与牧场轮替
6-牧场(牲畜、乳酪)

图6-1 杜能的农业分带图

杜能的分析虽然很形式化,他的假设条件距离现实也很远,但仍是一个开创性的努力,为区位理论及其他有关领域做出了很大贡献。

二、韦伯的工业区位论

1909年出版的《工业区位理论》一书,一般认为这标志着工业区位的问世。韦伯理论的核心是通过分析运输费用、劳动力费用和生产集聚力三个因素的相互作用,找出生产成本最低的点作为工业企业的理想区位。其中运费对工业的基本区位起着决定作用,而劳动力费用和集聚力的影响,则被他归之为对运输决定的工业区位的第一次和第二次"变形"。韦伯甚至把其他一些次要的区位影响因素也简化为运输费用加以计算。

在韦伯的区位模型中,有一个确定的消费市场,若干个原料产地,不同地点的劳动力费用不同但供应充足,运费也是与货物重量和运距成正比。

首先是确定运输费用最节省的生产地点。按照韦伯一个消费市场和一种原料的假设,可有三种不同情况:①原料是遍在性的,那么生产地点显然应设在市场附近。②原料在加工中不失去重量,但位于远离消费市场的地点,则生产可以安排在原料所在地,也可以安排在市场,如果不考虑额外的装卸费,生产也可以安排在市场与原料来源直线中间的任何一点上。③原料在加工中会损失重量,也不是遍在性的,在此情况下生产地点应设在原料产地,因为运输较小重量的成品比运输较大重量的原料节省运费。

按照一个消费市场和两种原料的假设,则有四种不同的情况:①两种原料都是遍在性的,则生产地点应设在消费市场。②两种原料在加工中都不失重,但位于两个不同地点,则每种原料都应直接运到消费地去生产,因为不需要将一种原料运至另一原料产地去增加额外运输。唯一的例外是当一种原料运往市场时恰好途经另一原料产地。③两种原料都不失重,其中一种是遍在性的,另一种则远离消费地。在这种情况下,还是应该在消费市场组织生产,因为这只需为远离的那种原料支付运费。④两种原料在加工中都会失重,并位于不同的地点。这最后一种情况是最复杂的,也最接近大多数现实情况,韦伯用图解的方式说明在这种情况下如何确定生产位置,如图6-2所示。

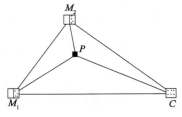

图6-2 韦伯的区位三角形

图中三角形的一个角 C 是市场,其他两个角 M_1 和 M_2 是原料产地,P 是生产位置,三角形的边代表运输路线。显然,生产将不会在三角形以外,因为这将增加不必要的运输。在三角区以内运费最低点应在何处,决定于每种原料所需的数量及其在加工中损失重量的特点。如果两种原料所需数量相同,但其中一种失重较多,则生产地点应设在靠近失重多的原料产地;如果两种原料失重情况相同,但其中一种使用数量较多,则生产将设在使用较多原料的附近。

在韦伯的基本模型中运费对生产地点起着决定作用,当考虑劳动力费用时,则被运输决定的工业区位就发生第一次"变形"。韦伯认为,生产地点的选择有可能放弃运费最小的地点而移向劳动力费用较低的位置,条件是在劳动力上节省的费用大于在原料和产品上追加的运费。为此韦伯引进了"总等费用线"的概念。

如图6-3所示,C 是市场,M_1 和 M_2 分别是两个原料产地,P 是生产位置。假设两种原料在加工中均损失重量50%,围绕这三个点形成的各个同心圆表示距各自中心运费相等的距离,以 C 为中心的同心圆密度较稀疏是因为产成品不再减重。可以看出,在该例中 P 点是运费最低的点,运费不到 7(M_1 和 M_2 的原料运费各 2,至 C 的成品运费不足 3)。图中两条粗线是把三项运费加总分别等于 8 和 9 的所有点连接起来形成的,即总运费为 8 和 9 的总等费用线。

当考虑集聚因素作用时,被运输和劳动力决定的工业区位会发生第二次"变形",即由集聚形成的经济效益也可以使生产地点出现偏移。韦伯认为集聚效果主要是通过工厂扩大生产规模、降低生产成本、工厂之间的协作和共同使用基础设施得到的。如果一个地点由于集聚所节约的费用大于因偏离运费最小和劳动力费用最小的位置而需追加的数量,在该地点组织生产就是合理的。

总的来说,杜能的农业区位论和韦伯的工业区位论均立足于单一的企业或中心,采用微观、静态的分析方法,都把作为主导因素的交通运输作为其重

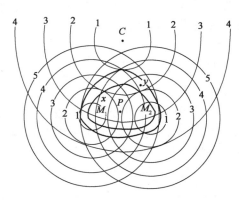

图6-3 总等费用线示意图
C-市场;M_1-原料产地1;M_2-原料产地2;P-生产位置

要的考虑方面,得出了运输成本最低导向下的地域运费最低点作为最佳的选择点,而交通运输费用的最低化正是当时城市土地使用优化的主要方面,因而这些理论在当时有很强的生命力。但是,随着现代交通运输业的发展,生产地与消费地之间的经济距离和时间距离较之它们的地理距离大为缩短。通过经济政策,制定特殊运价率,使得远离消费地的地点也可能生产单位价值较低的产品。因此,到了运输业高度发达、运费在农产品市场价格中所占比例愈来愈小的今天,过分突出运输费用显然是无法与现实一致的,但是这些理论仍是城市土地使用研究的基点,在当今有关城市土地使用的研究方面仍具有指导意义。

三、克里斯塔勒的中心地理论

中心地理论又称城市区位论,起源于20世纪30年代德国地理和经济学家克里斯塔勒的名著《德国南部的中心地原理》,其目的在于发现决定城镇分布的原理,即决定城镇的数量、规模和分布的原理。许多城镇体系的理论都源于中心地理论。

克里斯塔勒从城市或中心居民点的物品供应、行政管理、交通运输等主要职能的角度,论述了城镇居民点的结构及形成过程,其基本内容是关于一定区域内城市和城市职能、规模及空间结构的学说,克里斯塔勒形象地概括为区域内城市等级及规模关系的六边形模型。他认为人类社会聚落具有六边形结构单元特征,中心地位于六边形的中央,如图6-4所示。

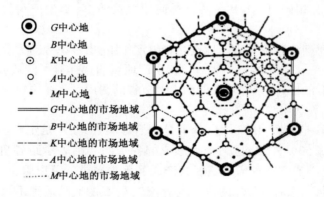

图6-4 克里斯塔勒的中心地结构模型

克里斯塔勒"中心地理论"提出了人类社会集聚的结构模型,并根据这一理论建立了包括自然地理基础、社会生产与需求、社会服务三者在内的符合逻辑的组织系统。

四、市场区位理论

1. 佛朗克·费特的市场区位理论

美国经济学家佛朗克·费特曾对两个生产者之间的市场划分进行过分析。他假定任何供货者与客户之间都有同样的直线交通,货物运价均按重量和距离计算,供货成本是生产成本与运费之和,购货人的需求是有弹性的,即当价格增加时购买数量就减少,直到价格涨到一点也卖不出去。当两个生产者 P_1 和 P_2 把生产费用和运输费用都完全相同的产品出售给均匀分布的消费者,则两个市场的界限是在两个销售者正中的那一条直线,如图6-5a)所示。图中同心圆是围绕每个生产者的总成本(包括生产成本和运输费用)等值线。因为消费者只选择价格较低的产品,所以任何一个销售者都无法越过界限去销售。当假设 P_2 比 P_1 的生产费用高2

个单位,二者的运费仍保持不变时,如图6-5b)所示,把两套等值线交叉点连接起来的 AA 线表示市场范围的分界线,可以看出分界线靠近并弯向生产成本较高的 P_2 点。当假设生产费用相等但 P_2 的运输费用是 P_1 的 2 倍,此时环绕 P_2 的等值线的密度加大,见图6-5c),结果市场分界线 AA 比前面的例子更加弯向 P_2,原因是费用在这里不止增加一次,而是按每单位距离成比例增加。

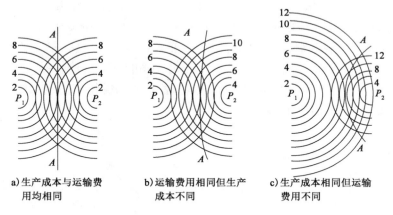

a) 生产成本与运输费用均相同　　b) 运输费用相同但生产成本不同　　c) 生产成本相同但运输费用不同

图 6-5　两市场边界变动示意图

2. W·J·瑞利的零售引力定律

在零售商业方面最有名的模型是 W·J·瑞利的所谓零售引力定律。这个定律是要解决位于 X 和 Y 两个城市中间的零售商 Z 如何将货物量按照人口和距离分配到 X 和 Y 两个城市。瑞利的模型用如下公式表示:

$$\frac{Z 向 X 的销售额}{Z 向 Y 的销售额} = \frac{X 的人口}{Y 的人口} \times \frac{Y 与 Z 的距离^2}{X 与 Z 的距离^2} \qquad (6\text{-}1)$$

在瑞利的模型中销售额与城市的人口成正比,而与距离的平方成反比,这与牛顿万有引力定律的形式很相像。看起来这是认定距离或与距离有关的运输费用,对长距离货流产生很大的阻力,而且当距离增加时,这个阻力影响比拉力因素相对地变得更大。

瑞利定律派生的一个模型,有时称为分界点模型,被用来确定两个城市 X 与 Y 之间的零售市场区域边界,可用下式表示:

$$X 到边界的距离 = \frac{X 到 Y 的距离}{1 + \sqrt{\frac{Y 的人口}{X 的人口}}} \qquad (6\text{-}2)$$

在这些模型中,一个区域或城市的规模产生一个需求拉力,而距离则带来一个供给阻力。城市的销售额或辐射范围随城市的大小成正比例变化,而与距离成反方向变化。当然引力模型在假设中将许多物质的、社会的、文化的、收入的和制度上的因素排除在外,因而很大程度上脱离了现实;但当这些模型包括了某些适当的变量时,它们就有可能成为有用的现实工具。

3. 廖什的市场区位理论

德国经济学家奥古斯特·廖什 1940 年出版的《经济的空间分布》对市场区位的理论做出了重大贡献。廖什与以前的工业区位理论的不同之处包括:他不是仅从单个企业利益的角度去寻求最佳区位,而是把每个企业放入大量企业存在的体系中去考察,即从总体均衡的角度揭示整个系统的配置问题;他把生产区位和市场结合在一起研究,从市场区的概念入手并把其作为解决问题的起点,并认为生产和消费都是在市场区中进行的;他认为生产者的目标应该是谋求最大利润,而最小吨公里、最低成本的区位往往不一定能保证最大利润,因此应把成本、收入和利润加以综合考虑,选择市场范围最大的最佳区位;他还开创了市场网体系的研究。

廖什用需求圆锥体的方法把市场区与最常见的需求弹性结合起来。商品的需求弹性如图 6-6a)所示,图中横坐标为商品销售量,纵坐标为商品售价,D 曲线为需求曲线,表示销售量随价格变动的趋势;纵坐标上 OP 是商品的出厂价格,在 P 点的商品销售量为 PQ,商品离开 P 点会产生运费,商品价格提高则导致需求和销售量下降,甚至价格升至 F 点时销售量为零。把 PFQ 平面以 PQ 为轴旋转一周可得一锥形体,如图 6-6b)所示,此时 PF 为横轴表示与生产地点的距离,纵轴 PQ 代表销售量,该锥形体的体积就是商品的销售总量,它的底面就是该生产者的市场区,是一半径为 PF 的圆。

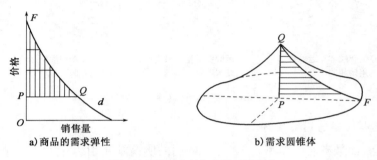

图 6-6　商品销售量与市场区示意图

廖什还认为,在多个销售者的情况下圆形市场是不能持久的,因为圆与圆之间会有空角未被占领,而市场之间的竞争将使圆挤在一起,最后形成一种蜂房结构,呈一组正六角形形状,如图 6-7 所示。可以从数学上证明正六角形既可以填满整个平面,又可以使中心到每一处边缘的距离达到最短,还能使每一位销售者的可利用市场区面积达到最大。

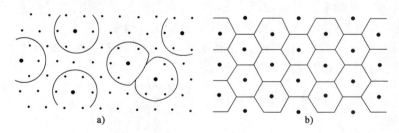

图 6-7　多个销售者的市场结构示意图

不同的商品由于在性质、成本价格和承担运费的能力上的差异,所以各自形成的市场区范围也不一样,即不同商品的市场体系呈现为大小不同的正六角形网。然后廖什将各种商品的市场网叠放在一起,并使它们至少具有一个共同的中心点,结果出现了一个混合的市场网体系,如图 6-8 所示。廖什用这种方法来说明聚集区和城市体系的形成过程。在这个市场网体系的中心,是一个大都市,它聚集了各种商品的生产厂家,而在它周围其他有或多或少几种商品生产的集合点上就形成了大大小小的市镇。这是一种在理想状态下由商品的生产和市场发展过程生产聚集所自然形成的城市体系。

图 6-8 市场网体系示意图

廖什的研究成果与克里斯塔勒提出的揭示城市和中心居民点空间结构方面的等级、规模关系的"中心地理论",在结论上几乎一致。

6.3 交通运输与区位选择

一、可达性、交通与土地利用关系

交通运输行业有许多区别于其他行业的特点,其中与交通区位分析有着重要关系的是交通运输需求的快变性和供给的慢变性特点。考虑到交通基础设施的寿命,交通系统的改变会对经济活动产生长期的影响,随后又会对商业区位和居住区位模式产生影响,这些影响反过来又会作用于交通需求。

商业和居住会决定交通系统的扩张吗?或者交通系统的扩张与设计会影响区位的选择吗?Button(2010)把交通系统和土地利用之间的影响关系比作古老的"鸡生蛋—蛋生鸡"的问题。考虑到交通基础设施的寿命,交通系统的改变会对经济活动产生长期的影响,随后又会对居住区位和就业区位模式产生影响,这些影响反过来又会作用于交通需求。

城市和区域规划师将交通视为影响开发决策的一个变量,而交通规划师们通常依据土地利用来使用基于出行生成的四阶段模型。美国国家公路合作研究计划(NCHRP)的《交通影响土地利用指南》(1999)指出土地利用和交通系统的关系是"公共政策影响下供应和需求基于可达性的相互作用"。土地利用和交通系统影响居住和商业可达性的供给,而个人和企业的偏好则影响居住和商业可达性的需求。

除此之外,关于交通和城市发展的研究很多,主要集中于交通与城市空间形态、交通模式与城市土地利用模式、交通与土地价格、交通模式与经济发展水平关系研究等方面,综合各方面的研究成果,可以用图 6-9 来表示交通与城市发展的互动影响关系。

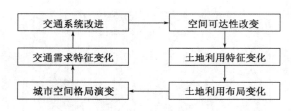

图 6-9　交通、土地利用与城市发展的互动影响

二、生产地的区位决定

从长期来看,交通运输条件对于生产地和消费地的选择有着非常重要的影响,这与假定生产地和消费地位置已经确定情况下的运输需求分析不同。因此,借助区位理论,可以在分析不同地点优劣势的基础上,综合性地对运输需求、生产地选址、城市功能区分析、居住选址等影响因素进行分析。

1. 产销地点布局与运输的关系

一般来讲,有不少地理因素是人类无法控制的,如气候条件、土地和矿产资源的分布、可通航的水域等,像种植业和采矿业的地理位置、水运航道的走向等,人们的运输活动就只能去适应这些已有的地理分布。除了地理因素以外,许多产销地点的布局与运输条件以及运输价格之间是互相影响的。首先,制造业的选点和城市布局与交通运输的关系非常密切。例如,我国的汽车工业(我国的第一汽车制造厂位于长春市)早期主要集中在东北地区,这与当时该项目属于苏联援建,要靠近苏联有关,更重要的是与钢铁(鞍钢)、煤炭(在长春、四平之间)、木材(兴安岭)和其他原材料工业分布在周围,水陆交通方便以及人口较集中有很大关系。但随着我国的工业重心逐步向南部地区迁移,东北作为汽车工业产地的主要优势就不那么明显了,一些最新的汽车厂主要改在我国东南部地区设点,其中节约运输费用因素的考虑也起着重要作用。

因此,可以说,一方面制造业的布局是决定运输需求的重要因素;另一方面,运输条件即运输成本又在某种程度上决定了制造业的区位。

工业区位分析的主要原理之一,是根据加工过程中原材料或产成品减重或增重的程度确定加工厂的位置。凡加工过程减重程度较大的产业,应该设立在原料集中的地点,而加工过程增重程度较大的产业,则应设立在靠近市场的地点。造纸厂(包括纸浆厂)和糖厂属于加工过程中减重程度较大的产业,绝大多数都设立在原料产地。例如加拿大和北欧国家有丰富的木材资源可以造纸,但他们大量出口的是加工过程中已经减重很多的纸张或纸浆,而不是造纸的初级原料,制糖厂也大都建在甘蔗或甜菜产地。饮料业属于加工过程中增重程度较大的产业,大多设立在靠近消费地的地方,最明显的例子就是全球最大的饮料厂商——美国可口可乐公司为了节约运输成本,而把自己的分装厂建在全世界几乎所有被它打开市场的国家。

2. 交通运输条件与产业规模经济的关系

经济学告诉我们,即使所有地方的气候条件、土壤肥力、矿产资源及人口密度等各方面的情况都没有差别,从长期看也仍然会有地区之间的货物运输需求。这种结论乍看起来有些令人费解,既然所有的地方都有同样的生产条件,那么它们都可以生产自己所需要的各种消费品,为什么还需要地区之间的贸易和运输呢?原因在于生产的专业化可以获得更高的效率,每一种产品的生产都有一定的规模经济。在该范围内生产规模越大,产品的单位生产成本越低,这就使得每一个地区并不是生产所有自己需要的产品都合理,而是低成本地集中生产某些产品,并用自己具有成本优势的产品去交换其他自己需要的产品。这样,地区之间的贸易和运输就是不可避免的了。200多年前亚当·斯密在其著名的《国富论》中阐述了这一问题,其他一些经济学家后来也都强调了这种分工所带来的经济进步。

经济学还告诉我们,一个地区产业规模经济的实现与运输条件有很大关系。如图6-10所示为生产的规模经济与运输成本之间关系的示意图,图中所示某一种产品的长期平均生产成本曲线随着产量的增加不断下降,说明该产品的生产具有较明显的规模经济,当生产量较大时是经济合理的。然而,随着产量的增加,产品的销售范围也越来越大,空间运输距离的延长会增加单位产品的运输成本,因此单位产品平均运输成本曲线是逐渐上升的。假定产品的市场销售(供货)成本只包括生产成本和运输成本,于是产品的平均供货成本曲线就是由上述平均生产成本曲线和平均运输成本曲线相加而形成的,它的形状是先下降,在中部达到最低点以后开始上升。在不考虑运输成本的情况下,由最小平均生产成本决定的最佳产量在 q_1 的位置;而在考虑运输成本的情况下,由最小市场销售成本决定的最佳产量在 q_2 的位置,q_2 小于 q_1。这说明运输条件对生产中存在的规模经济能在何种程度上真正实现产生着实际的影响。

现实经济中的各种产业都存在程度不同的规模经济,有些产业的生产甚至可以达到很大的经济规模,如汽车和彩电、冰箱等家电产品年产几十万甚至上百万台的数量都是可以的。然而,如此大量产品销售所需要付出的运输费用也已经非常可观,于是汽车和家电厂商在扩大产量、占据更大市场甚至世界市场的同时也往往寻找更靠近消费市场的生产地点。例如,日本汽车厂商早就把制造厂设在了美国和欧洲,欧美的汽车厂商则把生产厂设在了南美的亚洲,中国的海尔等公司也已经开始把自己的家电工厂设立在欧美国家。

如果由于运输条件的改善,单位运输成本水平下降,或者说产品可以更经济地运到更远的市场,那么厂商原本所具有的规模经济就可以更好地实现。图6-11 表示运输成本的下降对厂商规模经济的影响,图中产品的平均生产成本曲线没有变化,但由于平均运输成本曲线的降低,使得产品的市场销售成本曲线也发生了变化,由最小市场销售成本决定的最佳产量移到 q_2' 的位置,相对来说比较靠近生产的经济规模。

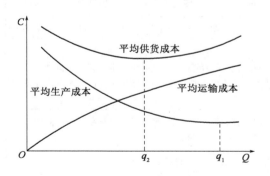

图6-10 生产的规模经济与运输成本的平衡

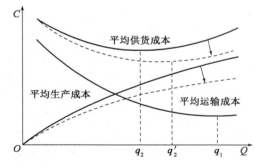

图6-11 运输成本下降对厂商规模经济的影响

人们发现,国家在公共基础设施包括交通运输领域的投资可以从社会经济的发展中获得很高的回报,原因是运输条件中蕴藏着促进地区专业化和更好地发挥产业规模经济优势的良性机制。从提高社会福利的角度来说,运输条件改善和运输成本的降低可以增加各种产品和服务的供给,允许更大的选择性。在运输成本很高的情况下,居民一般只能接受当地唯一但可能是低效率厂商的独家供给,产品与服务没有替代性,价格和质量也是唯一的;而当运输成本有了明显下降时,远方更有实力的厂商就会参与当地市场的竞争,居民消费时在价格和质量等方面的可选择性就大得多了。

三、交通与商业区位选择

不同的商业区位理论往往针对不同类型的产业。许多经济活动依赖于消费者(顾客)的光顾,例如零售业和服务业,而其他经济活动则并不如此。克里斯塔勒的中心地理论描述了一个在满足商业的"市场门槛"前提下基于"消费者范围"的市场中心的分布。这里的"消费者范围"是指消费者为买某一件商品而愿意出行的距离;"市场门槛"是指企业为了实现利润目标所需的最低销售量或客户群。

中心地理论表明,随着出行费用的降低,市场将会变得更大、更分散,工人和消费者将愿意出行更远的距离去上班和购物。例如:引入一个控制出入的高速公路设施来代替现有的干线,那么在相同的出行时间内用户将会出行更远的距离。因此在许多城市,靠近高速公路交叉口的区域已经发展成为仅次于中心商务区的二级市场中心。同样的,当交通出行费用增长时,市场将会变得更小、更集中。

相比之下,工业区位理论则说明了对市场不敏感的商业区位选择,其对运输费用的考虑集中于货物运输的距离和重量。和中心地理论不同的是,工业区位理论更多关注的是货物的移动,而不是员工和顾客的移动。美国国家公路合作研究计划(NCHRP)的《交通影响土地利用指南》主要是从可达性(对于职工、客户、供应商而言)的角度来说明商业区位影响因素的相对重要性,如表6-2所示。

商业区位选择的影响因素　　　　表6-2

重要性	影响因素	备注
高	费用和空间可达性	通过计算各区位的租赁或拥有费用来权衡不同区位的优势。CBD外部的低成本空间导致了商业的郊区化
	劳动力的获得	不同的企业有不同的劳动力需求。一些位于CBD内的企业能够很容易获得不同类型的高度熟练的劳动力;而关键技术和管理阶层更倾向于选择那些靠近居住区的企业
	客户的获得	客户是零售业和服务业的关键。对于制造产业,除了考虑客户的获得外,更多地要考虑原材料等的供应
	公路可达性	作为交通运输的主导形式,公路对于区位的选择具有重要作用。郊区靠近高速公路立交处的区域具有较高的可达性。公路可以把大型生产设施运送到土地价格较低的郊区或农村
中	靠近类似企业	相似企业的聚集有助于职工和顾客的到达。例如,汽车的经销商和类似产品的零售商聚集在一起以便于消费者"货比三家"之后购买
	靠近供应地和服务提供	靠近供应地不仅对制造业很重要,对于办公区位的选择也很重要
低	设施、生活质量等	这些因素对于拥有众多专业和技术人员的企业来说非常重要
	公共服务质量	公共服务对于生产过程中需要大量的水,并且会产生污水的制造业非常重要
	财产税税率	制造业的基础设施具有土地集约性,对于税收非常敏感
	机场可达性	随着公务出行的增多,机场到企业总部及分部的可达性也变得非常重要
	竞争对手的区位	零售商们想要利用多家商店的集聚获得大量的顾客,同时也不想要离竞争对手太近

四、交通与居住区位选择

城市功能区的区位决定和居住地选择也与运输需求有密切关系。在较短的时期内,城市运输需求取决于已经确定了的各种功能区的布局、居民的居住地点和上班地点、商业中心和娱乐场所的位置,以及交通运输设施的分布等;而在较长的时期内,以上这些区位因素都是有待确定或可以调整的。

1. 城市居民住房与交通条件的关系

城市居民往往必须在比较宽敞的住房面积和可以享受比较方便的购物与服务(包括子女上学的条件等)与每天比较少的上下班交通时间之间进行权衡与选择。一般距离市中心较近地点所需要的交通时间短,但由于地价高,因此住房的价格或租金也相对较高;而距离市中心距离较远的地点住房比较便宜,但交通所需要的时间和费用却相对较高。因此,居民要做的权衡就是,或者选择较低的交通费用和较小的住房面积,或者选择较大的住房面积和较高的交通费用。图6-12是美国芝加哥市在20世纪80年代做的一个统计分析。从图中可以看出,随着距市中心距离的增加,每日交通所需要的时间在增加,但由于房价降低,供每户居民居住的房屋面积也在扩大。

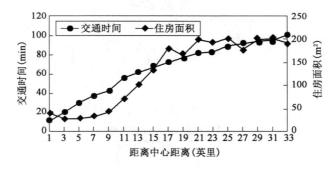

图6-12 芝加哥市居民住房面积与交通时间的对比

如果随着城市交通的改善,一些地区居民上下班交通所消耗的时间和费用明显下降,那么该地区过去在做选择时的不利因素就减少了。随着城市化的进程不断加快,城市不可避免地迅速扩大,用不受塞车困扰的地铁或轻轨列车连接市中心的卫星城的方式,也可以在一定程度上解决人们在交通费用和住房面积上的权衡问题。因此,在一个较长时期内,交通条件的改善会影响城市的发展和布局,改变不同地区的人口密度,当然这也反过来影响了该城市居民的交通需求。

2. 居住区选择理论

Alonoso(1964)改进了基于农业土地租金和使用的居住区选择理论。这一理论将家庭区位的选择视为效用最大化问题,而这一效用与房价、通勤费用以及其他相应设施和服务的费用有关,则居住区位模型可以用下式表示:

$$D = f(P_h, P_t, P_g) \tag{6-3}$$

式中:D——住房需求;

P_h——房价;

P_t——交通费用;

P_g——其他费用。

靠近工作中心的家庭具有较低的通勤出行费用,因此可以在住房上分配更多的资金。在传统的单中心城市模型中,CBD 的土地价值是最高的,随着距 CBD 距离的增加,工作岗位的可达性降低,人口密度和土地价格也在降低(图 6-13)。然而,此模型假设不同的家庭在区位选择偏好和存款方面完全相同,这与事实情况相差较大。

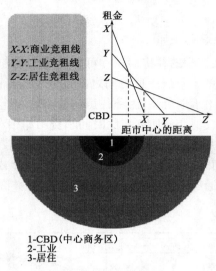

图 6-13 投标竞租曲线

3. 居住区位选择的影响因素

如表 6-3 所示总结了影响居住区位选择的因素的相对重要性。

家庭区位选择的影响因素   表 6-3

重要性	影响因素	备注
高	房价	家庭预算必须和住房以及其他商品的费用相协调
	工作岗位可达性	在大都市区域,由于出行距离较长以及交通拥堵的原因,工作岗位的高可达性尤为重要
中	商品与服务可达性	不同类型的家庭有不同的偏好:单身者(未婚者)倾向于居住在娱乐设施附近;家中有上学的孩子的家庭倾向于居住在学校和公园附近;独居的父母则选择靠近休闲和文化场所
	社区居民	大多数人都倾向于和自己喜欢的人做邻居
	公共服务质量	家庭在选择居住区时有时会考虑警察的保护以及其他公共服务
低	生活的质量	相比较而言,那些有着较低犯罪率和精美设计的住宅比那些临近工业区和交通拥挤区域的住宅更具有吸引力
	财产税率	关于财产税是否会影响家庭居住区的选择这一问题的研究众说纷纭

Bina 和 Kockelman 使用得克萨斯州奥斯汀市近期住房购买者的调查数据,在问卷调查的基础上,对影响居民选址的主要因素进行了排序(数字越大代表越重要),如表 6-4 所示,并随后提出了两种可以考虑的居住选址模型结构。可以看出,在影响居住选址的因素中,与交通条件有关的因素较多并相对比较重要,尤其是上班/上学出行的时间、与高速公路的接近程度、购

物出行的时间/距离、与公共交通设施的接近程度等比较突出。对于这些与交通条件有关的因素，在居住选址时往往会抽象成一两个变量，并常用可达性来进行描述。

居住选址影响因素排序   表6-4

居民选址影响因素	排　序	居民选址影响因素	排　序
房价	3.663	社区内的邻里组成（社区等级）	2.632
通勤出行（上班）时间	3.277	社区设施/娱乐设施	2.621
犯罪率	3.246	公共交通的可达性	2.571
良好的社区环境	3.166	风景	2.494
上学出行时间	3.145	与亲友的距离	2.406
与主要高速公路的接近度	3.095	当地公立学校的质量	2.243
噪声	2.991	与当地公立学校的距离	2.218
购物距离/时间	2.645		

五、交通条件与城市区位变化的关系

城市除了居住，还包括工业、商业和其他各种服务业，这些经济及社会活动的区位显然也与交通有关。巴顿曾用一个简单的图示模型把多位学者的研究成果结合在一起，演示了发达国家交通条件与城市区位变化的关系。如图6-14所示，横轴代表不同地点与城市中心的距离，纵轴代表城市土地的租金价值；对城市土地的使用者则假设只有三个群体，即商业、穷人和富人。其中商业主要用来开办商场，穷人和富人则主要是解决住房问题。图中的三条直线分别代表商业竞租线、穷人竞租线和富人竞租线，竞租线表示各群体能够承担的土地租金的范围或程度，竞租线的斜率与交通成本有一定关系，交通成本越低，竞租线越平缓，表示人们可以接受更远的位置和地点。模型中的穷人只能依靠公共交通，而富人则主要使用私人小汽车。

如图6-15所示，一条粗折线把三条竞租线相交以后形成的相对最高竞价水平结合到一起，该折线被称为最高竞价线，而两条相邻直线相交位置所决定的距市中心距离，也成为城市不同区位的分界点。如果让横轴以纵轴为中心旋转360°，就可以形成一个分为中心商业区、穷人居住区和富人居住区的城市区位分布平面。可以看出，商业竞租线可以承担得起市中心商业区的最高地租，富人由于有小汽车，因此可以居住在距离市中心较远、环境条件较好的郊区；而穷人由于所依靠的公共交通服务范围有限，因此只好居住在市中心附近，这里居住环境较差，属于在一些西方国家可以看到的城市贫民区。

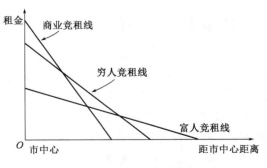

图6-14　城市用地中不同群体的竞租线

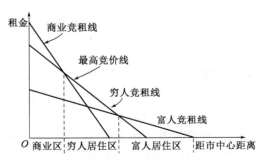

图6-15　由最高竞价线决定的城市用地划分

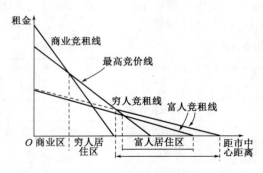

图 6-16　小汽车使用条件改善引起的变化

如图 6-16 所示，当小汽车的使用条件改善，如修建了更多市郊道路，则富人竞租线变得更平缓，其右端点向右延伸得更远；而这引起这个群体的居住区范围变得更大，特别是他们可以住到距离市中心更远的地方去，城市范围在这个过程中也变得更大。

如图 6-17 所示为公共交通得到改善时的情况。穷人因为公共交通改善，因此竞租线上移，居住区也因此扩大，特别是可以住到一些过去只是有小汽车的富人才能居住的地方。但在一些西方国家，由于一部分富人不愿意和穷人居住在一起，因此一旦地铁等公共交通把收入水平较低的新居民吸引过来，他们就会搬到更远的地方去住，这成为西方国家与交通条件有关的一种社会现象或社会问题。

如图 6-18 所示，由于大城市交通问题日趋严重，导致政府开始对市中心实施交通管制而引起的变化。这种情况对商业的影响最大，其竞租线甚至因此而变成了一条折线：因为市中心的车辆通行和停放在一定程度上受到限制，因此商业在市中心的竞租线变陡，表示竞价能力下降；而在市中心以外的一些地区，商业竞租线却由于交通相对方便而上升到很有利的位置。于是中心商业区变小了，原来集中在市中心的商业现在逐渐在城区四周开辟了一些新的大型商业区，这也正是近些年在西方国家比较普遍出现的一种趋势。

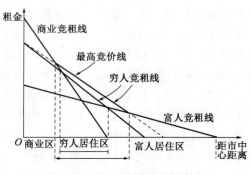

图 6-17　公共交通改善引起的变化

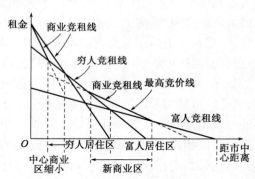

图 6-18　市中心交通受到管制产生的影响

6.4　交通与土地利用和土地价值

区域的可达性对于该区域的土地价值具有重要影响作用。当前的土地利用情况决定着近期的出行行为和区域的机动性，并且会对交通投资决策产生影响。远期交通规划的效益很大程度上受益于远期的土地利用规划，而这一规划又受到近期（和更远期）的交通系统变化的影响。许多理论试图描述土地价值与可达性的相互关系。按照住宅区位选择理论，通勤成本较低的家庭可以给住房分配更多的预算，从而抬高房价。基于竞标地租曲线，当通勤成本下降，城市中心的租金将会因区位优势相对减少而减少。因此，消费者将会利用通勤成本的降低增加通勤距离,同时也扩大了城市的边界。当通勤成本上升时,理论预测结果相反:家庭将通过住的离市中心近些来减少出行,从而抬高地价。当将新的交通基础设施引入路网后,新设施服务的地方具有较低的出行时间或出行成本,进而增加这些地方的相对可达性。新交通基础设施服务的这些家庭和商家将享受到土地价值的上涨。下面重点分析轨道交通和公路对沿线土地利用的作用及影响。

一、城市轨道交通对沿线土地利用的作用分析

城市轨道交通由于其大容量、方便快捷、安全舒适、节能环保等特点,能够明显地改善周边物业的可达性和居民出行的便捷性、改变土地利用性质、提高土地开发强度、促进社会经济繁荣与发展,从而促进周边房地产价值的上涨。

1. 轨道交通对土地使用性质的影响

(1) 步行合理区范围的影响

轨道交通的开通,对车站周围地区的用地性质将会产生很大的影响,在步行合理区范围内尤其明显。一般来说,在轨道交通步行紧密区内多布置大型公共建筑,尤其是商业、金融业、旅馆业、综合办公楼等,因为只有它们才能支付较高的地租,其服务半径在200m左右。如上海徐家汇商业中心的崛起与地铁线路的开通直接相关。在轨道交通的步行合理区内,就业岗位相对来说要少一些,而是以居住用地为主,其服务半径在500m左右。在步行交通合理区的外围,一般布置大专院校、城市公园、工业用地等,形成轨道交通站点之间的次紧密联系区,如图6-19所示。

(2) 对郊区发展的影响

城市轨道交通的建设和营运,会带动城市向郊区扩展,从而使城市原有的规模得到扩大,进而导致城市中心的变迁和原有格局的改变。20世纪60年代,在工业发达国家,随着郊区各种设施与功能进一步完善,产生了郊区城市化、城市中心衰退和停滞现象,城市中心区人口也呈下降趋势。出现这些现象的主要原因是,经济发展使得出现了大容量快速运输系统,使得职工和学生在1h内在50km半径内从事业务、通勤、通学成为可能。在这种形势下,国外一些大城市把重点放在郊区,使郊区成为城市发展的基地,并为进一步疏散城市人口和产业创造条件。

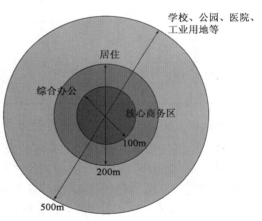

图6-19 土地使用功能概念示意图

因此,采取和利用税收、地价、社会福利等手段,鼓励人口和产业向外迁移,推动郊区发展中心城镇,高度集中型城市向多中心城市转化。

东京是一个典型的例子,东京都(2160km²)白天人口1389万人,夜间人口1162万人,每天通勤通学226万人。东京都市圈的规模伴随轨道交通向郊外延伸而不断扩大,1900年东京各地开始修建连接都市与周边地区的轨道交通;1904年中央线的饭田町至中野段开始运营;1919年轨道交通将上野、新宿、品川、东京、中野连接起来,并在东京站与中央线相接,城市圈得到了极大的发展。与此同时,在当时的山手环线与东京市郊之间开始修建私铁。这些私铁将城市中心与郊区紧密联系,整个城市圈不断向外扩展。这样,随着轨道交通路网的形成,城

市圈逐渐扩大。

随着城市轨道交通的建设,为人们提供快速进入市中心的交通工具,从而能使居住区、商业区、工业区在地域上分开,使居住地疏散出市中心。这样,住宅和商业等设施更容易向城市轨道交通沿线影响区域范围内高度聚集,从而导致城市轨道交通周边住宅和商业等设施的用地需求量增加。因此,城市轨道交通区域土地的使用类型,也将按照市场规律发生变化,不仅可以强化市中心的金融、贸易、服务业等功能,而且也将为城市新城的形成提供有力的交通支持。土地使用性质的这些变化无不提高其开发利用的价值。

(3) 大运量轨道交通的经济受益者

此外,轨道交通作为大城市公共交通的主导方式,应该适应我国目前大多数人的消费。只有为大多数人服务的交通工具或手段才是城市空间向外拓展的主要动力。如表6-5所示说明了大运量轨道交通的经济受益者是以原公共交通乘客为主。

大运量轨道交通的经济受益者和效益　　　　表6-5

大运量轨道交通的效益		百分比(%)	大运量轨道交通的受益者	百分比(%)
节约乘客时间		70	小汽车及其使用者	18
			其中:继续乘用小汽车者	16
			转乘轨道公交者	2
舒适/方便		8	公共交通乘客	67
			其中:继续乘用公共交通者	29
			转乘轨道交通者	38
增加乘客		8	增加的新乘客	8
经营(驾驶)者	小汽车	7	轨道交通经营者	3
	公交	2	公共交通经营者	6
其他		5	其他	-2
总计		100	总计	100

2. 轨道交通对土地使用强度的影响

轨道交通能带来其合理区高密度的发展,这点已被越来越多的人所认识和接受。国外许多研究表明:土地使用强度与交通方式选择密切相关。澳大利亚学者对世界上32个主要城市进行调查之后发现,当土地使用密度低于40人/公顷时,依赖小汽车交通的可能性很大,而当密度达到60~100人/公顷时,公共交通使用机会将大大增加。另一个对旧金山所做的研究报告认为,土地使用强度每增加10%,估计总行车里程降低7%~8%,这一结论与有关研究结果是吻合的。另有研究认为,当居住密度为每英亩7个居住单位时,公共交通乘坐率会有所增加,当居住密度超过每英亩70个居住单位时,公共交通的乘坐率会明显增加。也有研究认为,容积率0.5~2.0是一个门槛,在这种情况下,能产生足够多的出行来满足高速公路的需要,但不能保证轨道交通更有效率。

轨道交通有快速和准时的特点,所以轨道交通能极大地改善其交通合理区的可达性,从而促成城市土地的高密度使用。借鉴国际通常的经验,在地铁车站半径200m范围内为高强度开发(容积率≥2.5),200~500m范围内为中高强度开发(容积率1.0~2.5),500m以外为低强度开发(容积率≤1.0),如图6-20所示为土地开发强度概念示意图。

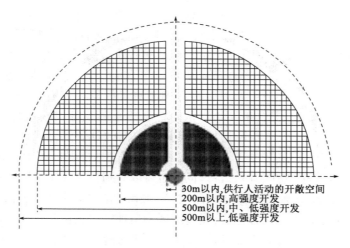

图 6-20　土地开发强度概念示意图

加拿大的多伦多市因沿轨道交通进行高密度开发而著称于世。在 1970 年多伦多市已预见到要制定土地使用规划和土地区划,使之和要求高密度开发的公共交通系统的建设配套,事后证明这个做法有助于该系统的成功。如在我国香港和新加坡,城市的行政管理机构制定土地利用及交通规划,并采取了一项建造高密度公共住房及在地铁站附近进行商业开发的政策,以扩大地铁的吸引范围,这种开发的效果几乎是立竿见影的。这种开发需要公共机构在土地拥有、住房建设、基础设施提供、对地铁站及火车站的开发等几方面通力合作。

3. 轨道交通对地区活力的影响

轨道交通的活力和地区经济的活力是相辅相成的,一方面由于轨道交通的建设能带来地区经济活力的增强,另一方面,地区经济活力的增强能增加轨道交通乘客的数量。

以北京地铁建设为例。1969 年 7 月 1 日,北京地铁一期工程北京站至苹果园站全程 23.6km 的地铁建成通车,这条地铁线一半以上是建在当时还是一片田野的西郊。当时仅有首都钢厂、锅炉厂两家大型重工企业。自从地铁建成之后,不断地兴建住宅小区、商业办公设施、体育场、公园和游乐场,尤其是石景山地区高楼林立,其中有百余家旅馆和饭店拔地而起。这样,北京西区的发展势头明显优于东区。鉴于此,北京又开始修建复八线,以增强东区的活力。

又如伦敦码头区位于伦敦金融中心附近,在泰晤士河两岸,占地 $2km^2$。50 多年前这一地区是英国最大的通商码头,在 1981 年却不得不全部关闭。为重新创建一个工作与生活相平衡的社区,当局成立了伦敦码头区开发公司(LDDC),它十分强调优先发展公共交通,增设了多条公共汽车线路,一条地下铁道线,开辟了英国第一条轻轨线,扩建了区内的民用机场,形成良好的公交网络和换乘系统,大大增强了码头区的可达性。加上其他综合开发的手段,在过去十年中,吸引了众多商业投资,共发展 3140 万 m^2 工商业楼房,就业岗位由 27000 人增至 53000 人,社区活力大大增强,成为一个交通设施与旧区改建互相促进的成功范例。

4. 轨道交通和房地产价格

轨道交通对地区活力的影响,主要表现在促使该地区吸引力的增强,其外在表现为地价上升,如图 6-21 所示。轨道交通合理区内地价分布的一般特征是:可以认为轨道交通沿线各个站点的步行合理区具有近似等价性。轨道交通的最大特点是快速、准时,使人们可以掌握出行

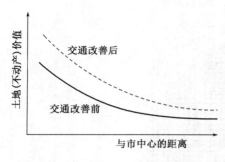

图6-21 轨道交通对土地(不动产)价值的影响

主动权。尽管小汽车能达到比轨道交通方式更快的速度,但它很难做到准时,愈是在城市中心区,交通阻塞愈严重。因此只有轨道交通才能真正地改变时空,改变城市用地布局的不等价性。在完全理想的状态下,即在快速、不考虑车费等因素并仅有轨道交通服务的情况下,可以认为轨道交通沿线各线站点的土地价值具有趋同性,并且是向较高的地价趋近,即区位可达性是趋向于一致的,利用轨道交通能保持整个城市空间形态的整体性。同时也可以看到轨道交通比道路建设能带来更高的土地使用价值,因为轨道交通一般都能伸入市中心,城市中心区高土地附加值同样可以向城市周边地区扩散。如上海地铁3号线开通后,周边地区的房地产价格由过去的1800~2500元/m^2上升到3000~4500元/m^2;广州市地铁一期通车后,沿线房地产涨幅也在100%~150%。

轨道交通的快速发展,无疑将改变人们对地域价值的观念,某种程度上也可以说轨道交通会较大幅度地改写城市房地产市场的格局。传统的所谓"地段"概念今后将会随着轨道交通的延伸而得到极大的改观,距离远近的心理概念将由自然的空间距离转变为搭乘轨道交通的时间距离与方便程度。

城市轨道交通线路作为交通走廊,反映城市活动的空间扩散。土地价格可以反映这种活动的强弱以及土地需求与供给的平衡点。根据区位理论和地租理论,土地相对位置不同会产生不同的地租,而到达不同区位的时间成本和经济成本的不同即可达性不同也会产生不同的地租。城市交通和土地使用间联系的本质就在于运输成本与地点租金或土地价值间的互补。

二、公路交通对区域经济的作用分析

公路交通建设对区域经济发展的影响迅速、深刻又长远,也非常典型。具体而言,公路交通对区域经济发展的影响主要表现在以下几个方面:

1. 土地利用与升值

经济学的稀缺性规律说明,在一个国家、区域的一定的历史发展阶段及经济技术水平下,人类可以利用的土地资源数量是有限的。土地作为一种特殊商品,有价值和使用价值。一般情况下,土地的价格是由它的使用价值来确定的,土地价格围绕着价值上下波动。土地使用价值由于其自然属性和社会属性的不同因而在价格上反映出很大差距,这一点尤其在城市或公路两侧一定区域内得到更加明显的体现。从经济学角度而言,级差地租理论表明距离城市越近的土地地租越高,其使用价值越大。从自然角度而言,土地是不可移动的。但是如果从社会经济角度评价时,土地是可以"移动"的,即由于与社会经济客体相对位置改变而产生相对意义上的空间位移。公路交通的修建,使一块土地由远离交通线、枢纽线、空间可达性差而变得交通便利,空间可达性大大增加,新城市、工厂的建立,使附近土地产生空间位移,从而导致土地使用价值的大幅度提高。

2. 产业结构调整

所谓产业结构,是指经济结构中各产业比例关系。世界各国经济发展过程都证明:在国家或区域经济发展过程中,产业结构总是处于动态演变之中,虽然不同国家和地区的产业特点和产业组成各不相同,但产业结构演变都遵循着普遍的规律,即随着经济的发展和人均国民收入的提高,劳动力将逐渐由第一产业向第二产业随后向第三产业转移,使得产业结构不断向高的层次调整。也就是说,随着公路交通运输设施的大量投入,促使区域的空间距离开始收缩,同时促使其时间距离缩短,这样就使得区域资源得到优化,生产力发展和产品自由流动加强,原先相对不合理的产业结构逐步得到优化,产业结构越来越趋于合理化,区域内资源的配置更加有效,在此基础上,区域不同产业之间的相互作用变得更加明显,区域经济的发展得到极大的提高;从国民经济各产业部门对生产要素的需要程度或密集程度而言,劳动密集型产业逐步向资金、技术密集型产业发展。公路交通运输的发展,使运输时间和运输距离缩短,并且能使资源不断地流向高附加值的地区,比如:英国苏格兰电子工业中心、美国加利福尼亚硅谷高技术产业带等就是在相关高速公路建设完成并投入使用之后,其沿线地带以及其辐射地区高速发展起来的高新技术产业带。技术密集型产业的规模和水平反映了一个国家科学技术水平和社会经济现代化程度,代表了一个国家和区域的经济实力。

3. 经济空间结构合理化

所谓经济空间结构是指社会经济客体在空间中相互作用所形成的空间集聚程度和集聚形态。这里所说的"空间"概念不等于物理学中的"绝对空间"和几何学中静止的"纯空间"。从区域经济学角度而言,它包括多种类型的经济客体,如农业、工业、城镇居民点、公路和通信设施、文化及商业供应设施等。在这个"空间"中不断发生着商品生产,原料和成品的运输,信息的传送,商品销售等。其中每一种客体及其相互间产生的运动现象,都会形成一种空间势态,它们在整体中的结合关系便产生一种多重空间。区域经济发展的重要指示器即是区域经济的空间结构,区域经济发展状态是否健康,与外部的关系及内部各部分的组织是否有序相关,分析区域经济的空间结构可以从一个重要方面给出确定的评判标准。在空间结构的各经济客体中,公路及通信设施担负着整个空间产品的运输交流与信息交流,对区域经济空间结构的合理运动起着润滑和枢纽作用,如果缺乏强有力的公路及其他基础设施,区域的经济空间就无法进行运转,其他多种类型的经济客体就不能正常实现其功能,区域经济就不能发展。

公路对区域经济空间的促进作用一般表现为当其与社会经济客体达到最佳空间吻合时,就能最大限度地发挥公路基础设施的区域经济组织作用,促进区域经济的发展。一般而言,当两城市间修建某条公路时,在公路两个端点的城市,由于公路交通促进物资交流的原因,必然加快城市经济空间内以城市为中心的迅速发展,即"点—圈"经济空间结构模式的产生。同时,在沿线公路的两侧,由于受公路的影响,物资、信息流动速度的加快,必然产生带状的经济发展区域(即所谓公路产业带),产生"点—轴"经济空间结构模式。这两种模式的建立及其运作效果与公路建设的技术等级、城市发展潜力有极其密切的关系,从不同程度上体现了社会经济空间组织的有效形式和合理化发展趋势。

4. 形成交通经济带

公路交通干线的建设往往能够促成或"触发"沿线经济带的形成。可以认为交通干线是区域经济发展和沿线经济带形成的"触发器",其运输能力的大小和线路走向决定了交通经济带在空间上和范围上的分布,是交通经济带形成和演化的前提条件。公路交通在区域经济中发挥作用,最有说服力的典型体现就是在公路交通干线两侧形成交通经济带。重要公路交通干线的建成及以干线为中心的基础设施的建设和完善,使沿线地区的时空可达性全面提高,投资环境得到根本改善,为沿线地区经济发展和向沿线集聚创造了良好的条件,从而使公路交通干线成为沿线地区发展的基点。公路交通干线的建设使沿线经济部门的生产要素能根据市场规律自由地流动,在一些拥有资金、技术或资源优势的"点",逐渐形成具有一定规模的经济中心。在集聚效应的作用下,这些经济中心不断扩大达到一定规模后,对周围地区产生扩散和辐射作用,尤其是向沿线地区扩散。并逐渐产生一批具有特定功能的城镇群,随着经济的发展和规模效益的产生,交通干线附近的增长点连成片,形成沿交通线展开的经济带。

6.5 案例分析

一、可达性与居住选址决策

本案例采用得克萨斯州奥斯汀市首府城市 1074 个交通分区中的 60 个分区,四种类型的土地利用:农村(Rural)、郊区(Suburban)、城区(Urban)和中央商务区(CBD)数据为代表性样本,对城市居民住房选址与交通条件(主要是可达性变化)的关系进行分析。为简单起见,假定农村、郊区、城区和中央商务区的房价分别为 20 万美元、30 万美元、60 万美元和 100 万美元。同样,居住面积也被认为随着密度的增加而下降,分别假定 3000、2500、2000 和 1500 平方英尺。为了更加准确地分析交通条件与居民住房的关系,在评估家庭住宅选择时,首先确定该选择的最重要方面和属性(例如房价、卧室数量、居住面积、年龄、上班时间和休闲时间等)。最终使用房价(Home Price)、居住面积(Home Size)和可达性(AI)三个变量,并采用 NL 模型准确估计居民的住房选择概率(Probability),可达性在综合考虑备选小区与其他所有小区(1074个)间公共交通和小汽车出行情况(包括时间和费用)的基础上构建。

在上述假定下,基准情况下各备选小区的相关参数、可达性和选择概率见表 6-6。

表 6-6 基准情况下居民住址选择概率与可达性

小区类型	小区 ID	房价(万美元)	住房面积(1000 平方英尺)	可达性 AI	选择概率	小区类型	小区 ID	房价(万美元)	住房面积(1000 平方英尺)	可达性 AI	选择概率
1	1	20	3	−0.872	0.0161	1	13	20	3	−0.850	0.0164
1	2	20	3	0.018	0.0284	1	14	20	3	0.777	0.0460
1	3	20	3	−0.098	0.0264	1	15	20	3	−0.566	0.0196
1	4	20	3	0.906	0.0499	1	16	20	3	−0.628	0.0189
1	5	20	3	−0.119	0.0260	1	17	20	3	−0.637	0.0187
1	6	20	3	0.574	0.0404	2	18	30	3	−0.891	0.0056
1	7	20	3	0.279	0.0335	2	19	30	2.5	0.807	0.0164
1	8	20	3	−0.195	0.0248	2	20	30	2.5	0.191	0.0111
1	9	20	3	0.040	0.0288	2	21	30	2.5	0.570	0.0141
1	10	20	3	0.166	0.0312	2	22	30	2.5	0.863	0.0169
1	11	20	3	0.263	0.0332	2	23	30	2.5	0.623	0.0146
1	12	20	3	−0.421	0.0215	2	24	30	2.5	0.883	0.0172

续上表

小区类型	小区ID	房价（万美元）	住房面积（1000平方英尺）	可达性AI	选择概率	小区类型	小区ID	房价（万美元）	住房面积（1000平方英尺）	可达性AI	选择概率
2	25	30	2.5	0.593	0.0143	3	43	60	2	0.985	0.0031
2	26	30	2.5	0.105	0.0105	3	44	60	2	0.716	0.0026
2	27	30	2.5	1.583	0.0268	3	45	60	2	1.237	0.0037
2	28	30	2.5	0.928	0.0177	3	46	60	2	0.678	0.0026
2	29	30	2.5	0.548	0.0139	3	47	60	2	1.215	0.0146
2	30	30	2.5	−0.047	0.0095	3	48	60	2	1.936	0.0230
2	31	30	2.5	1.230	0.0214	3	49	60	2	2.007	0.0060
2	32	30	2.5	0.995	0.0184	3	50	60	2	1.944	0.0058
2	33	30	2.5	0.925	0.0176	3	51	60	2	1.891	0.0056
2	34	30	2.5	0.862	0.0169	3	52	60	2	2.402	0.0077
2	35	30	2.5	1.431	0.0243	3	53	60	2	2.493	0.0082
2	36	30	2.5	0.836	0.0167	3	54	60	2	1.529	0.0044
2	37	30	2.5	1.902	0.0328	3	55	60	2	2.437	0.0079
2	38	30	2.5	0.958	0.0180	3	56	60	2	1.807	0.0053
2	39	30	2.5	−0.092	0.0092	3	57	60	2	1.698	0.0049
2	40	30	2.5	−0.403	0.0076	3	58	60	2	2.444	0.0079
2	41	30	2.5	1.709	0.0290	4	59	100	1.5	2.904	0.0013
3	42	60	2	1.363	0.0040	4	60	100	1.5	2.934	0.0013
小区类型	1			2		小区类型	3			4	
总的选择概率	0.4799			0.4004		总的选择概率	0.1171			0.0026	

计算结果表明，四类区域基于现状而被选择的份额分别为 0.4799、0.4004、0.1171 和 0.0026（农村、郊区、城区和中心商务区），并且选择农村或郊区的可能性随着可达性的增加而增加。例如，农村 4 区和郊区 37 区的可达性（0.906 和 1.902）相对较高，选择这两个区域的概率（0.0499 和 0.0328）也相对较大；但对于城市区域，特别是中心商务区，尽管可达性很高，但被选择的可能很小（如第 60 区的可达性达到 2.934，但是家庭选择该区域的可能性为 0.0013）。这表明改善农村和郊区的可达性对居民选址有很大的影响，而在城区和中心商务区，可达性的改变对其影响较小，居民选址可能更多地考虑了房价或其他因素。

此外，文章还构建了几种情景来研究可达性对居民选址的影响，分别从公交出行时间、费用和小汽车出行时间、费用改变等角度分析了相应的可达性变化情况和选址结果。

（引自：Ma Shuhong，Kockelman M. Kara. *Welfare measures to reflect home location options when transportation system are modified*. the 94th Annual Meeting of the TRB，2015）

二、轨道交通对沿线房地产价格的影响

不像公路投资，轨道交通投资通常只在紧邻轨道走廊尤其是接近站点或车站的地方改变可达性。随着地铁车站的开通，车站附近的居民出行增加，土地价值也相应提升，因此评估轨

道交通投资对土地利用影响的一种传统方法是检测土地价值与离车站距离的变化情况。但是这些价格与距离关系的研究结果并不一致,如下例所示:

(1)1992 年,对距离亚特兰大市快速交通运输局站的(MARTA)新东方线 1.25 英里以内房屋的销售价格的分析发现,这条线对南部中低收入家庭所在社区的房产价值有积极的影响,但对主要由中产阶级家庭和一些富有家庭组成的北部社区的房产价值则产生了消极的影响。其中,南部与轨道线距离较近的地块每 100 英尺增值了大约 1045 美元,而北部靠近轨道线的地块每 100 英尺则跌了 965 美元(Nelson,1992)。

(2)1984 年开通了迈阿密地铁线,计划用这条地铁线来带动萧条地区的经济复苏。Gatzlaff 和 Smith(1993)分析了迈阿密地铁开通前后连续销售的特殊地块的价格,发现这条地铁线对现有高档街区土地升值的促进作用很微弱,对经济衰退街区的土地价值没有显著作用。

(3)1997 年的一项分析表明,北加州湾地区的地铁线路在对于土地价值的影响方面产生了相反的结果。比如,康特拉科斯县很繁华,以县城郊区的普莱森特希尔地铁车站为例,紧挨车站的公寓比距离车站 0.25 英里的公寓每平方英尺的租金多 15 美分。而阿拉米达县经济落后而且犯罪率高,阻止了车站地区经济的发展,其县城北部紧挨里士满地铁站的公寓租金与普莱森特希尔地铁车站几乎相同(Cervero & Landis,1997)。

其中,在亚特兰大的例子中,低收入家庭更可能使用轨道交通并且从轨道交通的服务提升中获益,因此他们的房产价值会上升;高收入家庭不太可能去使用轨道交通。在迈阿密的例子中,由于比较低的地铁乘车人数,因此土地价值没有太大的投资影响。有高上座率而且途经更多车站的线路获得的来自交通投资的收益最大。此外,轨道交通对房地产价值的影响与土地距离车站的距离密切相关。经济持续高速增长的核心地区受到的影响最大,而在经济下滑的地区,仅仅依靠轨道交通投资很难带动经济的发展。

前面三个事例的研究仅仅用距离来衡量轨道交通对附近房地产的影响,Bowes 和 Thlandfeldt(2001)开发了一个价格模型来衡量四个潜在变量的影响:①通勤费用的减少;②零售业对邻域的吸引;③噪声和排放量的增加;④犯罪的潜在增加。使用亚特兰大的房屋销售数据,他们发现距离 MARTA 轨道站 0.25 英里的房子售价比 3 英里以外的房子价格还低 19%,但是距离车站介于 1~3 英里的房子售价则比较高。这些结果表明:

(1)毗邻车站的房地产可能受到外在的诸如噪声和交通的消极影响,但那些处于中间距离的房地产反而会从交通的可达性中获益。

(2)此外,离车站半英里以内的房屋停车场有较高的犯罪率,而距离车站半英里到 3 英里之间的房屋的犯罪率会减小,表明地铁站的存在改变了犯罪的分布。

(3)高收入街区中离车站距离适中的房产增值幅度比低收入街区的大。

(引自:Kockelman,Kara. *The economics of transportation systems*:*a reference for practitioners*. Create Space,2013)

思考与练习

1. 简述机动性与可达性之间的区别和联系。

2. 简述可达性测算中重力模型法的优缺点及其适用性。
3. 简述商业区位选择的影响因素。
4. 试分析公共交通改善会使城市用地中不同群体的竞租线发生什么变化。
5. 试分析运输成本的变化对厂商规模经济的影响。
6. 举例说明商业区、居民住宅区与交通条件变化之间的关系。
7. 简述可达性、交通与土地利用的关系。
8. 居住区位选择的影响因素有哪些？试分析城市居民住房选择与交通条件的关系。
9. 试分析轨道交通的发展交通对沿线土地利用的影响。
10. 举例分析你所在城市轨道交通线路的开通对于沿线房价的影响。

第7章
交通运输项目投融资

　　一个功能完善、高效有序的交通运输系统主要取决于交通基础设施的容量和状态,而足够的资金是确保其能够实现的前提。投资交通基础设施可以带来更多的就业岗位,同时为区域经济发展带来活力,促进 GDP 总量和人均收入的增加等。一般认为,交通基础设施投资的影响和作用主要总结为四个方面:

　　(1)对交通系统用户(使用者)的影响:主要影响出行费用、安全性、出行时间、舒适性和可靠性等。

　　(2)在经济发展方面的影响:对就业、个人收入、土地或其他财产价值、商品销售收入、商业利润等产生有利影响,如增加地区就业人员数量、提高工资水平、改善生活质量等。

　　(3)对政府财政的影响:会对政府公共收入和支出产生影响。

　　(4)其他社会影响:会对一些社会指标等产生影响,如空气质量、环境状况、社会公平性等。

　　测算交通运输投资经济影响的方式之一就是计算投资乘数。投资乘数一般用来衡量交通运输项目建设对经济发展所带来的直接和间接影响,即由于交通运输业投资所引起的最终 GDP 的增加倍数。美国学者 Wersbrod(1997)发布声明,认为主要交通运输项目在国家范围内的投资乘数为 2.5~3.5,而在州和地方政府层面则为 2.0~2.5 和 1.5~2.0。美国交通运输部也认为,每 10 亿美元的交通基础设施项目投资将产生 42000 个工作岗位,并将产生超过 20

亿美元的经济活动。国内学者也进行过交通运输项目投资乘数的测算，如王元庆、张志敏等测算京石高速公路项目的投资乘数大约为 1.92，若考虑公路建筑业本身带来的经济增长，则其投资乘数约为 2.91。

综上所述，交通基础设施投融资是项目开展的必备前提，贯穿项目的建设、运营、管理和维护各阶段，尤其对于非营利性基础设施和营利性基础设施未有现金流流入的这段时期内，投融资资金能否到位，直接关乎项目建设能否顺利完成。因此，合理对项目进行投融资规划是至关重要的。

7.1 交通运输项目投融资概述

一、交通运输项目分类

对交通运输项目进行科学、合理的分类是研究不同类型项目投资政策的重要前提和基础。基础设施项目分类理论主要有公共物品生产理论、基础设施项目分类理论、基础设施可销售性评估理论等。

1. 公共物品生产理论

公共物品是一种供人们共同消费的产品，具有非竞争性和非排他性两个重要特征。所谓的非竞争性，是指消费者的增加不会引起成本的增加，即该物品提供给额外一个消费者的社会边际成本为零；所谓的非排他性，是指不能把他人排除在物品的消费之外，即某个消费者对该产品的消费不能排斥其他消费者的消费，但某些公共物品如拥挤的道路，就可以采取收费方式阻止不付费的使用者通过，但这种排斥的成本会很高。因此，非竞争性是公共物品最本质的特性，特征表明它是一种供人们共同消费的物品，排斥他人消费是不合理且无效的，也是不可行的，即使在技术上可行，但代价太高，在经济上亦不可行。

以消费中的竞争性和排他性为标准，基础设施可以划分为三类，即纯公共物品、准公共物品和私人物品。

纯公共物品的产品或服务表现为明显的非竞争性和非排他性特点，它是为整体意义上的社会成员生产的，任何人都可以利用它满足需求，而不影响他人的利益。根据公共财政原理，纯公共物品由政府提供，资金由财政筹措。

私人物品既是排他性的又是竞争性的，是个别主体使用和消费的产品和服务，能够在消费者之间分割，基本特征是单独消费，不具备外溢性。根据市场经济法则，此类产品应通过市场引导，由追求利润最大化的企业自主生产。

准公共物品是介于纯公共物品和私人物品之间，基本特征是单独消费，具有外溢性，不完全的非竞争性和非排他性。一方面能使使用者单独享受利益，可在使用者之间划分所得到的利益；另一方面，在供应上能实施排他原则，将不付款消费者排除在外。

根据公共物品生产理论，交通基础设施项目分类如表 7-1 所示。

2. 基础设施项目分类理论

根据产品能否进入市场，能否以盈利为目的、以市场交换的方式获得投资回报，即能否进行市场销售,将项目区分为经营性、准经营性和非经营性项目。交通基础设施项目可以根据项目区分理论,以经济学的产品和服务的分类理论为基础,采取不同的投资模式。

按交通基础设施的竞争性和排他性为标准的分类　　　　表 7-1

序号	分类	项目属性	公共项目实例	投资主体
1	纯公共物品	明显的非竞争性和非排他性	城市道路、农村道路	政府
2	准公共物品	不完全的非竞争性和非排他性	铁路、机场、收费公路	政府、社会资本
3	私人物品	消费的竞争性和排他性	私人机场、码头	社会资本

经营性项目,是指有收费机制、有资金流入的项目。但这类项目又以其有无收益或利润分为纯经营性项目和准经营性项目。纯经营性项目(营利性项目),可通过市场进行有效配置,其动机与目的是利润最大化,其投资形成价值增值过程,可通过全社会资金实现,如高速公路、收费桥梁等。投资主体可以是民营企业、外资企业等,其融资、建设、管理及运营均由投资方自行决策,权益也归投资方。

准经营性项目,是指有收费机制和资金流入,具有潜在的利润,但因政策或收费价格没有到位等因素,无法收回成本的项目,附带部分公益性,这是市场失效或低效的部分,经济效益前景不明确,仅依靠市场机制难以获取足够的资金,需通过政府直接或间接补贴的方式维持项目营运。但此类项目可通过价格等条件的逐步完善而转变成纯经营性项目,如地铁、轻轨、收费不到位的公路等。

非经营性项目,指无收费机制、无资金流入的项目,如敞开式的城市道路、农村公路等。投资主体由政府承担,按政府投资运作模式进行,资金来源以政府财政投入为主,并配以固定的税种或费种保障,权益归政府所有。

根据基础设施项目分类理论,交通基础设施分类如表 7-2 所示。

按交通基础设施的项目区分性质分类　　　　表 7-2

序号	分类	项目属性	公共项目实例	投资主体
1	经营性基础设施	有收费机制、有资金来源	收费高速公路、桥梁等	社会资本
2	准经营性基础设施	有收费机制、有资金来源	铁路、地铁、收费不到位的公路	政府、社会资本
3	非经营性基础设施	无收费机制、无资金来源	城市道路、农村道路	政府

3. 基础设施可销售性评估理论

可销售性,是指产品或服务能够进入市场进行买卖的潜力和可能性。基础设施的可销售性是指基础设施能够由私人部门通过市场机制提供的可能性,根据可销售性的大小决定提供基础设施服务的体制,可销售性强的可由私人部门通过市场机制进行市场化运营,可销售性弱的由政府提供。

基础设施的可销售性评估方法是凯斯德(Christine Kessides)教授首先在《基础设施提供的制度选择》中提出的。基础设施的可销售性评估从四个方面进行考察:①产品的内在性质从竞争性和排他性两个角度考察。竞争性和排他性越高,项目的可销售性就越高。②生产的技术特征从自然垄断、沉淀成本、协调要求三个角度考察。其中,自然垄断表明单个厂商比多个厂商生产的单位成本要低;若资本不能从其他用途得到补偿,则会产生沉淀成本;基础设施在投资计划、技术操作和设备运行标准的制定方面要统一协调。③外部效应和社会政治目标。

其中外部效应为正,则社会效益大于个人利益,反之亦然。④需求的性质和特点。主要从是否存在替代的产品和服务、需求价格弹性的高低、消费者对产品信息的了解、需求的即时格局和消费者需求的多样性等方面考察。按照类似的方法,世界银行在《1994年世界发展报告》中选取竞争潜力、货物和服务的特征、以使用费弥补成本的潜力、公共服务义务和环境的外部性因素指标,对不同类型的城市交通基础设施给出可销售性综合评估值,并进行评价。可销售性从1(最不易销售)到3(最易销售)计分,可销售性指数为选取指标的加权平均值。如表7-3所示为交通基础设施按照可销售性评估理论分类。

交通基础设施按照可销售性评估理论分类　　　表7-3

设　施	竞争潜力	货物与服务特征	使用费补偿成本的潜力	公共服务义务(权益问题)	环境外部因素	可销售性指数
路基与车站	低	会员	高	中	中	2.0
铁路运输	高	私人	高	中	中	2.6
城市公交	高	私人	高	很多	中	2.4
有轨交通	低	私人	中	中	中	2.4
城市道路	低	公有财产	中	极少	低	1.8
港口与机场设施	低	会员	高	极少	高	2.0
港口与机场服务	高	私人	高	极少	高	2.6

4. 交通基础设施分类

根据交通基础设施项目在综合运输网络中的功能和服务性质,可进行的经营条件和营利预期,将其分类为公益性、准公益性、经营性项目。

公益类项目:为满足基本的交通需求,无收入现金流(如普通公路、航道等)或收入现金流很小,远不足以支付投资和经营的成本的项目(如国防铁路、扶贫开发铁路、边远地区支线机场等),体现的是完全的社会效益,属于纯公共物品,其产品或服务表现为明显的非竞争性和非排他性特点,可销售性较低。

准公益类项目:为提供交通公共服务,在技术特性和成本代价上具备经营条件(如高等级公路),但预期的收入不足以支持收回全部投资或投资回报率太低的项目,体现的是社会效益和经济效益的结合,属于准公共物品,具有外溢性,不完全的非竞争性和非排他性,可销售性一般。

经营类项目:为提供交通公共服务,具备经营条件且预期收入可以支持获得投资回报的项目,以及满足高层次交通运输需求和私人交通服务的需求的项目(如商务机飞行、游艇码头等),属于私人物品,具有竞争性和排他性,可销售性较高。

二、投资主体与融资渠道

1. 投资主体

投资主体是指从事投资活动,具有一定的资金来源,拥有投资决策权的决策主体、承担政治、法律、社会道德等风险的责任主体和享受收益权的利益主体,即享有投资权益的权、责、利三权统一体。不同的投资主体的投资动机、投资激励和约束因素不尽相同,筹资和运作投资要素的方式及各种主客观条件也不尽相同。我国在经济体制改革以前,投资基本上属于国家。

随着经济体制改革的不断深化,不同的投资主体承担不同的投资任务,采取不同的投资方式,既是独立又是相互联系的,由此投资主体呈多元化发展趋势。主要投资主体有:

(1)政府作为投资主体

各级政府(包括中央政府和地方政府)仍然是当前交通基础设施最主要的投资主体。

中央政府的投资动机从根本上讲是为了实现其政治、经济、文化等各方面的统治职能,投资更多地考虑维护政治秩序和社会秩序,促进经济增长,实现社会公平,体现国家的长远发展利益。投资方向上主要是依据国民经济和社会发展计划安排,投资重点一般为公用事业、基础设施、基础工业、大型骨干企业和国防、航天、高新技术等战略产业的投资。资金来源上主要由国家财力安排,更多地追求较好的社会效益、宏观效益和长期效益。

地方政府的投资则更多地考虑维护本地区的经济利益和社会利益,促进本区域经济增长和社会发展,体现本地区的发展利益。投资方向上主要是根据地方国民经济和社会发展计划安排,投资重点一般为区域性公用事业、基础设施、教育、卫生和社会福利等。资金来源主要依靠地方财力。

当前社会主义市场经济条件下,政府投资主体仍然起主导作用,但存在以下问题:一是政府所有者主体缺失,国有资产运营呈现多元分散格局,各部门协调配合性差,没有责任主体对国有资产的投资效益负责。二是缺乏对政府投资行为的约束机制,以致放松甚至忽视政府自身投资行为的监管。

(2)公有企业作为投资主体

公有企业,是指企业的资产所有权属于国家或集体,而不属于任何个人,也不属于个人所有权任何形式的集合,通常国有制企业和集体所有制企业被看成公有制企业。在我国目前的经济转轨过程中,我国的公有企业主要是国有企业,包括国有独资企业、国有控股或参股企业。

国有企业投资以利润为导向,投资动机在于追求项目本身的利润,尤其是近期直接经济效益,而不太关注项目的社会效益、宏观效益和长远效益。投资激励来自预付资本预期收益最大化的投资目标,投资受到自身财力和未来市场容量因素的影响,资金来源以财政资金为资本,在特定的领域和行业按照企业原则进行经营。

目前我国国有企业仍不是真正独立的投资主体,主体地位不明确,缺乏有效的约束和激励。存在的问题有:一是投资缺乏风险约束,许多企业敢于不计成本,大量借款搞投资,投资效益受到忽视;二是投资动机不纯,并非完全从实际需求出发,而是隐含扩大规模等多种错综复杂的目的。

(3)混合所有制企业作为投资主体

混合所有制企业,是指由公有资本(国有资本和集体资本)与非公有制资本(民营资本和外国资本)共同参股组建,即由国家授权的投资机构或部门与私营部门共同投资而成的新型企业形式。

混合所有制企业自主经营,按照市场规律进行投资和运营的自主性更强,追求利润的目标性也更突出,但承担社会性义务的意愿和能力相对较弱。与私营企业比较,其有更强大的资金实力;而与国有独资企业相比,其在经营机制上更显灵活。

(4)私营企业作为投资主体

私营企业,是指由私人独资或私人集资而投资设立的企业,以利润最大化为企业存在和发展的目标。

由于私营企业追求利润最大化的性质,其很少主动进入非经营性基础设施领域。但随着投融资体制改革的深入,其进入可经营性交通基础设施的愿望不断加强,并可以将先进高效的管理理念带入基础设施领域,必将在所有权和经营权上实现对基础设施建设的更大规模和更深层次的参与。

(5) 个人作为投资主体

个人成为投资主体通常是通过间接投资的方式,即通过资本市场使其私有资本进入基础设施投资中,如通过购买债券、股票、基金等。

(6) 专业机构投资

专业投资机构,指专门通过投资金融产品或进行产业投资获取收益的机构。其将社会各部门的资金集合在一起,资金雄厚,并按照一定的投资策略由专业从业人员进行投资,但经营的主要对象是资本而非资产。在我国,专业投资机构目前主要包括商业银行、各类型投资基金和专业投资公司。

(7) 外国投资主体

外国投资主体,指外国政府、金融机构、企业和个人对我国进行的直接投资(包括外商独资、合资和合作经营等)和间接投资(购买债券、基金等)等。

2. 融资渠道

总体来看,基础设施融资渠道主要包括财政融资和市场化融资两大类。

(1) 财政融资

财政融资渠道的资金来源包括各级政府预算内收入、预算外收入、政府间转移和其他收入。

预算内收入:主要来源是本级财政的各种税收收入、国有企业收入、债务收入以及部分纳入预算管理的非税收收入。

预算外收入:主要来源是地方财政部门预算外收入以及行政事业单位经营的各项预算外资金。

政府间转移支付:主要指中央政府对地方政府的补助、各类专项拨款、税收返还、中央增量规范转移支付部分等。其中最常见的是国家预算内投资,即国家发展和改革委员会等中央部委安排的中央财政预算内基本建设资金。

财政资金是交通基础设施最基本的融资渠道,但相对于融资需要而言,财政融资渠道的资金筹措能力依然无法解决基础设施建设中巨大的资金缺口问题,而且融资渠道的稳定性受制于国家财税体制的变化。

(2) 市场融资

市场融资,广义上来说,除了财政融资和投资者自有的资金外,任何通过市场方式获得资金的渠道都是市场融资渠道。

① 直接融资

根据国家相关法律和各种运输方式基础设施不同的经营特征,社会资本直接投资建设交通基础设施的主要方式有:企业独资或联合投资(BOO、BOT 等方式)、政府与企业或私人资本共同投资(PPP 等方式)、企业或民间资本参与政府投资为主的项目、企业或民间资本投资由政府(对预期盈利能力低的项目)提供投资补助或一定比例资本金以及贷款贴息、BT 投资模式等。

②权益性融资

吸引社会投资者以权益性方式投资的交通基础设施方式包括发行股票、股权转让、设立产业投资基金等。

③经营权转让方式的投资渠道建设

以符合国家相关法律、规范的交通项目资产经营权转让的方式,吸引企业、上市公司以及其他合格经营人出资受让经营权,政府将提前收回的资金再用于其他项目的建设发展。重点加强经营权转让的相关法规和具体操作办法建设,既要便于操作,又要公平、公正和防止国有资产流失。

④债权性融资

债权性投资,是指为取得债券所做的投资,如购买铁路建设债券、地方政府债券、企业(或公司)债券等。其中,债券投资计划已成为保险等机构投资者投资基础设施的一种重要方式。债券投资计划是指保险资产管理公司等专业管理机构作为受托人,根据保监会2006年发布的《保险资金间接投资基础设施项目试点管理办法》和2012年发布的《基础设施债券投资计划管理暂行规定》,面向委托人发行受益凭证,筹集的资金以债权方式投资基础设施项目,按照约定支付预期收益并兑付本金的金融产品。

⑤资产证券化融资

交通企业可以将既有的或新投资项目的相关资产和收益通过资产证券化设计成为相应的证券化产品,提供给信托资金、理财资金以及个人投资者购买。企业则可将筹集的资金用于交通项目的建设。目前主要是标准化产品的设计问题以及交通基础设施项目资产的收益率普遍较低。

(3)利用外资

利用国外资本,一方面,某些国际金融组织本身以帮助发展中国家完善基础设施摆脱贫困为宗旨,另有一些政府间贷款是出于国际政治的需要;另一方面,是由于发达国家本国市场规模的限制,积极寻求世界上其他大量资本获利的机会。利用外资,从形式上讲是归于市场融资的范畴,渠道主要包括外商投资(主要是外商直接投资FDI)、利用国外贷款(外国政府贷款、国际金融组织贷款和国际商业贷款)和国外资本市场(国外股票和债券市场)等方式。引入外资,不仅可以弥补国内建设资金的短缺,更有利于引进先进的技术和管理方法,提高交通基础设施建设和管理的水平。

三、常见的交通运输项目融资模式

除国家财政融资、信托融资、证券融资、国内银行贷款等方式外,目前在中国具备可行性且比较流行的项目融资模式包括以下几种:

1. BOT模式

BOT即建设(Build)-经营(Operate)-移交(Transfer),是一个主要用于基础设施的项目融资模式。BOT模式的基本思路:政府通过契约授予私营企业(包括外国企业)以一定期限的特许经营权(经营期限一般为15~20年),许可其融资建设和经营特定的公共基础设施,并准许其向用户收取费用或出售产品以清偿贷款,回收投资并赚取利润,特许期限届满时,该设施无偿移交给政府。因此,BOT也被称为"暂时私有化过程",它是近年来国际社会,尤其是发展中国家所普遍重视并经常采用的一种新的国际技术合作模式。

世界银行在《1994年世界发展报告》中指出了BOT的三种具体形式：BOT、BOOT、BOO。BOOT即建设(Build)-拥有(Own)-经营(Operate)-移交(Transfer)，与标准BOT相比，BOOT模式中私人在规定期限内既有经营权也有所有权，拥有的时间也比BOT模式长，而BOT中私人仅拥有项目的经营权。BOO即建设(Build)-拥有(Own)-经营(Operate)，项目完成后，承包商根据政府赋予的特许权进行经营，无需将项目移交给政府，拥有永久性的所有权。

2. BOT模式变形

标准BOT模式运行实践中，衍生出BTO、DBFO、TOT、FBOOT、DBOM、DBOT等不同模式，但共同的特点是项目公司必须得到特许经营权。

BTO模式，即建设(Build)-移交(Transfer)-经营(Operate)，项目建成后私人部门不对项目进行经营，而是由政府或与项目开发商共同经营。

DBFO模式，即设计(Design)-建设(Build)-融资(Finance)-经营(Operate)，该模式从项目的设计阶段就把特许经营权授予给私人部门，直至项目经营期满收回投资，但项目公司只有经营权而无所有权。

TOT模式，即移交(Transfer)-经营(Operate)-移交(Retransfer)，指政府将已经投产的基础设施项目一定期限的所有权和经营权有偿转让给私人部门，一次性获得资金，特许经营期满后，私人部门将设施无偿移交给政府。

FBOOT模式，即融资(Finance)-建设(Build)-拥有(Own)-经营(Operate)-移交(Transfer)，比BOOT多了融资环节，也即是说私人部门必须先融得资金，政府才能授予其特许权。

DBOM模式，即设计(Design)-建设(Build)-经营(Operate)-维护(Maintain)，强调项目公司对项目进行维护。

3. PPP模式

PPP(Public Private Partnerships)模式，即公共部门与私人企业合作模式，即政府的公共部门与民营企业以特许权协议为基础对某些公用事业项目形成相互合作关系的形式，双方共同对项目运行的整个周期负责。PPP模式中，政府并非把项目的责任全部转移给私人企业，而是合作各方共同承担责任和融资风险，使得公共部门的成本和风险大为降低。

PPP模式典型的结构为：政府部门或地方政府通过政府采购的形式与中标单位组建的项目公司签订特许合同，由项目公司负责筹资、建设及经营。政府通常与提供贷款的金融机构达成一个直接协议，该协议不是对项目进行担保的协议，而是一个向借贷机构承诺将按与项目公司签订的合同支付有关费用的规定。通过这个协议，项目公司能较为顺利地获得金融机构的贷款。而私人投资者可以得到如税收优惠、贷款担保、给予民营企业沿线土地优先开发权等相应的政策扶持作为补偿。PPP融资的实质是，政府通过给予私营公司长期的特许经营权和收益权加快基础设施建设及其有效运营。PPP模式的项目融资，主要根据项目的预期收益、资产以及政府扶持的力度，而不是项目投资人或发起人的资信安排的。项目经营的直接收益和通过政府扶持所转化的效益是偿还贷款的资金来源，项目公司的资产和政府给予的有限承诺是贷款的安全保障。

PPP模式与BOT模式极为相似，BOT可以作为PPP模式一种操作方式。二者的主要区别在于PPP模式中，私人投资者在项目论证阶段就开始参与项目，而BOT模式中私人投资者则从项目招标阶段参与。

PPP 模式下，城市公共基础设施建设有以下 8 种典型方式，根据其适用类型和公有化程度从高到低排列如表 7-4 所示。

城市基础设施建设适用的 PPP 融资方式　　　　　表 7-4

设 施 类 型	适用的方式
已有设施	①服务协议；②运营和维护协议
对已有设施的扩建	③租赁-建设-经营(LBO)；④建设-移交-经营(BTO)；⑤扩建后经营整体工程并转移
新设施	⑥建设-经营-移交(BOT)；⑦购买-建设-经营(BBO)；⑧建设-拥有-经营(BOO)

4. 资产证券化(ABS)融资

资产证券化(Asset-backed Securitization, ABS)，主要是以项目所拥有的资产为基础，以项目资产的未来收益为保证，通过一套提高信用等级计划在资本市场发行债券来筹集资金的一种项目融资方式。其目的在于通过其特有的提高信用等级的方式，使原本信用等级较低的项目仍可以进入高档证券市场，并利用该市场信用等级高、债券安全性和流动性高、利率低的特点而大幅降低发行债券和筹集资金的成本。

ABS 融资基本运作过程：首先组建一个特别目标公司，其次目标公司选择能进行资产证券化融资的对象，以合同、协议等方式将政府项目未来现金收入的权利转让给目标公司，目标公司直接在资本市场发行债券募集资金或者由目标公司信用担保，由其他机构组织发行，并将募集到的资金用于项目建设，最后，目标公司通过项目资产的现金流入清偿债券本息。

资产证券基础化在基础设施中的具体应用是基础设施收费证券化。它是以基础设施未来收费所产生的现金流为支持而发行债券进行融资的方式，因此，一般可采取 ABS 模式的是可经营性的基础设施。

5. 融资租赁

融资租赁的基本运作过程：承租人根据需求，确定待租赁的设备，并认真选择租赁公司。租赁公司与供应商就承租人所需要的设备签订合同，由供货商直接将设备交付给承租人，租赁公司将货款交给供货商。根据租赁合同，租赁公司按照承租人在与其利益有关的范围内所同意的条款支付租金，租赁公司授予承租人使用设备的权利。租赁合同期满后，承租方根据合同规定可以选择续租、退租或者购买该设备。

融资租赁筹资速度快，限制条件少，可以及时更新设备，促进技术创新能力的培育，提高工作效率，同时租金可以在整个租期内分摊，缓解了债务负担。同时租金在所得税前扣除，提供了财务杠杆效应。它可以避免项目初期投入过大的资金，同时可以使用最新的设备，改善项目的资本结构。

6. 以土地开发为诱导的融资

交通运输线路的建设，将给沿线带来很多的商业机会。因此，可以土地开发为诱导，或征收土地资源开发税等，或对土地进行开发经营，作为交通运输基础设施建设的专项资金。具体做法包括：批租土地交换投资；征收与土地开发有关的税费，如土地增值费、资源开发费等；划地开发吸引投资。

将上述部分进行对比，具体见表 7-5。

项目融资模式对比   表 7-5

方式	适用范围	投资主体	资金来源	风险大小及承担主体	所有权
BOT	规模较大的经营性项目	民间资本	自有资本和银行信贷	风险高,由授权方承担	随时期不同变化
PPP	规模较大的经营性项目	政府、民间资本	自有资本、银行信贷、财政	风险较低,由政府和私营企业共同承担	所有权不变
ABS	经营性项目	全社会投资者	资本市场	风险较大,由投资者承担,但能分散投资风险	所有权不变
融资租赁	经营性项目	民间资本	银行贷款	风险适中,由出租人和承租人承担风险	所有权不变
PEI	经营性和非经营性	民间资本为主	自有资本和银行信贷	风险适中,由私营企业承担建设风险	随不同时期变化

四、交通基础设施融资模式选择(融资方式的选择)

随着交通基础设施投资市场的不断深入,城市基础设施的投资主体和融资方式也越来越多元化。这一方面大大扩展了基础设施建设的资金渠道,稳定了资金来源,但同时也对投资者选择适当的投融资方式提出了更高的要求。如何根据交通基础设施自身的技术经济特征,合理利用政府和市场投资政策,在多样化的融资方式中选择合适的融资方式,确定合理的融资方案,是需要投资决策者重点考虑的首要问题。

总体来说,交通基础设施进行融资方式的选择主要按照两个步骤进行,首先是项目区分,然后是根据具体融资方案的成本进行财务评估。所谓的项目区分,即按照交通基础设施项目分类,分为公益性、准公益性、经营性项目。原则上,经营性项目(能设计出可收费机制)由市场化主体承担投资者的角色,相应的融资方式则由投资者根据市场规律进行选择,可综合采取各种权益性融资和债务性融资工具。而对于公益性和准公益性项目,投资主体仍是政府,融资方式以财政融资为主,并辅以银行借贷和发行债券等。但对于需要短时间内迅速筹集资金,特别是紧急状态下需要进行投资建设的项目,无论是否可经营,政府均有投资义务。具体分析如下:

1. 公益性项目

公益性项目具有非营利和完全社会效益的特点,其建设目的主要是维护社会公平和实施重大的国家战略。而政府具有提供基本公共服务和保护国家和人民生命财产安全的责任,因此公益性项目的投资主体是政府,项目融资以财政融资为主。但通过收费机制的建立,使公益性项目具备一定的可经营性,需要政府侧重公益性项目投资和运营补充机制的建立与完善,通过对盈利预期的制度性保障,鼓励和吸引社会投资者对公益性项目进行适当投资。可采取的方式有:

一是政府项目补偿费质抵押贷款方式,是指在无未来现金流的情况下,政府代替公益性项目的所有者向项目建设单位承诺,在一定的时期内以项目补偿费形式拨付财政性资金给项目建设单位作为其项目收入,项目建设单位再以政府的项目补偿费作为质押担保向银行申请贷款。二是以政府项目补偿费吸引民间主动投资方式,指政府通过公开招标或磋商交易等方式确定项目投资主体,项目投资主体在政府授权的经营期内建设、开发、管理或维护该公益性项目,获得政府拨付的财政资金或部分政策优惠支持作为项目报酬,授权经营期已满后,将项目无偿转让给政府。三是由财政资金牵头的发展基金的模式,发展基金可由地方财政部门作为牵头人,以银行或非银行金融机构、民营企业和外资企业为原始发起人,股东可以是境内外所有自然人、法人和组织。资金收益主要是地方政府为公共工程项目使用基金而支付的基金使用费,来源于特定税收项目、预算内资金、预算外专项建设资金、规费收入中的一种或多种的组合。

2. 准公益性项目

准公益性项目本身具备一定的经营性,但预期盈利不足以支持收回全部投资,和公益性项目一样存在市场配置失效的问题。因此,准公益性项目的主要投资者是政府。但准经营性项目自身的可经营性使其具备吸引社会资金投资的先决条件,政府应通过建立市场化社会资金投资环境和合理补偿制度,使社会资本能够收回全部投资并得到合理回报,充分发挥政府的引导作用,最大限度地推进准公益性项目的市场化。

对于低盈利甚至亏损项目,目前政府对交通基础设施投入补贴的方式主要有三种:一是直接补贴方式,即政府直接给予投资企业一定的财政性资助;二是优惠扶持政策,政府不直接补贴给投资企业,而是采用差别定价、税收优惠等政策;三是资源性补贴方式,政府给予土地开发等非主营业务优惠政策,通过非主营业务的收入弥补主营业务的亏损。

对于市场投资响应不足的项目,政府可通过利用财政资金和国有大型企业的资金,通过产业投资基金或资产证券化等方式,发挥政府财政资金的杠杆效应,吸引社会资本直接或间接参与项目投资。

3. 经营性项目

对于基本交通服务的交通需求,可分别由政府直接提供(免费或以准公共产品经营方式)、政府和企业合作以准公共产品经营方式提供、政府授权或委托企业以准公共产品经营方式提供;而对于非基本交通服务的不同层次的交通需求,可以采取准公共产品优质优价的收费标准,以收回全部成本或部分投资成本的方式实现滚动发展。

7.2　中美交通基础设施投融资比较

本章主要以铁路和公路为例,分析美国和中国的交通运输投融资情况。

一、中国铁路投融资

1. 投资运营管理体制

我国铁路建设和运输运营是一体化的,采用"上下一体"的体制和模式,区别于公路、港口和机场的"上下分离"模式。投资铁路的基础设施建设者同时要进行基础设施的运输经营,由此获取以清算方式结算的票据收入以及其他收入,以"网运一体"的经营方式获得投资收益。铁路线路建成后,通常组建公司自己经营或委托经营。高铁等合资铁路项目基本均委托铁路局经营,除石太客专和京津城际以收取过轨费的形式以外,其他均以收取票款为主营收入。此种投资管理模式抬高了社会投资者进入铁路的门槛和投资成本,因为除了投资建设基础设施以外,还要购买运输设施设备,自己经营的还需运输经营资格和运输经营队伍等。

2. 铁路规划编制、审批和实施的主体

规划审批主体:2013年3月大部制改革前,全国铁路规划由原铁道部(以下简称铁道部)编著,报国家发展改革委和国务院审批;地方铁路、专用铁路的建设规划必须符合全国铁路发展规划,并征得国务院铁路主管部门或其授权的机构的同意。大部制改革后,交通运输部拟定铁路发展规划和政策,但没有执行手段。

实施主体:大部制改革前,铁路规划的实施由原铁道部全权负责,原铁道部不仅决定项目建设的实施序列,而且几乎所有的项目均由其主导投资和控股,项目建成后纳入铁道部统一运营和清算体系,而地方政府主要是推进项目前期工作和配合项目实施。大部制改革后,中铁总公司全面继承原铁道部投资、建设、运营、偿还债务等所有职能,拟定铁路投资建设计划和项目建设管理,但不再像铁道部那样全局包揽所有铁路建设责任,地方政府成为城际铁路、支线铁路等地方性铁路的建设主体,中铁总公司将不再控股,甚至不参股,仅进行业务技术指导,但新建铁路线路与铁路网接轨仍由中铁总公司审批。

3. 铁路建设项目主要投资主体

目前铁路建设项目实施基本上是以合资铁路的模式,由中铁总公司与沿线各省及战略投资者按一定的资本金出资比例组建项目合资公司,作为业主进行建设。中铁总公司代表铁道部履行铁路大中型建设项目出资人代表职能,省铁路投资公司作为省政府的出资代表,其他投资者(包括社保基金、保险基金等战略投资者以及社会资本)是积极吸引的对象。

对于国家干线铁路项目,一般是中铁总公司绝对控股,沿线地方省级政府主要以征地拆迁费计入股份的方式参与投资,同时吸引社会资本;对于非国家干线的城际铁路以及区域性铁路项目,一般是中铁总公司控股,地方除了以征地拆迁费入股外,仍需投入一定资金,并吸引社会资本。

4. 建设项目资金来源与结构

(1) 项目资本金

交通基础设施项目资本金规定为35%以上,在实际建设中,我国铁路建设项目的资本金一般为50%,其中中铁总公司一般占总资本金50%以上,地方政府占49%以下(征地拆迁费入股)。但对于地区性较强的项目,根据部省协议的资本金分担比例,地方政府除了承担征地拆迁费以外,仍需投入一定资金。由多家股东(包括沿线政府和战略投资者)共同参与的合资项目,各股东的出资比例通过协商达成协议,但通常是中铁总公司为第一大股东。

(2) 项目债务融资

实际建设中,铁路建设项目的资本金一般为50%,剩下的50%为银行贷款。项目的建设银行贷款由铁道部负责统一向银行借贷,按原铁道部与银行达成的利率协议和采取"统借统还"的方式办理。在统计上,这部分计入铁道部完成的投资。

(3) 原铁道部的建设资金来源

原铁道部的资金主要有铁路建设基金、发行的铁路建设债券、国家财政预算内资金、计提的折旧资金、企事业单位自筹以及资产变现等。

(4) 地方政府的建设资金来源

地方政府的资金主要有征地拆迁费计入股份的资金、地方财政资金、转让相关土地或土地开发获得的资金、政府债券、企业代政府投资的资金。

(5) 各类投资资金结构

"八五"期以来,铁道部完成投资比例呈下降趋势,地方政府及路外企业投资份额加大;从原铁道部各项资金建设来源看,建设资金降幅最显著,其次是企事业单位自筹和财政预算资金,债券、专项资金和资产变现资金均呈涨幅趋势,投资比例不断增加。具体情况见表7-6。

"八五"期以来特征年铁路投资资金来源构成(单位:亿元)　　　表7-6

年份(年)	合计	铁道部完成投资									地方政府及路外企业投资
		小计	建设基金	财政预算内资金	国内贷款	外资	债券	专项资金	资产变现资金	企事业单位自筹	
1995	365.5	328.2	188.6	2.9	88.3	11.6	15.3			21.6	37.4
2000	509.9	456.8	177.4	46.1	161.4	21.6				50.3	53.1
2005	880.2	743.3	345.0	60.0	157.0	36.4	50.7	52.9		41.3	136.9
2010	7074.6	5537.8	545.8	115.2	3217.7	16.9	836.8	349.7	382.7	73.0	1536.8
2015	9861.8	8511.6	463.5	296.8	3767.2	51.2	2233.5	493.1	1104.5	101.8	1350.2

二、中国公路投融资

1. 投资运营管理体制

我国公路基础设施建设与公路运输经营是"上下分离"的投融资体制和管理体制,投资公路基础设施不需要通过经营公路客货运输获取收入,回收投资,而仅需要对公路基础设施进行经营,通过向使用公路线路基础设施的车辆收取通行费实现投资项目的经营收入和投资收益。对于高等级公路(高速公路与一级公路为主),采取"贷款修路、收费还贷"的融资方式;对于普通公路,则由政府出资或社会组织、个人捐资建设,不收费。

2. 规划编制、审批和实施的主体

国道规划:由国务院交通主管部门会同国务院有关部门并商同国道沿线省(自治区、直辖市)人民政府编制,报国务院审批。省道规划:由省(自治区、直辖市)人民政府交通主管部门会同同级有关部门并商沿线下一级人民政府编制,报省(自治区、直辖市)人民政府批准,并报国务院交通主管部门备案。县道规划:由县级人民政府交通主管部门会同同级有关部门编制、经本级人民政府审定后,报上一级人民政府批准。乡道规划:由县级人民政府交通主管部门协助乡、民族乡、镇人民政府编制,报县级人民政府批准。按以上规定批准的县道和乡道规划,应当报批准机关的上一级人民政府交通主管部门备案。

3. 收费公路建设的投融资主体及资金来源

收费公路分为政府还贷公路和经营性公路,政府还贷公路是县级以上地方人民政府交通主管部门利用贷款或者向企业、个人有偿集资建设的公路;经营性公路是国内外经济组织投资建设或者依照《中华人民共和国公路法》的规定受让政府还贷公路收费权的公路。

政府还贷公路:省级政府为主要投资主体,资本金来源主要是中央预算内资金、国债、地方预算内资金、地方转贷(国债)、车购税、地方专项财政资金、既有公路收费经营权转让所得资金、土地出让与开发所得资金、既有收费公路通行费收入年度结余资金等。债务融资主要是银行贷款以及企业债券,越来越多的省(自治区、直辖市)采取统贷统还的形式向银行贷款。

经营性公路:纯社会投资者投资经营的公路项目,主要是以 BOT 方式进行投资建设或受让既有公路收费经营权,资本金来自社会投资者的自由资金、自筹的可以用作资本金的资金以及政府对相关 BOT 建设项目的补助资金,债务融资主要是银行贷款。政府与社会投资者联合投资建设的收费公路项目,政府所属公司占有相当比例的股份,资本金基本上是按股份比例分担,债务融资由项目公司负责。

以高速公路建设为例,各省高速公路建设基本上是由省级人民政府交通主管部门负责推动和主导,沿线地市及县级政府配合以及参与投资。除了政府投资以外,还可以采取政府与社会资本联合投资、收费经营权转让、发行股票上市、BOT、政府对项目投资补助、BT 等各种方式吸引社会资本投资。各省高速公路建设大体可归纳为四种投融资和管理模式:一是辽宁模式,由省级政府统一负责高速公路投资、建设、养护和运营管理,实行"统收统支、统贷统还"。二是上海等模式,主要是在政府规划和引导下,吸引社会投资者投资高速公路,由社会投资人负责高速公路建设、养护和运营管理,政府进行行业监管。三是江苏等模式,由省级政府成立独资或绝对控股的国有企业对高速公路等交通基础设施进行投资,并负责建设、养护和运营管理,省级交通主管部门负责行业监督。四是混合模式,存在政府、社会企业、国有投资人、民营资本、股份制上市公司等多种投资存在。

4.非收费公路建设的投融资主体及资金来源

目前,非收费公路包括国省道中绝大部分二级公路及以下等级公路和农村公路(县道、乡道、村道),主要是为保障基本出行的普通公路。非收费公路建设主体是省级人民政府交通主管部门和各级地方政府,建设资金主要来源于财政资金(包括中央预算内资金、国债、地方预算内资金、地方转贷)、公路专项资金(包括车购税以及燃油税返还被用于公路建设的资金)、地方政府自筹的其他资金等非偿还性的资金(有些项目也使用部分银行贷款,地方政府通过其他收入还款)。

具体投资完成额及资金来源结构见表 7-7 ~ 表 7-9。

全国高速公路项目投资完成额和资金来源结构　　　　　　　表 7-7

年份(年)	单位	本年完成投资	本年资金到位合计	中央预算内及国债	地方预算内及转贷	车购税	国内贷款	利用外资	地方自筹	企事业单位资金	其他资金
2009	亿元	5323.1	4633.5	20.0	70.7	312.9	2960.7	38.3	631.4	529.8	69.7
	%		100	0.4	1.5	6.8	63.9	0.8	13.6	11.5	1.5
2010	亿元	6862.2	5744.6	9.1	56	759.2	3350	37.4	849.1	628	55.7
	%		100	0.2	1.0	13.2	58.3	0.6	14.8	10.9	1.0
2011	亿元	7424.1	5971.3	9.3	38.6	954.6	3367	51.8	818.5	604.2	127.2
	%		100	0.2	0.6	16.0	56.4	0.9	13.7	10.1	2.1
2012	亿元	7238.3	6019.8	4.2	40.8	665.9	3728.4	41.7	858.8	559.1	121
	%		100	0.1	0.7	11.0	61.9	0.7	14.3	9.3	2.0

续上表

年份(年)	单位	本年完成投资	本年资金到位合计	中央预算内及国债	地方预算内及转贷	车购税	国内贷款	利用外资	地方自筹	企事业单位资金	其他资金
2013	亿元	7297.8	6100.2	5.9	30.7	1079.7	3471	36.6	829.62	518.5	128.1
	%		100	0.1	0.5	17.7	56.9	0.6	13.6	8.5	2.1
2014	亿元	7818.1	6422.8	5.4	45.9	1181.8	3481.2	51.4	1008.4	520.2	128.5
	%		100	0.1	0.7	18.4	54.2	0.8	15.7	8.1	2
2015	亿元	7950	6876.1	5.1	29.2	1340.8	3836.9	61.9	1065.8	495.1	41.3
	%		100	0.1	0.4	19.5	55.8	0.9	15.5	7.2	0.6

全国一般性公路项目投资完成额和资金来源结构 表7-8

年份(年)	单位	本年完成投资	本年资金到位合计	中央预算内及国债	地方预算内及转贷	车购税	国内贷款	利用外资	地方自筹	企事业单位资金	其他资金
2009	亿元	3214.5	2905.2	42.2	102.6	176.1	1105.6	16.1	1056.1	336.0	70.5
	%		100	1.5	3.5	6.1	38.1	0.5	36.3	11.6	2.4
2010	亿元	3357.6	2836.1	12.3	68.9	157.9	1056.2	13.6	1078.6	406.5	42.1
	%		100	0.4	2.4	5.6	37.2	0.5	38.0	14.4	1.5
2011	亿元	4179.1	3521.6	11.2	54.4	530.3	936.2	8.7	1492.2	381.9	106.7
	%		100	0.3	1.5	15.1	26.6	0.3	42.4	10.8	3.0
2012	亿元	4103.6	3677.5	15.3	75.3	649.5	886.5	1.9	1616	373.2	59.8
	%		100	0.4	2.1	17.7	24.1	0.1	43.9	10.1	1.6
2013	亿元	3899.61	3587.64	17.9	71.8	656.5	912.5	7.2	1507	394.6	20.3
	%		100	0.5	2	18.3	23.4	0.2	42	11	2.6
2014	亿元	4611.82	4150.64	16.6	74.7	813.5	942.2	4.2	1834.6	386.0	78.9
	%		100	0.4	1.8	19.6	22.7	0.1	44.2	9.3	1.9
2015	亿元	5336.07	4749.1	28.5	80.7	1059.0	992.6	4.7	2132.3	413.2	38.0
	%		100	0.6	1.7	22.3	20.9	0.1	44.9	8.7	0.8

全国农村公路项目投资完成额和资金来源结构 表7-9

年份(年)	单位	本年完成投资	本年资金到位合计	中央预算内及国债	地方预算内及转贷	车购税	国内贷款	利用外资	地方自筹	企事业单位资金	其他资金
2009	亿元	2132.9	1879.8	146.4	23.7	405.4	88.7	2.2	1153.7	33.56	26.2
	%		100	7.8	1.3	21.6	4.7	0.1	61.3	1.8	1.4
2010	亿元	1923.8	1651.6	25.2	25.6	286.5	101	1.9	1163.8	14.3	33.2
	%		100	1.5	1.6	17.3	6.1	0.1	70.5	0.9	2.0
2011	亿元	2010.1	1733	24.2	24	394	72	0.1	1169.2	24.6	24.9
	%		100	1.4	1.4	22.7	4.2	0.0	67.5	1.4	1.4

续上表

年份(年)	单位	本年完成投资	本年资金到位合计	中央预算内及国债	地方预算内及转贷	车购税	国内贷款	利用外资	地方自筹	企事业单位资金	其他资金
2012	亿元	2145	1845.3	16.3	36.9	424.6	61.2	—	1258.7	17.3	30.2
	%		100	0.9	2.0	23.0	3.3	0.0	68.3	0.9	1.6
2013	亿元	2494.8	2153.3	17.2	36.6	454.3	129.2	—	1431.9	40.9	43.1
	%		100	0.8	1.7	21.1	6.0	0	66.5	1.9	2.0
2014	亿元	3031	2605.6	18.2	39.1	594.1	106.8	—	1777	23.4504	46.9
	%		100	0.7	1.5	22.8	4.1	0	68.2	0.9	1.8
2015	亿元	3227.3	2816.3	25.3	53.5	585.8	135.2	—	1946.1	25.3	45.1
	%		100	0.9	1.9	20.8	4.8	0	69.1	0.9	1.6

三、中国交通运输融资情况及存在的问题

1. 我国交通运输项目融资的发展现状

我国从20世纪80年代初期开始尝试使用项目融资方式筹资进行交通运输基础设施建设。经过多年的发展，我国交通运输项目融资日趋成熟，融资模式也逐渐趋向多元化，已由原来的仅仅依靠政府投资转变为以政府投资为主体，证券融资、利用外资、国内贷款、BOT融资、PPP融资、TOT融资等多种融资模式为辅的融资市场。

铁路基础设施建设通过资本市场发行股票、债券、利用外资等方式筹集资金，取得了一定的成绩。武广高铁的建设采用了典型的"部省合资"模式，形成以铁道部投资为主体，地方政府资金为补充的模式，取得了成功。

20世纪90年代，我国陆续出现了一些BOT方式进行交通运输基础建设的项目，如重庆地铁，深圳地铁，北京长城轻轨铁路，广州轻轨铁路，武汉城市铁路，杭州地铁1号线，沈阳地铁1、2号线，广东和上海等地的高速公路、桥梁和隧道等，以及四川乐宜高速公路、四川绵遂高速公路等项目。

北京地铁4号线的建成及运营，标志着PPP融资模式在我国交通运输基础设施建设方面得到了成功的运用。

为使我国项目融资尽快走上正轨，并按国际惯例进行运作，国家对外贸易经济合作部于1994年发布了《关于以BOT方式吸引外商投资有关问题的通知》，国家发展计划委员会也于1997年4月发布了《境外进行项目融资管理暂行办法》，连同以前公布的《指导外商投资方向暂行规定》和《外商投资产业指导目录》一起，基本构成了我国BOT项目融资的法律框架。2005年2月24日，新华社授权全文播发的《国务院关于鼓励支持和引导个体私营等非公有制经济发展的若干意见》强调允许非公有资本进入交通、电力、电信、铁路、民航、石油等垄断行业，加快完善政府特许经营制度，支持非公有资本参与各类公用事业和基础设施的投资建设和运营。这些政策的出台表明特许经营在我国拥有了政策支持。

2. 我国交通运输项目融资中存在的主要问题

尽管我国利用项目融资方式来发展交通运输基础设施已有三十多年的历史，但是在项目

融资的过程中,仍然存在下列一些问题:

(1)目前我国交通运输项目融资所涉及的项目条件、指导原则、项目收益分配原则、政府担保的范围与界限等具体问题还没有统一的管理。项目融资要求有健全的法律体系和金融市场作为保证。

(2)项目成本较高。造成我国交通运输项目融资中项目成本较高的原因是多方面的,有项目融资本身的原因,也有一些外部原因,如冗长的审批体系,招标过程中的不公开性造成的投标方、参与方及可能提供支持的银行在前期工作中的大量重复劳动所产生的成本。另外,项目融资是一个复杂的系统工程,涉及面广,参与部门多,由于缺乏经验,部门之间的协调难度大,也造成成本上升。

(3)项目融资在鼓励引进国外的新技术、管理经验等方面与预期仍有差距。我国通常是通过私下谈判,而很少采用竞争的招标方式来挑选最合适的外国投资者,这样那些拥有先进新技术和新的管理方法的公司有可能没被选中。

为了更好地利用项目融资,我国需要建立健全法律体系和有效的金融市场,加强项目融资中政府部门的协调。只有这样才能有效维护国家、使用者和项目投资者多方的权益。

3. 我国交通运输项目融资的发展对策

(1)在保障政府资本金足额拨付的前提下灵活运用各种融资方法

①积极实施 BOT 方式融资。

新建交通运输基础设施项目规模大、投资高,运用 BOT 方式融资,能有效地解决资金缺口量大的问题。因此在充分做好项目可行性研究,特别是项目建设的财务评价的基础上,运用 BOT 方式,进行招商引资。

②对已建成并投入使用的交通运输基础设施项目,采用 TOT 方式融资。

已建成并投入使用的交通运输基础设施项目,往往已取得政府批准获得了一定时期经营权,因此,通过转让其经营权,可以一次性获得一定的转让资金,不仅可以偿还建设期的贷款债务,还可能获得增量资金,用来建设新的交通项目。

③对在建工程项目或续建工程项目,加大发行债券融资。

对于已经采用贷款融资等方式筹集资金进行建设的工程项目,采用发行债券的方式筹集建设所需资金,可以获得一定量的债券资金。

④采用股份有限公司的方式筹集建设资金。

对于重大和较大的交通运输基础建设项目,在建设前期,采用股份有限公司的形式进行投资、建设、经营和管理,不仅有利于原项目在建设前期、中期融资,还能使项目运营后,公司上市,更加广泛地筹集资金,用于投资新的项目。

(2)调整相关经济政策,优化融资环境

加强交通运输基础设施融资工作,需要政府各有关部门不断调整相关经济政策,优化融资环境,同时利用交通信息网、报纸等媒体,对交通运输基础设施项目进行广告和宣传,向国内外大企业、大财团招商,进行最广泛的融资。

(3)依靠经济政策引导资源配置

①财政政策。

利用交通运输基础设施建设、经营产生的税收增量再投入交通运输基础设施建设,同时结合长期税收优惠政策,将交通运输基础设施建设、经营缴纳的税款收入专项安排财政转移性支付,确保资金不向外流失,对建成的内涵报酬率低于银行贷款利率的交通运输基础设施项目贷款,差额部分实行地方财政贴息,减轻项目偿还负债的财务压力。

②税收政策。

可由交通运输基础设施项目公司集中代扣代缴建筑安装营业税及附加费用,并由地方税务局统一征管,所缴纳的税款全额安排财政转移性支付,用于弥补交通运输基础设施新建项目资本金不足。还可在交通运输基础设施项目偿还完贷款前,减免交通运输基础设施经营公司的通行费收入营业税金及附加费用,并将其直接纳入地方交通部门,建立交通运输基础设施建设及偿债基金。另外,可吸引其他投资进入交通运输基础设施项目建设并给予税收优惠。

③金融政策。

在交通运输基础设施建设阶段,举借大量的银行贷款,应当给予项目贷款下浮利率和延长宽限期,以延长贷款年限。

(4)加强政府对交通运输基础设施项目融资市场的培育和导向作用

政府对交通运输基础设施项目融资市场的培育和扶持首先是量和质的协调统一。量的扩张,集中表现在经济中金融总量的增长、金融工具种类的增多、金融机构数量的增多等。交通运输基础设施项目资本市场质的提高,表现为动员和配置金融资产和市场化配置交通运输基础设施资源的机制的形成和效率的提高,交通运输基础设施项目融资活动和渠道的辐射面的拓宽,对经济的吸引力加大和渗透加深等。

政府对交通运输基础设施项目融资市场的导向作用可以通过公共产品的投资方向,对产业政策的扶持程度,金融货币政策的倾斜和财政税收的优惠政策等制度手段,明确政府的投资方向和扶持优先发展的产业,以政府投入引导带动国内社会和政府投资,帮助交通运输基础设施项目融资市场形成良性的互动机制,提高项目的融资能力和规避风险的能力,将对交通运输基础设施项目的扶持方式由"输血"变为"造血",提高在市场经济浪潮中的生存能力和自我发展能力。

(5)进行融资制度创新和技术创新

交通运输基础设施建设项目公司的制度创新和技术创新是融资可持续发展的保证和驱动力。在制度方面,要不断改进和完善融资的可行性调查制度,融资过程的管理制度,融资合作伙伴的考查制度,融资方式的筛选制度,融资风险管理制度,产权监督管理制度和融资的退出制度,使整个融资行为从立项、实施、后期管理、收尾、评估都在一套完整、封闭的制度体系的监督和控制下运行,确保融资活动的科学性、前瞻性、稳定性、可操作性和连续性。技术方面主要是在融资渠道拓展、融资工具选择、汇率利率风险规避以及在融资成本控制、债务结构管理等方面,进行不断改进和完善,趋利避害,尽可能降低融资的不确定性,从技术上保证融通资金行为的顺利完成,最大限度地降低风险、提高融资的成功性。

四、美国铁路资金需求及融资情况

美国铁路系统分为货运铁路和客运铁路两部分。铁路是私人拥有的(公路主要是公有的)。虽然铁路的运输效率比公路要高,但总体来看,美国的铁路网正在缩小,近年来废弃了大量铁路线路。

(1)货运铁路

据统计,美国全国范围内大约有42%的城际货运通过铁路运输;货运需求预计将从2007

年的 193 亿 t 增加到 2035 年的 372 亿 t；为了适应不断增长的货运需求，需要大约 1480 亿美元来改善铁路系统。

在美国，有大量的联邦贷款可选择用于增加铁路系统的投资。联邦铁路局（FRA）通过铁路修复和改善融资计划（RRIF）提供各种贷款选择，用于综合运输，铁路设备或设施的获取、改善、修复和再融资。RRIF 也可用于开发和建立新的联运或铁路设施。FRA 通过 SAFETEA-LU 授权提供高达 350 亿美元的直接贷款和担保。

（2）客运铁路

①客运铁路工作组（PRWG）预计从 2007 年到 2016 年需要投资 74 亿美元，以解决城际铁路交通网络所需要的总投资（总资本成本）。

②按照 PRWG 估计，如果按照预计进行投资，通过将乘客转移到铁路客运上，每年将节省约 40 亿美元的燃料费。

③对客运铁路的投资可能减少对其他运输方式的投资，因为总的资金是有限的。

为协助客运铁路投资，联邦铁路局为美国铁路公司提供运营和改良资本。"2008 年客运铁路投资与改良法案"（PRIIA）授权美国交通部向三个新的联邦城际铁路资金援助项目拨款：城际客运铁路服务走廊资金援助、发展高铁走廊以及缓解交通拥堵。

五、美国公路资金需求及融资情况

1. 现状

截至 2008 年，美国拥有 400 多万 km 的公路和近 37 亿平方英尺的桥梁，车辆在这些道路上行驶约 3 万亿英里，车辆行驶里程与车道里程之间的差距正在增加。以得克萨斯州为例，图 7-1 显示了车道里程增长与车辆行驶里程增长情况的对比。

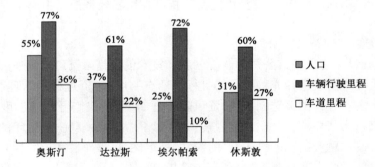

图 7-1　车道里程增长与车辆行驶里程增长

由于公路里程增长量与车道行驶里程增长量的差距在增加，即供需缺口在增大，所以交通拥堵越来越严重。由于交通拥堵，美国人每年要浪费 42 亿 h，相当于每年损失 782 亿美元。越发严重的交通拥挤使得燃料消耗量从 1999 年的 17 亿加仑增加到 2005 年的 29 亿加仑；并且，约有三分之一的交通事故是由于交通状况不良造成的，导致美国车主每年需要花费 670 亿美元额外的车辆修理和运营费用。据统计，从 1990 年到 2008 年，道路里程增加了 4%，而车辆行驶里程增加了 39%。美国国家地面运输政策与收入委员会的研究表明，在 2005 年至 2020 年的 15 年期间，应投资 1300 亿～2400 亿美元用于公路基础设施建设与维护。

桥梁是道路基础设施的关键要素。比如在得克萨斯州，有 18% 的桥梁存在结构不完善或功能方面的缺陷。结构缺陷表明桥梁在桥面、上层建筑和底层结构等方面的完整性存在问题，而功能缺陷则指的是几何形状、间隙或道路与桥梁连接情况存在问题。

2. 路面与桥梁维护投资

以得克萨斯州为例进行说明。由于得克萨斯州13%的主要道路状况较差，2010年得克萨斯州的车主需要花费53亿美元额外的车辆修理和运营成本。根据交通部门关于2030年得克萨斯州交通需求的报告，2008—2030年，现有道路常规的路面养护将需要72亿美元；此外，为达到"良好"以上状态，还需花费770亿美元对得克萨斯州90%的道路进行修复和维护。

得克萨斯州的大多数桥梁建于20世纪60年代、70年代和90年代。一座桥梁的寿命通常是50年，这意味着20世纪60年代和70年代建造的桥梁在未来20年将需要重建。为此，到2030年，得克萨斯州交通厅需要投资约216亿美元用于更换、检查和维护常规桥梁，需投资约61亿美元用于重建特大型桥梁。

3. 融资来源

为了保证现有基础设施的维护和建设新的基础设施，传统上使用联邦拨款、州和地方税收、收费等的组合方式。

一般情况下，州政府与联邦政府有足够的资金时，往往会投资公路基础建设。在得克萨斯州的财政报告中将融资收入分为一般融资、特殊融资、债务融资、政府资金四类，在此基础上，更加细致地划分为7个子类：

（1）联邦资助：美国政府通过联邦汽车燃油税，卡车轮胎消费税，拖车和卡车销售，重型车辆使用税收中得到分配资金，向各州分配。

（2）债券收益：债券是一种书面承诺偿还借来的钱和利息债券的借贷方式，州和地方政府机构发行债券为运输项目筹集资金。

（3）通行税：交通建设使部门面临紧张的财政预算限制，收取道路通行税可以解决交通部门的道路建设投资。收取通行税可以作为吸引私人资本投资交通基础设施的一种形式，引导私人对道路建设投资。

（4）汽车燃油税：每个州均会设置发动机燃料（汽油、柴油和其他特殊燃料）税率。2011年1月，美国石油协会结合得克萨斯州当地和联邦的情况，得出2010年汽油和柴油的税率分别为每加仑38.4美分和44.4美分。

（5）机动车税：各州政府根据车辆特点征收机动车登记费用。

（6）其他资金：其他的运输收入来源包括房产税和机动车辆运营许可费用。

（7）地方资金来源：地方政府的资金来源于政府汽车燃油税、当地机动车登记费用、当地的销售税、房产税和通行费等。

如图7-2所示显示了2008年得克萨斯州的收入来源分布。

4. 经费支出

得克萨斯州交通部门利用每年的净收入，为洲际之间货物与乘客提供安全、可靠、舒适的交通运输系统。为实现这一目标，得克萨斯州交通部不仅注重减少交通堵塞、提高安全、

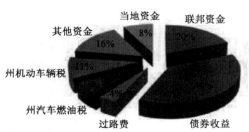

图7-2　2008年得克萨斯州的收入来源

扩大经济机会、改善空气质量等重点项目的建设,更注重保持运输资产的价值。得克萨斯州行政法规明确规定了资金的分配问题,为保证建设项目满足得克萨斯州交通部的要求,类似项目要在同样的资金范畴内竞争。

得克萨斯州交通部的项目属于州际范围内的保护和安全项目的子项目,该项目将资金分为 12 个种类。每年,得克萨斯州交通部必须要在各个项目类别的运输计划(UTP)下统一的拨款。

(1)预防性维护和改造:对现有的国家高速公路系统进行预防性维护和改造。

(2)大都市圈交通走廊项目:解决人口大于 20 万所有主要大城市的流动性需求。

(3)城市地区交通走廊项目:解决人口大于 5 万、小于 20 万的大城市的流动性需求。

(4)州际交通走廊项目:满足主要高速公路系统通道的容量需求,并提高道路机动性。

(5)缓解拥堵和空气质量改善:改善空气质量不合格的地区,如达拉斯、休斯敦、埃尔帕索等地区。

(6)结构性维护和改造:修复现有桥梁和铁路地下通道国家高速公路系统的缺陷,解决铁路与公路交叉通行的问题。

(7)城市道路机动性:满足人口超过 20 万的城市交通需求。

(8)安全性:减少公路死亡事故和重大伤害,并为小学和中学的孩子步行和自行车去学校提供安全的环境。同时,减少铁路与公路交会处的交通事故。

(9)增强交通运输系统:加强历史保护或旅游项目等的交通系统。

(10)补充类或附加类的交通项目:处理不符合资格的项目,如国家公园道路,遏制坡道计划,铁路等级交叉重建计划和卡车重量检测站。

(11)自治区:对地方工程师自行决定的项目进行处理。

(12)战略重点:根据需要,资助对国家特别重要的项目。

7.3 案 例 分 析

一、PPP 投融资案例

1. 项目背景

北京地铁 4 号线长 28.65km,位于北京西部市区;南起丰台区的马家楼,穿越原宣武区和西城区,北至海淀区的龙背村,南北向运行。全程共有 24 个车站(其中 23 个在地下),总投资约 153 亿元。

城市轨道交通造价高昂,地下线每千米 5 亿元左右(地面线每千米 2 亿元左右),有较高的投资和运营成本,现有地铁线的运营多数靠政府补贴;但地下轨道交通运量大、速度快、不占地面,能有效缓解城市交通拥挤,具有巨大的社会经济效益。基于这样的认识,2003 年 12 月北京市政府转发了市发展改革委《关于本市深化城市基础设施投融资体制改革的实施意见》,明确提出了轨道交通项目可以按照政府与社会投资 7∶3 的比例,吸引社会投资参与建设。地铁特许经营项目的实施基本实现有法可依,北京地铁 4 号线是在这种背景下开发的。

北京市政府计划通过对北京市基础设施投资有限公司提供 70% 的资金(约 107 亿元人民

币),其余30%的资金通过项目融资由私人开发商提供。为此,为高效利用政府资金同时发挥私营企业的管理效率,避免政府对私营企业的不当干扰,将北京地铁4号线分拆为A、B两部分:A部分包括洞体、车站等土建工程的投资和建设(约70%的工程造价),由政府或代表政府投资的公司来完成;B部分包括车辆、信号等设备资产的投资(约30%的工程造价),吸引社会投资组建的PPP项目公司来完成。两部分形成整体后,由项目公司负责运营和维护一定的年限,通过票价收入和非票价收入(如广告、零售、地产等)回收投资并获取利润。

2. 投资结构

香港地铁公司、北京首都创业集团和北京市基础设施投资有限公司三方合资成立北京京港地铁有限公司。香港地铁公司和北京首都创业集团有限公司各占49%的股份,北京市基础设施投资有限公司占2%的股份。香港地铁公司富有丰富的地铁建设与运营的经验,能将运营经验和服务理念运用到4号线;北京首都创业集团则是直属北京市的企业,投资房地产、金融服务和基础设施;北京市基础设施投资有限公司则作为市一级基础设施投融资平台,对轨道交通等基础设施项目进行市场化运作,属北京市政府所拥有,主要经营轨道交通基础设施的投资、融资和资本管理业务。

3. 资金结构

该项目总投资为153亿元,其中七成(约107亿元)由北京市政府出资,另外三成(约46亿元)由北京京港地铁有限公司(项目公司)负责筹资,该公司注册资本约15亿元人民币(股本资金),香港地铁公司和北京首都创业集团各投资约7.35亿元(各占49%),北京市基础设施投资有限公司投资约3000万元(占2%)。

4. 融资结构

北京地铁4号线的A部分采用代建的方式,北京市基础设施投资有限公司作为项目法人,负责筹资建设,组建北京地铁4号线投资有限责任公司(以下简称"项目建设公司")。B部分由北京京港地铁有限公司(以下简称"项目运营公司")承建。根据与北京市政府签订的"特许经营协议",项目运营公司只负责地铁4号线B部分的融资、设计和建设,而A部分项目设施则通过"资产租赁协议"从项目建设公司获得使用权,在30年的特许经营期内(不包括建设期),项目运营公司要负责4号线项目全部设施(A项目和B项目)的运营和维护,并按照"特许经营协议"规定获取票款和其他收益。特许经营期结束后,项目运营公司按照"特许经营协议"和"资产租赁协议"的规定将A部分项目设施交还给北京地铁4号线投资有限公司,或移交给市政府或其指定机构,同时将B部分项目设施无偿地移交给市政府或其指定机构。北京地铁4号线的融资结构如图7-3所示。

在4号线项目中,市政府按照"特许经营协议"规定,在建设期内将监督项目建设公司确保土建部分按时按质完工,并监督项目运营公司进行机电设备部分的建设。4号线运营票价实行政府定价管理,采用计程票制。在特许期内,市政府根据相关法律法规,制定并颁布4号线运营票价政策,并根据社会经济发展状况适时调整票价。运营期内按有关运营和安全标准对项目运营公司进行规制。

5. 总结

北京地铁4号线项目的建设安排充分体现了PPP策略的精髓——政府与私营部门合伙合作,缩小了项目建设公司和项目运营公司的融资规模。从政府的角度,政府只需出资70%;

从私营开发商的角度,则增加了投资机会。4号线项目的开发模式可推广成"建设-租赁-移交"(Build-Lease-Transfer,简称 BLT)和"租赁-开发-运营-移交"(Lease-Develop-Operate-Transfer,简称 LDOT)的组合模式,参见图 7-3。

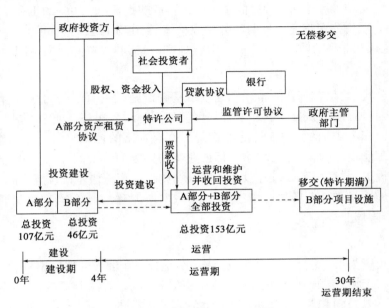

图 7-3 北京地铁 4 号线融资结构示意图

组合模式有以下优点:①项目建设公司和项目运营公司可以采取不同的特许经营期,增加了项目开发的灵活性。②土建工程可以由政府建造或提供资助让私营企业建设:如果土建工程由政府建造,则可以通过调整租金水平使项目运营公司获得合理的回报;如果政府提供资助,则可以通过控制资助的大小使项目建设公司获得合理的回报,从而增大项目对私人资本的吸引力。③这种模式也可以用于经济效益较好的项目,租金的确定应保证项目建设公司回收投资和获得合理的利润。由于土建工程与机车车辆等设备分开后,项目运营公司可以利用设备租赁融资;项目建设公司可以利用与项目运营公司签订的租赁协议进行融资租赁,拓宽融资渠道,提高融资的可行性。

二、案例分析

贷款修路、收费还贷错了吗?

曾被称为"亚洲第一桥"的洛溪大桥横跨珠江两岸,是广州到番禺的重要通道。1984年洛溪大桥修建前,从番禺到广州要经过两个渡口,不到 15km 的路程,至少要花 3~4h。1988年,洛溪大桥建成通车,并设立收费站收取过桥费以偿还贷款。

1999 年 3 月,广州市人大代表王则楚向番禺市政府提出了洛溪大桥收费何时结束的询问。得到的答复是,洛溪大桥自身的贷款早就还清,但 8 个配套工程的贷款还尚未还清。2000年 4 月王则楚又提出洛溪大桥收费何时结束的问题。

番禺市的答复是,洛溪大桥的收费要求延长到 2028 年,但没有还贷计划。2001 年 3 月,王则楚等代表第三次提出洛溪大桥收费何时了的询问,番禺市政府书面答复说,洛溪大桥是原番禺县政府在1984年集资1亿元兴建的。

1991—1998年,又为洛溪大桥兴建了8个配套工程,总投资达到78763万元(含洛溪大桥1亿元),资金来源除中央和广东省政府拨款1569万元外,其余均为银行贷款。洛溪大桥自建成通车后,前期一直亏本运作。1997年开始还贷,截至2000年6月,共还贷35858万元,但收回全部投资本息还需7年。

正当人们议论洛溪大桥的收费时,全国政协副主席霍英东说,洛溪大桥是他捐建的,他从未从洛溪大桥收费中拿过1分钱,未来也不会要1分钱。他捐了1000万港币的物资,由于结合优惠政策经营得法,使1000万元港币增值为7000万元人民币。7000万元人民币在当时完全足够修建洛溪大桥,不知道洛溪大桥何来的贷款?此言一出,媒体哗然,看来洛溪大桥问题丛生。

(引自:南方周末,2001年5月25日)

分析:

事实上,洛溪大桥现象只是路桥收费领域中众多问题之"冰山一角"。各地路桥收费中比较普遍的问题是:设站过密,大部分收费项目没有办理竣工决算,擅自批准经营或转让收费权,没有联网收费,还清本息即撤收费站的规定未能落实有些收费站成为地方政府的"小钱柜"。基于这些问题,有人对"贷款修路、收费还贷"的做法持否定态度。

完全否定的观点是不正确的。以广东为例,广东省在改革开放以前都是靠财政拨款建设公路的,当时用于公路建设的政府投资每年只有600万元。为迅速改变公路条件,1981年广东省交通厅决定借钱修路,然后通过收费偿还。

当时向澳门一公司借了1.5亿港元,然后自筹8000万元人民币来修路,并从1984年1月1日起在广东线、广州线六个路口设收费站。客观地说,正因为"贷款修路、收费还贷",广东的路桥面貌才有可能焕然一新。也就是说,原先把路桥看成纯公共产品,共同消费,政府提供;后来把路桥看成俱乐部产品,允许民间资本介入,交费才能消费。实践证明,引入市场机制建设路桥,总体说来是成功的。

但是,在把精力集中在"贷款修路"的同时,却忽视了"收费还贷"的管理和监督,以致出现洛溪大桥这样的问题。当时只要省计委立项,然后物价局根据省计委的批文就可批设收费站,没有一个部门具体负责收费站的管理。直到1996年8月,省政府才明确规定交通厅作为收费公路的行业管理单位。

思考与练习

1. 交通基础设施项目分类的理论有哪些?如何依据不同的理论进行分类?
2. 交通运输项目投资有什么作用?
3. 交通运输项目融资的渠道有哪些?
4. 试以铁路或公路为例,对中美交通基础设施投融资进行比较。
5. 简述中国当前交通运输融资情况的存在问题及解决思路。
6. 谈谈你对PPP投融资模式的理解。

第8章 投资项目经济评价

投资项目评价是交通运输项目可行性研究的重要组成部分,是项目决策科学化的重要手段。经济评价的目的是根据国民经济和社会发展战略及运输发展规划的要求,在做好交通运输需求预测及项目建设工程技术研究的基础上,计算项目的效益和费用,通过多方案比较,对拟建项目的财务可行性和经济合理性进行分析论证,做出全面的经济评价,为项目的科学决策提供依据。

8.1 资金的时间价值和等值计算

在交通运输项目技术经济分析中,必然会涉及时间因素的影响,为了解决不同时间上发生的费用与效益的可比性问题,需要了解资金的时间价值和等值计算问题。

一、资金的时间价值、利息和利率

1. 资金时间价值的含义及度量

任何交通运输项目的建设和运行,任何技术方案的实施,都要求投入一定量的资金,而且这些资金的投入都有一个时间上的延续过程。对于投资活动来说,资金的投入与收益的获得往往构成一个随时间变化的现金流量序列。项目的现金流量存在两种差异,一是投入及产出数量上的差异,亦即现金流量大小的差异;二是投入及产出时间上的差异,亦即现金流量时间分布的差异。现金流量的差异是决定方案经济效果的重要因素,因此,要客观地评价交通运输工程项目或技术方案的经济效果,不仅要考虑现金流量的大小,还必须考虑现金流量发生的时间。

资金的一个重要特征是具有时间价值。在不同时间付出或得到同样数额的资金在价值上是不等的,也就是说资金的价值会随时间而发生变化。不同时间发生的等额资金在价值上的差别称为资金的时间价值。资金的时间价值就是资金随着时间的推移在运动过程中产生的价值增值。因此,为了获得交通运输工程项目经济效果的正确评价,就必须把不同时点的资金换算成统一时点上的资金,然后在相同的时间基础上进行比较。

资金的时间价值是以一定量资金在一定时期内的利息来度量的,而利息是根据本金数额、利率和计息时间来计算的。这里所指的利息是一种广义的概念,是投资净收益与借贷利息的统称。从投资的角度看,资金的时间价值主要取决于以下因素:

(1)投资利润率:单位投资额取得的利润。
(2)通货膨胀因素:对货币贬值损失所应做的补偿。
(3)风险因素:即对风险的存在可能带来的损失所应做的补偿。

2. 利息与利率

(1)利息与利率的概念

利息是指占用资金(或放弃使用资金)所付(或所得到)的代价,是占用资金者支付给放弃使用资金者超过本金的部分,这实际上是占用资金者获得的净收益的一种再分配。

利率是指资金在单位计息周期产生的增值(利息)与投入资金额(本金)的比值。计息期,又称利息计算周期,表示利息计算的时间间隔单位(如年、季、月、日等)。

(2)名义利率与实际利率

在项目投资评价分析中,利率有名义利率、实际利率之分。

名义利率,即表面上或形式上的利率,指利率的时间单位与计息期的时间单位不一致时的年利率(用 r 表示)。若利率的时间单位与计息期的时间单位相一致,则名义利率等于计息期实际利率。计息期实际利率,为按计息期实际计算利息时所用的利率。若名义利率为 r,一年内计息次数为 m,则计息期的实际利率为 r/m。

年实际利率,即与计息期实际利率等效的年利率,常记为 i。这里的等效是指用年实际利率 i 每年计息一次与用计息期实际利率 r/m 每年计息 m 次所计算的利息额相等。按复利计算时,名义利率与年实际利率有关系式如下:

$$i = \left[1 + \left(\frac{r}{m}\right)\right]^m - 1 \tag{8-1}$$

(3)单利与复利

资金等值计算的基本方式有两种:单利法和复利法。

单利计息为仅按本金计算利息,对前期所获得的利息不再计息,其计算的利息与占用资金的数额、占用的时间以及计算利息的利率成正比,计算公式为:

$$F = P(1 + ni) \tag{8-2}$$

式中:F——本利和;

P——本金;

n——计息期数,年;

i——单利(年)利率。

所谓复利,是指在计算下一期利息时,要将上一期的利息加入本金中重复计息,这就是通常所说的"利生利"或"利滚利"。在资金等值计算中,采用复利法比较符合资金运动规律,因而在建设项目投资评价中,均应采用复利法进行资金等值的计算。计算公式为:

$$F = P(1+i)^n \tag{8-3}$$

式中:F——本利和;

P——本金;

n——计息期数,年;

i——单利(年)利率。

【例 8-1】 借款 1000 元,年利率 $i=6\%$,借款时间 3 年,分别用单利和复利计算偿还情况。

解 见表 8-1、表 8-2。

单利计算表(单位:元) 表 8-1

年 数	年 初 欠 款	年末应还利息	年 末 欠 款	年 末 偿 还
1	1000	1000×0.06=60	1060	0
2	1060	1000×0.06=60	1120	0
3	1120	1000×0.06=60	1180	1180

复利计算表(单位:元) 表 8-2

年 数	年 初 欠 款	年末应还利息	年 末 欠 款	年 末 偿 还
1	1000	1000×0.06=60	1060	0
2	1060	1060×0.06=63.60	1123.60	0
3	1123.60	1123.60×0.06=67.42	1191.02	1191.02

二、现金流量及现金流量图

1. 现金流量

现金流量是独立项目在一定时期内各个时点上所实际发生的流入或流出该系统的资金数量。这里"一定时期内"是指项目从第一笔资金活动发生时刻起到最后一笔资金活动结束时刻止的整个项目寿命期。凡是"流入"项目的资金都称为现金流入(记为 CI),如在项目生产期内取得的销售收入,在项目寿命结束时所回收的固定资产余值等。凡由项目"流出"的资金都称为现金流出(记为 CO),如在项目建设期内发生的投资支出、经营期发生的各项经营成本、交纳的税金等。同一时点上现金流入与现金流出之差为净现金流量。可表示成如下形式:

净现金流量 = 现金流入 − 现金流出
= (销售收入 + 回收固定资产余值 + 回收流动资金) −
(固定资产投资 + 流动资金 + 经营成本 + 销售税金及附加 + 所得税)

实践中,常用现金流量表来反映现金的流入和流出情况,如表 8-3 所示。

【例 8-2】 拟建某项目,建设期 2 年,生产期 10 年,基础数据如下:

(1)第一年、第二年固定资产投资分别为 2100 万元、1200 万元,第三年、第四年流动资金注入分别为 550 万元、350 万元。

(2)预计正常生产年份的年销售收入为 3500 万元,经营成本为 1800 万元,税金及附加为 260 万元,所得税为 310 万元。

(3)预计投产的当年达产率为 70%,投产后的第二年开始达产率为 100%,投产当年的销售收入、经营成本、税金及附加、所得税均按正常生产年份的 70% 计。

(4)固定资产余值回收为 600 万元,流动资金全部回收。

(5)上述数据均假设发生在期末。

请编制现金流量表并计算各年的净现金流量。

解 结果见表 8-3。

现金流量表 表 8-3

项目	建设期		投产期									
	1	2	3	4	5	6	7	8	9	10	11	12
1.现金流入	0	0	2450	3500	3500	3500	3500	3500	3500	3500	3500	5000
销售收入			2450	3500	3500	3500	3500	3500	3500	3500	3500	3500
回收固定资产余值												600
回收流动资金												900
2.现金流出	2100	1200	2209	2720	2370	2370	2370	2370	2370	2370	2370	2370
固定资产投资	2100	1200										
流动资金投资			550	350								
经营成本			1260	1800	1800	1800	1800	1800	1800	1800	1800	1800
销售税金			182	260	260	260	260	260	260	260	260	260
所得税			217	310	310	310	310	310	310	310	310	310
3.净现金流量	−2100	−1200	241	780	1130	1130	1130	1130	1130	1130	1130	2630

2.现金流量图

对于一个项目,其现金流量的流向、数额和发生时点都不尽相同,为了正确进行经济效果评价,有必要借助现金流量图来进行分析。

现金流量图是反映资金运动状态的图示。在现金流量图中,要反映资金的性质(是收入或是支出——流入或流出)、资金发生的时间和数额大小。现金流量的性质是与对象有关的,收入与支出是对特定对象而言的。贷款人的收入,就是借款人的支出或归还贷款;反之亦然。通常,现金流量的性质是从资金使用者的角度来确定的,如图 8-1、图 8-2 所示。

现金流量图的作图规则如下:

(1)以横轴为时间轴,越向右延伸表示时间越长;将横轴分成相等的时间间隔,间隔的时间单位以计息期为准,通常以年为单位;时间坐标起点通常取为项目开始建设年的年初。

(2)凡属收入、借入的资金等,视为正的现金流量;凡是正的现金流量,用向上的箭头表示,可按比例画在对应时间坐标处的横轴上方。

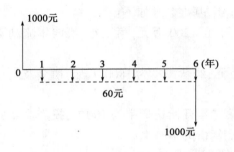
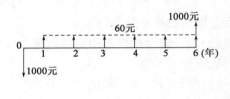

图 8-1　借款人的现金流量图　　　　　图 8-2　贷款人的现金流量图

（3）凡属支出、归还贷款等的资金视为负的现金流量；凡是负的现金流量，用向下的箭头表示，可按比例画在对应时间坐标处的横轴下方。

若不按比例绘制，可在箭头旁标注具体的现金流量值，如图 8-1、图 8-2 所示。为了计算上的方便和统一，画现金流量图时有以下规定：若无特别说明，一般投资发生在第 1 年年初即第 0 年年末，销售收入、经营成本、税收、残值等发生在各年年末。

三、资金等值的计算公式

1. 资金等值的概念

资金的等值，指在考虑时间因素的情况下，不同时间、不同数额的资金可能具有相等的价值。当其"价值等效"时，这些不同时间、不同数额的资金称为等值。

相同数量的资金在不同的时间点代表者不同的价值；资金必须赋予时间概念，才能显示其真实价值的意义。例如，现时的 100 元与 1 年后的 100 元数值相等，但价值不等；现时的 100 元与 1 年后的 110 元，数值不等，但如果年利率为 10%，则两者是"等值"的。

资金的等值是以规定的利率为前提的，当各支付系列的利率不同时，其等值关系即不成立。如果两个现金流量等值，则在任何时点也必然等值；位于同一时点时，其价值与数值均相等。影响资金等值的因素为资金数额大小、利率大小和计息期数的多少。

2. 资金等值计算公式

利用等值概念，可以把某一时间上的资金值变换为另一时间上价值相等但数值不等的资金额，这一换算过程称为资金的等值计算。实际上，复利计算即可看作等值计算。

（1）资金等值计算中的基本符号规定

在资金等值计算（复利计算）中的基本符号规定如下：

P——现值（本金或期初余额），即货币资金的现实价值，一般位于所取时间坐标的起点（或零期，例如建设项目开始的第一年年初）。

F——终值（或称未来值、复本利和），即相对于现值若干计息期后的价值，位于所取时间坐标的终点（n 期末，这里 $n=1,2,\cdots$）。

A——等额值，表示各期支付金额相等，位于各期期末；当时间单位为年时，又称为等额年值或年金。

n——计息期数，其时间单位可以是年、季、月或日，具体运用公式时，要求应与复利利率的时间单位相一致。

i——计息期的利率。

(2) 一次性支付的复利计算公式

资金一次性支付(又称整付),是指支付系列中的现金流量,无论是流出或是流入,均在一个时点上一次性全部发生。资金一次性支付时的等值计算公式有:

① 一次性支付终值公式

如图 8-3 所示,已知现值为 P、计息期数为 n、复利利率为 i, n 期末的复本利和(终值)F 的计算公式为:

$$F = P(1+i)^n \qquad (8-4)$$

式中,$(1+i)^n$ 称为一次性支付(整付)复利系数,记为 $(F/P,i,n)$,其值可查复利系数表得出。

于是式(8-4)可写作:

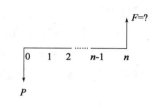

图 8-3 一次支付复利现金流量图

$$F = P(F/P,i,n) \qquad (8-5)$$

【例 8-3】 某建设项目投资额中,有 1000 万元为向银行贷款。如果贷款年利率按 6% 计,贷款期限为 4 年,第 4 年年末一次性归还本息,按复利计息,4 年年末应偿还的本利和为多少?

解 按公式计算如下:

$$F = P(1+i)^n = 1000 \times (1+0.06)^4 = 1262.5(万元)$$

或

$$F = P(F/P,0.06,4) = 1000 \times 1.2625 = 1262.5(万元)$$

② 一次性支付现值公式

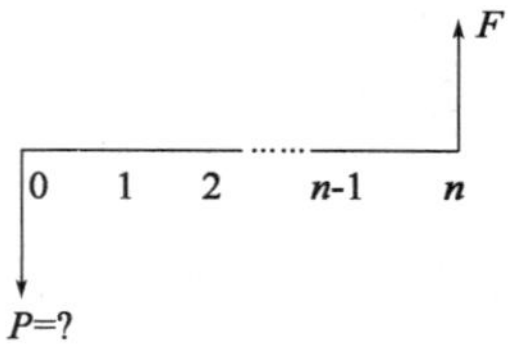

如图 8-4 所示,已知终值 F,计息期数为 n、复利利率为 i、现值 P 为:

$$P = F \cdot \frac{1}{(1+i)^n} \qquad (8-6)$$

式中,$\frac{1}{(1+i)^n}$ 称为一次性支付(整付)现值系数,记为 $(P/F,i,n)$,其值可查复利系数表得出。

图 8-4 一次支付现值现金流量图

于是式(8-6)可写作:

$$P = F(P/F,i,n) \qquad (8-7)$$

【例 8-4】 某铁路运输公司 3 年后需要一笔 100 万元的资金进行设备更新,利率以 8% 复利计。那么现在应存入银行多少钱?

解 现值为:

$$P = F \cdot \frac{1}{(1+i)^n} = 100 \times \frac{1}{(1+0.08)^3} = 79.38(万元)$$

(3) 等额支付类型

等额支付时的现金流量图有两种情况,如图 8-5、图 8-6 所示。

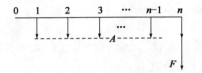
图 8-5 现金流量 A 与 F 的关系图

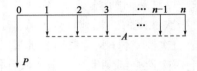
图 8-6 现金流量 A 与 P 的关系图

①等额序列终值公式

由图 8-5，将每期的 A 值看作一笔整付(一次性支付)值，由式(8-4)有：

$$F = A + A(1+i) + \cdots + A(1+i)^{n-2} + A(1+i)^{n-1} \tag{8-8}$$

式(8-8)等式两端同乘以 $(1+i)$，然后再减去式(8-8)的等式两端，有：

$$F \cdot i = A[(1+i)^n - 1] \tag{8-9}$$

故有：

$$F = A \cdot \frac{(1+i)^n - 1}{i} \tag{8-10}$$

式中，$\frac{(1+i)^n - 1}{i}$ 称为等额支付复利系数，记为 $(F/A, i, n)$。

于是式(8-10)可写作：

$$F = A(F/A, i, n) \tag{8-11}$$

【例 8-5】 某项目的建设期为 5 年，在此期间，每年年末向银行借贷 30 万元，银行要求在第 5 年年末一次性偿还全部借款和利息，若年利率为 8%，则届时应偿还的总金额为多少？

解 由式(8-10)有：

$$F = A \cdot \frac{(1+i)^n - 1}{i} = 30 \times \frac{(1+0.08)^5 - 1}{0.08} = 175.998(万元)$$

②等额支付偿债基金公式

由式(8-10)有：

$$A = F \cdot \frac{i}{(1+i)^n - 1} \tag{8-12}$$

此时 A 的含义为，若在 n 期需要积存 F 数额的资金用于偿还债务，利率为 i，则每期末应积存的金额就为 A。于是将 $\frac{i}{(1+i)^n - 1}$ 称为偿债基金系数，记为 $(A/F, i, n)$。于是式(8-12)可写作：

$$A = F(A/F, i, n) \tag{8-13}$$

【例 8-6】 某汽车修理厂欲在 7 年后进行扩建，估计到时需资金 1500 万元，资金准备自筹，每年由利润和折旧基金中提取后存入银行，若存款按复利计息，年利率为 6%，每年应提取多少基金？

解 由式(8-12)有：

$$A = F \cdot \frac{i}{(1+i)^n - 1} = 1500 \times \frac{0.06}{(1+0.06)^7 - 1} = 178.7(万元)$$

③等额支付现值公式

由图 8-6，若已知等额值为 A、计息期为 n、利率为 i，则与该等额支付系列等值的 P 可由前述等值计算公式导出。由式(8-4)有 $F = P(1+i)^n$，由式(8-10)有 $F = A \cdot \frac{(1+i)^n - 1}{i}$，由于两 F 值应相等，有等式：

$$P(1+i)^n = A \cdot \frac{(1+i)^n - 1}{i}$$

于是有：

$$P = A \cdot \frac{(1+i)^n - 1}{i(1+i)^n} \tag{8-14}$$

式中，$\frac{(1+i)^n - 1}{i(1+i)^n}$ 称为等额支付现值系数，记为 $(P/A, i, n)$。

于是式(8-14)可写作：

$$P = A(P/A, i, n) \tag{8-15}$$

【例 8-7】 某货运仓库估计能用 60 年，每年年末的维修费用为 5 万元，若年利率为 6%，仓库 60 年寿命期内的维修费的现值是多少？

解 由式(8-14)有：

$$P = A \cdot \frac{(1+i)^n - 1}{i(1+i)^n} = 5 \times \frac{(1+0.06)^{60} - 1}{0.06(1+0.06)^{60}} = 80.81(万元)$$

④资本回收公式

由式(8-14)有，当 P 为已知而 A 未知时，反求 A，有计算公式：

$$A = P \cdot \frac{i(1+i)^n}{(1+i)^n - 1} \tag{8-16}$$

该式表明，若在期初(零期)投入资金 P，在 n 年年末要完全收回资本 P(投资额)，若每年末回收的金额相等(均为 A)，则只需投资额 P 乘以 $\frac{i(1+i)^n}{(1+i)^n - 1}$ 就可计算出每一年应回收的金额 A，故称 $\frac{i(1+i)^n}{(1+i)^n - 1}$ 为资本回收系数，记为 $(A/P, i, n)$，于是式(8-16)可写作：

$$A = P(A/P, i, n) \tag{8-17}$$

【例 8-8】 某运输公司设备更新中投入资金 800 万元，资金来源为银行贷款，年利率为 6%，要求 10 年内按每年等额偿还，每年年末的等额收益为多少时才能刚好够偿还该笔借款额？

解 由式(8-16)有：

$$A = P \cdot \frac{i(1+i)^n}{(1+i)^n - 1} = 800 \times \frac{0.06 \times (1+0.06)^{10}}{(1+0.06)^{10} - 1} = 108.69(万元)$$

(4)特殊现金流支付系列的情况

①等差支付系列等值计算公式

当现金流量随时间的延长每年(或单位时间)以等额递增(或递减)的方式进行时，便形成一个等差支付系列。如图 8-7 所示，设第 1 年年末的支付值为 A_1，等差值为 G，于是第 2 年年末的支付值为 $A_1 + G$，第 3 年年末的支付值为 $A_1 +$

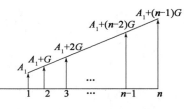

图 8-7 等差支付系列现金流量图

$2G,\cdots$,至第 n 年年末,其支付值为 $A_1 + (n-1)G$。

对于这样一个等差支付系列的等值计算,一种简便的方法是将其分解为两个与之等价的支付系列:一个是等额值为 A_1 的等额支付系列;另一个是由 $0,G,2G,\cdots,(n-1)G$ 组成的等差支付系列,如图8-8所示。

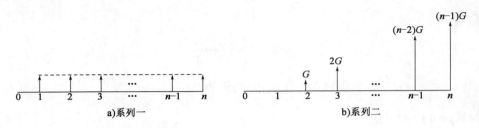

图8-8 分解图示

由图8-8可见,支付系列一为各年末支付值为 A_1 的等额支付系列,其等值计算问题前述公式(8-10)及式(8-14)已解决;支付系列二为等差值为 G 的等差支付系列,如果能将其转换为年末支付的等额支付系列,则亦可以利用式(8-11)及式(8-15)进行等值计算。

由图8-8的支付系列二,将每期末的支付值作为一笔整付(一次支付)值看待,于是,与支付系列二等值的终值(复本利和) F_2 为:

$$F_2 = G(1+i)^{n-2} + 2G(1+i)^{n-3} + 3G(1+i)^{n-4} + \cdots + (n-2)G(1+i) + (n-1)G$$

上式两端同乘以 $(1+i)$ 再减去上式,有:

$$i \cdot F_2 = G(1+i)^{n-1} + G(1+i)^{n-2} + G(1+i)^{n-3} + \cdots + G(1+i)^2 + G(1+i) + G - nG$$

(*)

由式(8-8)可见,式(*)可写成:

$$i \cdot F_2 = G(F/A, i, n) - nG$$

故有:

$$F_2 = G \cdot \frac{(F/A, i, n)}{i} - \frac{nG}{i}$$

因有:

$$A_2 = F_2(A/F, i, n)$$

故有:

$$A_2 = \frac{G}{i} - \frac{nG}{i}(A/F, i, n) = G\left[\frac{1}{i} - \frac{n}{(1+i)^n - 1}\right] \tag{8-18}$$

式中,$\frac{1}{i} - \frac{n}{(1+i)^n - 1}$ 称为等差系列等额支付复利系数,记为 $(A/G, i, n)$,于是式(8-18)可写为:

$$A_2 = G(A/G, i, n) \tag{8-19}$$

式(8-18)表明,以等差值为 G 的前述支付系列二与等额年值 A_2 的支付系列"等值"。求出 A_2 后,与 A_1 相加,就得等额年值 A。

$$A = A_1 + A_2 \tag{8-20}$$

有了等额年值 A 后，与图 8-7 支付系列等值的复本利和 F、现值 P 即可分别用式（8-10）和式（8-14）计算。

【例 8-9】 某施工企业租用施工机械，第 1 个月支付租金 5000 元，考虑到物价上涨等因素的影响，从第 2 个月起每个月的税金要在前一个月的基础上增加 300 元，估计租用该机械的时间为 18 个月，问在月利率为 1% 时，租用该机械支付租赁费的现值应是多少？

解 由题意有 $A_1 = 5000$ 元，$G = 300$ 元，$n = 18$，$i = 1\%$；由式（8-18），有：

$$A_2 = G\left[\frac{1}{i} - \frac{n}{(1+i)^n - 1}\right] = 300 \times \left[\frac{1}{0.01} - \frac{18}{(1+0.01)^{18} - 1}\right] = 2470(元)$$

$$A = 5000 + 2470 = 7470(元)$$

则有现值：

$$P = A\frac{(1+i)^n - 1}{i(1+i)^n} = 7470 \times \frac{(1+0.01)^{18} - 1}{0.01(1+0.01)^{18}} = 122496(元)$$

② 等比支付系列等值计算公式

如图 8-9 所示，当现金流量值每期以某一固定的百分率增加（或减少）时，就构成了一个等比支付系列，例如交通量逐年增加的百分率，原材料价格上涨的百分率等。在涉及这一类问题的支付情况并按复利计算时，就可以用等比支付系列的等值计算公式进行计算。在图 8-9 中，第 t 期末之值为 A_t，式中，A_t 为第 t 年年末的现金流量值；A_1 为第 1 年年末的现金流量值；j 为每年递增（减）的百分率。

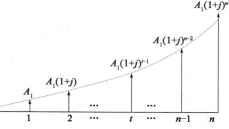

图 8-9 等比支付系列现金流量图

按式（8-3），将每期末的值作为整付值，转换为现值，则有：

$$P = \sum_{t=1}^{n} A_t \frac{1}{(1+i)^t} = \sum_{t=1}^{n} A_1 \frac{(1+j)^{t-1}}{(1+i)^t} = \sum \frac{A_1}{(1+j)}\left(\frac{1+j}{1+i}\right)^t \tag{8-21}$$

当 $j > i$ 时，令 $\frac{1+j}{1+i} = 1 + w$，于是上式可变换为：

$$P = A_1 \frac{1}{1+j}[(1+w) + (1+w)^2 + \cdots + (1+w)^n]$$

$$= A_1 \frac{1+w}{1+j}[1 + (1+w) + (1+w)^2 + \cdots + (1+w)^{n-1}]$$

$$= A_1 \frac{1+w}{1+j} \cdot \frac{(1+w)^n - 1}{w} \tag{8-22}$$

将 $(1+w)$ 还原为 $\frac{1+j}{1+i}$，有：

$$P = A_1 \frac{(1+j)^n(1+i)^{-n} - 1}{j - i} \tag{8-23}$$

若 $j < i$，则令 $\frac{1+i}{1+j} = 1 + w$，代入式（8-21），并经计算有：

$$P = A_1 \frac{1-(1+j)^n(1+i)^{-n}}{i-j} \tag{8-24}$$

当 $j = i$，由式(8-21)有：

$$P = A_1 \frac{1}{1+j} \sum_{t=1}^{n}\left(\frac{1+j}{1+i}\right)^t = \frac{nA_1}{(1+j)} = \frac{nA_1}{(1+i)} \tag{8-25}$$

【例 8-10】 拟建征收车辆过桥费的某公路桥，估算投资额需要 1200 万元；经交通调查推算，该桥建成后的第一年净收益为 150 万元；预测交通量年增长率为 4%；利率 $i = 10\%$，在 10 年内能否完全回收投资？

解 由题意知交通量年增长率为 4%，即有年净收益的年增长率亦为 4%，于是有 $i = 10\%$，$j = 4\%$，$A_1 = 150$ 万元，$n = 10$ 年，由式(8-23)有净收益现值：

$$NPV = A_1 \frac{1-(1+j)^n(1+i)^{-n}}{i-j} = 150 \times \frac{1-(1+0.04)^{10} \times (1+0.10)^{-10}}{0.10-0.04}$$

$$= 1223.20（万元）$$

由于 NPV > 1200 万元(投资额)，故该公路桥在 10 年内能收回投资。

8.2 经济效果评价指标

交通运输项目方案经济性评价的核心内容是经济效果评价。经济效果评价指标多种多样，它们是对项目或方案进行评估常采用的一些量化的基本指标，可以从不同的角度反映项目的营利性。

一、经济效果评价指标分类

根据项目方案对资金的回收速度、获利能力和资金使用效率进行分类，项目经济效果评价指标主要分为三大类：

(1) 时间型指标：以时间作为计量单位，例如投资回收期、贷款偿还期。
(2) 价值型指标：以货币作为计量单位，例如净现值、净年值和费用现值。
(3) 效率型指标：反映资金利用效率，例如投资收益率、内部收益率。

按是否考虑资金的时间价值，经济效果评价指标分为静态评价指标和动态评价指标。不考虑资金时间价值的评价指标称为静态评价指标；考虑资金时间价值的评价指标称为动态评价指标。静态评价指标主要用于技术经济数据不完备和不精确的项目初选阶段；动态评价指标则用于项目最后决策前的可行性研究阶段。各指标分类见表 8-4。

经济效果评价指标分类表　　　　表 8-4

指标分类1	具体指标	指标分类2
时间型	静态投资回收期	静态指标
	动态投资回收期	动态指标
	固定资产投资借款偿还期	静态指标
	追加投资回收期	静态、动态指标

续上表

指标分类1	具 体 指 标	指标分类2
价值型	净现值、净年值、费用现值、费用年值	动态指标
效率型	投资收益率	静态指标
	内部收益率、外部收益率	动态指标
	净现值	动态指标

二、静态评价指标

1. 投资回收期

投资回收期就是从项目投建之日起,用项目各年净收入将全部投资收回所需年限,是静态反映项目投资回收能力的重要指标。其计算公式为:

$$\sum_{t=0}^{T_P} NB_t = \sum_{t=0}^{T_P} (B_t - C_t) = K \tag{8-26}$$

式中:K——投资总额;

B_t——第 t 年的收入;

C_t——第 t 年支出(不包括投资);

NB_t——第 t 年的净收入,$NB_t = B_t - C_t$;

T_P——投资回收期。

满足使上述等式成立的 T_P 值不一定正好是整数,所以实际计算中,常根据表格计算静态投资回收期值,计算公式为:

$$T_P = T - 1 + \frac{第(T-1)年累计净现金流量的绝对值}{第 T 年的净现金流量} \tag{8-27}$$

式中:T——项目累计净现金流量开始出现正值或零的年份。

由于静态投资回收期越长,项目的盈利能力越弱,而且项目面临的风险越大,因此,投资者必然希望投资回收期越短越好。项目是否可行的判别准则:设基准投资回收期为 T_b,$T_P \leq T_b$,则项目可以接受;$T_P > T_b$,则项目应予拒绝。

【例 8-11】 项目的投资及每年净收入如表 8-5 所示,试计算其投资回收期。

某项目的投资及年净收益表(单位:万元)　　　表 8-5

项　目	年　数						
	0	1	2	3	4	5	6
1. 总投资	6000	4000					
2. 收入			5000	6000	8000	8000	8000
3. 支出(不包括投资)			2000	2500	3500	3500	3500
4. 净现金收入			3000	3500	4500	4500	4500
5. 累计净现金流量	-6000	-10000	-7000	-3500	1000	5500	10000

解 $$T_P = 4 - 1 + \frac{3500}{4500} = 3.78(年)$$

投资回收期指标的优点是:概念清晰,经济含义明确,方法简单适用,不仅能在一定程度上反映项目的经济性,而且能反映项目的风险大小,便于投资者衡量建设项目承担风险的能力,同时在一定程度上反映了投资效果的优劣。

投资回收期指标的缺点是:一是没有反映资金的时间价值;二是没有用到方案在回收期以后的现金流量数据;三是没有考虑到项目的期末残值;四是在方案间的投资额相差悬殊时,方案比较的结论可信度降低。

因此,投资回收期能够在一定程度上反映项目经济性和风险性,在项目评价中具有独特的地位和作用,但由于其缺陷,仅作项目评价的辅助性指标使用。

2. 投资收益率

投资收益率,又称投资效果系数,是衡量投资方案获利水平的评价指标,是投资方案建成投产达到设计生产能力后一个正常生产年份的年净收益额与方案投资总额的比值。

$$R = \frac{NB}{K} \tag{8-28}$$

式中:K——投资总额,$K = \sum_{t=0}^{m} K_t$,K_t 为第 t 年的投资额,m 为投资年限;

NB——正常生产年份的净收入,按分析目的的不同,可以是利润,也可以是利税总额和净现金流入等;

R——投资收益率,根据 K 和 R 的具体含义,R 可以表现为各种不同的具体形态:

$$全部投资收益率 = \frac{年利润 + 折旧与摊销 + 利息支出}{全部投资额} \tag{8-29}$$

$$权益投资收益率 = \frac{年利润 + 折旧与摊销}{权益投资额} \tag{8-30}$$

$$投资利税率 = \frac{年利润 + 税金}{全部投资额} \tag{8-31}$$

$$投资利润率 = \frac{年利润}{全部投资额} \tag{8-32}$$

对于权益投资和投资利润率来说,还有所得税前与所得税后之分。

投资收益率指标未考虑资金的时间价值,而且舍弃了项目建设期、寿命期等众多经济数据,指标计算的主观随意性太强,正常生产年份的选择比较困难,故一般仅用于技术经济数据尚不完整的项目初步研究阶段,或是计算期短、不具备综合分析所需详细资料的方案,尤其适用于工艺简单而生产情况变化不大的工程建设方案的选择和投资经济效果的评价。

用投资收益率指标评价投资方案的经济效果,需要与根据同类项目的历史数据及投资者意愿等确定的基准投资收益率作比较。设基准投资收益率为 R_b,判别准则为:

若 $R \geq R_b$,则项目可以考虑接受;

若 $R < R_b$,则项目应予拒绝。

三、动态评价指标

1. 净现值

(1)计算公式及判别准则

净现值是对投资项目进行动态评价的最重要指标之一,是将项目整个计算期内各年的净现金流量按某个给定的折现率,折算到计算期初期(零点,即第 1 年年初)的现值代数和。它

反映了考虑资金时间价值条件下投资生产的净贡献,净现值的计算公式为:

$$\text{NPV} = \sum_{t=0}^{n}(\text{CI}_t - \text{CO}_t)(1+i_0)^{-t} = \sum_{t=0}^{n}(\text{CI}_t - K_t - \text{CO}'_t)(1+i_0)^{-t} \tag{8-33}$$

式中:NPV——净现值;

CI_t——第 t 年的现金流入量;

CO_t——第 t 年的现金流出量;

CO'_t——第 t 年除投资以外的现金流出量;

K_t——第 t 年的投资;

n——寿命年限;

i_0——基准折现率。

指标评价准则:

若净现值 NPV = 0,则意味着:从投资回收看,按给定的基准贴现率(收益率),在寿命期内项目刚好收回投资;从指标含义看,项目各年净现金流量的现值累计之和刚好为零;从收益率看,项目的收益率 i 刚好等于项目的基准收益率 i_0,即刚好达到资本的最低获利要求。因此,NPV = 0 并不意味着项目的收益或利润为 0。

因此,若 NPV > 0,表明项目获利能力高于对资本的获利要求,既然达到了对资本投资的获利要求意味着该项目可行;此时 NPV 的数值表示项目达到基本获利要求后尚有的附加收益值。

若 NPV < 0,表明项目的获利能力低于对资本的获利要求,因此此时项目不可行。

对单一方案而言,若 NPV≥0,则项目应予接受;若 NPV < 0,则项目应予拒绝。对多方案比选,若方案间的投资规模相差不大时,净现值越大的方案相对越优(净现值最大准则)。

计算净现值时,要注意以下两点:

①净现金流量 NCF_t,即($\text{CI}_t - \text{CO}_t$):由于净现值指标考虑了技术方案在计算期内各年的净现金流量,因此预测 NCF_t 的准确性至关重要,直接影响项目净现值的大小和正负。

②折现率 i:由净现值的计算公式可以看出,对特定的项目,净现值仅是折现率 i 的函数,直接影响项目净现值的大小和正负。

一般情况下,折现率 i 的选取有以下三种取值:

①选取社会折现率 i_s,即 $i = i_s$,社会折现率 i_s 通常是已知的。

②选取行业(或部门)的基准收益率 i_c,即 $i = i_c$。根据项目的行业特点或企业的隶属关系,选取相应行业(或部门)规定的基准收益率 i_c。

③选取计算折现率 i_0,即 $i = i_0$。从代价补偿的角度,可用下式表示计算折现率的求法:

$$i_0 = i_{01} + i_{02} + i_{03}$$

式中:i_0——计算折现率;

i_{01}——仅考虑时间因素应补偿的收益率;

i_{02}——考虑社会平均风险因素应补偿的收益率;

i_{03}——考虑通货膨胀因素应补偿的收益率。

使用计算折现率 i_0,将使 NPV 的计算更接近于客观实际,但求算 i_0 比较困难。

【例 8-12】 某项目现金流量如表 8-6 所示,试用净现值指标判断项目的经济性($i = 10\%$)。

现金流量图（单位：万元） 表8-6

项 目	年 数				
	0	1	2	3	4~10
1. 投资支出	30	400	100		
2. 投资以外其他支出				300	450
3. 收入				400	750
4. 净现金流量	-30	-400	-100	100	300

解 根据表8-6中各年净现金流量，有：

$$NPV(10\%) = -30 - 400(P/F,10\%,1) - 100(P/F,10\%,2) + 100(P/F,10\%,3) + 300(P/A,10\%,7)(P/F,10\%,3)$$

$$= -30 - 400 \times 0.9091 - 100 \times 0.8264 + 100 \times 0.7513 + 300 \times 4.8684 \times 0.7513$$

$$= 696.14(万元)$$

NPV>0，故项目在经济效果上是可以接受的。

（2）指标的优缺点

净现值指标的优点：一是考虑了资金的时间价值，使项目投资盈利能力的计算更加精确，可以为制定投资决策提供科学依据；二是直接以货币额表示项目的附加收益额，经济意义明确、直观；三是既可用于单方案评价，也可用于多个互斥方案的评价与优选。

净现值指标的缺点：

一是基准折现率这一外生变量对NPV和项目决策结论的影响很大。若折现率定得太高，可行项目就可能被否定；反之，折现率定得过低，不可行的项目就可能被选中。该法依赖于客观、合理的基准折现率。

二是当各方案的投资额差别很大时，用NPV进行比选可能存在偏差。显然，一个勉强合格的大型项目的净现值一般要比一个具有较强经济强度的小型项目净现值大得多，这样，使用净现值法对这两个方案进行选优时，结论一般会选择大型项目，而实际上小项目的投资收益率要高。

例如：表8-7列出了大中小项目投资总额、净现值及NPV比选结果的情况。

大中小项目投资总额、净现值及NPV比选结果对比 表8-7

项目类型	投资总额（万元）	净现值（万元）	按NPV	实际优劣	NPVI（%）
大	1000	15	优	劣	1.5
中	300	6	中	中	2.0
小	50	3	劣	优	6.0

根据净现值，项目的优劣次序是大方案最优、小方案最差，但实际情况却相反。因为，如果将投资进行分割，大项目可以分成20个小项目，按小项目的投资收益率水平，这个大项目的净现值应该要达到60万元，而不仅是15万元。

三是当各方案的寿命期差别太大时，使用NPV进行方案比选也可能带来偏差。

净现值指标反映了方案相对于基准收益率水平的超额情况，但由于其没有考虑各方案在投资额上的差异，不能很好地反映各项目在资金利用效率上的差异。为此，人们通常采用净现值指数作为净现值的辅助指标。净现值指数NPVI是项目净现值与其总投资现值之比，其经济含义是单位投资现值所能带来的净现值。

$$\text{NPVI} = \frac{\text{NPV}}{K_{\text{P}}} = \frac{\sum_{t=0}^{n}(\text{CI}_t - \text{CO}_t)(1+i_0)^{-t}}{\sum_{t=0}^{n}K_t(1+t_0)^{-t}} \quad (8\text{-}34)$$

式中：K_{P}——项目总投资现值。

对于单一项目而言，若 $\text{NPV} \geq 0$，则 $\text{NPVI} \geq 0$；$\text{NPV} < 0$，则 $\text{NPVI} < 0$（因为 $K_{\text{P}} > 0$），故 NPVI 评价项目经济效果时与 NPV 相同。

(3) NPV 相对于 i 的敏感性

净现值随着 i 的取值不同会发生变化，甚至可能出现符号的变化。净现值函数就是 NPV 与折现率 i 之间的函数关系。表 8-8 列出了某项目的净现金流量，表 8-9 列出了其净现值随 i 变化而变化的对应关系。

净现金流量 表 8-8

年数	0	1	2	3	4
净现金流量（万元）	-1000	400	400	400	400

折现率与净现值的变化关系 表 8-9

$i(\%)$	0	10	20	22	30	40	50	∞
$\text{NPV}(i) = -1000 + 400(P/A,I,4)$（万元）	600	268	35	0	-133	-260	-358	-1000

若以纵坐标表示净现值，横坐标表示折现率 i，上述函数关系如图 8-10 所示。从图中可以发现，净现值函数一般有如下特点：①同一净现金流量的净现值随折现中 i 的增大而减小。故基准折现率 i_0 定得越高，能被接受的方案越少。②在某一个 i^* 值上（本图中 $i^* = 22\%$），曲线与横坐标相交，表示该折现率下的 $\text{NPV} = 0$，且当 $i < i^*$ 时，$\text{NPV}(i) > 0$；$i > i^*$ 时，$\text{NPV}(i) < 0$。

净现值对折现率 i 的敏感性问题是指，当 i 从某一值变为另一值时，若按净现值最大的原则优选项目方案，可能出现前后结论相悖的情况。表 8-9 列出了两个互相排斥的方案 A 与 B 的净现金流量及其在折现率分别为 10% 和 20% 时的净现值。由表 8-10 可知，在 i 为 10% 和 20% 时，两方案的净现值均大于零。根据净现值越大越好的原则，当 $i = 10\%$ 时，$\text{NPV}_A > \text{NPV}_B$，故方案 A 优于方案 B；当 $i = 20\%$ 时，$\text{NPV}_A < \text{NPV}_B$，则方案 B 优于方案 A。这一

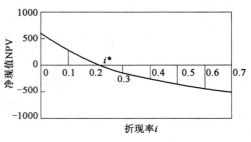

图 8-10 净现值曲线图

现象对投资决策具有重要意义。例如，假设在一定的基准折现率 i_0 和投资总限额 K_0 下，净现值大于零的项目有 5 个，其投资总额恰为 K_0，故上述项目均被接受；按净现值的大小，设其排列顺序为 A、B、C、D、E。但若现在的投资总额必须压缩，减至 K_1 时，新选项目是否仍然会遵循 A、B、C、…的原顺序排列直至达到投资总额为止呢？一般不会。随着投资限额的减少，为了减少被选取的方案数（准确地说，是减少被选取项目的投资总额），应当提高基准折现率。但基准折现率从 i_0 提高到 i_1 后，由于各项目方案净现值对基准折现率的敏感性不同，原先净现值小的项目，其净现值现在可能大于原先净现值大的项目。因此，在基准折现率随着投资总额变动的情况下，按净现值准则选取项目事实上不一定会遵循原有的项目排列顺序。

方案 A、B 在基准折现率变动时的净现值   表 8-10

方案	年数						NPV (10%)	NPV (20%)
	0	1	2	3	4	5		
A	−230	100	100	100	50	50	83.91	24.81
B	−100	30	30	60	60	60	75.40	33.58

2. 净年值

净现值法或净现值指标在单一项目中被普遍应用,但由于多方案评价尤其是在寿命期悬殊较大的方案间进行比选时,应以各方案寿命期的最小公倍数作为所有方案的共同计算期,此时净现值法就没有净年值法简明。

净年值 NAV 是通过资金等值换算将项目净现值分摊到寿命期内各年(从第 1 年到第 n 年)的等额年值。其经济含义是项目在寿命期内各年分摊的收益年值。其表达式为:

$$NAV = NPV(A/P, i_0, n) = \sum_{i=0}^{n}(CI_t - CO_t)(1 + i_0)^{-t}(A/P, i_0, n) \qquad (8-35)$$

式中: NAV——净年值;

$(A/P, i_0, n)$——资本回收系数。

其余符号意义同式(8-33)。

指标评价准则:对单个项目,NAV 是否大于零是判别方案可行与否的标准;用于对多个方案比较时,NAV 大的方案为优方案。

将净年值的计算公式及判别准则与净现值的做一比较可知,由于 $(A/P, i_0, n) > 0$,故净年值与净现值在项目评价的结论上总是一致的。因此,就项目的评价结论而言,净年值与净现值是等效评价指标。净现值给出的信息是项目在整个寿命期内获取的超出最低期望盈利的超额收益的现值,与净现值所不同的是,净年值给出的信息是寿命期内每年的等额超额收益。由于信息的含义不同,而且由于在某些决策结构形式下,采用净年值比采用净现值更为简便和易于计算,故净年值指标在经济评价指标体系中占有相当重要的地位。

【例 8-13】 某运输公司考虑选用 A、B、C 三种型号的汽车,假设寿命均为 10 年,残值为零,$i = 12\%$,各车型初投资和等额年净收益如表 8-11 所示,那么选用哪种型号好?

投资和收益数据(单位:万元)   表 8-11

车型	A	B	C
初投资	20	30	40
年纯收益(1~10年)	6	8	9.2

解 (1)净现值法

因为:

$$NPV_A = 6.0(P/A, 12\%, 10) - 20.0 = 13.9(万元)$$

$$NPV_B = 8.0(P/A, 12\%, 10) - 30.0 = 15.2(万元)$$

$$NPV_C = 9.2(P/A, 12\%, 10) - 40.0 = 12.0(万元)$$

$$NPV_B > NPV_A > NPV_C$$

所以选 B 型好。
（2）净年值法
因为：

$$NAV_A = 6.0 - 20.0(A/P,12\%,10) = 2.46(万元)$$

$$NAV_B = 8.0 - 30.0(A/P,12\%,10) = 2.69(万元)$$

$$NAV_C = 9.2 - 40.0(P/A,12\%,10) = 2.12(万元)$$

$$NAV_B > NAV_A > NAV_C$$

所以选 B 型好。

3. 费用现值与费用年值

在对多个方案比较选优时，如果诸方案产出价值相同，或者诸方案能够满足同样需要但其产出效益难以用价值形态（货币）计量（如环保、教育、保健、国防）时，可以通过对各方案费用现值或费用年值的比较进行选择。

费用现值是指按基准折现率折算的方案各期费用现值之和，其表达式为：

$$PC = \sum_{t=0}^{n} CO_t(P/F,i_0,t) \tag{8-36}$$

费用年值是指按基准折现率折算的方案各期费用在计算期内的等额年值，其表达式为：

$$AC = PC(A/P,i_0,n) = \sum_{t=0}^{n} CO_t(P/F,i_0,t)(A/P,i_0,n) \tag{8-37}$$

式中：PC——费用现值；
　AC——费用年值；
其余符号意义同式（8-33）。

费用现值或费用年值不能用于对单个方案的评价。

使用费用现值或费用年值进行项目经济评价的前提条件是：参与评价的各个方案首先是可行的；其次，各方案的产出价值相同或者各方案都能满足同样的需要。

由于方案的产出相同，所以，判别准则为：以 PC 或 AC 最小的方案为优选方案。

费用法只考虑了方案的费用，而没有考虑收益，是不全面的。但是，在项目或方案的产出效益基本相同但难以用价值形态计量或计量十分复杂时，使用费用现值或费用年值指标对方案进行比选是十分方便的。

【例 8-14】 有 A、B 两个产出价值相同方案，其各项费用和计算期如表 8-12 所示，基准收益率为 10%，求这两个方案的费用现值和费用年值。

A、B 方案的年经营成本和寿命期 表 8-12

方案	A	B
投资（万元）	120	80
年经营成本（万元/年）	10	15
寿命期（年）	15	10

解 由于 A、B 方案的寿命期不同，需要以这两个方案寿命期的最小公倍数为共同计算期，即 30 年。

A 和 B 方案的费用现值分别为：

$PC_A = 120 + 120(P/F,10\%,15) + 10(P/A,10\%,30) = 120 + 120 \times 0.239 + 10 \times 9.427$
$= 242.95(万元)$

$PC_B = 80 + 80(P/F,10\%,10) + 80(P/F,10\%,20) + 15(P/A,10\%,30)$
$= 80 + 80 \times 0.385 + 80 \times 0.148 + 15 \times 9.427 = 264.05(万元)$

由于 $PC_A < PC_B$，因此方案 A 优于方案 B。

A 和 B 方案的费用年值分别为：

$AC_A = 10 + 120(A/P,10\%,15) = 10 + 120 \times 0.131 = 25.72(万元)$

$AC_B = 15 + 80(A/P,10\%,10) = 15 + 80 \times 0.162 = 27.96(万元)$

由于 $AC_A < AC_B$，因此方案 A 优于方案 B。

4. 内部收益率

(1) 计算公式与判别准则

在所有的经济评价指标中，内部收益率(IRR)是最重要的评价指标之一。

内部收益率又称内部报酬率，是项目净现值为零时的折现率。内部折现率的含义是项目正好能回收投资的年投资收益率。由于这一指标仅由项目固有的现金流量系统决定，项目外生变量没有涉及其中，故有内部收益率之称。

在项目整个寿命期内，如果按 IRR 折算计算期内各期净现金流量，在寿命期末到来之前会始终存在着未能收回的投资，只有到了寿命期末时投资才能全部被收回，此时的净现金流量刚好等于零。而净现值和净年值以及费用现值和费用年值等指标都需要事先设定一个基准折现率才能进行计算和比较，因此，内部收益率指标的科学性较其他指标强。

内部收益率可通过解下述方程求得：

$$NPV(IRR) = \sum_{t=0}^{n}(CI_t - CO_t)(1 + IRR)^{-t} = 0 \tag{8-38}$$

式中：IRR——内部收益率；

其余符号意义同式(8-33)。

指标评价准则：

对单个项目，求得内部收益率 IRR 后，要与设定的项目基准收益率 i_0（财务评价时的行业基准收益率、国民经济评价时的社会折现率）相比较。当 $IRR \geq i_0$ 时，则表明项目收益率水平已达到或超过要求的收益率，项目可行，可以考虑接受；当 $IRR < i_0$ 时，则表明项目收益率水平未达到要求，项目不可行，应予拒绝。

对不同方案的比较时，IRR 大的方案为优方案。

(2) 内插法求解 IRR

式(8-38)为高次方程，不容易直接求解，通过利用试算内插法求 IRR 得近似解。求解过程如下：

先给出一个折现率 i_1，计算相应的 $NPV(i_1)$，若 $NPV(i_1) > 0$，说明欲求的 $IRR > i_1$，若 $NPV(i_1) < 0$，说明 $IRR < i_1$，据此信息，将折现率修正为 i_2，求 $NPV(i_2)$ 的值。如此反复计算，逐步逼近，最终可得到比较接近的两个折现率 i_1 与 i_2（$i_1 < i_2$），使得 $NPV(i_1) > 0$，$NPV(i_2) < 0$，然后用线性插值的方法确定 IRR 的近似值。计算公式为：

$$\text{IRR} = i_1 + \frac{\text{NPV}(i_1) \cdot (i_2 - i_1)}{\text{NPV}(i_1) + |\text{NPV}(i_2)|} \tag{8-39}$$

式(8-39)可参看图 8-11 证明如下：在图中,当 $i_2 - i_1$ 足够小时,可以将曲线段 AB 近似看成直线段 $\overline{AB}$，$\overline{AB}$ 与横坐标交点处的折现率 i^* 即为 IRR 的近似值。三角形 $\Delta Ai_1 i^*$ 相似于三角形 $\Delta Bi_2 i^*$，故有：

$$\frac{i^* - i_1}{i_2 - i^*} = \frac{\text{NPV}(i_1)}{|\text{NPV}(i_2)|}$$

等比例变换可得：

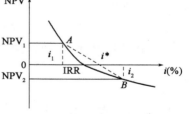

图 8-11　内部收益率的插值计算过程

$$\frac{i^* - i_1}{i_2 - i_1} = \frac{\text{NPV}(i_1)}{\text{NPV}(i_1) + |\text{NPV}(i_2)|}$$

展开整理即可得式(8-39)。

由于上式计算误差与 $i_2 - i_1$ 的大小有关,且 i_2 与 i_1 相差越大,误差也越大,为控制误差 i_2 与 i_1 之差一般不应超过 0.05。

【例 8-15】 某项目净现金流量如表 8-13 所示。当基准折现率 $i_0 = 12\%$ 时,试用内部收益率指标判断该项目在经济效果上是否可以接受。

某项目的净现金流量(单位:万元)　　　　表 8-13

年数	0	1	2	3	4	5
净现金流量	-100	20	30	20	40	40

解　设 $i_1 = 10\%$，$i_2 = 15\%$，分别计算其净现值：

$$\text{NPV}_1 = -100 + 20(P/F,10\%,1) + 30(P/F,10\%,2) + 20(P/F,10\%,3) +$$
$$40(P/F,10\%,4) + 40(P/F,10\%,5) = 10.16(万元)$$

$$\text{NPV}_2 = -100 + 20(P/F,15\%,1) + 30(P/F,15\%,2) + 20(P/F,15\%,3) +$$
$$40(P/F,15\%,4) + 40(P/F,15\%,5) = -4.02(万元)$$

再用内插法算出内部收益率 IRR：

$$\text{IRR} = 10\% + (15\% - 10\%) \times \frac{10.16}{10.16 + 4.02} = 13.5\%$$

由于 IRR(13.5%)大于基准折现率(12%),故该项目在经济效果上是可以接受的。

(3) 指标的优缺点

内部收益率指标的优点:一是其值只取决于项目本身的现金流量而与项目外部因素如行业基准收益率无关,因此,计算不需要事先确定基准收益率;二是指标含义明确,该指标反映了项目所占用资金的盈利能力,因而是最常用的费用效果评价指标。我国《建设项目经济评价方法与参数(第 3 版)》一书中明确规定了内部收益率与净现值一起作为项目经济评价的主要评价指标。

内部收益率指标的缺点:计算方法十分复杂、费时,而且多数情况下所得的解不唯一,同时,采用内部收益率进行项目或方案的比选时,如果项目的现金流量的分布出现异常时,可能会出现偏差。

5. 外部收益率

对投资方案内部收益率 IRR 的计算，隐含着一个基本假定，即项目寿命期内所获得的净收益全部可用于再投资，再投资的收益率等于项目的内部收益率。这种隐含假定是由于现金流计算中采用复利计算方法导致的。下面的推导有助于看清这个问题。

求解 IRR 方程可写成下面的形式：

$$\sum_{t=0}^{n}(\text{NB}_t - K_t)(1 + \text{IRR})^{-t} = 0 \tag{8-40}$$

式中：K_t——第 t 年的净投资；

NB_t——第 t 年的净收益。

上式两端同乘以 $(1 + \text{IRR})^n$，也就是说，通过等值计算将式左端的现值折算成 n 年年末的终值，可得：

$$\sum_{t=0}^{n}(\text{NB}_t - K_t)(1 + \text{IRR})^{n-t} = 0$$

即：

$$\sum_{t=0}^{n}\text{NB}_t(1 + \text{IRR})^{n-t} = \sum_{t=0}^{n}K_t(1 + \text{IRR})^{n-t}$$

这个等式意味着每年的净收益以 IRR 为收益率进行再投资，到 n 年年末历年净收益的终值和与历年投资按 IRR 折算到 n 年年末的终值和相等。

由于投资机会的限制，这种假定往往难以与实际情况相符。这种假定也是造成非常规投资项目 IRR 方程可能出现多解的原因。

外部收益率(ERR)，实际上是对内部收益率的一种修正，计算外部收益率时也假定项目寿命期内所获得的净收益全部可用于再投资，所不同的是假定再投资的收益率等于基准折现率。求解外部收益率的方程如式(8-41)所示：

$$\sum_{t=0}^{n}\text{NB}_t(1 + i_0)^{n-t} = \sum_{t=0}^{n}K_t(1 + \text{ERR})^{n-t} \tag{8-41}$$

式中：ERR——外部收益率；

K_t——第 t 年的净投资；

NB_t——第 t 年的净收益；

i_0——基准折现率。

式(8-41)不会出现多个正实数解的情况，而且通常可以用代数方法直接求解。ERR 指标用于评价投资方案经济效果时，需要与基准折现率 i_0 相比较，其判断准则是：若 $\text{ERR} \geqslant i_0$，则项目可以接受；若 $\text{ERR} < i_0$，则项目不可接受。

【例 8-16】 某重型机械公司为一项工程提供一套大型设备，合同签订后，买方要分两年先预付一笔款项，待设备交货后再分两年支付设备价款的其余部分。重型机械公司承接该项目预计各年的净现金流量如表 8-14 所示。基准折现率 i_0 为 10%，试用收益率指标评价该项目是否可行。

某大型设备项目的净现金流量表（单位：万元） 表 8-14

年数	0	1	2	3	4	5
净现金流量	1900	1000	−5000	−5000	2000	6000

解 该项目是一个非常规投资项目,其 IRR 方程有两个解:$i_1 = 10.2\%$,$i_2 = 47.3\%$,不能用 IRR 指标评价,可计算其 ERR 评价。据式(8-41)列出如下方程:

$$1900 \times (1 + 10\%)^5 + 1000 \times (1 + 10\%)^4 + 2000 \times (1 + 10\%) + 6000$$
$$= 5000 \times (1 + ERR)^3 + 5000 \times (1 + ERR)^2$$

可解得:$ERR = 10.1\%$,$ERR > i_0$,故项目可接受。

ERR 指标的使用并不普遍,但是对于非常规项目的评价,ERR 有其优越之处。

6. 动态投资回收期

为了克服静态投资回收期未考虑资金时间价值的缺点,在投资项目评价中有时采用动态投资回收期。动态投资回收期就是能使式(8-42)成立的 T_P^*。

$$\sum_{t=0}^{T_P^*} (CI_t - CO_t)(1 + i_0)^{-t} = 0 \tag{8-42}$$

用动态投资回收期 T_P^* 评价投资项目的可行性,需要与根据同类项目的历史数据和投资者意愿确定的基准动态投资回收期相比较。设基准动态投资回收期为 T_b^*,判别准则为:若 $T_P^* \leq T_b^*$,项目可以被接受,否则应予以拒绝。

【例 8-17】 某项目有关数据如表 8-15 所示。基准折现率 $i_0 = 10\%$,基准动态投资回收期 $T_b^* = 8$ 年,试计算动态投资回收期并判断该项目能否被接受。

动态投资回收期计算表($i_0 = 10\%$)(单位:万元)   表 8-15

项目	年数					
	0	1	2	3	4	5
1. 投资支出	20	500	100			
2. 其他支出				300	450	450
3. 收入				450	700	700
4. 净现金流量	-20	-500	-100	150	250	250
5. 折现值	-20	-454.6	-82.6	112.7	170.8	155.2
6. 累积折现值	-20	-474.6	-557.2	-444.5	-273.7	-118.5
项目	年数					
	6	7	8	9	10	
1. 投资支出						
2. 其他支出	450	450	450	450	450	
3. 收入	700	700	700	700	700	
4. 净现金流量	250	250	250	250	250	
5. 折现值	141.1	128.3	116.6	106.0	96.4	
6. 累积折现值	22.6	150.9	267.5	373.5	469.9	

解 根据式(8-42),计算各年净现金流量的累计折现值。由于动态投资回收期就是净现金流量累计折现值为零的年限,所以本例不能直接得到 T_P^*(因为各年的累积折现值均不为零)。应按下式计算:

$$T_P^* = 累计净现金流量折现值出现正值的年数 - 1 + \frac{上年累计净现金流量折现值的绝对值}{当年净现金流量的折现值}$$

(8-43)

式(8-43)是求动态投资回收期的实用公式。将表 8-15 最末一行的有关数据代入式(8-43),得：

$$T_\mathrm{p}^* = 6 - 1 + \frac{118.5}{141.1} = 5.84(年)$$

$T_\mathrm{p}^* < T_\mathrm{b}^*$,按动态投资回收期检验,该项目可以接受。

该指标除考虑了资金的时间价值外,它具有静态投资回收期的同样特征,通常只适用于辅助性评价。

8.3 经济费用效益评价

一、经济费用效益评价概述

经济费用效益评价,又称国民经济评价或经济评价,是对投资项目的经济合理性进行判定,是项目经济评价的重要组成部分。对于不能由市场配置资源的项目,需要进行经济分析,并用作决策的重要依据。

1. 经济评价的含义和作用

经济评价是指按合理配置资源的原则,采用社会折现率、影子汇率、影子工资和货物影子价格等经济分析参数,从项目对社会经济所做贡献以及社会为项目付出代价的角度,考察资源配置的经济效率,考察项目的经济合理性。有以下几个方面的作用：

(1)正确反映项目对社会经济的净贡献,评价项目的经济合理性。项目的财务盈利性分析不能反映的经济合理性有:国家给予项目补贴;企业向国家缴税;某些货物的市场价格可能扭曲;项目的外部效果。

(2)为政府合理配置资源提供依据。项目的经济评价对项目的资源配置效率进行分析评价,可为政府在资源配置的决策中提供重要依据,提高资源配置的有效性。其主要体现在以下两个方面:对那些本身财务效益好,但经济效益差的项目进行调控;对那些本身财务效益差而经济效益好的项目予以鼓励。

(3)是政府审批或核准项目的重要依据。

(4)是市场化运作的基础设施等项目提供财务方案的制定依据。

(5)有助于实现企业利益与全社会利益有机地结合和平衡。

2. 经济评价的基本方法

(1)经济评价的基本方法

经济分析采用费用效益分析或费用效果分析的方法,即运用效益(效果)与费用比较的理论方法,寻求以最小的投入(费用)获取最大的产出(效益、效果);采取"有无对比"方法识别项目的效益和费用;采取影子价格理论方法估算各项效益和费用;遵循效益和费用的计算范围对应一致的基本原则;经济费用效益分析采用费用效益流量分析方法,采用内部收益率、净现值等经济盈利性指标进行定量的经济效益分析。

（2）经济评价与财务评价的对比

经济分析与财务分析在分析角度、效益和费用范围、价格体系、分析内容以及基本参数方面都有很大的不同。财务分析与经济分析的不同见表8-16。

财务分析和经济分析的不同　　　　表 8-16

项　目	财 务 分 析	经 济 分 析
角度和基本出发点不同	站在项目的层面上，从项目的财务主体、投资者、未来的债权人角度，分析项目的财务效益和财务可持续性，分析投资各方的实际收益或损失，分析投资或贷款的风险及收益	站在国家的层面上，从全社会的角度分析评价、比较项目对社会经济的效益和费用
项目效益与费用的含义和范围划分不同	根据项目直接发生的财务收支，计算项目的直接效益和费用	不仅要考虑直接效益和费用，还要考虑间接效益和费用。同时，项目的税金和补贴、国内银行贷款利息等不能作为费用或效益
价格体系不同	使用预测的财务收支价格	使用影子价格体系
内容不同	进行盈利能力、偿债能力及财务生存能力分析	只有盈利性分析，即经济效率分析

但是，经济评价和财务评价也有相同的地方，比如两者都使用效益与费用比较的理论方法；遵循效益和费用识别的"有无对比"原则；根据资金的时间价值原理，进行动态分析，计算内部收益率和净现值等指标。

在很多情况下，经济分析是在财务分析基础之上进行的，利用财务分析中的数据资料，以财务分析为基础进行调整。当然，经济分析也可以独立进行，即在项目财务分析之前进行经济分析。

3．经济评价的分析流程

交通运输项目经济评价的一般流程如图 8-12 所示。

二、效益费用的识别

1．经济效益和费用识别的基本要求

（1）进行全面识别。识别应涵盖项目涉及的所有社会成员的经济效益（包括直接效益和间接效益）和经济费用（包括直接费用和间接费用）。

（2）遵循"有无对比"的原则。将"有项目"（项目实施）和"无项目"（项目不实施）的情况加以对比，以识别和计算项目的效益和费用。

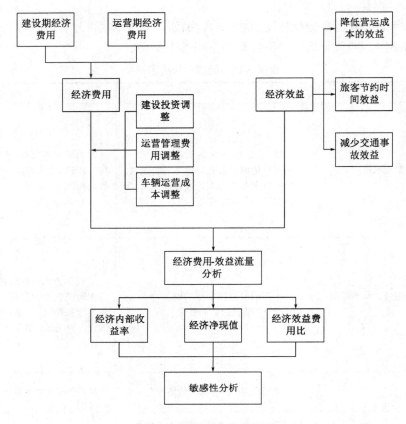

图 8-12 经济评价的一般流程

(3) 合理确定经济效益与费用识别的时间跨度。时间跨度不完全受财务分析计算期的限制，包含项目所产生的全部重要效益和费用(不仅有项目的近期影响，还要包括项目带来的中期、远期影响)。

(4) 正确处理"转移支付"。转移支付是指那些只在社会成员之间发生的、不增加社会资源或不增加社会资源消耗的收入或支出。税收、补贴或罚款、借款和利息等属于转移支付，在经济费用效益中不作为经济效益和费用。

(5) 以本国的社会成员作为分析对象。对于跨越国界、对本国之外的其他社会成员也产生影响的项目，应重点分析项目对本国社会成员带来的效益和费用。

2. 直接效益与直接费用

项目生产的产品及提供的服务会造成两种影响：用户使用得到效益或挤占其他供应者的市场份额；项目使用了投入物也会造成两种影响：对社会经济资源造成资源消耗或挤占其他用户的使用。

(1) 直接效益

项目的直接效益是指在项目的计算期范围内，由项目产出物产生的经济效益，一般表现为项目为社会生产提供的物质产品、科技文化成果和各种各样的服务所产生的效益。项目产出物产生的直接效益有多种表现：表现为国内新增需求的支付意愿；表现为社会资源的节省；表现为国家外汇收入的增加或外汇支出的减少;表现为一些特殊性效益,如时间节约的效果、人力资本增值的效果、对健康的影响效果等。

其中,前三项直接效益大多能够在财务分析中得到反映,尽管这些反映有时候会存在一定程度的价值失真。对于价值失真的直接效益,在经济分析中应按影子价格重新计算。

(2)直接费用

项目的直接费用是指在项目的计算期范围内,由项目使用投入物产生的经济费用,一般表现为投入项目的各种物料、人工、资金、技术以及自然资源而带来的社会资源的消耗。项目投入物产生的直接费用也有多种表现:表现为社会扩大生产规模所增加耗用的社会资源价值;表现为社会因其他人或被迫放弃使用这些资源而损失的效益;表现为国家外汇支出的增加或外汇收入的减少。

与直接效益一样,直接费用一般也在项目的财务分析中得到反映,仍然会有一定程度的价值失真。对于价值失真的直接费用在经济分析中仍然要按影子价格重新计算。

3.间接效益与间接费用

项目的外部效果是指项目可能会给其他社会成员带来的正面或负面影响,而项目本身并不会为此获得收益或付出代价。一般把项目的外部效果称为间接效益和间接费用,经济分析时应对其识别。

(1)项目的外部效果

①环境及生态影响效果

有的项目会造成环境污染和生态破坏,这应当看作项目的一种间接费用,这种间接费用难以定量计算,可参照环境价值评估方法,也可近似地按同类企业所造成的损失估计,或按恢复环境质量所需的费用估计;有的项目会对环境产生好的影响,评价中应考虑相应的效益。环境和生态影响不能定量计算时,应作定性描述。

②技术扩散效果

技术扩散效果是指某个项目的实施,由于技术在社会上的扩散和推广所产生的社会收益。那种效果确实存在,但却没有包括在工程项目的收入或支出中,这类外部效果通常难以定量计算,一般只作定性说明。

③上游、下游企业相邻效果

上游、下游企业相邻效果是指项目的实施带来的上游、下游企业的发展。有些项目对上游、下游企业的相邻效果,在项目的投入物和产出物的影子价格中得到反映,这时不再计算间接效果;有些间接影响难以反映在影子价格中,需要作为项目的外部效果进行计算。

④乘数效果

乘数效果是指项目的实施使原来闲置的资源得到利用,从而产生一系列的连锁反应,刺激某一地区或全国的经济发展。如果同时拟对该项目进行经济影响分析,可将乘数效果放在经济影响分析中。对经济落后地区的项目进行经济分析时可能需要考虑这种效果。不宜连续扩展计算乘数效果,即第二级乘数波及效应不予考虑。

(2)识别计算项目的外部效果时的注意事项

①避免发生重复计算和虚假扩大项目间接效益。已在直接效益和费用中计算的不应再在外部效果中计算(如反映在影子价格中);还要仔细论证所考虑的外部效果是否完全归属于所评价的项目。

②可以采用调整项目范围的方法,解决项目外部效果计算上的困难。调整项目范围的一种方法是将项目的范围扩大,将相互关联的几个项目合成一个"项目群"进行经济分析,使外部效果内部化,从而抵消项目之间的相互支付。

③项目的外部效果往往体现在对区域经济和宏观经济的影响上,影响较大的项目,需要专门进行经济影响分析,这时可适当地简化经济费用效益分析中的外部效果分析。

4. 转移支付

根据对国民经济收益和费用的分析可知,某些财务支出和收益项,并不能真正地反映资源投入和产出的变化,因此不会造成国内资源的实际增加或耗费,也不会使国民收入发生变化,而只反映了资源支配权在社会实体之间的转移,这种收支款项在国民经济评价中称为转移支付。转移支付只导致资源在社会内部发生转移,既不额外消耗社会资源,也不为社会增添资源,因此不构成项目国民经济评价中的收益或费用项。常见的转移支付有税金、补贴、折旧、国内贷款及其债务偿还等。

(1) 税金

项目为获得某种投入物或销售产品和提供劳务需要向国家缴纳税金,税金是一种财务上的"转移性"支出,并未减少国民收入或产生社会资源数量的变动,只不过将项目的这笔货币收入转移到政府手中。因此,虽然税金缴纳减少了项目的财务收益,但不能把任何种类的税金作为项目国民经济评价中的收益或费用项,应从"成本"中剔除。

(2) 补贴

补贴是一种货币流动方向与税金相反的转移支付。国家为鼓励和扶植某些投资项目所给予的价格补贴,是国家转移给项目的收益,并未造成国内资源的变化。因此在国民经济评价中,这部分补贴不应计入项目收益或费用。

(3) 利息

项目在国内贷款所需支付的利息,也是由企业转移给国家或金融机构的一种转移性支出,因此,也不应计入国民经济收益或费用,国外借款利息不属于国内转移支付,应分不同情况进行处理。在项目全投资国民经济评价中,国外贷款及其还本付息,既不作为收益,也不作为费用。在项目国内投资的国民经济评价中,国外贷款利息应作为国民经济评价的内容,列为项目费用。

(4) 折旧

折旧是财务意义上的生产成本要素。在项目的经济评价中,已把投资的资源投入作为费用,与折旧对应的固定资产原值已全部包括在投资的经济费用中,而且项目的国民经济评价并不涉及固定资产的转移和补偿问题。因此折旧不再构成项目的国民经济收益或费用,应予以剔除。此外,在项目的国民经济评价收益和费用的划分和计算中,对转移支付的处理,还要涉及工资、土地费用、自然资源费用等,需要逐一研究和分析,予以准确确定。

5. 一般交通运输项目的效益和费用

交通运输基础设施项目的费用主要表现为线路(包括构造物)、枢纽(包括站、场)、运输工具以及相关配套的固定资产投资、流动资金投入、维修养护费和运营费等。

交通运输基础设施项目的效益主要表现为所涉及的运输系统在客货运输过程中发生的各种运输费用的节约、运输时间的节约、通行拥挤程度的缓解、运输质量的提高、包装费用的节约、设施设备维修养护费用的减少、交通事故损失的减少等效益。

交通运输基础设施项目的效益有其特殊性,通常采用"有无对比"方法计算其国民经济的效益,具体的计算内容和方法如下:

(1)运输费用的节约效益 B_1

运输费用节约效益是指运输基础设施项目实施后使得运输成本降低所产生的效益,通常按正常运输量、转移运输量、诱发运输量三种运输量的运费节约之和计。

正常运输量是指无此项目时在现有运输系统上也会发生的运输量(包括正常增长的运输量);转移运输量是指项目实施后从本运输方式的其他线路或其他运输方式转移过来的运输量,转移运输量是由于建设项目提供了便捷的联系、较短的运输时间和较低的运输成本,对运输用户形成新的吸引而产生的;诱发运输量是指项目实现的,没有该项目便不会发生的运输量。

①正常运输量计算

按正常运输量计算运输费用节约效益 B_{11} 的公式为:

$$B_{11} = (C_w L_w - C_y L_y) Q_n \tag{8-44}$$

式中: B_{11} ——按正常运输量计算的运费节约效益,万元/年;

C_w、C_y ——无项目和有项目时的单位运输费用,元/(t·km)和元/(人·km);

L_w、L_y ——无项目和有项目时的运输距离,km;

Q_n ——正常运输量,万t/年或万人次/年。

②转移运输量计算

按转移运输量计算的公式为:

$$B_{12} = (C_z L_z - C_y L_y) Q_z \tag{8-45}$$

式中: B_{12} ——转移运输量的运费节约效益,万元/年;

C_z ——原相关线路的单位运输费用,元/(t·km)或元/(人·km);

L_z ——原相关线路的运输距离,km;

Q_z ——转移过来的运输量,万t/年或万人次/年。

③诱发运输量计算

按诱发运输量计算的公式为:

$$B_{13} = \frac{1}{2}(C_m L_m - C_y L_y) Q_g \tag{8-46}$$

式中: B_{13} ——诱发运输量的运费节约效益,万元/年;

C_m、L_m ——无项目时各种可行的方式中最小的单位运输费用及相应的运输距离,C_m 的单位为元/(t·km)或元/(人·km),L_m 的单位为 km;

Q_g ——诱发的运输量,万t/年或万人次/年。

(2)运输时间的节约效益 B_2

交通运输等项目的效果表现为时间的节约,应该按照"有无对比"原则分析"有项目"和"无项目"情况下的时间耗费情况,分别测算人们出行时间节约和货物运送时间节约的经济价值,见表8-17。

时间节约价值的测算 表 8-17

种类	含义	测算方法	
旅客出行时间节约价值	受益者为获得这种节约所愿意支付的货币数量	如果所节约的时间用于工作	按将节约的时间用于工作所带来的产出增加测算，包括企业负担的所得税前工资、保险、退休金及其他劳动成本
		如果所节约的时间用于闲暇	应综合考虑受益者个人的家庭情况、收入水平、闲暇偏好等因素，采用意愿调查评估法进行估算
货物运送时间节约价值	受益者为得到这种节约所愿意支付的货币数量	应根据不同货物对运输时间的敏感程度及受益者的支付意愿测算	

① 旅客时间节约效益分别按正常客运量和转移客运量中的生产人员数计算

旅客时间节约效益是指缩短旅客的旅行时间，而多创造的国民收入的那部分效益，国家在《建设项目经济评价方法与参数》中规定，旅客节约在途时间的效益以客运量中的生产人员数计算，并考虑节约的时间只有一半用于生产目的。

a. 正常客运量计算

$$B_{211} = \frac{1}{2} b T_n Q_{np} \tag{8-47}$$

式中：B_{211}——按正常客运量计算的旅客时间的节约效益，万元/年；

b——旅客的单位时间价值（按人均国民收入计算），元/h；

T_n——节约的时间，h/人，$T_n = T_w - T_y$，T_w 和 T_y 分别为无项目和有项目时的旅行时间；

Q_{np}——正常客运量中的生产人员数，万人次/年。

b. 转移客运量计算

$$B_{212} = \frac{1}{2} b T_z Q_{zp} \tag{8-48}$$

式中：B_{212}——按转移客运量计算的旅客时间的节约效益，万元/年；

T_z——节约的时间，h/人，$T_z = T_0 - T_y$，T_0 为其他线路的旅行时间；

Q_{zp}——转移客运量中的生产人员数，万人次/年。

② 运输工具的时间节约效益

运输工具的时间节约效益是指运输工具在站、场中因减少停留时间而产生的效益，其计算公式为：

$$B_{22} = q C_{sf} T_{sf} \tag{8-49}$$

式中：B_{22}——运输工具的时间节约效益，万元/年；

q——运输工具的数量，万车；

C_{sf}——运输工具每天维持费用，元/d；

T_{sf}——运输工具全年缩短的停留时间，d。

③缩短货物在途时间的效益

缩短货物在途时间的效益是指提高货物运送速度引起资金周转时间缩短而获得效益,计算公式为:

$$B_{23} = \frac{PQT_s i_s}{365 \times 24} \tag{8-50}$$

式中:B_{23}——缩短货物在途时间的效益,万元/年;
   P——货物的影子价格,元/t;
   Q——运输量,万 t/年;
   T_s——缩短的运输时间,h;
   i_s——社会折现率。

计算该效益时,应从运输量中扣除那些不因在途时间的长短而影响正常储备的货物,如粮食等类的货物。同时需要注意,式中计算的仅是途中的时间节约效益,不包括货物待运期节约的时间效益。

(3)减少拥挤的效益 B_3

减少拥挤的效益是指有项目时因原有相关线路和设施的拥挤程度得到缓解而产生的效益,计算公式为

$$B_3 = (C_z - C_{zy})L_z(Q_{zn} - Q_z) \tag{8-51}$$

式中:B_3——减少拥挤的效益,万元/年;
   C_{zy}——有项目时原有相关线路及设施的单位运输费用,元/(t·km);
   Q_{zn}——原有相关线路的正常运输量。

(4)提高交通安全的效益 B_4

提高交通安全的效益是指拟建项目使得交通事故减少而获得的效益,计算公式为:

$$B_4 = P_{sh}(J_w - J_y)M \tag{8-52}$$

式中:B_4——提高交通安全的效益,万元/年;
   P_{sh}——交通事故平均损失率,元/次;
   J_w、J_y——无项目和有项目时的事故率,次/(万车·km);
   M——交通量,(万车·km)/年,或换算为(万 t·km)/年。

交通事故损失费可以参照现行事故赔偿及处理情况来确定。无项目和有项目时的事故可以参照统计资料及预测数据确定,但无项目时的事故不应套用统计数据,而应考虑在未来交通量的条件下无项目时的事故增长因素。

(5)提高运输质量的效益 B_5

提高运输质量的效益是指由于基础设施改善、运输质量提高而减少货损的效益,计算公式为:

$$B_5 = aPQ \tag{8-53}$$

式中:B_5——提高运输质量的效益,万元/年;
   a——货损降低率,即无项目和有项目时的货物损耗率之差。

(6)包装费用的节约效益 B_6

包装费用的节约效益是指由于运输条件改善,可以实行散装运输、成组运输或集装箱运输,或提供其他方便条件,从而避免或减少包装费用的效益,计算公式为:

$$B_6 = V_p Q_r \tag{8-54}$$

式中：B_6——包装费用的节约效益，万元/年；

V_p——每吨袋装货或件装货包装物的价格，元/t；

Q_r——有项目时，货运量中袋装货或件装货改为散装运输或集装箱运输的货物数量，万t/年。

除上述各项效益外，公路项目的实施还将提高人民的生活福利、改善经济和自然条件、创造新的就业机会和促进沿线地区的经济发展等。对于这些难以量化的效益，应作定性描述。

三、经济效益与费用的估算

（1）估算原则

①支付意愿原则

项目产出物正面效益的计算遵循支付意愿（WTP）原则，用来分析社会成员为项目所产出的效益愿意支付的价值。

②受偿意愿原则

项目产出物负面影响的计算遵循接受补偿意愿（WTA）原则，用来分析社会成员为接受这种不利影响所得到补偿的价值。

③机会成本原则

项目投入物的经济费用的计算应遵循机会成本原则，用来分析项目所占用资源的机会成本。机会成本是指资源的其他替代用途中所能获得的最大经济效益。

④实际价值计算原则

应对所有效益和费用采用反映资源真实价值的实际价格进行计算，不考虑通货膨胀因素的影响，但可以考虑相对价格变动。

（2）估算价格与货物分类

进行项目的经济分析时，原则上应采用影子价格。影子价格在经济学上可以理解为资源的边际贡献，即每增加一单位资源所产生的最优使用效果。影子价格反映了项目货物（投入物和产出物）的真实经济价值，在确定某种货物的影子价格之前，应先区分货物的类型。

根据货物的可外贸性，可将货物分为可外贸货物和非外贸货物；根据货物价格机制的不同，可将货物分为市场定价货物和非市场定价货物。可外贸货物通常属于市场定价货物；而非外贸货物中既有市场定价货物，又有非市场定价货物。由于劳动力、土地和自然资源具有特殊性，通常被归为特殊投入物。

（3）市场定价货物的影子价格

市场定价货物的影子价格应以市场价格为基础，另外加减相应的物流环节费用作为项目投入物或产出物的进厂或出厂影子价格。

①可外贸货物的影子价格

项目使用或生产可外贸货物，有下列几种影响：项目产出物直接出口、间接出口和替代进口；项目投入物直接进口、间接进口和减少出口。为简化工作，实践中只对项目产出物中的直接出口和投入物中的直接进口，利用进出口口岸价格测定影子价格。对于其他几种情况仍按国内市场价格定价。

直接出口产出物的影子价格（出产价）= 离岸价（FOB）× 影子汇率 – 出口费用

直接进口投入物的影子价格(到厂价) = 到岸价(CIF) × 影子汇率 + 进口费用

注意：

a. 进口或出口费用是指货物进出口环节在国内所发生的各种相关费用,包括运输费用、储运费用、装卸费用、运输保险等各种费用支出,物流环节的各种损失、损耗以及资金占用的机会成本等。进口费用和出口费用应采用影子价格估值,用人民币计价。

b. 影子汇率是指外汇的影子价格,是指用本国货币表示的外汇的真实的经济价值,反映了外汇的真实价值。计算公式为：

$$影子汇率 = 外汇牌价 \times 影子汇率换算系数$$

式中,影子汇率换算系数越高,外汇的影子价格越高,评价结论有利于出口方案,不利于进口方案。目前,我国的影子汇率换算系数取值为1.08。

【例8-18】 某路桥建筑材料的出口离岸价为1000美元/t,某原料A的进口到岸价为600美元/t,用影子价格估算的出口费用和进口费用分别为550元/t和680元/t,外汇牌价为1美元=6.5元人民币,影子汇率换算系数为1.08。试确定上述产品和原料的影子价格。

解 该建筑材料的影子价格 = 1000美元/t × 6.5元/美元 × 1.08 − 550元/t = 6470元/t

原料A的影子价格 = 600美元/t × 6.5元/美元 × 1.08 + 680元/t = 4892元/t

② 市场定价的非外贸货物的影子价格

市场定价的非外贸货物影子价格的确定见表8-18。

市场定价的非外贸货物影子价格的确定　　　　表8-18

类　别		影子价格的确定	
投入物	若产出物是为了满足国内市场的供应,对市场价格影响不大	按支付意愿确定,市场价格中含税	
	若产出物顶替了原有市场的供应,致使其他生产厂商减产或停产	按社会成本确定(指其他生产厂商减产或停产带来的社会资源节省)	市场价格中不含税
			如果产出物质量相同,也可按被替代企业的可变成本分解定价
产出物	若投入物可通过新增供应来满足项目需求	按社会成本确定(指项目实施导致的社会资源的新增消耗)	市场价格中不含税
			若价格受到管制,可通过成本分解法确定:一是通过新增投资增加供应的用全部成本分解;二是通过挖掘潜力增加供应的用可变成本分解
	若投入物是挤占了原有用户的需求来满足项目的需求	按支付意愿确定,市场价格中含税	
在不能判别产出物是增加供给还是挤占(替代)原有供给,投入物供应是否紧张的情况下		产出物的影子价格采用含税市场价格作为依据,投入物的影子价格采用不含税市场价格作为依据	

货物或服务处于竞争性市场中,市场价格能够反映支付意愿或社会成本,应采用市场价格作为计算其影子价格的依据,换算公式为：

产出物影子价格(出厂价) = 市场价格 − 国内运杂费

投入物影子价格(到厂价) = 市场价格 + 国内运杂费

a. 如果项目产出物或投入物的规模很大,项目的实施影响了其市场价格,导致"有项目"和"无项目"两种情况的价格不一致,则可取两者的平均值作为测算影子价格的依据。

b. 产出物和投入物的影子价格中是否含税(指增值税的销项税额或进项税额),应分情况处理。

(4) 政府调控价格货物的影子价格

在我国,电、水和铁路运输等是由政府调控价格,不能完全反映它们真实的经济价值,往往需要采用特殊的方法来测定这些产品或服务的影子价格。

①几种定价方法

a. 成本分解法——确定非外贸货物影子价格的一种重要方法

该法通过对某种货物的边际成本(实践中通常采取平均成本)进行分解,并对分解出的各项费用按影子价格进行调整换算,最终得到该货物的分解成本。分解成本表示了某种货物的生产所需要耗费的全部社会资源的价值,包括各种物料投入以及人工、土地等投入,也包括资本投入所应分摊的费用。

b. 支付意愿法

该方法遵循了支付意愿原则。在完善的市场中,市场价格可以正确地反映消费者的支付意愿;而在不完善的市场中,市场价格则可能无法正确反映消费者的支付意愿。

c. 机会成本法

该方法遵循的是机会成本原则。

②几种主要的政府调控价格产品及服务的影子价格

几种主要的政府调控价格产品及服务的影子价格见表 8-19。

政府调控价格产品及服务的影子价格 表 8-19

政府调控价格产品及服务	影子价格的确定	
	作为项目投入物	作为项目产出物
电价	按成本分解法定价	一般情况下按全部成本分解定价 存在阶段性电力过剩的地区,可按可变成本分解定价	按照电力对于当地经济的边际贡献测定
铁路运价	一般按全部成本分解定价	铁路运输能力过剩的地区,按可变成本分解定价 铁路运输紧张的地区,按被挤占用户的支付意愿定价	按替代运输量运输成本的节约、诱发运输量的支付意愿以及时间节约的效益等测算
水价	按后备水源的成本分解定价,或者按恢复水功能的成本定价		按消费者支付意愿或者消费者承受能力加政府补贴测定

(5)特殊投入物的影子价格

项目的特殊投入物主要包括劳动力、土地和自然资源,其影子价格需要采取特定的方法确定。

①劳动力的影子价格——影子工资

经济分析中用影子工资作为项目使用劳动力的费用,计算公式为:

$$劳动力投入的影子价格 = 劳动力机会成本 + 新增资源消耗$$

式中:劳动力机会成本——拟建项目占用的劳动力由于不能再用于其他地方或享受闲暇时间而被迫放弃的价值;

新增资源消耗——劳动力在本项目新就业或由原来岗位转移到本项目而发生的经济资源消耗,搬迁费、新增的城市交通、交通基础设施配套等相关投资和费用。

②土地的影子价格

土地在我国是一种稀缺资源,项目使用了土地,无论是否实际支付费用,都应根据机会成本或消费者支付意愿计算土地的影子价格。

项目占用的非生产性用地是指住宅区、休闲区等。对于市场完善的,应按市场交易价格作为土地影子价格;对于市场不完善或无市场交易价格的,应按消费者支付意愿确定土地影子价格。

项目占用的生产性用地主要指农业、林业、牧业、渔业及其他生产性用地。其影子价格计算公式为:

$$土地影子价格 = 土地机会成本 + 新增资源消耗$$

式中:土地机会成本——一般按照项目占用土地的"最佳可行替代用途"产出的净效益现值进行计算。计算公式如下:

$$OC = NB_0 (1 + g)^{\tau+1} [1 - (1 + g)^n (1 + i_s)^{-n}] / (i_s - g) \tag{8-55}$$

式中:OC——土地机会成本;

NB_0——基年土地的最佳可行替代用途的净效益(用影子价格计算);

τ——净收益计算基年距项目开工年的年数;

g——土地的最佳可行替代用途的年平均净效益增长率;

i_s——社会折现率($i_s \neq g$);

n——项目计算期。

注意:这里的"土地最佳可行替代用途"通常是指土地在"无项目"情况下的最佳生产性产出。

新增资源消耗:按照"有项目"情况下土地的征用造成原有地上附属物财产的损失及其他资源的耗费计算。土地平整等开发成本通常应计入工程建设投资中,在土地经济费用中不再重复计算。

③自然资源的影子价格

矿产等不可再生性资源的影子价格应按照该资源用于其他用途的机会成本计算;水和森林等可再生资源的影子价格可以按资源的再生费用计算。为方便测算,自然资源的影子价格也可以通过投入物替代方案的费用测算。

(6)不具备市场价格的产出效果的影子价格

当项目的产出效果尤其是项目的外部效果不具有市场价格,或市场价格难以真实反映其经济价值时,可以采取两种方式确定影子价格:①根据消费者支付意愿的原则,通过其他相关市场的价格信号,按照"显示偏好"的方法,寻找揭示这些影响的隐含价值,对产出效果进行间接估算。②按照"陈述偏好"的原则,采用意愿调查评估法,评价调查对象的支付意愿或接受补偿意愿,从而间接推断出项目造成的有关外部影响的影子价格。

四、经济评价参数

经济分析参数分为两类:一类是通用参数,包括社会折现率、影子汇率、影子工资等,应由专门机构组织测算和发布;另一类是各种货物、服务、土地、自然资源等影子价格,需要由项目评价人员根据项目的具体情况自行测算。

1. 社会折现率

社会折现率反映社会成员对于社会费用效益价值的时间偏好,即对于现在的社会价值与未来价值之间的权衡。社会折现率又代表着社会资源所要求的最低动态收益率。

社会折现率根据影响社会经济发展的多种因素综合测定,由专门机构统一测算发布。根据社会经济的发展目标、发展战略、发展优先顺序、发展水平、宏观调控意图以及社会成员的费用效益时间偏好、社会投资收益水平、资金供求状况和资金机会成本等因素的综合分析。我国目前的社会折现率一般取值为8%,对于永久性工程、受益期超长的项目或者具有长远环境保护效益的建设项目,社会折现率可适当降低,但不应低于6%。

社会折现率可用于间接调控投资规模。社会折现率的取值高低直接影响项目经济合理性判断的结果,因此可以作为国家建设投资总规模的间接调控参数,需要缩小投资规模时,就提高社会折现率;需要扩大投资规模时,可降低社会折现率。

社会折现率的取值高低会影响项目的优选和方案的比选。社会折现率较高,则较为不利于初始投资大而后期费用节省或效益增大的方案或项目;而社会折现率较低时,则正好相反。

2. 影子汇率

影子汇率是指能正确反映外汇真实价值的汇率,即外汇的影子价格。

在经济分析中,影子汇率通过影子汇率换算系数计算得来。影子汇率换算系数是影子汇率与国家外汇牌价的比值,由国家统一测定和发布。根据我国的外汇收支情况、进出口结构、进出口环节税费及出口退税补贴等情况,目前我国影子汇率换算系数取值为1.08。

影子汇率的取值对于项目决策也有重要的影响。产出物是可外贸货物的建设项目,外汇的影子价格高低直接影响项目收益价值的高低,影响对项目效益的判断。影子汇率换算系数越高,外汇的影子价格越高,产品是可外贸货物的项目效益越高,评价结论会有利于出口方案;而对于项目引进投入物的方案费用较高,评价结论不利于引进方案。

3. 影子工资换算系数

在经济分析中,影子工资是项目使用的劳动力的费用。

影子工资一般是通过影子工资换算系数计算得来的。影子工资换算系数是影子工资与财务分析中劳动力的工资之比。技术性工作的劳动力的工资报酬一般由市场供求决定,影子工资换算系数一般取值为1,即影子工资可等同于财务分析中使用的工资。根据我国非技术劳动力的就用状况,非技术劳动力的影子工资换算系数在0.25~0.8。非技术劳动力较为富余的地区可取较低值,不太富余的地区可取较高值,中间状况可取0.5。

五、经济评价方法

1. 经济评价基本报表的编制和指标计算

识别和估算完经济效益和费用之后,应编制经济费用效益分析报表,并根据报表数据计算评价指标,进行经济分析,判断项目的经济合理性。

1)经济费用效益分析报表的编制

(1)项目投资经济费用效益流量表

项目投资经济费用效益流量表用以综合反映项目计算期内各年的按项目投资口径计算的各项经济效益与费用流量及净效益流量,并可用来计算项目投资经济净现值和经济内部收益率指标。这里的项目投资不考虑资金的筹措方式。

(2)国内投资经济费用效益流量表

对于有国外资金的项目,应当编制国内投资经济费用效益流量表,并计算国内投资经济净现值和经济内部收益率指标。该表反映了项目计算期内各年按国内投资口径计算的各项经济效益与费用流量及净效益流量。与项目投资经济费用效益流量表的不同之处在于"费用流量"。两表的不同之处见表8-20。

项目投资经济费用效益流量表和国内投资经济费用效益流量表的区别　　表8-20

项目投资经济费用效益流量表		国内投资经济费用效益流量表	
序号	项　　目	序号	项　　目
1	效益流量	1	效益流量
1.1	项目直接效益	1.1	项目直接效益
1.2	资产余值回收	1.2	资产余值回收
1.3	项目间接效益	1.3	项目间接效益
2	费用流量	2	费用流量
2.1	建设投资	2.1	建设投资中国内资金
2.2	流动资金	2.2	流动资金中国内资金
2.3	经营费用	2.3	经营费用
2.4	项目间接费用	2.4	流至国外的资金
		2.4.1	国外借款本金偿还
		2.4.2	国外借款利息偿还
		2.4.3	外方利润
		2.4.4	其他
		2.5	项目间接费用
3	净效益流量(1−2)	3	净效益流量(1−2)
	计算指标 项目投资经济净现值 项目投资经济内部收益率		计算指标 国内投资经济净现值 国内投资经济内部收益率

由于要计算国内投资的经济效益,项目从国外的借款不在建设期列出,但需要在还款期费用流量中列出用于偿还国外借款本息的支出。

(3) 报表的编制方式

①直接进行效益和费用流量的识别和计算,并编制经济分析报表

主要步骤:a. 分析确定经济效益、费用的计算范围,包括直接效益、直接费用和间接效益、间接费用;b. 测算各项投入物和产出物的影子价格,对各项产出效益和投入费用进行估算;c. 根据估算的效益和费用流量,编制项目投资经济效益费用流量和国内投资经济效益费用流量表;d. 能够货币量化的外部效果,纳入经济效益费用流量表的间接费用和间接效益;难以进行货币量化的产出效果,应尽可能地采用其他量纲进行量化,难以量化的,进行定性描述。

②在财务分析的基础上调整编制经济分析报表

a. 调整内容,见表8-21。在财务分析的基础上编制经济分析报表,主要包括效益和费用范围调整和数值调整两方面。

在财务分析的基础上编制经济分析报表的调整内容　　表8-21

调整项目	调整范围	调整方法
效益和费用范围调整	识别财务现金流量中属于转移支付的内容,并逐项从财务和费用流量中剔除	作为财务现金流入的国家对项目的各种补贴,不计为经济效益流量
		作为财务现金流出的向国家支付的各种税金,不计为经济费用流量
		国内借款利息(包括建设期利息和生产期利息)以及流动资金中的部分构成,不再作为项目的费用流量
	经济分析考虑效益与费用的估算,不考虑通货膨胀因素	建设投资中包含的涨价预备费通常要从财务费用流量中剔除
	财务分析中的流动资产和流动负债并不属于实际消耗资源	包括现金、应收账款和应付账款等,经济分析中调整估算流动资金时应剔除
	识别项目的外部效果,分别纳入效益和费用流量	根据项目的具体情况估算项目的间接效益和间接费用
效益和费用数值调整	鉴别投入物和产出物的财务价值是否能正确反映其经济价值	如没有正常的市场交易价格,应该采用适当的方法测算其影子价格,并重新计算相应的费用或效益流量
	投入物和产出物中涉及外汇的	需要用影子汇率代替财务分析中采用的国家外汇牌价
	对项目的外部效果尽可能地货币量化计算	

b. 具体调整方法见表8-22。

在财务分析报表的基础上调整编制经济分析报表的具体方法　　表8-22

调整项目	调整方法
调整建设投资	建设投资中涨价预备费应从费用流量中剔除
	建设投资中的劳动力按影子工资计算费用,土地费用按土地的影子价格调整,其他投入的影子价格可根据情况决定是否调整
	有进口用汇的应按影子汇率换算并剔除作为转移支付的进口关税和进口环节增值税

续上表

调整项目	调整方法
调整建设期利息	国内借款的建设期利息不作为费用流量,来自国外的外汇贷款利息需按影子汇率换算,用于计算国外资金流量
调整流动资金	如果财务分析中流动资金是采用扩大指标法估算的,经济分析中可按扩大指标法估算,但需要将计算基数调整为以影子价格计算的营业收入或经营费用,再乘以相应的系数估算
	如果财务分析中流动资金是按分项详细估算法估算的,在剔除了现金、应收账款和应付账款后,剩余的存货部分要用影子价格重新分项估算
调整直接效益流量	产出物需要采用影子价格的,用影子价格重新计算营业收入,编制营业收入调整估算表
	某些类型项目的直接效益比较复杂,而且在财务效益中可能未得到反映,可视具体情况采用不同的方式分别估算
调整经营费用	对需要采用影子价格的投入物,用影子价格重新计算
	对一般投资项目,人工工资可不予调整,即取影子工资换算系数为1
	人工工资用外币计算的,应按影子汇率调整
	对经营费用中的除原材料和燃料动力费用之外的其余费用,通常可不予直接调整,但有时由于取费基数的变化引起其经济数值也会与财务数值略有不同
成本费用中的其他科目一般可不进行调整	
在以上各项的基础上编制项目经济费用效益流量表	

2) 经济费用效益的分析指标

(1) 经济净现值(ENPV)

经济净现值是指用社会折现率将项目计算期内各年的经济净效益流量折算到项目建设期初的现值之和,是反映项目对社会经济净贡献的绝对量指标。计算公式为:

$$\text{ENPV} = \sum_{t=1}^{n} (B - C)_t (1 + i_s)^{-t} \tag{8-56}$$

式中: B——经济效益流量;
C——经济费用流量;
$(B - C)_t$——第 t 年的经济净效益流量;
i_s——社会折现率;
n——计算期,以年计。

ENPV 等于或大于零表示项目带来的经济效益达到或超过了社会折现率的基本要求,从经济效益看,该项目可以接受。ENPV 越大,表明项目带来的以绝对数值表示的经济效益越大。

(2) 经济内部收益率(EIRR)

经济内部收益率是指项目在计算期内各年经济净效益流量的现值累计等于零时的折现率,是经济费用效益分析的辅助评价指标,是反映项目经济效益的相对量指标,表示项目占用的资金所能获得的动态收益率。计算公式如下,可用试算法进行求解计算:

$$\sum_{t=1}^{n} (B - C)_t (1 + \text{EIRR})^{-t} = 0 \tag{8-57}$$

EIRR 等于或大于社会折现率时,表明项目对社会经济的净贡献达到或者超过了社会折现率的基本要求。

2. 经济分析中的费用效果分析

(1) 费用效果分析概述

当效果不能或难以货币量化,或货币量化的效果不是项目目标的主体时,在经济分析中应采用费用效果分析方法,其结论作为项目投资决策的依据。费用效果分析是指通过比较项目达到的效果与所付出的费用,用以判断所付出的代价是否值得。其中,费用是指实现项目预定目标所付出的代价,用货币计量;效果是指项目的结果所起到的作用、效应或效能,是项目目标的实现程度,采用非货币指标度量。

费用效果分析既可应用于财务分析,也可用于经济分析。用于前者,主要用于项目各个环节的方案比选,项目总体方案的初步筛选;用于后者,除了可用于上述的方案比选和筛选以外,对于项目的主体效益难以货币量化的,则取代经济费用效益分析,并作为经济分析的最终结论。

(2) 费用效果分析的基本指标

① 效果费用比 $R_{E/C}$

$$R_{E/C} = \frac{E}{C} \tag{8-58}$$

式中: $R_{E/C}$——效果费用比;
E——项目效果;
C——项目费用,用现值或年值表示。

② 费用效果比 $R_{C/E}$

$$R_{C/E} = \frac{C}{E} \tag{8-59}$$

式中: $R_{C/E}$——费用效果比;
E——项目效果;
C——项目费用,用现值或年值表示。

8.4 财 务 评 价

财务评价是从项目角度出发的经济效果评价,主要从财务上考察建设项目的可行性,是项目技术经济分析的主要组成部分之一,是项目可行性研究的重要内容。

一、财务评价概述

1. 财务评价的含义

财务评价是基于已测算出的各项财务基础数据,根据国家现行的财税制度和市场价格,从项目的角度出发,分析计算项目直接发生的财务收益和费用,编制财务报表,计算财务评价指标,考察项目的获利能力、清偿能力及外汇效果等财务状况,据以判断建设项目在财务上的可行性。项目财务评价与我国财税制度的改革密切相关,现行的财税制度是项目财务评价的基本依据。

财务评价是对项目收支借贷的结果做出分析和评价。目前,在交通运输项目的经济分析中,一般是将项目本身作为一个经济主体来进行财务评价的。如果说一个新建项目是完全新建的高速公路,项目建成后,经营这个项目的单位是高速公路建设公司,这时,项目和企业是统一的,评价项目的财务状况,也就是评价未来经营这条高速公路企业的财务状况。但就绝大多数的运输项目而言,虽然是新上项目,而往往属于改、扩建性质,如一条公路的扩宽或延长,是在原有企业的经营管理范围内进行的。当项目有贷款时,考察项目对企业财务状况的影响往往成为企业或贷款单位注意的中心。这种情况下,把企业作为财务评价的对象是非常重要的。

对交通运输项目进行财务分析的目的及意义在于:

(1)分析项目投资的效益与企业将由此获得的利益。交通运输部项目的投资者和经营者对项目的盈利水平、收益率以及项目的清偿能力都十分关心。项目投产后,是否能达到预期的盈利水平,是否具有偿还贷款的能力、保持投产后正常运营的能力和发展能力。关于这些问题,财务评价为企业的所有者和经营者提供了相关的数据和结果。

(2)制定企业或项目的资金规划。交通建设项目的投资规模、资金的可能来源、用款计划的安排和筹资方案的选择等都是财务评价要解决的问题。财务分析的目的主要在于研究项目的资金来源是否可靠、资金结构是否合理以及确定最佳的资金筹措方案,以保证项目的顺利实施。

(3)为协调企业利益和国家利益提供依据。某些国民经济评价结论好、财务评价不可行,但又为民生所急需的交通运输项目,必要时可向国家提出采取经济优惠措施的建议,使项目具有财务上的生存能力。作为公益性的交通运输,运价由国家规定和管制,且一般较低,需要通过项目的财务评价来确定是否由国家或地方给予政策性补贴或实行减免税等优惠政策。

(4)为中外合资项目提供双方合作的基础。合同条款是中外合资项目和合作项目双方合作的首要前提,而合同的正式签订又离不开经济效益分析,实际上合同条款的谈判过程就是财务评价的测算过程。交通运输项目在需要引入外资进行建设运营时,财务评价的结论将为合资合作提供基础保障。

2.财务分析的内容

项目在财务上的生存能力取决于项目的财务效益和费用的大小及其在时间上的分布情况。项目的盈利能力、清偿能力等财务状况,是通过编制财务报表及计算相应的评价指标来进行判断的。由此,在明确项目评价范围的基础上,应根据项目性质和融资方式选取适宜的方法进行财务分析。为判别项目的财务可行性所进行的财务分析包括以下基本内容:

(1)财务效益与费用估算

选取必要的数据进行财务效益与费用估算,包括营业收入、成本费用和相关税金估算等。以上内容是在为财务评价进行准备,也称为财务评价基础数据与参数的确定、估算与分析。按照《建设项目经济评价方法与参数(第3版)》的规范,财务评价应以市场价格体系为基础预测价格。

(2)财务评价报表编制

在项目财务效益和费用识别和计算的基础上,编制项目的财务报表,包括财务评价辅助报表和财务评价报表。为分析项目的盈利能力需编制的主要报表有:现金流量表、利润与利润分配表及相应的辅助报表;分析项目的清偿能力需编制的主要报表有:资产负债表、借款还本付息计划表以及相应的辅助报表。

(3)财务评价指标计算与财务生存能力分析

由财务报表可以计算出各财务评价指标,并通过与评价标准或基准值的对比分析,即可对项目的盈利能力、清偿能力和财务生存能力等财务状况做出评价,判别项目的财务可行性。财务评价的盈利能力分析要计算财务内部收益率、总投资收益率和项目资本金净利润率等主要评价指标;清偿能力分析则计算资产负债率、利息备付率和偿债备付率等指标。此外,还需根据财务计划现金流量表进行财务生存能力分析。对项目盈利能力、清偿能力和财务生存能力进行评价完成后,还应对财务评价的指标进行汇总,并结合不确定性分析的结果,得出项目财务评价的总结论。

3.财务评价的分析流程

交通运输项目财务评价的一般流程如图 8-13 所示。

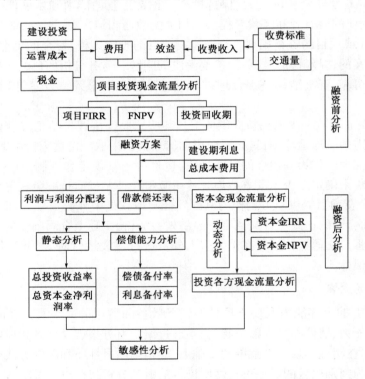

图 8-13 财务评价的一般流程

可以看出,财务分析可分为融资前分析和融资后分析两个阶段,一般宜先进行融资前分析,在融资前分析的结论满足要求的情况下,初步设定融资方案,再进行融资后评价。项目建议书阶段,可只进行融资前分析。财务效益与费用和融资方案是财务评价的基础,穿插在财务评价过程中。

(1)融资前分析

融资前分析是指在考虑融资方案前就开始进行的财务评价,即不考虑债务融资条件下进行的分析。项目决策分为投资决策和融资决策两个层次,融资前分析属于项目投资决策。融资前分析的准备工作首先是对部分基础数据的估算,包括对建设投资、营业收入、经营成本和流动资金等数据的估算;然后在这些数据估算的基础上编制部分财务报表,其中财务辅助报表包括建设投资估算表、流动资金估算表、营业收入、营业税金及附加和增值税估算表,以及部分总成本费用估算表。若总成本费用估算表按生产要素法进行编制,则需要编制外购原材料费估算表、外购燃料和动力费估算表、工资及福利费估算表等辅助报表。

融资前分析以项目投资折现现金流分析为主,并且只进行盈利能力分析。融资前项目投资现金流量分析,是从项目投资总获利能力的角度,考察项目方案设计的合理性。计算指标主要是财务内部收益率和财务净现值,也可计算静态投资回收期。通常,融资前分析从两种角度进行考察,一种是所得税前分析,是从息税前角度进行的分析,计算指标有息税前内部收益率和息税前财务净现值;第二种是所得税后分析,即从息税后的角度进行分析。

只有通过了融资前分析的检验,才有必要进一步进行融资后分析。若融资前分析结果不能满足要求,可返回对项目建设方案进行修改;若多次修改后分析结果仍不能满足要求,可做出放弃或暂时放弃项目的建议。

(2)融资后分析

融资后分析属于项目决策中的融资决策,是以设定的融资方案为基础进行的财务评价,重在考察项目的资金筹措方案能否满足要求。融资后分析主要包括盈利能力分析、偿债能力分析和财务生存能力分析。融资后分析的准备工作包括融资方案的确定与财务报表的编制,需要编制的财务辅助报表有建设期利息估算表、项目总投资使用计划与资金筹措表以及总成本费用估算表。总成本费用估算表如果按生产要素法编制,还需要编制固定资产折旧费估算表、无形资产和其他资产摊销费估算表。财务评价报表包括项目资本金现金流量表、投资各方现金流量表、利润与利润分配表、财务计划现金流量表、资产负债表和借款还本付息计划表。

融资后盈利能力分析包括动态分析和静态分析两种。动态分析可从项目资本金的现金流量和投资各方的现金流量两个层次,相应的指标计算有项目资本金(投资各方)财务内部收益率、财务净现值;静态分析主要依据的是利润与利润分配表,计算指标有资本金利润率和总投资收益率等。融资后的偿债能力分析主要考察项目能否按期偿还借款的能力,主要通过计算利息备付率和偿债备付率等指标来判定项目的偿债能力。财务生存能力分析主要考察项目能否有足够多的净现金流量维持正常运营,主要通过编制财务计划现金流量表并结合偿债能力分析进行。

4. 财务评价的基本原则

为保证财务评价的客观性和有效性,应遵循如下原则:

(1)费用与效益计算口径一致性原则

将效益与费用限定在同一范围内,才有可能进行比较,计算的净效益才是项目投入的真实回报。如果在投资估算中包括了某项工程,那么因建设该工程增加的效益就应该被考虑在内,否则就低估了项目的效益;反之,如果考虑了该工程对项目效益的贡献,但投资却未计算进去,那么项目的效益就被高估了。

(2)费用与效益识别有无对比原则

"有无对比"是指"有项目"相对于"无项目"的对比分析。"无项目"状态是指不对该项目进行投资时,在计算期内与项目有关的资产、费用与效益的预计发生情况;"有项目"状态是指对该项目进行投资后,在计算期内与项目有关的资产、费用与效益的预计发生情况。在识别项目的效益和费用时,需要注意的是只有"有无对比"的差额部分才是由于项目的建设增加的效益和费用,即增量效益和费用。该原则排除了项目实施以前各种条件的影响,突出了项目活动的效果。

(3)动态分析与静态分析相结合、以动态分析为主的原则

国际通行的财务评价都是以动态分析方法为主,即根据资金时间价值的原理,考虑项目整个计算期内各年的效益和费用,采用现金流量分析的方法,计算内部收益率和净现值等评价指标。我国分别于1987年、1993年和2006年由国家发展和改革委员会和原建设部发布实施的《建设项目经济评价方法与参数》第1版、第2版及第3版,都采用了动态分析与静态分析相结合、以动态分析为主的原则,制定出一整套项目经济评价方法与指标体系。

(4)基础数据确定的稳妥原则

财务评价结果的准确性取决于基础数据的可靠性。财务评价中所需要的大量的基础数据均来自预测和估算,为使财务评价结果能提供较为可靠的信息,避免人为的乐观估计所带来的风险,在基础数据的确定和选取中遵循稳妥原则是十分必要的。

(5)注意运输项目财务评价的特殊性原则

运输项目的财务评价对项目决策起辅助作用。交通运输是社会再生产过程在流通领域内的继续,其效益不仅表现为本部门的直接效益,更多的是带来了工业、农业、商业等发展。交通运输业的发展直接影响到国民经济的发展,同时,其发展规模、发展速度和发展水平也要受到国民经济的制约。因此,交通运输项目的经济分析和投资决策都必须着重于国民经济评价,财务评价仅对项目的决策起辅助作用,只有国民经济评价才能全面正确地衡量交通运输项目的经济效益和成本,特别是项目以外的社会经济效益和成本。此外,凡有经营收入的交通运输项目,如铁路、港口、收费公路和机场等,应按企业或集团承担的投资额做出财务评价,分析和计算项目的财务盈利能力和清偿能力,进行财务分析的目的是通过研究收费标准,动态计算贷款偿还年限等指标,分析项目的财务可行性。由于交通运输项目都属于公共基础设施,各建设部门本身没有盈利问题,且所得收入不完全是运输项目效益的全部货币表现。因此,运输项目的财务分析不必计算使用者的经济效益,这是运输项目财务分析的一个显著特点。

二、运输项目的财务效益与费用识别

1. 识别条件

识别费用和效益是编制财务报表的前提。费用、收益的识别要从目标、范围和时间三个方面划分。

(1)目标与范围

目标,是识别费用、收益的准则。凡是对目标有贡献的就是收益,凡是削弱目标的就是费用。目标是与评价的层次相联系的,有总目标与子目标之分。总目标与经济发展、人民生活相联系;子目标则直接与项目实施单位的利益相联系。

范围,就是计算收益和费用的边界。财务评价是以项目实施单位的盈利为标准,判断收益、费用的计算范围是实施单位的直接收入或支出。对于那些虽是因项目所引起的费用及带来的收益,只要不为实施单位所支付或收取,则不予计算。

(2) 计算期的确定

项目的计算期是指对项目进行经济评价应延续的年限,是财务分析的重要参数,包括项目的建设期和生产运营期。

建设期:评价用的建设期是指项目资金正式投入项目建成投产所需时间。建设期的确定应综合考虑项目的建设规模、建设性质(新建、改扩建和技术改造)、项目负责程度、当地建设条件、管理水平与人员素质等因素,并与项目进度计划中的建设工期相协调。而项目实施进度中的建设工期是指从项目主体工程正式破土动工到项目建成投产所需要的时间。

生产运营期:是由项目的运营寿命期决定的,应根据多种因素综合确定,包括行业特点、项目的产品寿命期、主要工程和设备的经济寿命期、主要技术的寿命期以及主要装置的综合折旧年限等。

(3) 识别方法的选择

与计算期有密切联系的是收益识别的"有无法"和"前后法",即对收益与费用的识别是将"有项目"与"无项目"相比较,或将"项目前"与"项目后"相比较,但这两种比较是不同的。所谓"有项目"是指因研究的运输系统不满足某种运输需求而拟建的项目在实施后将要发生的情况。所谓"无项目"是指不实施拟建项目,现有的运输系统在计算期内将要发生的情况。这种比较对于准确衡量项目所带来的净收益是非常必要的。

2. 效益

项目的财务效益主要表现为生产经营的产品销售(营业)收入。对于运输项目,其财务收入主要表现为运营收入。

产品销售收入(包括提供劳务的收入):由销售量和价格两个因素决定。生产多种产品和提供多项服务的项目,应分别估算各种产品及劳务的销售收入。对那些不便于按详细的品种分类计算销售收入的项目,可采取折算为标准产品的方法计算销售收入。销售价格一般采用出厂价格,也可根据需要采用送达用户的价格或离岸价格。

回收固定资产余值:寿命期末回收固定资产余值可视为收入。有些折旧期很长甚至是"永久性"的工程项目,其计算期低于折旧寿命期,最末一年可计入该年的固定资产净值。

回收流动资金:一般在计算期的最后一年回收全部流动资金。

其他现金流入:主要指国家为鼓励和扶持某项目的开发所给予的补贴等。但在价格、汇率、税收上的优惠,因已体现在收入的增加和支出的减少上,不再另计。关于成本降低,视情况的不同有两种处理方法:一种是成本降低可作为收益,如技改项目;另一种是作为成本的减少,体现在一般成本项内。

3. 费用

项目的财务支出(费用)主要表现为建设项目总投资、经营成本和税金等各项支出。对于运输项目,其财务支出(费用)主要表现为各项成本费用。

投资:包括项目的固定投资、流动资金投资、技术软件购买、研究开发费用、可行性研究费用、人员培训支出和试生产费用等。

经营成本:指项目总成本费用扣除固定资产折旧费、矿山维简费、无形及递延资产摊销费和财务费用支出以后的成本费用,用于财务评价的现金流分析,其计算公式为:

$$经营成本 = 总成本费用 - 折旧费 - 维简费 - 摊销费 - 财务费用$$

税费:财务评价涉及的税费主要有增值税、营业税、资源税、消费税、所得税、城市维护建设税和教育费附加等。进行评价时应说明税种、计税依据、税率和计税额等。如有减免税优惠,应说明政策依据及减免方式和减免金额。

技术转让费:指根据协议规定按产品的销售量或利润的一定比例计算、按年支付的技术转让费。在投产前作为一次性支付的已计入固定资产投资中,不再单独列出。

营业外净支出:一般项目可不作计算,如为数较大,可估计列入。

4. 价格和汇率

(1) 财务价格

财务评价是估算拟建项目在未来数年或更长年份的效益与费用,因投入物和产出物的未来价格会发生变化,为了合理地反映项目的效益和财务状况,财务分析应采用预测价格。预测价格应在选定的基年价格基础上测算。

价格影响因素:影响价格变化的因素有很多,大体可归纳为两类:一是相对价格变动因素;二是绝对价格变动因素。相对价格是指商品之间的比价关系,导致商品相对价格变化的因素很复杂,例如,供应量的变化、价格政策的变化、劳动生产率的变化等都可能引起商品间比价的改变;消费水平的变化、消费习惯的变化、可替代产品的出现等都可能引起供求关系发生变化,从而使供求的均衡价格发生变化,引起商品间比价的改变等。绝对价格是指用货币的绝对值表示的商品价格水平。在项目的寿命期内,由于通货膨胀或生产效率的变化,绝对价格的水平可能会有变化。预测价格应考虑价格变动因素,即各种产品相对价格的变动和价格总水平的变动(通货膨胀或通货紧缩)。由于建设期和生产经营期的投入和产出的情况不同,所以它们的财务价格应区别对待。建设期因为在投资估算中已经预留了涨价预备费,因此建筑材料和设备等投入品可采用一个固定的价格计算投资费用,其价格不必年年变动。

三种价格:在项目的财务分析中会涉及如何处理价格变动的问题,在计算期的若干年内,是采用同一个固定价格,还是各年都变动的价格,以及这些价格该如何变动等。这涉及财务分析中需要的三种价格:基价、实价和时价。

基价(又称固定价格),是指以基年价格水平表示的,不考虑其后价格变动的价格。若采用基价,项目计算期内各年价格都是相同的。一般选择评价工作进行的年份为基年,也有选择预计的开始建设年份。

时价,是指任何时候的当时市场价格。既考虑价格的相对变动,又考虑由通货膨胀等因素引起的价格的绝对变动。可以基价为基础,按照预计的各种货物不同价格的上涨率分别求出它们在计算期内任何一年的时价。

$$时价 = 基价 \times (1 + 第1年的时价上涨率) \times (1 + 第2年的时价上涨率)$$

实价,是以基年价格水平表示的,反映相对价格变动因素的影响的价格。实价可以由时价中扣除物价总水平变动的影响来求得。

$$实价 = 时价 \div (1 + 通货膨胀率)$$

价格选择:①现金流量分析和盈利能力分析在原则上采用实价体系,因为实价排除了通货膨胀因素的影响,能够相对真实地反映投资的盈利水平,便于投资者考察投资的实际盈利可能性。②偿债能力分析和财务生存能力分析在原则上采用时价体系,因为采用时价编制利润和利润分配表、财务计划现金流量表及资产负债表,有利于描述项目计算期内各年当时的财务状况,能相对合理地进行偿债能力分析和财务生存能力分析。③财务评价计算销售(营业)收入及生产成本所采用的价格,可以是含增值税的价格,也可以是不含增值税的价格,在评价时应说明采用何种计价方法。

(2) 利率和汇率

利率是指一定时期内利息额与借入或贷出的本金的比率。借款利率是项目财务评价的重要基础数据,计算利率是将各部门相互联系起来的计算价格,并且能够保证一个项目成本和效益的差额适当地与其他成本效益相比较。

利率可以分为固定利率和浮动利率。固定利率是指在整个借贷期限内,利率不随借贷供求状况而变动的利率,适用于短期借贷;浮动利率是指借贷期限内随市场利率的变动而定期调整的利率,适用于借贷时期较长、市场利率多变的借贷关系。采用固定利率的借款项目,财务评价直接采用约定的利率计算利息;采用浮动利率的借款项目,财务评价时应对借款期内的平均利率进行预测,采用预测的平均利率计息。

另外,对于一些涉外的经济项目,经常会涉及汇率,汇率是一种货币表示的另一种货币的价格,汇率的变动会影响企业进出口商品的价格,从而影响企业的财务状况,因而在财务评价中要考虑汇率的影响。财务评价汇率的取值,一般采用国家外汇部门公布的人民币外汇牌价、基准价。

5. 改扩建项目效益和费用的估算

投资项目可以从不同的角度进行分类,按照项目建设的性质以及项目与企业原有资产的关系,可分为新建项目和改扩建项目;按照项目融资主体的不同,可分为新设法人项目和既有法人项目。既有法人项目,特别是依托现有企业进行改扩建与技术改造的项目(简称改扩建项目)在效益和费用的估算方面有着显著的特点,应予以充分重视。

(1) 改扩建项目的特点

与新建项目相比,改扩建项目的财务分析涉及面广、需要数据多、复杂程度高。它涉及项目和企业两个层次、"有项目"和"无项目"两个方面。其特点如下:①在不同程度上利用了原有资产和资源,以增量调动存量,以较小的新增投入取得较大的效益。②项目效益与费用的识别和计算比新建项目更复杂。③建设期内建设与生产可能同步进行。④项目与企业既有联系,又有区别;既要考察项目给企业带来的效益,又要考察企业整体的财务状况。⑤项目的效益和费用可因项目的目标不同而有很大差别。改扩建项目的目标各异,有依托老厂新增生产线或生产新品种的,有在老装置上进行技术改造以降耗、节能、提高产品质量的,有满足环保要求的等,其效益可能表现在不同的方面。⑥改扩建项目的费用多样,不仅包括新增投资、新增成本费用等,还可能包括因改造引起的停产损失。

(2) 项目范围的界定

项目范围的界定宜采取最小化原则,以能正确计算项目的投入和产出、说明给企业带来的效益为限,其目的是易于采集数据、减少工作量。

项目范围的界定方法是:①企业总体改造或虽局部改造但项目的效益和费用与企业的效益和费用难以分开的,将项目范围界定为企业整体。②企业局部改造且项目范围可以明确为企业的一个组成部分,可将与项目直接有关的部分界定为项目范围,称为"项目范围内",企业的其余部分视为"项目范围外"。"项目范围内"的数据需详细分项估算,用于估算项目给企业带来的增量效益和费用;而"项目范围外"的数据可归集在一起,必要时,用于估算有项目后企业整体的效益和费用。

(3)效益与费用的数据

主要涉及五套数据：①现状数据，反映项目实施起点时的效益和费用情况，是单一的状态值。②"无项目"数据，是指不实施该项目时，在现状的基础上考虑计算期内效益和费用的变化趋势，经合理预测得出的数值序列。③"有项目"数据，是指实施该项目后计算期内的总量效益和费用数据，是数值序列。④新增数据，是"有项目"相对"现状"的变化额，即"有项目"效益和费用数据与现状数据的差额。⑤增量数据，是"有项目"效益和费用数据与"无项目"效益和费用数据的差额，即"有无对比"得出的数据，是数值序列。

五套数据之间的关系（以固定资产数据为例）：

无项目固定资产价值 = 原有固定资产价值（现状数据）+ 无项目追加投资形成的固定资产价值

有项目固定资产价值 = 新增固定资产价值 + 原有固定资产价值

增量固定资产价值 = 有项目固定资产价值 − 无项目固定资产价值

= 新增固定资产价值 − 无项目追加投资形成的固定资产价值

需要特别说明的是，"无项目"数据是增量分析的关键，其预测也是一个难点。现状数据是指项目实施起点时的数据，是预测"无项目"数据的基点数据，"无项目"数据是很可能发生变化的。

(4)计算期的确定

"有项目"和"无项目"效益与费用的计算范围和计算期应保持一致。为保持一致，应以"有项目"（新增资产部分）的计算期为基础，对"无项目"的计算期进行调整。

(5)沉没成本与机会成本

沉没成本也称为沉没费用，是指源于过去的政策，非当前决策所能改变的，已经发生的费用。在改扩建项目评价中应用沉没成本的概念，即在项目增量的盈利能力分析中把已有资产作为沉没成本考虑，无论其是否在项目中得到使用。机会成本是指企业资产一旦用于某项目，就同时丧失了用于其他机会所可能带来的潜在收入，这丧失的收入就是该资产被用于该项目的机会成本。必要时，财务分析中把机会成本作为无项目时的效益计算。当简化直接进行增量计算时可直接列为项目的增量费用。

三、财务报表的编制与财务效果的计算

1. 财务报表的编制

(1)项目财务评价报表的构成

财务评价报表是指在日常会计核算资料的基础上，按照规定的格式、内容和方法定期编制的，综合反映企业在某一特定日期的财务状况和某一特定时期内的经营成果、现金流量状况的书面文件。

财务报表所提供的会计信息具有重要作用，主要体现在：①全面系统地揭示企业或项目在一定时期内的财务状况、经营成果和现金流量，为经济预测和决策提供依据；②有利于国家经济管理部门了解国民经济的运行状况，即通过对各单位提供的财务报表资料进行汇总和分析，了解和掌握各行业、各地区的经济发展状况，以便宏观调控经济的运行，优化资源的配置，保证国民经济稳定持续地发展；③有利于投资者、债权人和其他有关各方掌握企业或项目的财务状况、经营成果和现金流量情况，进而分析企业的盈利能力、偿债能力、投资收益、发展前景等，为其投资、贷款和贸易提供决策依据；④有利于满足财政、税务、工商和审计等部门监督企业的经

营管理,即通过财务报表可以检查、监督各企业是否遵守国家的各项法律、法规和制度,有无偷税漏税的行为。

项目的财务报表主要有:项目投资现金流量表、项目资本金现金流量表、投资各方现金流量表、利润与利润分配表、财务计划现金流量表、资产负债表和借款还本付息计划表等。

(2)现金流量表

现金流量表反映项目计算期内各年的现金收支(现金流入和现金流出),用以计算各项动态指标和静态评价指标,从而进行项目财务盈利能力的分析。按投资计算基础的不同,现金流量表分为以下三种:

①项目投资现金流量表

项目投资现金流量表不区分投资资金来源,以全部投资作为计算基础,用以计算全部投资所得税前及所得税后的财务内部收益率、财务净现值及投资回收期等评价指标,考察项目全部投资的盈利能力,为各个投资方案(不论其资金来源及利息为多少)进行比较建立共同基础,它是在设定项目全部投资均为自有资金条件下的项目现金流量系统的表格反映,见表8-23。

项目投资现金流量表(单位:万元) 表8-23

序号	项 目	合计	计算期					
			1	2	3	4	…	n
1	现金流入							
1.1	营业收入							
1.2	补贴收入							
1.3	回收固定资产余值							
1.4	回收流动资金							
2	现金流出							
2.1	建设投资							
2.2	流动资金							
2.3	经营成本							
2.4	营业税金及附加							
2.5	维持运营投资							
3	所得税前净现金流量(1-2)							
4	累积所得税前净现金流量							
5	调整所得税							
6	所得税后净现金流量(3-5)							
7	累积所得税后净现金流量							

计算指标:项目投资财务内部收益率(%)(所得税前);项目投资财务内部收益率(%)(所得税后);项目投资财务净现值(所得税前);项目投资财务净现值(所得税后);项目投资回收期(年)(所得税前);项目投资回收期(年)(所得税后)

注:1. 本表适用于新设法人项目与既有法人项目的增量和"有项目"的现金流量分析。
  2. 调整所得税为以息税前利润为基数计算的所得税,区别于"利润与利润分配表"、"项目资本金现金流量表"和"财务计划现金流量表"中的所得税。

现金流入:现金流入为营业收入、补贴收入、回收固定资产余值和回收流动资金4项之和。其中,营业收入的各年数据取自营业收入、销售税金及附加和增值税估算表。固定资产余值和流动资金均在计算期的最后一年回收,固定资产余值回收额为固定资产折旧费估算表中固定资产的期末净值合计,流动资金回收额为项目全部流动资金。

现金流出:现金流出由建设投资、流动资金、经营成本、营业税金及附加和维持运营投资5个分项组成。建设投资和流动资金的数额取自项目总投资使用计划与资金筹措表中总投资项下的有关分项。经营成本取自总成本费用估算表,营业税金及附加的数据来源于营业收入、营业税金及附加和增值税估算表,维持运营投资的数据则来源于财务计划现金流量表。

所得税前净现金流量:各年所得税前的净现金流量为各年现金流入量减对应年份的现金流出量,各年累积所得税前净现金流量为本年及以前各年所得税前净现金流量之和。

调整所得税:调整所得税为以息税前利润为基数计算的所得税,区别于"利润与利润分配表""项目资本金现金流量表"和"财务计划现金流量表"中的所得税。

$$调整所得税 = 息税前利润 \times 所得税税率$$

其中:

息税前利润 = 营业收入 + 补贴收入 − 营业税金及附加 − 经营成本 − 折旧费 − 摊销费

②项目资本金现金流量表

项目资本金现金流量表从投资者的角度出发,以投资者的出资额作为计算基础,把借款本金偿还和借款利息支付、所得税作为现金流出(由于现金流入是全部投资所获得),用以计算资本金的财务内部收益率、财务净现值等评价指标,以便考察项目资本金的盈利能力,见表8-24。

项目资本金现金流量表(单位:万元) 表8-24

序号	项目	合计	计算期					
			1	2	3	4	…	n
1	现金流入							
1.1	营业收入							
1.2	补贴收入							
1.3	回收固定资产余值							
1.4	回收流动资金							
2	现金流出							
2.1	项目资本金							
2.2	借款本金偿还							
2.3	借款利息支付							
2.4	经营成本							
2.5	营业税金及附加							
2.6	所得税							
2.7	维持运营投资							
3	净现金流量(1−2)							
计算指标:资本金的财务内部收益率(%)								

注:1. 项目资本金包括用于建设投资、建设期利息和流动资金的资金。
2. 对外商投资项目,现金流出中应增加职工奖励及福利基金科目。
3. 本表适用新设法人项目与既有法人项目"有项目"的现金流量分析。

现金流入各项和数据来源与全部投资现金流量表相同。

现金流出项项目资本金数额取自项目总投资使用计划与资金筹措表中总投资项下的资本金分项。借款本金偿还由两部分组成：一部分为借款还本付息计算表中本年还本额；另一部分为流动资金借款本金偿还，一般发生在计算期的最后一年，但需要根据项目的实际情况进行调整。借款利息的支付数额来自借款还本付息计划表。现金流出中其他各项与项目投资现金流量表相同。

项目计算期各年的净现金流量为各年现金流入量减对应年份的现金流出量。

③投资各方现金流量表

投资各方现金流量表分别以投资各方的出资额作为计算基础，编制各方的财务现金流量表，用于计算投资各方的内部收益率，见表8-25。

投资各方现金流量表　　　　　　　　　　　　　　　　表8-25

序号	项　　目	合计	计　算　期					
			1	2	3	4	…	n
1	现金流入							
1.1	实分利润							
1.2	资产处置收益分配							
1.3	租赁费收入							
1.4	技术转让或使用收入							
1.5	其他现金流入							
2	现金流出							
2.1	实缴资本							
2.2	租赁资产支出							
2.3	其他现金流出							
3	净现金流出（1-2）							
计算指标：投资各方的财务内部收益率（%）								

注：本表可按不同投资方分别编制。

投资各方现金流量表适用于内资企业、外商投资企业；适用于合资企业、合作企业。投资各方现金流量表中现金流入是指出资方因该项目的实施将实际获得的各种收入；现金流出是指出资方因该项目的实施将实际投入的各种支出。表中科目应根据项目具体情况调整。实际利润是指投资者由项目获得的利润。资产处置收益分配是指对明确的合营期限或者合资期限的项目，在期满时对资产余值按股比或约定的比例进行分配。租赁费收入是指出资方将自己的资产租赁给项目使用所获得的收入，此时应将资产价值作为现金流出，列为租赁资产支出科目。技术转让或使用收入是指出资方将专利或专有技术转让或者允许该项目使用所获得的收入。

④利润与利润分配表

利润与利润分配表反映了项目计算期内各年的利润总额、所得税及税后利润的分配情况，用以计算总投资收益率和资本金利润率等指标，见表8-26。

利润与利润分配表　　　　　　表 8-26

序号	项目	合计	计算期					
			1	2	3	4	…	n
1	营业收入							
2	销售税金及附加							
3	总成本费用							
4	补贴收入							
5	利润总额(1－2－3＋4)							
6	弥补以前年度亏损							
7	应纳税所得额(5－6)							
8	所得税							
9	净利润(5－8)							
10	期初未分配利润							
11	可供分配的利润(9＋10)							
12	提取法定盈余公积金							
13	可供投资者分配的利润(11－12)							
14	应付优先股股利							
15	提取任意盈余公积金							
16	应付普通股股利(13－14－15)							
17	各投资方利润分配 其中：＊＊方 / ＊＊方							
18	未分配利润(13－14－15－17)							
19	息税前利润(利润总额＋利息支出)							
20	息税折旧摊销前利润							

注：1. 对于外商出资项目由第 11 项减去储备基金、职工奖励与福利基金和企业发展基金后，得出可供投资者分配的利润。

2. 法定盈余公积金按净利润计提。

3. 营业收入、营业税金及附加、总成本费用的各年度数据分别取自相应的辅助报表。

4. 利润总额 = 营业收入 － 营业税及附加 － 总成本费用 ＋ 补贴收入。

5. 应纳税所得额 = 利润总额 － 弥补以前年度亏损。应纳税所得额为利润总额根据国家有关规定进行调整后的数额。在建设项目的财务评价中，主要是减免所得税及用税前利润弥补上年度亏损的有关规定进行的调整。

6. 所得税 = 应纳税所得额 × 所得税税率。

7. 净利润 = 利润总额 － 所得税。

8. 可供分配利润 = 净利润 ＋ 期初未分配利润。

9. 提取法定盈余公积金。法定盈余公积金按当年税后净利润的 10% 提取，其累计额达到项目法人注册资本的 50% 以上可不再提取。法定盈余公积金可用于弥补亏损或按照国家规定转增资本金等。

10. 可供投资者分配的利润。提取法定盈余公积金后向投资者分配的净利润。

⑤财务计划现金流量表

财务计划现金流量表是国际上通用的财务报表，用于反映建设期内各年的投资活动、融资活动和经营活动所产生的现金流入、现金流出和净现金流量，考察资金平衡和余缺情况，是反映财务状况的重要财务报表。财务计划现金流量表的绝大部分数据可来自其他报表,见表 8-27。

财务计划现金流量表(单位:万元)

表 8-27

序号	项目	合计	计算期					
			1	2	3	4	…	n
1	经营活动净现金流量(1.1 – 1.2)							
1.1	现金流入							
1.1.1	营业收入							
1.1.2	增值税销项税额							
1.1.3	补贴收入							
1.1.4	其他流入							
1.2	现金流出							
1.2.1	经营成本							
1.2.2	增值税进项税额							
1.2.3	营业税金及附加							
1.2.4	增值税							
1.2.5	所得税							
1.2.6	其他流出							
2	投资活动净现金流量(2.1 – 2.2)							
2.1	现金流入							
2.2	现金流出							
2.2.1	建设投资							
2.2.2	维持运营投资							
2.2.3	流动资金							
2.2.4	其他流出							
3	筹资活动现金流量							
3.1	现金流入							
3.1.1	项目资本金投入							
3.1.2	建设投资借款							
3.1.3	流动资金借款							
3.1.4	债券							
3.1.5	短期借款							
3.1.6	其他流入							
3.2	现金流出							
3.2.1	各种利息支出							
3.2.2	偿还债务本金							
3.2.3	应付利润(股利分配)							
3.2.4	其他流出							

续上表

序号	项目	合计	计算期					
			1	2	3	4	…	n
4	净现金流量(1+2+3)							
5	累积盈余资金							

注：1.对于新设法人项目，本投资活动的现金流入为零。对于既有法人项目，可适当增加科目。
   2.必要时，现金流出中可增加应付优先股股利科目。
   3.对外商投资项目应将职工奖励与福利基金作为经营活动的现金流出。

⑥资产负债表

资产负债表综合反映了项目计算期内各年末资产、负债和所有者权益的增减变化及对应关系，以考察项目资产、负债、所有者权益的结构是否合理，同时计算资产负债率、流动比率及速动比率，进行偿债能力分析，见表8-28。

资产负债表（单位：万元）　　　　　　　　　　　　　　　　　　表8-28

序号	项目	合计	计算期					
			1	2	3	4	…	n
1	资产							
1.1	流动资产总额							
1.1.1	货币资金							
1.1.2	应收账款							
1.1.3	预付账款							
1.1.4	存货							
1.1.5	其他							
1.2	在建工程							
1.3	固定资产净值							
1.4	无形及其他资产净值							
2	负债及所有者权益							
2.1	流动负债总额							
2.1.1	短期借款							
2.1.2	应付账款							
2.1.3	预收账款							
2.1.4	其他							
2.2	建设投资借款							
2.3	流动资金借款							
2.4	负债小计(2.1+2.2+2.3)							
2.5	所有者权益							
2.5.1	资本金							
2.5.2	资本公积金							
2.5.3	累计盈余公积金							

续上表

序号	项 目	合计	计算期					
			1	2	3	4	…	n
2.5.4	累计未分配利润							
计算指标:资产负债率(%)								

注:1. 对外商投资项目,第2.5.3项改为累计储备基金和企业发展基金。
  2. 对于既有法人项目,一般只针对法人编制,可按需要增加科目,此时表中的资本金是指企业全部实收资本,包括原有和新增的实收资本。必要时,也可针对"有项目"范围编制。此时表中的资本金仅指"有项目"范围的对应数值。
  3. 货币资金包括现金和累计盈余资金。

资产由流动资产、在建工程、固定资产净值、无形和其他资产净值四项组成。其中:流动资产总额为货币资金、应收账款、预付账款、存货和其他之和。前三项数据来自流动资金估算表。在建工程是指项目总投资使用计划与资金筹措表中的建设投资、建设期利息、流动资金的年累计额。固定资产净值和无形及递延资产净值分别从固定资产折旧费估算表和无形资产和其他资产摊销估算表取得。

负债包括流动负债总额、建设投资借款和流动资金借款。流动负债总额中的短期借款、应付账款和预收账款数据可由流动资金估算表直接取得。建设投资借款和流动资金借款均指借款余额,可来自借款还本付息计划表。

所有者权益包括资本金、资本公积、累计盈余公积金和累计未分配利润。其中,累计未分配利润可直接取自利润与利润分配表;累计盈余公积金也可由利润与利润分配表中的盈余公积金项计算各年份的累计值,但应根据有无用盈余公积金弥补亏损或转增资本金的情况进行相应调整。资本金为项目投资中累计自有资金(扣除资本溢价),当存在由资本公积金或盈余公积金转增资本金的情况时应进行相应调整。资本公积金为累计资本溢价及赠款,转增资本金时应进行相应调整,使资产负债表满足等式:资产=负债+所有者权益。

⑦借款还本付息计划表

借款还本付息计划表主要用于反映项目计算期内各年的借款本金的偿还和利息的支付情况,用于计算借款偿还期或者偿还备付率等指标,见表8-29。按现行的财税制度,偿还借款的资金来源主要有未分配利润、折旧费、摊销费及其他资金。

借款还本付息计划表 表8-29

序号	项 目	合计	计算期					
			1	2	3	4	…	n
1	借款							
1.1	期初借款余额							
1.2	当期还本付息							
	其中:还本							
	付息							
1.3	期末借款余额							
2	债券							
2.1	期初债券余额							

续上表

序号	项目		合计	计算期					
				1	2	3	4	…	n
2.2	当期还本付息								
	其中:还本								
	付息								
2.3	期末债券余额								
3	借款和债券合计								
3.1	期初余额								
3.2	当期还本付息								
	其中:还本								
	付息								
3.3	期末余额								
计算指标:利息备付率(%);偿债备付率(%)									

注:1. 本表与财务辅助表"建设期利息估算表"可合二为一。
2. 本表直接适用于新设法人项目,如有多种借款或债券,必要时应分别列出。
3. 对于既有法人项目,在按项目范围进行计算时,可根据需要增加项目范围内原有借款的还本付息计算;在计算企业层次的还本付息时,可根据需要增加项目范围外借款的还本付息计算;当简化直接进行项目层次新借款还本付息计算时,可直接按新增数据进行计算。
4. 本表可另加流动资金借款的还本付息计算。

2. 财务效果的计算

财务评价效果的好坏,除了要准确地估计基础数据,编制完整、可靠的财务报表之外,还要采用合理的评价指标体系。只有选取正确的评价指标体系,财务评价结果才能与实际情况相吻合,才具有实际意义。根据不同的评价深度要求和可获得资料的多少,以及项目本身所处条件的不同,可选用不同的指标,从不同的侧面反映项目的经济效果。项目财务评价指标体系见表8-30。

财务评价指标体系表　　　　　表8-30

评价内容		基本报表	财务评价指标	
			静态指标	动态指标
融资前分析		项目投资现金流量表	静态投资回收期	财务内部收益率、财务净现值、动态投资回收期
融资后分析	盈利能力	资本金现金流量表	—	投资各方财务内部收益率
		投资各方现金流量表	—	—
		利润与利润分配表	总投资收益率(ROI) 资本金利润率(ROE)	—
	清偿能力	借款还本付息计划表	偿债备付率 利息备付率	
		资产负债表	资产负债率、流动比率、 速动比率	
	财务生存能力	财务计划现金流量表	净现金流量 累计盈余资金	—

续上表

评价内容	基本报表	财务评价指标	
		静态指标	动态指标
不确定性分析	盈亏平衡分析	平衡点生产能力利用率、平衡点产量、单价、固定成本、可变成本	—
	敏感性分析	—	财务内部收益率、财务净现值

不确定性分析见第 9 章。本节主要介绍财务效果评价中的盈利能力、偿债能力和财务生存能力的分析指标与方法。

(1) 盈利能力分析

项目的财务盈利能力分析主要是考察项目投资的盈利水平。盈利能力分析的主要指标包括项目投资财务内部收益率和财务净现值、项目资本金财务内部收益率、投资回收期、总投资收益率和项目资本金净利润等，可根据项目的特点及财务分析的目的和要求等选用。

①财务净现值(FNPV)

根据财务现金流量表计算的财务净现值，是指按行业的基准收益率或设定的折现率，将项目计算期内各年的净现金流量折现到建设期初的现值之和。它是考察项目在计算期内盈利能力的动态评价指标，其计算公式为：

$$FNPV = \sum_{t=1}^{n}(CI - CO)_t \cdot (1 + i_c)^{-t} \qquad (8\text{-}60)$$

式中： CI——现金流入量；
CO——现金流出量；
$(CI - CO)_t$——第 t 期的净现金流量；
i_c——行业规定的基准收益率；
n——项目计算期。

一般情况下，财务盈利能力分析只计算项目投资财务净现值，可根据需要选择计算所得税前净现值或所得税后净现值。按照设定的折现率计算的财务净现值大于或等于零时，项目方案在财务上可考虑接受。

②财务内部收益率(FIRR)

财务内部收益率是使项目在整个计算期内各年的净现金流量现值累计等于零时的折现率，即 FIRR 作为折现率使下式成立：

$$\sum_{t=1}^{n}(CI - CO)_t \cdot (1 + FIRR)^{-t} = 0 \qquad (8\text{-}61)$$

项目投资财务内部收益率、项目资本金财务内部收益率和投资各方财务内部收益率都依据上式计算，但所用的现金流入和现金流出不同。当财务内部收益率大于或等于所设定的判别基准(通常为基准收益率)时，项目方案在财务上可考虑接受。项目投资财务内部收益率、项目资本金财务内部收益率和投资各方财务内部收益率可有不同的判别基准。

③投资回收期(P_t)

投资回收期是指以项目的净收益抵偿全部投资(固定资产投资、流动资金)所需的时间。

它是考虑项目在财务上的投资回收能力的主要评价指标。投资回收期有静态和动态之分。投资回收期短,表明项目投资回收快,抗风险能力强。

a. 静态投资回收期

$$\sum_{t=0}^{P_t}(CI-CO)_t = 0 \qquad (8-62)$$

判别准则:若 $P_t \leqslant P_c$,则项目可以考虑接受;$P_t > P_c$,则项目不可行。

式中:P_c——行业的基准投资回收期。

$$P_t = (累计净现金流量开始出现正值的年份数 - 1) + \frac{上一年累计净现金流量的绝对值}{出现正值年份的净现金流量}$$

b. 动态投资回收期

$$\sum_{t=0}^{P'_t}(CI-CO)_t \cdot (1+i_c)^{-t} = 0 \qquad (8-63)$$

判别准则:若 $P'_t \leqslant n$,则方案可以考虑接受;若 $P'_t > n$,则方案不可行(n 为项目计算期)。

$$P'_t = (累计折现净现金流量开始出现正值的年份数 - 1) + \frac{上一年累计折现净现金流量的绝对值}{当年折现净现金流量}$$

④总投资收益率(ROI)

总投资收益率表示总投资的盈利水平,是指项目达到设计能力后正常年份的年息税前利润或运营期内年平均息税前利润(EBIT)与项目总投资(TI)的比率。计算公式为:

$$ROI = \frac{EBIT}{TI} \times 100\% \qquad (8-64)$$

若总投资收益率高于同行业的收益率参考值,则表明用总投资收益率表示的盈利能力满足要求。

⑤项目资本金利润率(ROE)

项目资本金净利润表示项目资本金的盈利水平,指项目达到设计能力后正常年份的年净利润或运营期内年平均净利润(NP)与项目资本金(EC)的比率。计算公式为:

$$ROE = \frac{NP}{EC} \times 100\% \qquad (8-65)$$

若项目资本金净利润高于同行业的净利润率参考值,则表明用项目资本金净利润表示的盈利能力满足要求。

(2)偿债能力分析

偿债能力分析应通过计算利息备付率、偿债备付率和资产负债率等指标,分析判断财务主体的偿债能力。

①借款偿还期(P_d)

借款偿还期是反映项目偿还借款能力的重要指标,是指按照国家财政规定及项目具体的财务条件,用可作为还款的项目收益额偿还借款所需要的时间,一般以年为单位表示。该指标可由借款偿还计划表推算,不足整年的部分可用线性插值法计算。指标值应能满足贷款机构的期限要求,通过以下公式可求解借款偿还期:

$$I_d = \sum_{t=1}^{P_d} (R_P + D' + R_O - R_r)t \tag{8-66}$$

式中：I_d——固定资产投资本金和利息之和；

P_d——借款偿还期(从建设开始年算起)；

R_P——年利润总额；

D'——年可用作偿还借款的折旧；

R_O——年可用作偿还借款的其他收益；

R_r——还款期间的年企业留利。

借款偿还期可直接从财务平衡表推算，以年为单位表示。计算公式为：

$$借款偿还期 = 借款偿还后出现盈余资金的年份 + \frac{当期借款偿还额}{当年可用于还款的收益额} \tag{8-67}$$

②利息备付率

利息备付率是指在借款偿还期内的息税前利润与应付利息的比值，它从付息资金来源的充裕性角度反映项目偿付债务利息的保障程度。计算公式为：

$$利息备付率 = \frac{息税前利润}{应付利息} \tag{8-68}$$

利息备付率应分年计算。利息备付率越高，表明利息偿付的保障程度越高。利息备付率应当大于1，并结合债权人的要求确定。

③偿债备付率

偿债备付率是指在借款偿还期内，用于计算还本付息的资金与应还本付息金额的比值，它表示可用于计算还本付息的资金偿还借款本息的保障程度。计算公式为：

$$偿债备付率 = \frac{息税前利润加折旧摊销费 - 所得税}{应还本付息额} \tag{8-69}$$

应还本付息额包括还本金额和计入总成本费用的全部利息。融资租赁费用可视同借款偿还。运营期内的短期借款本息也应纳入计算。如果项目在运行期内有维持运营的投资，可用于还本付息的资金应扣除维持运营的投资。偿债备付率应分年计算，偿债备付率越高，表明可用于还本付息的资金保障程度越高，偿债备付率应大于1，并结合债权人的要求确定。

④资产负债率

资产负债率是指各期末负债总额与资产总额的比率。计算公式为：

$$资产负债率 = \frac{负债总额}{资产总额} \times 100\% \tag{8-70}$$

适度的资产负债率，表明企业经营安全、稳健，具有较强的筹资能力，也表明企业和债权人的风险较小。对该指标的分析，应结合国家的宏观经济状况、行业的发展趋势和企业所处的竞争环境等具体条件来判定。项目财务分析中，在长期债务还清后，可不再计算资产负债率。

⑤流动比率

流动比率是流动资产与流动负债之比，反映法人偿还流动负债的能力。计算公式为：

$$流动比率 = \frac{流动资产总额}{流动负债总额} \times 100\% \tag{8-71}$$

计算出的流动比率一般应大于2，保证项目按期偿还短期债务，这是提供贷款的机构可以接受的。

⑥速动比率

速动比率是速动资产(流动资产与存货之差)与流动负债之比,反映法人在短时间内偿还流动负债的能力。计算公式为:

$$速动比率 = \frac{速动资产}{流动负债} \times 100\% = \frac{流动资产总额 - 存货}{流动负债总额} \times 100\% \qquad (8-72)$$

计算出的速动比率,一般应接近于1,这是提供贷款的机构可以接受的。

(3)财务生存能力分析

财务生存能力分析是为了考察企业"有项目"时在整个计算期内的资金充裕程度,分析财务可持续性,判断企业在财务上的生存能力,其分析依据是财务计划现金流量表,并需结合偿债能力分析进行。既有法人改扩建项目应编制"有项目"时的财务计划现金流量表,进行财务生存能力分析。

可以通过以下相辅相成的两个方面具体判断项目的财务生存能力:

①拥有足够的经营现金流量是财务可持续的基本条件,特别是在运营初期。通常运营期前期的还本付息负担较重,故应特别注重运营期前期的财务生存能力分析。在项目运营期间,只有各项经济活动得到足够的净现金流量,项目才能得以持续生存。若一个项目具有较大的经营净现金流量,说明项目方案比较合理,实现自身资金平衡的可能性大,不会过分依赖短期融资来维持运营;反之,若一个项目不能产生足够多的经营净现金流量,或经营净现金流量为负值,说明遇到了财务困难,项目方案缺乏合理性,实现自身资金平衡的可能性小,有可能要靠短期融资来维持运营;或者是非经营性项目本身无能力实现自身的资金平衡,需要依靠政府的补贴。

②各年累计盈余资金不出现负值是财务生存的必要条件。在整个运营期间允许个别年份的净现金流量出现负值,但不能允许任一年份的累计盈余资金出现负值。一旦累计盈余资金出现负值,应适时进行短期融资,但较频繁的短期融资有可能导致以后的累计盈余资金无法实现正值,致使项目难以维持运营。

8.5 案例分析

本节选用重庆世开物流甩挂运输站场工程可行性研究案例作为分析对象,对运输项目财务分析进行实战应用。

一、工程概况

1. 建设、运营时间安排及设计生产能力

该项目计划建设时间为2013年4月至2015年4月,2015年下半年正式投入运营。设计年度为2024年,拟定设计生产能力为120万t/年。

2. 建设规模及设备配置

甩挂运输中心工程占地面积17827m^2,建筑总面积30999m^2,技术经济指标见表8-31。项目主要建、构筑物及其配备情况见表8-32、表8-33。

工程技术经济指标　　　　　　　　　　　　　　　　　　　　　表 8-31

序号	项目	单位	数量
1	总占地面积	m²	17827
2	总建筑面积	m²	30999
3	建筑基底面积	m²	9326
4	绿地面积	m²	1790
5	道路、场地铺砌面积	m²	4850
6	容积率	—	1.75
7	绿地率	%	10
8	建筑密度	%	52
9	停车位	个	30

主要建、构筑物工程量及结构形式汇总表　　　　　　　　　　　表 8-32

序号	工程名称	单位	工程量	数量	层数	结构
一	建筑物					
1	多层甩挂仓储库	m²	31076.56	1	3	框架
2	门卫	m²	28.46	1	1	框架
3	水泵房	m²	32.97	1	1	框架
二	构筑物					
1	甩挂作业场地	m²	1005	29	1	现浇混凝土
2	甩挂装卸平台	m²	438	25		现浇混凝土
3	甩挂停车场地	m²	540	30		现浇混凝土
4	场区道路及场地铺砌	m²	4700	1	1	现浇混凝土
5	绿地	m²	1815.31	1	1	—
6	大门	个	1	1	1	—

项目主要设备购置表　　　　　　　　　　　　　　　　　　　　表 8-33

序号	工程名称	单位	数量
一	装卸设备		
1	正面吊	台	1
2	装载机	台	2
3	3t 叉车	台	5
4	8t 叉车	台	3
5	场地牵引车	台	1
6	场地挂车	台	2
7	托盘	个	3000
二	其他设备		
1	甩挂运输信息系统	套	1
2	供电照明设备	项	1

续上表

序号	工程名称	单位	数量
3	给排水工程	项	1
4	消防设备	项	1
5	视频及安防监控设备	项	1
6	电子地秤	套	1

3. 组织机构于人员配置

根据世开物流集装箱甩挂场站设计年度2024年的生产能力、业务需要和机构设置,确定甩挂运输站场管理人员编制拟设定为30人,下设8个部门。

二、投资估算与融资筹措

1. 投资估算

投资估算是建设项目工程可行性研究的重要内容,是筹措建设资金的计算依据,也是进行项目财务评价的基础,根据交通运输部《公路工程基本建设投资估算编制办法》(JTG M20—2011)、《公路工程估算指标》(JTG/T M21—2011)和项目所在地建筑安装工程估算指标和制定的各种收费指标等相关条例进行投资估算。本项目的投资额是根据各单项工程建设规模和所需配套设备以及有关的造价和费用规定进行估算,按照国家规定工程建设费用包括建筑安装工程费、设备及工器具购置安装费、工程建设其他费、预备费和流动资金等部分。

(1)建设工程费总额

本项目投资估算总金额为9609万元,其中建筑安装工程费用7350万元,占总投资76.49%;设备、工器具购置安装费用1103万元,占总投资11.48%;其他建设费用603万元,占总投资6.28%;预备费453万元,占总投资4.71%;铺底流动资金100万元,占总投资1.04%。建设工程费用估算汇总如表8-34所示。

建设工程费用估算汇总表　　　　　　表8-34

序号	费用项目	项目总投资	
		金额(万元)	占总费用比例
一	建安工程费	7350	76.49%
二	设备及工器具购置安装费	1103	11.48%
三	其他费	603	6.28%
四	预备费	453	4.71%
五	铺底流动资金	100	1.04%
	工程费用总额	9609	100.00%

(2)建筑安装工程费估算

建筑安装工程费用是工程建设费用的主要组成部分,占较大比例,主要包括建、构筑物及辅助工程建设费用,单项工程造价指标主要参考本地区建筑工程造价信息与近年来本地区同类建筑的实际造价水平经分析和调整后最终综合确定。建筑安装费用估算见表8-35。

建筑安装工程费用估算表　　　　　　　　　　　　　　　　表 8-35

序号	工程名称	单位	工程量	单价(元)	总金额(万元)	投资安排(万元)		
						2013 年	2014 年	2015 年
一	建筑物							
1	仓库	m²	31077	2300	7148	2859.2	3574	714.8
2	门卫	m²	28	300	1	0.4	0.5	0.1
3	水泵房	m²	33	400	1	0.4	0.5	0.1
	小计					2860	3575	715
二	构筑物							
1	装卸作业场	m²	1005	300	30	12	15	3
2	甩挂运输车辆停车场	m²	540	300	16	6.4	8	1.6
3	甩挂装卸平台	m²	438	500	21	8.4	10.5	2.1
4	道路	m²	4700	250	118	47.2	59	11.8
5	绿地	m²	1815.31	25	5	2	2.5	0.5
6	大门	个	1	100000	10	4	5	1
	小计					80	100	20
	建安费合计				7350	2940	3675	735

(3) 设备、工器具及办公和生活用品购置费估算

设备、工具、器具及办公和生活用品购置费主要参照当地的实际价格水平与有关厂商咨询报价确定。如表 8-36 所示。

主要设备购置安装费用估算表　　　　　　　　　　　　　　　　表 8-36

序号	设备名称	单位	数量	单价(万元)	总金额(万元)	投资安排(万元)		
						2013 年	2014 年	2015 年
一	装卸机械							
1	正面吊	台	1	350	350			350
2	装载机	台	2	40	80			80
3	8t 叉车	台	3	30	90			90
4	3t 叉车	台	5	20	100			100
5	托盘	个	3000	0.025	75			75
6	场地牵引车	辆	1	38	38			38
7	场地挂车	辆	2	10	20			20
	小计				753			753
二	其他设备							
1	视频及安防监控设备	项	1	40	40	20	20	
2	供电照明工程	项	1	40	40	20	20	
3	给排水工程	项	1	80	80	40	40	
4	消防设备	项	1	40	40	20	20	
5	信息系统	项	1	150	150	75	75	

续上表

序号	设 备 名 称	单位	数量	单价（万元）	总金额（万元）	投资安排（万元）		
						2013年	2014年	2015年
	小计				350	175	175	
	设备购置及安装费合计				1103	175	175	753

(4) 工程建设其他费估算

工程建设其他费根据国家或地方有关取费标准列项计取。如表8-37所示。

其他工程费用估算表　　　　　　　　　　　　　表8-37

序号	费用名称	估算基础	数量	标准	总金额（万元）	投资安排（万元）		
						2013年	2014年	2015年
1	基础设施配套费	建筑面积（元/m²）	31076	20	62	25	31	6
2	建设管理费	建安费用（万元）	7350	1.80%	132	53	66	13
3	工程设计费	建安费用（万元）	7350	2.00%	147	59	74	15
4	地质勘察费	实际发生（万元）	1	40	15	6	8	2
5	工程保险费	建安费用（万元）	7350	0.40%	29	12	15	3
6	施工监理费	建安费用（万元）	7350	1.00%	74	29	37	7
7	质量监督费	建安费用（万元）	7350	0.15%	11	4	6	1
8	工器具费	设备费（万元）	1103	2.00%	20	8	10	2
9	招标代理服务费	建安费用（万元）	7350	0.50%	37	15	18	4
10	排污费	实际发生（万元）	1	40	15	6	8	2
11	环境影响评价费	实际（万元）	1	21	15	15		
12	建设项目前期工作咨询费	实际（万元）	1	60	20	20		
13	施工图审核费	建安费用（万元）	7350	0.35%	26	26		
	其他费总计				603	278	271	54

(5) 预备费估算

预备费根据有关规定按5%计取预备费，预备费的估算基础为建筑安装工程费与设备费、其他费用之和。如表8-38所示。

预 备 费 估 算 表　　　　　　　　　　　　　表8-38

序号	费用名称	估算基础（万元）	数量	取费标准	总金额（万元）	投资安排（万元）		
						2013年	2014年	2015年
1	项目预备费	2+3+4	9056	5%	453	181	227	45

2. 融资分析

本项目工程建设投资估算为9609万元，根据对可能的筹资渠道分析，目前筹资途径主要由以下几部分组成：

(1) 中央预算内资金补助

世开物流甩挂运输项目作为重庆市璧山区唯一的甩挂运输首批试点项目，具有前期投资大、回收期长的特点，但同时又具有较好的社会效益，可申请中央预算内资金补助。

根据相关政策和要求，本建设项目的投入资金测算仅包含与甩挂运输生产作业相关的部分设施、设备等。本项目申请中央车购税专项资金投资的基数为8237万元，其中：建构筑物基础设施建设投资的基数为7334万元，装卸机械设备投资的基数为753万元，信息系统建设150万元。本项目申请中央车购税专项资金824万元，其中，用于补助建构筑物基础设施734万元，用于补助装卸机械设备75万元，用于补助信息系统建设15万元。本项目中申请中央车购税专项资金补助的申请投资基数及额度详见表8-39。

申请投资补助基数及额度　　　　表8-39

序号	项目名称	单位	工程量	单价（元）	总金额（万元）	申请补助比例	申请补助金额（万元）
一	建筑物						
1	仓库	m²	31077	2300	7148	10%	715
二	构筑物						
1	装卸作业场	m²	1005	300	30	10%	3
2	甩挂运输车辆停车场	m²	540	300	16	10%	2
3	甩挂装卸平台	m²	438	500	22	10%	2
4	道路	m²	4700	250	118	10%	12
三	装卸机械						
1	正面吊	台	1	350	350	10%	35
2	装载机	台	2	40	80	10%	8
3	8t叉车	台	3	30	90	10%	9
4	3t叉车	台	5	20	100	10%	10
5	托盘	个	3000	0.025	75	10%	7
6	场内牵引车	辆	1	38.0	38	10%	4
7	场地挂车	辆	2	10	20	10%	2
四	其他设备						
1	信息系统	项	1	150	150	10%	15
合计					8237	100%	824

（2）企业自筹

由建设单位即世开物流有限公司自筹资金8785万元，占总投资的91.42%。如表8-40所示。

建设项目融资方案　　　　表8-40

资金来源	金额（万元）	资金比例（%）
中央财政补助资金	824	8.58
企业自筹	8785	91.42
合计	9609	100.00

注：中央预算内资金补助按照参与甩挂运输直接生产的投资额的10%计算，设立补助上限为1000万元。

三、财务评价

本项目是重庆市物流发展的重要基础设施，按照我国项目建设程序的规定，需要对其进行财务效益分析。财务评价是根据国家现行财税制度和价格体系,通过对项目资金投入、运营成本和收费收入的比较研究,分析建设项目的盈利能力。其结果是判断项目取舍、确定项目投资的重要依据之一。

1. 财务效益与费用估算

(1) 营业收入估算

根据本项目业务范围和设计年度作业量预测结果、各类货物仓储、堆存所占比例及仓储、堆存的时间,估算其主要收入。收入项目主要包括货物仓储、装卸、整箱堆存、拆装箱等服务。目前,世开物流采取仓库运输一站式汽车零配件运输,汽车零配件仓库运输费率为 1.0 元/(t·m²),厢式货车装卸费率 19 元/t,停车费为 5 元/d。

(2) 营运总成本估算

本项目拟新增职工人数 30 人,其中管理人员 4 人,职工平均工资根据当地收入水平 2013 年确定为 2500 元/人月(包括工资附加及奖金),管理人员平均工资根据当地收入水平为 4000 元/人月(包括工资附加及奖金)。工资水平每年以 5% 的速度增长。另外,本项目拟购置设备有信息系统、供电照明设备、给排水设备、采暖和通风设备、消防设备等。成本估算中涉及的水电费均按重庆市现行市场价计算。具体各部分成本计算如下:

① 经营成本

经营成本主要包括:生产及辅助人员的工资、工资附加、奖金及福利提成、机械和设备的使用费、燃料动力费、日常保养维修费、大修费及其他费等。运营期内每年以 3% 的速度递增。

② 管理成本

管理成本主要包括管理人员的工资、工资附加、奖金及福利提成、差旅费、办公费、房屋维修费、水电、通信等。运营期内每年以 5% 的速度递增。

③ 折旧与残值

根据国家税务总局国税发〔2000〕084 号、国税函〔2005〕883 号和中华人民共和国企业所得法(2008 年 1 月 1 日起实施)规定,本场站的建筑物与构筑物等基础设施平均按 20 年折旧计算,机械设备平均按 10 年折旧,折旧期满进行设备更新。预计净残值率为 5%,计算期内折旧未提完的与残值一起作为固定资产余值回收。本项目按平均年限法折旧,其计算公式为:

$$年折旧率 = \frac{1 - 预计净残值率}{折旧年限}$$

$$站房设施折旧 = 原值 \times \frac{1 - 预计净残值率}{折旧年限} = 349(万元)$$

$$机械设备折旧 = 原值 \times \frac{1 - 预计净残值率}{折旧年限} = 105(万元)$$

固定资产折旧合计为 454 万元。

④ 税金

按国家及重庆市对运输企业的缴税规定缴纳税金。营业税按营业收入的 3%、城市建设税和教育附加税分别按营业税额的 7% 和 3% 上缴;企业所得税按场站利润总额的 25% 上缴;土地使用税按用地面积计算,项目所在地区以 8 元/m² 标准。

2. 财务评价报表编制

见表 8-41 ~ 表 8-43。

表8-41

财务效益费用现金流量表（融资前税后）

序号	项目	建设期 1 (2013)	2 (2014)	3 (2015)	运营期 4 (2016)	5 (2017)	6 (2018)	7 (2019)	8 (2020)	9 (2021)	10 (2022)	11 (2023)	12 (2024)	13 (2025)	14 (2026)	15 (2027)	16 (2028)	17 (2029)	18 (2030)	19 (2031)	20 (2032)	21 (2033)	22 (2034)
1	现金流入			1607	3540	4036	4601	5199	5771	6348	7046	7680	8503	9208	9119	9172	9227	9235	9281	9309	9317	9322	10125
1.1	站务营业收入			1607	3540	4036	4601	5199	5771	6348	7046	7680	8448	9208	9119	9172	9227	9235	9281	9309	9317	9322	9369
1.2	回收流动资金																						333
1.3	回收固定资产余值												55										423
1.4	其他收入																						
2	现金流出	3614	4398	3133	1570	1669	2077	2253	2429	3089	3353	3617	5040	4203	4285	4410	4543	4671	4816	4967	5120	5282	5652
2.1	固定资产投资	3614	4398	1597									1103										
2.2	流动资金			113	16	18	21	24	27	34	23	25	28										
2.3	经营成本			751	789	828	869	913	959	1007	1057	1110	1165	1223	1285	1349	1416	1487	1561	1640	1722	1808	1898
2.4	营业税及附加			53	117	133	152	172	190	209	233	253	279	304	301	303	304	305	306	307	307	308	309
2.5	土地使用税			15	15	15	15	15	15	15	15	15	15	15	15	15	15	15	15	15	15	15	15
2.6	房产税			26	26	26	26	26	26	26	26	26	26	26	26	26	26	26	26	26	26	26	26
2.7	所得税						299	359	416	946	1087	1211	1380	1517	1460	1436	1410	1370	1337	1296	1248	1196	1340
2.8	其他费用			578	607	649	695	744	796	852	912	977	1044	1118	1198	1281	1372	1468	1571	1683	1802	1929	2064
3	净现金流量(1-2)	-3614	-4398	-1526	1970	2367	2524	2946	3342	3259	3693	4063	3463	5005	4834	4762	4684	4564	4465	4342	4197	4041	4473
4	累计净现金流量	-3614	-8012	-9538	-7568	-5201	-2677	269	3611	6869	10562	14625	18088	23093	27927	32689	37373	41937	46402	50744	54941	58982	63455
5	所得税前净现金流量	-3614	-4398	-1526	1970	2367	2823	3305	3758	4205	4780	5274	4843	6522	6294	6198	6094	5934	5802	5638	5445	5236	5813
6	所得税前累计净现金流量	-3614	-8012	-9538	-7568	-5201	-2378	927	4685	8890	13670	18944	23787	30309	36603	42801	48895	54829	60631	66269	71714	76950	82763

财务效益费用现金流量表（融资后）

表 8-42

序号	项目	建设期			运营期																	
		1	2	3	4	5	6	7	8	9	10	11	12	13	14	15	16	17	18	19	20	21	22
		2013	2014	2015	2016	2017	2018	2019	2020	2021	2022	2023	2024	2025	2026	2027	2028	2029	2030	2031	2032	2033	2034
1	现金流入			1607	3540	4036	4601	5199	5771	6348	7046	7680	8503	9208	9119	9172	9227	9235	9281	9309	9317	9322	10125
1.1	站务营业收入			1607	3540	4036	4601	5199	5771	6348	7046	7680	8448	9208	9119	9172	9227	9235	9281	9309	9317	9322	9369
1.2	回收流动资金												55										333
1.3	回收固定资产余值																						423
1.4	其他收入																						
2	现金流出	3304	4021	2883	1554	1651	2056	2229	2402	3055	3330	3592	3909	4203	4285	4410	4543	4671	4816	4967	5120	5282	5652
2.1	自有资金	3304	4021	1460																			
2.2	经营成本			751	789	828	869	913	959	1007	1057	1110	1165	1223	1285	1349	1416	1487	1561	1640	1722	1808	1898
2.3	营业税及附加			53	117	133	152	172	190	209	233	253	279	304	301	303	304	305	306	307	307	308	309
2.4	土地使用税			15	15	15	15	15	15	15	15	15	15	15	15	15	15	15	15	15	15	15	15
2.5	房产税			26	26	26	26	26	26	26	26	26	26	26	26	26	26	26	26	26	26	26	26
2.6	所得税						299	359	416	946	1087	1211	1380	1517	1460	1436	1410	1370	1337	1296	1248	1196	1340
2.7	其他费用			578	607	649	695	744	796	852	912	977	1044	1118	1198	1281	1372	1468	1571	1683	1802	1929	2064
3	净现金流量（1−2）	−3304	−4021	−1276	1986	2385	2545	2970	3369	3293	3716	4088	4594	5005	4834	4762	4684	4564	4465	4342	4197	4041	4473

利润与利润分配表

表 8-43

序号	项目	建设期			运营期																		
		1	2	3	4	5	6	7	8	9	10	11	12	13	14	15	16	17	18	19	20	21	22
		2013	2014	2015	2016	2017	2018	2019	2020	2021	2022	2023	2024	2025	2026	2027	2028	2029	2030	2031	2032	2033	2034
1	站务收入			1607	3540	4036	4601	5199	5771	6348	7046	7680	8503	9208	9119	9172	9227	9235	9281	9309	9317	9322	10125
2	其他收入																						
3	营业税及附加			53	117	133	152	172	190	209	233	253	279	304	301	303	304	305	306	307	307	308	309
4	土地使用税			15	15	15	15	15	15	15	15	15	15	15	15	15	15	15	15	15	15	15	15
5	房产税			26	26	26	26	26	26	26	26	26	26	26	26	26	26	26	26	26	26	26	26
6	总成本			1783	1850	1931	2018	2111	2209	2313	2423	2541	2663	2795	2937	3084	3242	3409	3586	3777	3978	4191	4416
6.1	经营成本			751	789	828	869	913	959	1007	1057	1110	1165	1223	1285	1349	1416	1487	1561	1640	1722	1808	1898
6.2	折旧			454	454	454	454	454	454	454	454	454	454	454	454	454	454	454	454	454	454	454	454
6.3	其他费用			578	607	649	695	744	796	852	912	977	1044	1118	1198	1281	1372	1468	1571	1683	1802	1929	2064
7	利润总额(1+2-3-4-5-6)			-270	1532	1931	2390	2875	3331	3785	4349	4845	5520	6068	5840	5744	5640	5480	5348	5184	4991	4782	5359
8	所得税						299	359	416	946	1087	1211	1380	1517	1460	1436	1410	1370	1337	1296	1248	1196	1340
9	净利润(7-8)			-270	1532	1931	2091	2516	2915	2839	3262	3634	4140	4551	4380	4308	4230	4110	4011	3888	3743	3587	4019
10	盈余公积金			-27	153	193	209	252	291	284	326	363	414	455	438	431	423	411	401	389	374	359	402
11	应付利润			-243	1379	1738	1882	2264	2623	2555	2936	3270	3726	4096	3942	3877	3807	3699	3610	3499	3369	3228	3617

3. 财务评价指标计算

根据建设期投入资金、运营期成本和建成后站务营业收入的计算结果，即可得出本项目的财务效益分析所采用的三种指标：

(1) 财务内部收益率 FIRR：指项目在整个计算期内，各年净现金流量现值累计等于零时的折现率，它反映项目所占用资金的盈利率，是考察项目盈利能力的主要动态评价指标。

(2) 财务净现值 FNPV：指按财务基准折现率，将项目计算期内各年净现金流量折现到开工前一年年末的现值之和，它是考察项目在计算期内盈利能力的动态评价指标。

(3) 财务投资回收期 N：指以项目净效益抵偿全部建设费用所需要的时间，是反映项目投资回收能力的重要指标。

计算结果如表 8-44 所示。

财务效益指标　　　　　　　　　　表 8-44

名　称		财务内部收益率（%）	财务净现值（万元）	投资回收期(年)	
				动态	静态
融资前	税后	23.63	18542	8.09	6.91
	税前	26.31	24885	7.77	6.72
融资后（税后）		25.71	19903	7.60	6.57

从表 8-44 可知：在正常条件下，本站场在全部资金和自有资金的情况下内部收益率大于财务基准收益率 8% 的标准，其他指标也达到了财务评价的要求。

思考与练习

1. 什么是单利？什么是复利？两者的主要区别是什么？
2. 某企业计划购置一台设备，需 30000 元，若年利率为 8%，问 5 年内每年应存入多少资金？
3. 现在以年利率 5% 投资 1000 元，今后 8 年中把本利和在每年末以相等的数额取出，每年末可取多少？
4. 某学生在大学四年学习期间，每年年初从银行借款 6000 元用以支付学费和生活费，若年利率按 5% 计算复利，则第 10 年年末一次性归还全部本息需多少钱？假设所有本息和从毕业后第 1 年年末到第 6 年年末等额还清，则每年需归还多少？
5. 某运输设备购买价为 35 万元，使用寿命为 10 年，第一年运行收入为 8 万元，以后各年运行收入为 10 万年，各年运行费用均为 2 万元，10 年后残值为 3 万元，基准折现率 $i = 10\%$，该方案的净现值和净年值各为多少？
6. 求如表 8-45 所示投资方案的静态和动态投资回收期（$i_0 = 8\%$）。

净现金流量 (单位：万元)　　　　　　　表 8-45

年数	0	1	2	3	4	5	6
净现金流量	−90	−60	45	75	75	75	75

7. 财务评价包括哪些内容？需要编制哪些基本报表？
8. 经济评价需要哪些基本报表？如何编制？
9. 某项目的投资及年净收入如表 8-46 所示，求静态投资回收期（单位：万元）。

某项目的投资及年净收入（单位：万元）　　　　表 8-46

项　目	年　数										
	0	1	2	3	4	5	6	7	8	9	10
1. 固定资产投资	180	260	80								
2. 流动资金			250								
3. 总投资	180	260	330								
4. 现金流入				300	400	500	500	500	500	500	500
5. 现金流出	180	260	330	250	300	350	350	350	350	350	350
6. 净现金流	−180	−260	−330	50	100	150	150	150	150	150	150
7. 净现金流累计	−180	−440	−770	−720	−620	−470	−320	−170	−20	130	280

10. 某项目的现金流量如表 8-47 所示，设基准投资收益率为 15%，试初步判断方案的可行性。

净现金流量（单位：万元）　　　　表 8-47

年数	0	1	2	3	4	5	6	7	8~n
净现金流量	−100	−50	0	20	40	40	40	40	40

11. 某工程有 A、B 两种方案可行，现金流量如表 8-48 所示，设基准折现率为 10%，试用净现值法和净现值指数法择优。

某项目现金流量（单位：万元）　　　　表 8-48

年数	0		1		2		3		4		5	
项目	A	B	A	B	A	B	A	B	A	B	A	B
投资	2000	3000										
现金流入			1000	1500	1500	2500	1500	2500	1500	2500	1500	2500
现金流出			400	1000	500	1000	500	1000	500	1000	500	1000

12. 某项目现金流量如表 8-49 所示，投资为第 1 年年初 50 万元，第 2 年年初 80 万元，试计算静态投资回收期、净现值、净年值、内部收益率、净现值指数和动态投资回收期（$i_0=10\%$）。

某项目现金流量（单位：万元）　　　　表 8-49

年数	0	1	2	3	4	5	6
净现金流量	−50	−80	40	60	60	60	60

第9章 不确定性分析

在前面讨论各种经济效果评价方法时,都存在一个没有说明的假设条件,即方案经济效果评价中使用的投资、成本、价格等基础数据都具有高度可信性,结果也是确定的,这是确定性分析的基础。然而,对于任何一个实际的方案来说,几乎都是不确定的。不确定分析就是帮助我们分析这种带有不确定因素的投资方案,分析各种可能影响因素的变化及其对方案实施结果的影响程度。

本章主要阐述了盈亏平衡分析、敏感性分析、概率分析、蒙特卡洛模拟分析的基本内容和主要方法,以便深入开展风险与不确定性分析,发现潜在的不确定性因素,制定有效措施,合理规避其不利因素,提高项目的社会和经济效益。

9.1 盈亏平衡分析

一、盈亏平衡分析的概念与作用

1. 盈亏平衡分析的概念

盈亏平衡分析是在一定市场和经营管理条件下,根据达到设计生产能力时的成本费用与收入数据,通过求取盈亏平衡点,研究成本费用与收入平衡关系的一种方法。随着相关因素的变化,企业的盈利与亏损会有个转折点,称为盈亏平衡点(Break Even Point,BEP)。在这一点上,销售收入(扣除销售税金与附加)等于总成本费用,刚好盈亏平衡。

盈亏平衡分析可以分为线性盈亏平衡分析和非线性盈亏平衡分析,投资项目决策分析与评价中一般仅进行线性盈亏平衡分析。

2. 盈亏平衡分析的作用

通过盈亏平衡分析可以找出盈亏平衡点,考察企业(或项目)对产出品变化的适应能力和抗风险能力。用产量和生产能力利用率表示的盈亏平衡点越低,表明企业适应市场需求变化的能力越大,抗风险能力越强;用产品售价表示的盈亏平衡点越低,表明企业适应市场价格下降的能力越大,抗风险能力越强。盈亏平衡能力分析只适宜在财务分析中应用。

二、线性盈亏平衡分析

1. 线性盈亏平衡分析的前提条件

在技术方案运行中,影响经济效益的因素有市场供求状况、成本的形成、管理水平等。为了能定量化描述业务量、成本与利润的关系,建立以下假设条件:

(1)价格不变且与业务量的变化无关。
(2)在一定的生产条件下,总固定成本不变。
(3)在一定的生产条件下,变动成本随业务量变化而成正比例变化。
(4)总成本是业务量的线性函数。
(5)收入是业务量的线性函数。

在以上假设条件下进行盈亏平衡分析,无疑是一种粗略、近似的分析,但由于这些假定对企业内部经营来说没有质的影响,故盈亏平衡分析是一种很实用的分析方法。

2. 收入、成本与产量的关系

依假定条件(5),收入与业务量呈线性关系,可表示为:

$$R = PQ \tag{9-1}$$

式中:R——年销售收入;

P——销售单价;

Q——产品年销量(业务量)。

项目投产后,其成本可以分为固定成本与变动成本两部分。一般来讲,变动成本中的大部分与业务量成正比例关系,也有一少部分变动成本与业务量不成正比例关系,有时呈阶梯形曲线,通常称这部分成本为半变动成本。由于半变动成本通常在总成本中所占比例很小,在经济分析中一般可以近似地认为它也随业务量成正比例变动。故依假设条件(3),变动成本与业务量也呈线性关系。由于总成本是固定成本与变动成本之和,即有:

$$C = F + C_V Q \tag{9-2}$$

式中:C——总成本;

C_V——单位变动成本;

F——年固定成本。

在技术方案的详细评价中,要求将总成本按变动成本与固定成本分类预测计算,因此,进行盈亏分析时可直接使用详细评价中的成本资料。在企业经济活动分析中,则需依据财务上的混合成本资料,用统计整理方法分解为固定成本与可变成本。

3. 线性盈亏平衡分析方法

如图 9-1 所示是盈亏平衡分析图的基本模型,纵坐标表示收入与成本,横坐标表示业务量。图中还分别画出固定成本线、总成本线和总收入线;总成本线与横轴之间的距离表示成本费用总额,总成本线与固定成本线的间距为变动成本;总收入线与总成本线的交点为盈亏平衡点(BEP),也就是项目盈利与亏损的临界点。在 BEP 的左边,总成本大于总收入,项目亏损;在 BEP 的右边,总收入大于总成本,项目盈利;在 BEP 点上,项目不亏也不盈,正好保本。

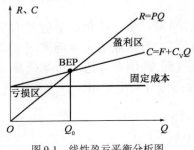

图 9-1　线性盈亏平衡分析图

在线性盈亏平衡分析中,可以很方便地用解析方法求出以业务量、生产能力利用率、价格、单位业务量变动成本等表示的盈亏平衡点。

(1) 盈亏平衡产量

设对应于盈亏平衡产量 Q_0,根据盈亏平衡定义,则有:

$$PQ_0 = C_V Q_0 + F$$

即:

$$Q_0 = \frac{F}{P - C_V} \tag{9-3}$$

一个项目在正常条件下,如果实际年业务量能超过保本点,说明这个项目有盈利能力,业务量超过保本点越多,盈利就越大。

(2) 盈亏平衡时生产能力利用率

设项目设计生产能力为 Q^*,则盈亏平衡生产能力利用率 E 为:

$$E = \frac{Q_0}{Q^*} \times 100\% = \frac{F}{(P - C_V)Q^*} \times 100\% \tag{9-4}$$

这个指标表示达到盈亏平衡时实际利用的生产能力占项目设计生产能力的比率。这个比率越小,说明项目适应市场变化的能力和抵御风险的能力越强;反之,说明企业要利用较多的生产能力才能保本,项目承受风险的能力较弱。

(3) 盈亏平衡单价

设盈亏平衡单价为 P_0,则:

$$P_0 = \frac{R}{Q} = \frac{C}{Q} = C_V + \frac{F}{Q} \tag{9-5}$$

将此保本单价,与市场预测中得到的价格信息相比较,以判断拟建项目在价格方面所能承受的风险。

(4) 盈亏平衡单位业务量变动成本

在已知项目的业务量 Q、单价 P 和固定成本总额 F 的情况下,可预测保本要求的单位变动成本额,然后与项目实际可能发生的单位变动成本相比较,从而判断拟建项目有无成本过高的风险。计算公式如下:

$$C_V = P - \frac{F}{Q} \tag{9-6}$$

(5) 经营安全率

经营安全率是表示目前经营状况盈利安全性的指标,其计算公式为:

$$q = \frac{Q - Q_0}{Q} \tag{9-7}$$

一般认为,经营安全率为30%以上为安全,25%~30%较安全,15%~25%不太好,10%~14%应警惕,10%以下是危险经营。

盈亏平衡点也可用相对值表示:

$$\frac{Q_0}{Q} = \frac{F}{(P - C_V)Q} \times 100\% \tag{9-8}$$

$$\frac{P_0}{P} = \frac{1}{P}\left(C_V + \frac{F}{Q}\right) \tag{9-9}$$

$$\frac{C_{V0}}{C_V} = \frac{1}{C_V}\left(P - \frac{F}{Q}\right) \tag{9-10}$$

如果分别以1减去各盈亏平衡点相对值,便可得各预测值的允许降低(增加)率。

在上述计算中,对于有技术转让费、营业外净支出及缴纳资源税的项目,在有关项内相应将其扣除。

4. 盈亏平衡分析注意要点

(1) 盈亏平衡点应按项目达产年份的数据计算,不能按计算期内的平均值计算。由于盈亏平衡点表示的是相对于设计生产能力下,达到多少产量或负荷率多少才能达到盈亏平衡,或为保持盈亏平衡最低价格是多少,故必须按项目达产年份的销售收入和成本费用数据计算,如按计算期内的平均数据计算,就失去了意义。

(2) 当计算期内各年数值不同时,最好按还款期间和还完借款以后的年份分别计算。即便在达产后的年份,由于固定成本中的利息各年不同,折旧费和摊销费也不是每年都相同,所以成本费用数值可能因年而异,具体按哪一年的数值计算盈亏平衡点,可以根据项目情况而定。一般而言,最好选择还款期间的第一个达产年和还完借款以后的年份分别计算,以便分别给出最高的盈亏平衡点和最低的盈亏平衡点。

5. 线性盈亏平衡分析的应用

在实际工作中,盈亏平衡分析广泛地应用于企业经营决策(如目标利润的确定、生产规模确定、设备加工任务安排及弹性计划编制等)、投资项目的不确定性分析、经营安全率分析以及进行方案的比较,并可通过分析 C_V、F 对 Q_0 的影响,指出企业改善经营的方向。

(1) 指出企业不亏损的最低年业务量、单价、单位变动成本,分析、判断项目经营安全率。

【例9-1】 某汽车配件厂拟加工生产中型载货汽车变速器的技术方案,目前生产能力为2000套,年设计生产能力为3000套,每套售价4000元,生产总成本780万元,其中固定成本300万元,总变动成本与产量呈正比例关系。试用盈亏平衡分析法评价该技术方案。

解 生产变速器的单位变动成本为:

$$C_V = \frac{(780 - 300) \times 10^4}{2 \times 10^3} = 2400(元/套)$$

盈亏平衡产量为：

$$Q_0 = \frac{300 \times 10^4}{4000 - 2400} = 1875(套)$$

盈亏平衡单位产品变动成本为：

$$C_{V0} = 4000 - \frac{300 \times 10^4}{2000} = 2500(元/套)$$

盈亏平衡售价单价为：

$$P_0 = 2400 + \frac{300 \times 10^4}{2000} = 3900(元/套)$$

盈亏平衡生产能力利用率：

$$E = \frac{1875}{3000} \times 100\% = 62.5\%$$

经营安全率：

$$q = \frac{2000 - 1875}{2000} = 6.25\%$$

说明当产量达到 1875 套，单位产品变动成本为 2500 元/套，销售单价为 3900 元/套，生产能力为设计能力的 62.5%，企业即可保本。

项目经营安全率为 6.25%，属于危险经营。

(2) 成本与经营风险的关系

销售量、产品价格及单位产品变动成本等不确定因素发生变动所引起的项目盈利额的波动称为项目的经营风险。经营风险的大小与项目固定成本占总成本的比例有关。下面分析固定成本占总成本的比例对盈亏平衡点的影响。

设预期的年业务量为 Q，固定成本占总成本比例为 S，由 $F = SC$，有：

$$C_V = \frac{C(1-S)}{Q}$$

$$Q_0 = \frac{SC}{P - C(1-S)/Q} = \frac{QC}{(PQ-C)/S + C} \quad (9-11)$$

$$C_{V0} = P - \frac{CS}{Q} \quad (9-12)$$

从式(9-11)和式(9-12)可以看出，固定成本占总成本的比例 S 越大，盈亏平衡业务量越高，盈亏平衡单位业务量变动成本越低。高的盈亏平衡业务量和低的盈亏平衡单位业务量变动成本会导致项目在面临不确定因素的变动时发生亏损的可能性增大。可见，控制固定成本对于盈亏平衡点的下降有着很重要的意义。

(3) 应用盈亏分析进行方案比较、选择

在需要对若干个方案进行比选情况下，如果是某一个共有的不确定因素影响这些方案的取舍，则也可以用盈亏平衡分析方法帮助决策。

设两个互斥方案的经济效果都受某不确定因素 x 的影响，我们把 x 看作一个变量，则两个方案的经济效果指标可表示为：

$$E_1 = f_1(x_1)$$
$$E_2 = f_2(x_2)$$

当两方案经济效果相同时有 $f_1(x_1) = f_2(x_2)$。

解出使这个方程式成立的 x 值，即为方案 1 与方案 2 的盈亏平衡点，也就是决定这两个方案优劣的临界点。结合对不确定因素 x 未来取值范围的预测，就可以做出相应的决策。

【**例 9-2**】 某道路施工企业，需要一套大型施工设备，采用方案 1，购置需一次性投资 30 万元，使用寿命 15 年，折现率为 10%，年维修费 4000 元，运行费用 100 元/d；采用方案 2，租赁该种设备，租金 300 元/d，运行费用 100 元/d。问应采用哪一个方案？

解 设两个方案的年总费用都是施工设备的年使用天数 x 的函数，则：

租赁设备时年总费用为：

$$C_1 = (300 + 100)x$$

购置设备时年总费用为：

$$C_2 = 30 \times 10^4 \times (A/P, 10\%, 15) + 4000 + 100x$$

解方程 $C_1 = C_2$，得 $x = 145\text{d}$。即在设备使用天数为 145d 时，两个方案的年费用相等。当每年使用天数小于 145d 时，应采用租赁方案；当每年使用天数大于 145d 时，应采用购置方案。

对于两个以上的多方案盈亏平衡分析，可参照上述方法进行。但应在同一变量关系条件下，将多个方案两两进行分析，并分别求出每两个方案的盈亏平衡点，然后再进行比较，选择最经济的方案。

三、非线性盈亏平衡分析

线性盈亏分析是在假定收入、成本、利润与产量呈线性关系条件下进行的，因此，其分析结果只适用于一定的条件。实际上，产量的完成会受到市场和客户等多因素影响，收入并非一条直线。一般地说，在进入市场初期，价格较高，在供小于求的情况下，收入与业务量成正比增加，一旦市场对这种需求接近饱和，或由于市场竞争等原因，当业务量增加到一定程度后，便会出现供大于需现象，有时必须采取降价措施，收入的增加速度趋于缓慢、水平甚至于下降（图 9-2）。

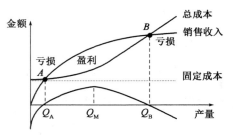

图 9-2 非线性盈亏平衡图

实际中的年总成本与产量也并不成线性关系。当业务扩大到某一限度后，正常价格的原料、动力已不能保证供应，企业必须付出较高的代价才能获得，正常的生产班次也不能完成任务，不得不加班加点，增大了劳务费用，此外，设备的超负荷运行也带来了磨损的增大、寿命的缩短和维修费用的增加等，因此，成本函数就不再为线性，而变成非线性了。

由图 9-2 可看出，当产量、成本和利润之间呈非线性关系时，可能出现几个保本点。一般把最后出现的保本点称为盈利限制点（如 B）。当业务量低于 Q_A 或高于 Q_B 时，收入线低于总成本线，利润小于零，处于亏损区；当业务量在 $Q_A \sim Q_B$ 之间时，利润大于零，处于盈利区。

设收入函数为 $f(x)$，成本函数为 $g(x)$，则利润函数为：

$$m(x) = f(x) - g(x)$$

解方程 $f(x) = g(x)$，得到的解为盈亏平衡时的业务量。

解方程 $\dfrac{\mathrm{d}m(x)}{\mathrm{d}x} = \dfrac{\mathrm{d}[f(x) - g(x)]}{\mathrm{d}x} = 0$，并且验证 $\dfrac{\mathrm{d}^2 m(x)}{\mathrm{d}x^2} < 0$，可得到最大利润所对应的

业务量 x_m 及最大利润值。

由于收入与总成本函数随实际情况的变化而变化,利润函数也无固定形式,故非线性条件下的盈亏分析没有统一基本模型,必须按上述原则,具体问题具体求解。

【例 9-3】 某制造项目年预计生产量为 12000 件,如果实际上产量为 x,则单位产品销售价格 $P = (100 - 0.001x)$ 元/件,固定成本为 20 万元,单位产品变动成本 $C_V = (0.005x + 4)$ 元/件。求其盈亏平衡产量和最大盈利产量。

解 (1) 列出生产总成本和总收入的函数表达式:

$$C = F + C_v Q = 200000 + (0.005x + 4)x = 0.005x^2 + 4x + 200000$$

$$R = (100 - 0.001x)x = -0.001x^2 + 100x$$

(2) 求盈亏平衡产量:由于在盈亏平衡点 $R = C$,则:

$$0.005x^2 + 4x + 200000 = -0.001x^2 + 100x$$

解方程得:

$$x = \frac{96 \pm 66.4}{0.012}$$

因此,求得的盈亏平衡产量低值为 $x_1 = 2467$ 件,高值为 $x_2 = 13533$ 件。

(3) 计算最大盈利产量

在最大盈利点 $\dfrac{d(R-C)}{dx} = 0$,即:

$$\frac{d(R-C)}{dx} = \frac{d(-0.006x^2 + 96x - 200000)}{dx} = -0.012x + 96 = 0$$

$$x = 8000 \text{ 件}$$

又因为:

$$\frac{d^2(R-C)}{d^2 x} = -0.012 < 0$$

所以,当 $x = 8000$ 时,盈利最大,最大利润为:

$$M_{max} = -0.006 \times 8000^2 + 96 \times 8000 - 200000 = 184000(\text{元})$$

9.2 敏感性分析

一、敏感性分析的作用与内容

敏感性分析是考察项目涉及的各种不确定因素对项目基本方案经济评价指标的影响,找出敏感因素,估计项目效益对它们的敏感程度,粗略预测项目可能承担的风险,为进一步的风险分析打下基础。不确定因素包括敏感因素和不敏感因素。当某不确定因素在较小范围内变化即引起投资项目经济效益较大变化,则称该不确定性因素为敏感性因素;反之,则称为不敏感因素。

敏感性分析通常是改变一种或多种不确定因素的数值,计算其对项目效益指标的影响,通过计算敏感度系数和临界点,估计项目效益指标对它们的敏感程度,进而确定关键的敏感因素。通常将敏感性分析的结果汇总于敏感性分析表,也可通过绘制敏感性分析图显示各种因素的敏感程度并求得临界点。最后对敏感性分析的结果进行分析并提出减轻不确定因素影响的措施。

根据每次变动因素的数目不同，敏感性分析又可以分为单因素敏感性分析和多因素敏感性分析。

二、单因素敏感性分析

单因素敏感性分析是假定方案的其他参数均不发生变化，仅研究某一个参数变化对项目经济效益影响的敏感性分析方法。其基本步骤和内容如下：

1. 选择需要分析的不确定因素，并设定这些因素的变动范围

影响投资项目或技术方案经济效果的不确定因素有很多，但事实上没有必要也不可能对全部不确定因素逐个进行分析、计算，而应根据项目本身特点，选定几个在项目计算期内变化的可能性较大，预测的把握性不大，且对项目的经济效益有重大影响的因素即可。

在选择需要分析的不确定性因素的过程中，应根据实际情况设定这些因素可能的变动范围，习惯上常选取±10%。

2. 确定敏感性分析的具体经济效益评价指标

这些指标的确定应根据建设项目的特点及实际需要、要求，选择最能反映项目经济效益的综合性评价指标，作为敏感性分析的对象。本书第8章讨论的各种经济效果评价指标，如净现值、净年值、内部收益率、投资收益率、投资回收期等，都可以作为敏感性分析指标。由于敏感性分析是在确定性分析基础上进行的，就一般情况而言，敏感性分析的指标应与确定性经济分析所使用指标相一致，不应超出确定性分析所用指标的范围另立指标。当确定性分析中使用的指标比较多时，可围绕其中一个或若干个最重要的指标进行。

3. 计算敏感性指标

（1）敏感度系数

敏感度系数是项目效益指标变化的百分率与不确定因素变化的百分率之比。敏感度系数高，表示项目效益对该不确定因素敏感程度高，提示应重视该不确定因素对项目效益的影响。敏感度系数计算公式如下：

$$E = \frac{\Delta A}{\Delta F} \tag{9-13}$$

式中：E——评价指标 A 对于不确定因素 F 的敏感度系数；

ΔA——不确定因素 F 发生 ΔF 变化时，评价指标 A 的相应变化率，%；

ΔF——不确定因素 F 的变化率，%。

$E>0$，表示评价指标与不确定因素同方向变化；$E<0$，表示评价指标与不确定因素反方向变化。$|E|$ 较大者敏感度系数高。

敏感度系数的计算结果可能受到不确定因素变化率取值不同的影响，敏感度系数的数值会有所变化。但其数值大小并不是计算该项指标的目的，重要的是各不确定因素敏感度系数的相对值，借此了解各不确定因素的相对影响程度，以选出敏感度较大的不确定因素。因此，虽然敏感度系数有以上缺陷，但在判断各不确定因素对项目效益的相对影响程度上仍然具有一定的作用。

(2) 临界点

临界点是指不确定因素的极限变化，即不确定性因素的变化使项目由可行变为不可行的临界数值，也可以说是该不确定因素使内部收益率等于基准收益率或净现值变为零时的变化率，当该不确定因素为费用科目时，为其增加的百分率；当该不确定因素为效益科目时，为其降低的百分率。临界点也可用该百分率对应的具体数值（Switching Value，即转换值）表示。当不确定因素的变化超过了临界点所表示的不确定因素的极限变化时，项目效益指标将会转而低于基准值，表明项目将由可行变为不可行。将这个幅度与估计可能发生的变动幅度比较，若前者大于后者，则表明项目承担的风险不大；反之，则风险大。

临界点的高低与设定的基准收益率有关，对于同一个投资项目，随着设定基准收益率的提高，临界点就会变低（即临界点表示的不确定因素的极限变化变小）；而在一定的基准收益率下，临界点越低，说明该因素对项目效益指标影响越大，项目对该因素就越敏感。

可以通过敏感性分析图求得临界点的近似值，但由于项目效益指标的变化与不确定因素变化之间不完全是直线关系，有时误差较大，因此最好采用试算法或函数求解。

4. 敏感性分析结果表述

(1) 编制敏感性分析表

将敏感性分析的结果汇总于敏感性分析表，在敏感性分析中应同时给出基本方案的指标数值、所考虑的不确定因素及其变化、在这些不确定因素变化的情况下项目效益指标的计算数值；编制各不确定因素的敏感度系数与临界点分析表，也可与敏感性分析表合并成一张表。

(2) 绘制敏感性曲线图

敏感性曲线图可以更直观地反映出各个不确定因素的变化对项目经济效益指标的影响。纵坐标表示某项经济评价指标；横坐标表示不确定因素的变化范围，画出各因素的变化曲线。则各条曲线就可反映当各不确定因素处于不同变化率情况下的经济评价指标值。

5. 确定敏感因素，对敏感性分析结果进行分析

应对敏感性分析表和敏感性分析图显示的结果进行文字说明，将不确定因素变化后计算的经济评价指标与基本方案评价指标进行对比分析，分析中应注重以下三个方面：

(1) 结合敏感度系数及临界点的计算结果，按不确定因素的敏感程度进行排序，找出哪些因素是较为敏感的不确定因素。可将各可变因素计算出来的同一效果指标的不同变化幅度（变化率）进行比较，选择其中变化幅度最大因素为该项目的最敏感因素，变化幅度（变化率）最小的为不敏感因素。也可从敏感性分析图中选其中与横坐标相交的角度最大曲线为敏感因素变化线。或观察其敏感度系数和临界点，敏感度系数较高者或临界点较低者为较为敏感的因素。

(2) 定性分析临界点所表示的不确定因素变化发生的可能性。以前几章的分析研究为基础，结合经验进行判断，说明所考察的某种不确定因素有否可能发生临界点所表示的变化，并做出风险的粗略估计。

(3) 归纳敏感性分析的结论，指出最敏感的一个或几个关键因素，粗略预测项目可能的风险。对于不系统进行风险分析的项目，应根据敏感性分析结果提出相应的减轻不确定因素影响的措施，提请项目业主、投资者和有关各方在决策和实施中注意，以尽可能降低风险，实现预期效益。

【例 9-4】 某项目投资方案的初始投资为 300 万元,每年的效益为 70.667 万元,每年的养护成本为 4 万元,寿命期为 10 年,不计残值,基准折现率为 10%,试对方案进行敏感性分析。

解 首先考虑单因素敏感性分析情况,用 K 表示初始投资,B 表示年效益,C 表示年成本,则方案的净现值为:

$$NPV = -K + (B-C)\frac{1-(1+i)^{-n}}{i} = -300 + (70.667 - 4) \times \frac{1-(1+0.1)^{-10}}{0.1}$$
$$= 109.64(万元)$$

同样可算得方案的内部收益为 IRR = 18.4%,所以该方案是可行的。

本例中,年成本较小,其变化产生的影响也小,不单独作为变化因素考虑。初定初始投资 K、年净效益 $(B-C)$、折现率 i 及寿命期 n 为不确定性因素,以 NPV 为评价指标进行单因素敏感性分析。

当仅有初始投资 K 变化为 x 时:

$$NPV = -300 \times (1+x) + (70.667 - 4) \times \frac{1-(1+0.1)^{-10}}{0.1}$$

当仅有净效益 $(B-C)$ 变化为 y 时:

$$NPV = -300 + (70.667 - 4) \times (1+y)\frac{1-(1+0.1)^{-10}}{0.1}$$

当仅有基准折现率变化为 z 时:

$$NPV = -300 + (70.667 - 4) \times \frac{1-[1+0.1(1+z)]^{-10}}{0.1(1+z)}$$

当仅有寿命期变化为 h 时:

$$NPV = -300 + (70.667 - 4) \times \frac{1-(1+0.1)^{-10(1+h)}}{0.1}$$

当 x 以 20% 的幅度分别变化至 ±60% 时,根据上述各式求得的净现值见表 9-1。根据表 9-1,可以绘出敏感性分析图,见图 9-3。

不确定因素对 NPV 的影响　　　　　　　　　　　　　　　　表 9-1

不确定因素	因素变动率						
	-60%	-40%	-20%	0	+20%	+40%	+60%
净效益(万元)	-136.14	-54.21	27.71	109.64			
初始投资(万元)				109.64	49.64	-10.36	-70.36

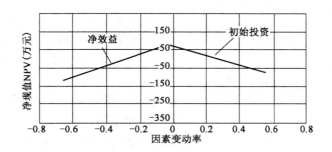

图 9-3　项目敏感性分析图

敏感性分析结果表明,项目的净现值对年净效益的变化影响较为敏感,投资次之。单项敏感因素变动所造成的最坏结果,将使净现值达 -136.14 万元,不能达到回收项目投资的基本要求。同时,要使项目可行,当年净效益不变时,允许投资提高的最大限度为预算的 36.55%;如果投资不变,可允许年经济效益降低 26.76%,各因素的可接受变化范围较大,因此该项目具有较强的抗风险能力。

三、多因素敏感性分析

单参数敏感性分析可用于确定最敏感因素。但它忽略了各参数之间的相互作用。在实际中,经常出现同时有两个以上参数具有不确定性的情况,对项目所造成的风险比单因素不确定性造成的风险大。因此,对项目进行风险分析时,还需进行多参数的敏感性分析。

多因素敏感性分析要考虑可能发生的各种因素不同变动幅度的多种组合,计算起来,要比单因素敏感性分析复杂得多。

假定项目其他参数保持不变,仅考虑两个参数同时变化,对项目经济效益的影响,称为双参数敏感性分析。其可先通过单参数敏感性分析确定两个敏感性较强的两个参数,然后用双参数敏感性分析判定这两个参数同时变化时对项目经济效益的影响,其具体分析步骤如下:

(1)建立直角坐标系。其横轴(x)与纵轴(y)分别表示两个参数变化率。
(2)建立项目经济效益指标与两个参数变化率 x、y 的关系式。
(3)取经济效益指标临界值,得到一个关于 x、y 函数方程并在坐标图上画出,即为经济指标临界线。
(4)根据上述敏感性分析图进行敏感性分析。

【例9-5】 某项目固定资产投资为 150000 元,项目建设期为 1 年,建成后每年年收入 R 为 30000 元,年经营费用 C 为 2500 元,该项目的寿命期为 11 年,回收固定资产残值 S 为 15000 元,若基准收益率为 10%,试就最关键的两个因素:投资和年收入,对项目的净现值指标进行双因素的敏感性分析。

解 $NPV = -I + (R - C)(P/A,10\%,10)(P/F,10\%,1) + S(P/F,10\%,11)$
$= -150000 + (30000 - 2500)(P/A,10\%,10)(P/F,10\%,1) + 15000(P/F,10\%,11)$

设投资变化率为 x,同时改变的年收入变化率为 y,则有:

$NPV = -150000(1 + x) + [30000(1 + y) - 2500](P/A,10\%,10)(P/F,10\%,1) + 15000(P/F,10\%,11)$

如果 $NPV \geq 0$,则该项目的盈利在 10% 以上。

令 $NPV \geq 0$,即:

$8859 - 150000x + 167565.3y \geq 0$
$y \geq -0.0529 + 0.8952x$

当 $x = 0$ 时,$y = -5.29\%$,当 $y = 0$ 时,$x = 5.91\%$,即当投资增加超过 5.91%,收入降低超过 5.29% 时,$NPV < 0$,见图 9-4。

根据图 9-4 可看出,$y \geq -0.0529 + 0.8952x$,$NPV \geq 0$,即斜线以上区域 $NPV \geq 0$,而斜线以下区域

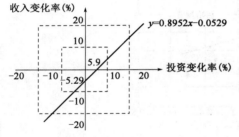

图 9-4 双因素敏感性分析图

NPV≤0,并显示了两因素同时允许变化的幅度。

若 x 和 y 的变化幅度在 ±10% 或 ±20% 以内(图中方框线),出现的可能性相同时,该投资方案的 NPV<0 的概率等于被临界线截下的右下角的面积与相应方框总面积的比值。根据此值,可以判断出本方案净现值随投资和年收入而变化的敏感性。显然,本投资方案风险较小。

三参数敏感性分析是在项目其他参数不变情况下,研究有 3 个参数同时变化时对项目经济效益的影响。它是建立在双参数敏感性分析的基础之上。其做法是:在 3 个参数中选定一个参数,在某一变化范围内令该参数取不同值后得到若干条双参数临界线,然后利用这些临界线组成的敏感性分析图进行具体分析。

【例 9-6】 根据例 9-5,我们可继续进行三因素的敏感性分析。即在投资、收入、经营成本同时变化时进行三因素的敏感性分析。有关数据同上。另设经营成本变化率为 z,则:

$$NPV = -150000(1+x) + [30000(1+y) - 2500(1+z)](P/A,10\%,10)(P/F,10\%,1) + 15000(P/F,10\%,11) = -150000x + 167565.3y - 13963.8z + 8859 \geq 0$$

当 $z = 0.5$ 时,$y = 0.8952x - 0.0112$;
当 $z = 1$ 时,$y = 0.8952x + 0.0305$;
当 $z = -0.5$ 时,$y = 0.8952x - 0.0945$;
当 $z = -1$ 时,$y = 0.8952x - 0.136$。

据此画出图 9-5,得到一组临界线。由图可以看出,不同临界线对应不同经营费用,临界线以上区域 NPV≥0,以下区域 NPV≤0,显示了经营费用以某个幅度变化时,其他两个因素允许变化的幅度。如:$z = 0.5$ 时,$y = 0.8952x - 0.0112$。$x = 0$,$y = -1.12\%$;$y = 0$,$x = 1.25\%$,即经营费用增加 50% 时,投资允许增加 1.25%,收入允许减少 1.12%,这时方能盈利。

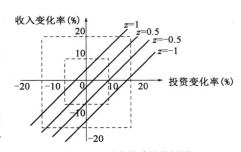

图 9-5 三因素敏感性分析图

同理,可求出当经营费用变动幅度为其他时,投资与收入允许变化的最大幅度。

敏感性分析在一定程度上就各种不确定因素的变动对方案经济效果的影响,作了定量描述,得到了维持项目可行所能允许的不确定因素发生不利变动的幅度。从而有助于决策者预测项目风险情况,有助于确定在决策和实施过程中需要重点研究与控制的因素,以提高预测的可靠性。

四、敏感性分析的局限性

敏感性分析有其一定的局限性。即它没有考虑各种不确定性因素在未来发生变动的概率。而不同项目,各个不确定因素发生相对变动的概率是不同的。两个同样敏感的因素,在一定的不利变动范围内,可能一个发生的概率很大,另一个发生的概率很小。很显然,前一个因素给项目带来的影响很大,后一个因素给项目带来的影响很小,甚至可忽略不计。这个问题是敏感性分析所无法解决的,必须借助于概率分析方法。

9.3 概 率 分 析

敏感性分析只能指出项目评价指标对不确定因素的敏感程度,但不能表明不确定性因素变化发生的可能性大小以及在这种可能性下对评价指标的影响程度。因此,根据项目特点和实际需要,有条件时还应进行概率分析。概率分析就是运用概率与数理统计理论,通过研究各不确定因素对项目经济效益的影响,对项目经济指标的各个取值做出概率描述,以反映项目的风险和不确定程度。

一、经济效益不确定性的概率描述

经济效益不确定性的概率描述,是把某经济指标值在不同取值范围内的可能性大小定量表示出来。一般可按以下方法和步骤来做:

1. 估算概率

选取一个最不确定的因素作为随机变量,将这个不确定因素的各种可能结果一一列出。分别估算各种可能结果出现的概率,并列出概率分布表。概率的估算,通常可以根据大量的历史数据进行分析,还可以通过与同类项目的比较,由项目评估人员根据经验进行估计和推算。每种不确定因素的各种可能发生情况出现的概率之和必须等于1。

2. 确定经济指标取值的概率分布

对于工程项目的不确定因素来讲,它们的变化具有随机性,而一般的投资项目要受许多种已知或未知的不确定因素影响,可以把它们看成是多个随机变量之和,故可以把各不确定因素及经济指标都视为随机变量。多数情况下,我们可以认为(或假设)随机变量近似地服从正态分布。

由于经济学中的数据一般都是按年、季、月或日的,属于离散随机变量,其概率分布也是离散的。

3. 计算经济指标期望值及标准差

(1)经济指标的期望值

期望值是在大量重复事件中随机变量取值的平均值。换句话说,是随机变量所有可能取值的加权平均值,权数为各种可能取值出现的概率。即:

$$E(X) = \sum_{i=1}^{N} x_i p_i \tag{9-14}$$

式中:$E(X)$——经济指标 X 的期望值;

x_i——第 i 种情况下的经济指标值;

p_i——第 i 种情况下出现的概率。

某情况出现的概率是指联合概率,它等于该情况中各参数出现的概率之积。

【例 9-7】 已知某项目参数值及其概率如表 9-2 所示,计算方案净现值期望值。

项目投资额、年收益及其概率 表 9-2

投资额		年 收 益		寿命(年)	基准贴现率
数值(万元)	概率	数值(万元)	概率		
300	0.6	50	0.3	10	12%
400	0.4	60	0.4		
		70	0.3		

解 投资额和年效益不同取值共有 6 种组合情况,各种情况下的联合概率及相应的净现值结果列于表 9-3。

项目投资额、年收益不同取值组合及其概率 表 9-3

组合情况	1	2	3	4	5	6
投资额(万元)	300	300	300	400	400	400
年收益(万元)	50	60	70	50	60	70
联合概率	0.18	0.24	0.18	0.12	0.16	0.12
净现值(万元)	-17.49	39.01	95.51	-117.49	-60.99	-4.49

方案净现值期望值为:

$$E(\text{NPV}) = -17.49 \times 0.18 + 39.01 \times 0.24 + 95.51 \times 0.18 - 117.49 \times 0.12 - 60.99 \times 0.16 - 4.49 \times 0.12 = -0.99(万元)$$

期望值代表了各种情况下净现值的平均值。尽管它并不是方案实际可以获得的经济效益,但它出现的次数最多,即可能性最大,据此,可对项目的盈亏进行大致的估计。

(2) 经济指标的标准差

既然期望值是一种平均值的描述,那么就存在有的状态取值大于平均值,有的状态又小于平均值,即在平均值上下波动。为了反映对平均值的偏离程度,用标准差来描述它。标准差是反映随机变量取值的离散程度的,或者说反映期望值对各随机变量值的代表性大小。

一般地,假定某项目寿命期内可能发生 k 种状态,各种状态的净现金流序列为 $\{y_t | t = 0, 1, \cdots, n\}_j (j = 1, 2, \cdots, k)$,对应各种状态的发生概率为 $p_j (j = 1, 2, \cdots, k, \sum_{j=1}^{k} p_j = 1)$,则在第 j 种状态下,方案的净现值为:

$$\text{NPV}_{(j)} = \sum_{t=0}^{n} y_{tj} (1 + i_0)^{-t} \quad (9\text{-}15)$$

式中: y_{tj} ——在第 j 种状态下,第 t 周期的净现金流。

方案净现值的期望值为:

$$E(\text{NPV}) = \sum_{j=1}^{k} \text{NPV}_{(j)} p_j \quad (9\text{-}16)$$

不考虑项目各年现金流量的相关性,方案经济指标的标准差计算公式为:

$$\sigma_x = \sqrt{\sum_{j=1}^{k} P_j [\text{NPV}_{(j)} - E(\text{NPV})]^2} = \sqrt{D(\text{NPV})} = \sqrt{\sum_{j=1}^{k} \text{NPV}_{(j)}^2 P_j - E^2(\text{NPV})} \quad (9\text{-}17)$$

显然,标准差大的项目,其经济指标不同值的离散度大,用期望值作为项目经济效益的估计值的风险就大;反之,标准差小的方案,其经济效益的期望值代表性大,风险也较小。因此,标准差的大小只是相对而言。对单方案来说,标准差无所谓大小,它只作为估计方案经济指标取值概率的一个重要参数。而对多方案来说,标准差是比较方案风险大小的一个重要指标。

【例 9-8】 已知某项目净现值的可能取值及相应概率如表 9-4 所列,试计算其净现值的期望值及标准差。

净现值及其取值概率　　　　　　　　　　　　　　　表 9-4

净现值(万元)	2.12	1.05	4.10
概率	0.3	0.6	0.1

解 $E(NPV) = 2.12 \times 0.3 + 1.05 \times 0.6 + 4.10 \times 0.1 = 1.676(万元)$

$$\sigma = \sqrt{2.12^2 \times 0.3 + 1.05^2 \times 0.6 + 4.10^2 \times 0.1 - 1.676^2} = 0.939(万元)$$

计算表明,上述项目最大可能的净现值为 1.676 万元,上下会有 0.939 万元的偏差。

4. 估计经济指标值在某一范围时的概率

对单个项目的概率分析,除应计算其期望值与标准差值外,还应分析计算经济指标在某一范围时的概率,由该概率值的大小可以估计项目承受风险的程度。

假定经济指标取值的概率分布服从正态分布,如果已知其期望值与标准差,可以通过转换成标准正态分布的方法,计算经济指标值在某一范围时的概率。

根据概率论的有关知识,若连续型随机变量服从参数为 μ、σ 的正态分布,X 具有分布函数:

$$F(X) = \frac{1}{\sqrt{2\pi}\sigma} \int_{-\infty}^{x} e^{-\frac{(t-\mu)^2}{2\sigma^2}} dt \tag{9-18}$$

令 $u = \frac{t-\mu}{\sigma}$,上式可化为标准正态分布函数:

$$F(X) = \frac{1}{\sqrt{2\pi}} \int_{-\infty}^{\frac{X-\mu}{\sigma}} e^{-\frac{u^2}{2}} du = \Phi\left(\frac{X-\mu}{\sigma}\right) \tag{9-19}$$

令 $Z = \frac{X-\mu}{\sigma}$,由标准正态分布表,可直接查出 $x < x_0$ 的概率值。故经济指标在某一范围时的概率计算公式为:

$$P(X < X_0) = P\left(Z < \frac{X_0-\mu}{\sigma}\right) = \Phi\left(\frac{X_0-\mu}{\sigma}\right) \tag{9-20}$$

方案经济指标 x 小于等于某一取值 x_0 时的概率为:

$$P(x \leq X_0) = P\left[Z < \frac{X_0-E(X)}{\sigma}\right] \tag{9-21}$$

方案经济指标 x 大于某一取值 x_0 时的概率为:

$$P(x > X_0) = 1 - P(x < X_0) \tag{9-22}$$

方案经济指标 x 的取值在 $X_1 \sim X_2$ 之间时的概率为:

$$P(X_1 < x \leq X_2) = P\left[Z < \frac{X_2-E(X)}{\sigma}\right] - P\left[Z < \frac{X_1-E(X)}{\sigma}\right] \tag{9-23}$$

上式中的 Z 为标准正态随机变量。通过 Z 对随机变量 x 的代换,将 x 的正态分布转换为 Z 的标准正态分布。Z 取某一范围数值时的概率可查标准正态分布表。

【例9-9】 已知某项目净现值服从正态分布,净现值期望值为140万元,标准差为78万元,试求:

(1)项目净现值小于100万元的概率。
(2)项目在经济上可行的概率。
(3)项目净现值在180万~240万元之间的概率。
(4)项目可能获得的最大净现值。

解 (1) $P(\text{NPV} < 100) = P\left(Z < \dfrac{100-140}{78}\right) = P(Z < -0.5128)$

查表得 $P(\text{NPV} < 100) = 0.3040 = 30.40\%$。

(2) $P(\text{NPV} > 0) = 1 - P(\text{NPV} < 0) = 1 - P\left(Z < \dfrac{0-140}{78}\right) = 1 - P(Z < -1.7949)$

查表得 $P(\text{NPV} > 0) = 1 - 0.0363 = 0.9637 = 96.37\%$。

(3) $P(180 < \text{NPV} < 240) = P\left(Z < \dfrac{240-140}{78}\right) - P\left(Z < \dfrac{180-140}{78}\right)$

$\qquad\qquad\qquad\qquad\quad = P(Z < 1.2821) - P(Z < 0.5128)$

$\qquad\qquad P(Z < 0.5128) = 0.6960, P(Z < 1.2821) = 0.9001$

故 $P(180 < \text{NPV} < 240) = 0.9001 - 0.6960 = 0.2041 = 20.41\%$。

(4)设 $P(Z < Y) = 100\%$,查表得 $Y = 3.09$,即:

$$\dfrac{\text{NPV} - E(\text{NPV})}{\sigma} = 3.09$$

$$\text{NPV} = 3.09 \times \sigma + E(\text{NPV}) = 3.09 \times 78 + 140 = 381.02$$

即:

$$P(\text{NPV} < 381.02) = 100\%$$

这就是说,项目有100%可能获得的净现值是在381.02万元以下,或项目不可能获得比381.02万元更高的净现值。

对于随机净现值服从正态分布的投资项目,只要计算出了净现值的期望值与标准差,即使不进行例9-9那样的概率计算,也可根据正态分布特点对方案风险情况作大致判断。

在正态分布条件下,由 $Z = \dfrac{X - E(X)}{\sigma}$,可得 $X = E(X) + Z\sigma$。

由于:

$$P(Z = 0) = 0.5$$
$$P(-1 < Z \leq 1) = 0.6826$$
$$P(-2 < Z \leq 2) = 0.9544$$
$$P(-3 < Z \leq 3) = 0.9974$$

所以:

$$P[X = E(x)] = 0.5$$
$$P[E(x) - \sigma < X \leq E(x) + \sigma] = 0.6826$$
$$P[E(x) - 2\sigma < X \leq E(x) + 2\sigma] = 0.9544$$
$$P[E(x) - 3\sigma < X \leq E(x) + 3\sigma] = 0.9974$$

这说明,项目的经济指标的实际取值为期望值的可能性为50%,实际取值在 $E(x) \pm \sigma$ 范围内的可能性为68.26%,在 $E(x) \pm 2\sigma$ 范围内的可能性为95.44%,在 $E(x) \pm 3\sigma$ 范围内的概率为99.74%,对于[例9-9],意味着项目的实际净现值在229万元范围内的可能性有68.26%,在308万元范围内的可能性有95.44%,在387万元范围内的可能性有99.74%。

对项目经济指标取值的概率分析不明显,无法应用标准正态分布表进行查表计算情况下,其概率估计还可以用表算法。其具体步骤为:将计算出来的各可能发生事件的净现值从小到大排列起来,直到出现第一个正值为止,并将各可能发生事件发生的概率按同样顺序加起来,求得累计概率。

【例 9-10】 表9-5列出某项目可能出现的几种净现值及相应概率,试估算项目净现值小于零的概率。

某项目的几种净现值及相应概率　　　　　　　　　　表 9-5

净现值(万元)	32489	41133	49778	-4025	4620	13265	-40537	-31893	-23248
概率	0.15	0.12	0.03	0.12	0.96	0.024	0.03	0.024	0.006
净现值(万元)	49920	58565	67209	13407	22051	30696	-23106	-14462	-5817
概率	0.075	0.06	0.015	0.06	0.048	0.012	0.015	0.012	0.003
净现值(万元)	67351	75996	84641	30838	39483	48127	-5675	2969	11614
概率	0.025	0.02	0.005	0.02	0.016	0.004	0.005	0.004	0.001

解 将NPV值按从小到大的顺序排列,直到出现第一个正值为止,并将各可能发生事件发生的概率按同样顺序累加起来,求得累计概率(表9-6)。

净现值及其累计概率　　　　　　　　　　表 9-6

净现值(万元)	-40537	-31893	-23248	-23106	-14462	-5817	-5675	-4025	2969
累计概率	0.03	0.054	0.06	0.075	0.087	0.09	0.095	0.215	0.219

根据表9-6,可得净现值小于零的累计概率为:

$$P(\text{NPV} < 0) = 0.215 + (0.219 - 0.215) \times \frac{4025}{4025 + 2969} \approx 0.217$$

则净现值大于或等于零的累计概率为:

$$P(\text{NPV} \geq 0) = 1 - P(\text{NPV} < 0) = 1 - 0.217 = 0.783$$

即净现值大于或等于零的可能性略低于80%,说明项目承担的风险不大。

二、多方案经济效益的风险比较

在多方案选优时,如果方案的经济效益是不确定的,仅用经济指标进行评价还不够,应同时比较方案经济效益的风险大小。

如果备选方案的经济指标期望值相等,则方案经济指标标准差是风险大小的主要度量指标。标准差大则意味着实际发生的方案损益值偏离其期望值的可能性越大,从而方案的风险越大,标准差小的则风险小,即以标准差最小者为优;如果备选方案经济指标期望值不相等,则风险的大小依据变异系数值。变异系数即标准差系数(或称离散系数),是标准差与期望值的比值,是用相对数表示的离散程度,即风险大小。用下面的公式表示:

$$V = \frac{\sigma}{E(x)} \tag{9-24}$$

式中：V——变异系数。

显然，变异系数越大，则表示该项目经济效益的风险越大，故在多方案选优时应以变异系数最小者为优。

9.4 蒙特卡洛模拟分析

评价判据指标有时取决于多个不确定因素。例如净现值（或内部收益率），取决于投资、计算期、经营收入、经营成本、基准贴现率和期末残值等。当这些都是随机变量时，很难用解析的方法求得净现值的分布和特征值，即便每种变量取离散值，各种离散值和概率的赋值也很困难，最终的组合数量也很大。一种解决的办法是采用蒙特卡罗模拟方法。

蒙特卡罗模拟是一种随机模拟方法。它不是按照传统的观念去求解模型，而是按照每种变量的分布和特征值，用计算机产生随机数。它的实质是实验，即利用计算机模拟技术，对项目的不确定因素进行模拟，通过抽取服从项目不确定因素分布的随机数，计算分析项目经济效果评价指标的一个模拟样本值，从而得出项目经济效果评价指标的概率分布，以提供项目不确定性因素对项目经济指标影响的全面情况。该方法主要用于评估多个不确定性风险因素对项目总体经济效果评价目标所产生的影响，对连续型分布的不确定性因素的评估较为有效。

一、蒙特卡洛模拟法原理

蒙特卡诺模拟方法的原理是将项目经济效果评价指标用数学模型表示，模拟模型尽可能地包含影响该项目经济效果评价指标的主要不确定性因素。每个不确定性因素的风险结果及所发生的概率都用具体的概率分布来描述，借助于数学方法，利用计算机产生的随机数计算得到各不确定性因素的随机值。当各不确定性因素的一组随机值确定之后，就可依据数学模型得到经济效果评价指标的一个随机结果。当模拟次数足够多时，这些经济效果评价指标样本分布就可以看作是经济效果评价指标的总体分布。大量反复进行这种模拟计算，就可得到经济效果评价指标的概率密度曲线或累计概率分布曲线，从而对经济效果评价指标的可能结果做出较为准确的评估。

蒙特卡洛风险模拟方法与敏感性分析方法的基本原理相同，都是通过风险自变量的变化范围计算风险因变量的结果。蒙特卡洛风险模拟方法的优点主要包括以下三个方面：

（1）在确定风险自变量的分布形式方面更加科学，敏感性分析法只能人为地确定风险自变量的变动范围，而使用蒙特卡洛风险模拟方法可以根据采集的历史数据模拟风险自变量的分布形式。

（2）通过大量的模拟计算，能够得到风险因变量的概率分布曲线，从而更加直观地反映项目的效益和风险，分布参数也可用于分析比较项目之间的效益的大小和抗风险能力。

（3）蒙特卡洛风险模拟方法的最大的优点在于其收敛速度与风险因素的维数无关，无论项目不确定因素有多少，在计算时可以同时考虑这些风险因素并对结果进行模拟。

二、蒙特卡洛模拟方法的程序

蒙特卡洛模拟方法是以著名的摩纳哥赌城命名的,这种方法是依据统计理论,研究风险发生的概率和风险损失的统计学方法,是一种高层次的风险分析方法,主要用于评估多个风险因素对项目总体目标所造成的影响。主要的计算步骤如下:

(1)确定经济效果评价指标。

(2)建立经济效果评价指标与主要不确定性因素关系的数学模型。

(3)确定各不确定性因素的概率密度函数、累计概率分布函数。

(4)对各不确定性因素的累计概率分布函数进行数学变换,得到各不确定性因素的随机值计算公式。

(5)对每一不确定性因素,利用计算机产生的随机数计算得到各不确定性因素的随机值,将各不确定性因素的一组随机值代入经济效果评价指标的模拟模型中,便可得到经济效果评价指标的一个随机结果。

(6)进行 N 次(5)的过程(N 为设定的模拟次数),得到经济效果评价指标的 N 个随机结果。

(7)对(6)的结果进行整理,做出经济效果评价指标的概率密度曲线和(或)累计概率分布曲线,从而完成对经济效果评价指标的评估。

各不确定性因素的概率分布可以是离散型分布也可以是连续型分布,连续型分布中一般有均匀分布、三角形分布、正态分布等。其概率密度函数、累计概率分布函数、随机值的计算公式见表9-7。

常见的连续型概率分布　　　　表9-7

项目	均匀分布	三角形分布	正态分布
概率密度函数	$f(x) = \begin{cases} \dfrac{1}{b-a} & (a \leq x \leq b) \\ 0 & (x<a, x<b) \end{cases}$	$f(x) = \begin{cases} \dfrac{2(x-a)}{(b-a)(c-a)} & (a \leq x \leq c) \\ \dfrac{2(b-x)}{(b-a)(b-c)} & (c < x \leq b) \\ 0 & (x<a, x>b) \end{cases}$	$f(x) = \dfrac{1}{\sigma\sqrt{2\pi}} e^{-\dfrac{(x-u)^2}{2\sigma^2}}$ $(-\infty < x < \infty)$ 式中:σ——均方差; u——期望值
累计概率分布函数	$F(x) \begin{cases} 0 & (x<a) \\ \dfrac{x-a}{b-a} & (a \leq x < b) \\ 1 & (x \geq b) \end{cases}$	$F(x) = \begin{cases} 0 & (x<a) \\ \dfrac{(x-a)^2}{(b-a)(c-a)} & (a \leq x < c) \\ 1 - \dfrac{(b-x)^2}{(b-a)(b-c)} & (c \leq x < b) \\ 1 & (b \leq x) \end{cases}$	$F(x) = \dfrac{1}{\sqrt{2\pi}} \int_{-\infty}^{\frac{x-u}{\sigma}} e^{-\frac{1}{2}t^2} dt$
随机值的计算公式	$v = a + (b-a)r$	$v = \begin{cases} a + \sqrt{(b-a)(c-a)r} \\ \quad \left(0 \leq r \leq \dfrac{c-a}{b-a}\right) \\ b - \sqrt{(b-a)(b-c)(1-r)} \\ \quad \left(\dfrac{c-a}{b-a} < r \leq 1\right) \end{cases}$	近似公式: $v = u + \sigma\left(\sum\limits_{i=1}^{12} r_i - 6\right)$ 式中:r_i——(0,1)区间上的随机数

【**例 9-11**】 某项目预计投资 1 亿元，项目两年建成，第三年投产并在当年达产。从项目建成开始计算，预计每年税前利润为 2000 万元，项目经营期为 12 年。利用相关历史数据推测，该类项目的投资服从最悲观值为 1.3 亿元、最可能值为 1 亿元、最乐观值为 9000 万元的三角形分布，税前利润服从期望值 μ 为 2000 万元、均方值 σ 为 100 万元的正态分布。试利用蒙特卡罗模拟方法，对该项目在不同企业目标收益率情况下的全投资税前 FNPV 进行风险分析。

解 （1）经济效果评价指标为全投资税前 FNPV，影响经济效果评价指标的主要不确定性因素为投资和税前利润。

（2）经济效果评价指标与不确定性因素的模型为：

$$\text{FNPV} = \sum_{t=0}^{n} (\text{CI} - \text{CO})_t (1 + i_c)^t = 税前利润 \times (P/A, i_c, n) - 投资现值$$

（3）确定各不确定性因素的分布函数。

①投资服从三角形分布，概率密度函数及累计概率分布函数的计算公式见表 9-7，其中：$a = 9000, c = 10000, b = 13000$，则：

$$f(x) = \begin{cases} \dfrac{2(x - 9000)}{(13000 - 9000)(10000 - 9000)} & (9000 \leqslant x \leqslant 10000) \\ \dfrac{2(13000 - x)}{(13000 - 9000)(13000 - 10000)} & (10000 < x \leqslant 13000) \\ 0 & (x < 9000, x > 13000) \end{cases}$$

$$F(x) \begin{cases} 0 & (x < 9000) \\ \dfrac{(x - 9000)^2}{(13000 - 9000) \times (10000 - 9000)} & (9000 < x < 10000) \\ 1 - \dfrac{(13000 - x)^2}{(13000 - 9000)(13000 - 10000)} & (10000 < x < 13000) \\ 1 & (13000 < x) \end{cases}$$

②税前利润服从正态分布，概率密度函数及累计概率分布函数的计算公式见表 9-7，其中，$\mu = 2000, \sigma = 100$，则：

$$f(x) = \frac{1}{100\sqrt{2\pi}} e^{-\frac{(x - 2000)^2}{2 \times 100^2}} \quad (-\infty < x < \infty)$$

$$F(x) = \frac{1}{\sqrt{2\pi}} \int_{-\infty}^{\frac{x-2000}{100}} e^{-\frac{1}{2}t^2} dt$$

（4）计算各不确定性因素的随机值。

①投资的随机值。根据表 9-7 中三角形分布随机值的计算公式，有：

$$v = \begin{cases} 9000 + \sqrt{(13000 - 9000) \times (10000 - 9000)r} & \left(0 \leqslant r \leqslant \dfrac{10000 - 9000}{13000 - 9000}\right) \\ 13000 - \sqrt{(13000 - 9000) \times (13000 - 10000)(1 - r)} & \left(\dfrac{10000 - 9000}{13000 - 9000} < r \leqslant 1\right) \end{cases}$$

设 r 为 $(0,1)$ 区间上的随机数,若 $r = 0.4899$,则固定资产投资的随机值为:

$$v = 13000 - \sqrt{(13000 - 9000) \times (13000 - 10000) \times (1 - 0.4899)} = 10526(万元)$$

②税前利润的随机值。根据表 9-7 中正态分布随机值的计算公式,有:

$$v = 2000 + 100 \times \left(\sum_{i=1}^{12} r_i - 6\right)$$

对税前利润不确定性因素,先抽取 12 个随机数 r,计算出 $\left(\sum_{i=1}^{12} r_i - 6\right) = 0.4300$,则税前利润的随机值为:

$$v = 2000 + 100 \times 0.4300 = 2043(万元)$$

(5)将投资和税前利润的随机值带入经济效果评价指标与不确定性因素的模型,计算得经济效果评价指标的随机结果值为:

$i_e = 12\%$ 时 $2043(P/A, 12\%, 12) - 10526 = 2129(万元)$

$i_e = 13\%$ 时 $2043(P/A, 13\%, 12) - 10526 = 1564(万元)$

(6)重复 20 次(4)~(5)的过程,得到 20 组不确定性因素的随机值和 20 个经济效果评价指标的随机结果值,见表 9-8。

各不确定性因素随机值及经济效果评价指标的随机结果(单位:万元)   表 9-8

模拟序号	投资随机值	税前利润随机值	全投资税前 FNPV 随机结果	
			$i_e = 12\%$	$i_e = 13\%$
1	10526	2043	2129	1564
2	10153	1952	1938	1398
3	10049	2029	2519	1958
4	10700	2057	2042	1473
5	12093	1973	129	-417
6	12621	2042	28	-537
7	11053	2033	1540	978
8	9838	1995	2520	1968
9	11807	1980	458	-90
10	11598	1965	574	30
11	11989	2016	499	-59
12	10162	2145	3125	2531
13	9548	1995	2810	2258
14	10686	1982	1591	1043
15	11858	1870	-275	-792
16	10596	1912	1248	719
17	10808	1869	769	252
18	11464	2017	1030	472
19	11574	1905	226	-301
20	11346	2049	1346	779

(7)对(6)的结果进行整理,将 FNPV 按从小到大的次序排列,并计算累计概率,得到经济效果评价指标的累计概率分布如图 9-6 所示。

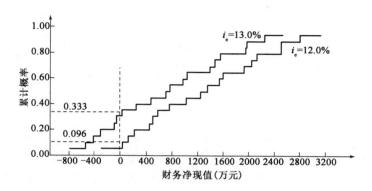

图 9-6　经济效果评价指标的模拟结果

从累计概率分布图上可知:

①在企业目标收益率为 13% 的情况下,全投资税前 FNPV≥0 的概率为:
(1-33.3%)=66.7%,风险较大。

②在企业目标收益率为 12% 的情况下,全投资税前 FNPV≥0 的概率为:
(1-9.6%)=90.4%,风险较小。

由于本例中模拟次数仅为 20 次,因此,累计概率曲线不够光滑,易产生误差。从理论上讲,模拟次数越多,结果越准确。模拟次数的多少与问题的复杂程度、预测要求的精度有关,可以从几十次到数百次不等。

9.5　案　例　分　析

一、敏感性分析案例

继续选用重庆世开物流甩挂运输站场工程可行性研究案例作为分析对象,由于第 8 章案例分析时,项目计算财务评价指标时是采用预测的数据,实际运作中可能会发生一些变化,因此对本项目要进行财务敏感性分析。在此考虑的主要因素是:由于业务量达不到预期值,致使营业收入降低;运营期由于物价上涨等因素的影响,造成营运成本增加。本评价对拟建项目成本上升、效益下降以及成本上升和效益下降同时发生的几种情况进行了计算,结果见表 9-9。

财务敏感性分析(税后)　　　　表 9-9

效益变动		成本变动		
		0	+5%	+10%
-10%	N(年)	9.30	9.98	10.73
	FNPV(万元)	13187	11436	9686
	FIRR(%)	20.05%	18.38%	16.75%

续上表

效益变动		成本变动		
		0	+5%	+10%
−5%	N(年)	8.64	9.23	9.86
	FNPV(万元)	15864	14114	12364
	FIRR(%)	21.89%	20.23%	18.64%
0	N(年)	8.09	8.61	9.17
	FNPV(万元)	18542	16791	15041
	FIRR(%)	23.63%	21.98%	20.40%

从表中数据可以看出：效益下降10%、同时成本增加10%最不利的情况下，财务内部收益率、财务净现值、投资回收期指标均能达到财务评价的要求，其他八种情况下，财务内部收益率、财务净现值、投资回收期指标均能够达到财务评价的要求。该结果说明本项目具有极强的抗风险能力。

二、概率分析案例

继续选用重庆世开物流甩挂运输站场工程可行性研究案例作为分析对象，由于第8章项目财务评价所采用的数据存在一定程度的风险，为了对项目投资者负责，使投资者对项目的风险和效益有全方位的把握，对项目进行风险概率分析。通过分析研究不确定因素和风险因素对项目财务评价指标的影响，计算出项目净现值的期望值及净现值大于或等于零时的累计概率，为项目决策者提供参考依据。

通过以上对本项目面临风险因素的识别和分析，如果发生风险对经营企业在财务上表现为固定资产投资、收入和经营成本变动，也就是形成了三种主要的风险。经过对三种风险在当前和可预见期内的情况的调查和分析，确定每种变量的概率分布如表9-10所示。

不确定因素的概率分布　　　　　　　　　　　　表9-10

固定资产投资	变化率	+10%	0%	−10%
	概率	0.10	0.65	0.25
收入	变化率	+20	0%	−20%
	概率	0.15	0.60	0.25
经营成本	变化率	+15%	0%	−15%
	概率	0.45	0.45	0.10

如表9-11所示是本项目风险概率分析的期望值计算表，风险概率的计算部分过程可参看此表。

风险分析计算　　　　　　　　　　　　表9-11

序号	投资变化概率	收入变化概率	经营成本变化概率	联合概率	净现值(万元)	期望净现值(万元)
1	0.10	0.15	0.45	0.007	26950	188.65
2	0.10	0.15	0.45	0.007	28337	198.36
3	0.10	0.15	0.10	0.002	29724	59.45

续上表

序号	投资变化概率	收入变化概率	经营成本变化概率	联合概率	净现值（万元）	期望净现值（万元）
4	0.10	0.60	0.45	0.027	16272	439.34
5	0.10	0.60	0.45	0.027	17659	476.79
6	0.10	0.60	0.10	0.006	19046	114.28
7	0.10	0.25	0.45	0.011	5594	61.53
8	0.10	0.25	0.45	0.011	6981	76.79
9	0.10	0.25	0.10	0.003	8368	25.10
10	0.65	0.15	0.45	0.044	27832	1224.61
11	0.65	0.15	0.45	0.044	29219	1285.64
12	0.65	0.15	0.10	0.010	30606	306.06
13	0.65	0.60	0.45	0.176	17154	3019.10
14	0.65	0.60	0.45	0.176	18541	3263.22
15	0.65	0.60	0.10	0.039	19928	777.19
16	0.65	0.25	0.45	0.073	6477	472.82
17	0.65	0.25	0.45	0.073	7864	574.07
18	0.65	0.25	0.10	0.016	9251	148.02
19	0.25	0.15	0.45	0.017	28714	488.14
20	0.25	0.15	0.45	0.017	30101	511.72
21	0.25	0.15	0.10	0.004	31488	125.95
22	0.25	0.60	0.45	0.068	18037	1226.52
23	0.25	0.60	0.45	0.068	19424	1320.83
24	0.25	0.60	0.10	0.015	20810	312.15
25	0.25	0.25	0.45	0.028	7359	206.05
26	0.25	0.25	0.45	0.028	8746	244.89
27	0.25	0.25	0.10	0.006	10133	60.80

通过图 9-7 累计概率图和表 9-12 累计概率表，可以看出本项目财务净现值大于或等于零

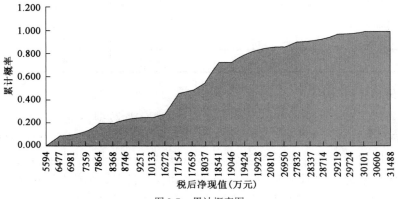

图 9-7 累计概率图

时的累计概率。根据表 9-12,可以求得净现值大于等于零的概率为:

$$P[\text{NPV}(8\%) \geqslant 0] = 1.000$$

累计概率计算   表 9-12

累计概率	净现值(万元)	累计概率	净现值(万元)	累计概率	净现值(万元)
0.011	5594	0.276	16272	0.858	26950
0.084	6477	0.452	17154	0.902	27832
0.095	6981	0.479	17659	0.909	28337
0.123	7359	0.547	18037	0.926	28714
0.196	7864	0.723	18541	0.97	29219
0.199	8368	0.729	19046	0.972	29724
0.227	8746	0.797	19424	0.989	30101
0.243	9251	0.836	19928	0.996	30606
0.249	10133	0.851	20810	1.000	31488

本项目的净现值的期望值为 17208 万元;净现值大于或等于零的概率为 100%。

三、蒙特卡洛模拟案例分析

1. 背景介绍

"十二五"期间,浙江省规划了 29 条新建高速公路,为评价和预测"十二五"期间浙江省公路建设规模目标的合理性,使用蒙特卡洛模拟对其中的 7 条高速公路基础设施建设项目进行投资决策。假设所有高速公路开工年为 2013 年,每年的投资额相同,则根据预测的未来年的高速公路车道公里造价计算出每条高速公路的总投资额如表 9-13 所示。

浙江省"十二五"规划高速公路基本情况及投资预测表   表 9-13

项目名称	建设性质	建设规模(km)	建设期(年)	车道数	投资额(亿元)
项目1	新建	27.5	2	4	58.6
项目2	新建	69.5	4	4	157.4
项目3	新建	11.5	1	6	35.6
项目4	新建	23.0	2	6	73.5
项目5	新建	54.3	3	4	119.4
项目6	新建	71.0	4	4	160.8

2. 经济评价指标的计算

根据浙江省历年高速公路收费站的分方式的交通量 OD 数据,并根据《浙江省统计年鉴》、《全国公路养护与管理资金需求研究报告》、交通运输部规划研究院对交通事故的研究指标以及浙江省高速公路收费标准等使用现金流量法计算规划高速公路运营期的国民经济效益和财务效益。项目研究期为建设期与 20 年的运营期之和,项目国民经济和财务评价上均可行时,项目可行;当国民经济评价不可行时,项目不可行;当国民经济评价上可行,财务评价上不可行时,决策者可根据情况具体分析。如表9-14所示,使用现金流量折现法计算的拟建高速公路在评价期末的国民经济净现值和财务净现值指标。

拟建高速公路经济评价指标(单位:亿元) 表9-14

项目名称	国民经济净现值	财务净现值
项目1	171.95	−23.04
项目2	26.88	−53.87
项目3	108.14	−18.58
项目4	95.99	−46.88
项目5	60.93	−66.75
项目6	119.66	17.46

3. 蒙特卡洛风险模拟的计算

在高速公路风险性投资决策方法的选择上,蒙特卡洛风险模拟方法与敏感性分析方法的基本原理相同,而且采用蒙特卡洛法进行公路项目的经济性评价逻辑清晰、方法简单、误差小,能够得到可信度强的结果。使用蒙特卡洛风险模拟的方法对高速公路进行投资决策时,首先需要确定项目的风险自变量。一般来说,高速公路建设项目的风险自变量包括建设投资额、交通量、折现率、政府补贴、养护管理费用的增长率、贷款利率等。然后根据以往类似项目的历史经验数据建立每个风险自变量的分布形式,包括均匀分布、三角分布、β分布等。风险因变量为项目全寿命周期下的国民经济净现值和财务净现值在赋予的某个权重下的加权平均值。之所以选择项目两种净现值的加权平均值作为风险的因变量,一方面是由于净现值与效益费用比和内部收益率等指标相比,能够更好地表达项目在全寿命周期下的收益;另一方面是由于国民经济的净现值和财务净现值都是可量化的,其度量单位都用万元表示,所以可以按照其重要性赋予的权重进行加权平均。

具体步骤:首先确定风险自变量:投资额、交通量、贷款利率、小修保养费增长率、大中修保养费增长率、管理费增长率、政府补贴等。风险因变量分别为财务净现值和国民经济净现值。假设风险自变量满足三角分布,模拟次数为1000次,其中,表9-15为使用蒙特卡洛风险模拟后国民经济净现值和财务净现值均值和标准差的结果。

拟建高速公路国民经济评价指标模拟结果(单位:亿元) 表9-15

项目名称	国民经济净现值均值	国民经济净现值标准差	财务净现值均值	财务净现值标准差
项目1	181.48	3.52	−2.61	2.04
项目2	53.78	4.26	−16.21	6.54
项目3	116.57	2.19	−1.47	0.99
项目4	125.81	2.31	−2.21	1.27
项目5	104.76	2.61	−4.89	2.89
项目6	92.45	7.47	−6.17	2.89

结果表明:在对单个高速公路进行投资决策时,使用蒙特卡洛风险模拟方法计算的结果往往要高于使用现金流量折现法计算的结果,因此使用传统的现金流量折现法容易低估项目的

价值,可能造成一些较好的项目变得不可行。

思考与练习

1. 什么是不确定性分析?
2. 盈亏平衡分析的优缺点是什么?
3. 敏感性分析的步骤以及局限性分别是什么?
4. 概率分析与敏感性分析的目的有何不同?
5. 某运输公司成本资料如下:

固定成本:100 万元;变动成本:2000 万元/(万 t·km);

收入:3600 万元/(万 t·km)。

若总变动成本、总收入均与运量成正比关系,求盈亏平衡时的运量,并作盈亏平衡图。

6. 某厂生产某种产品,年固定成本20000 元,当销售额达到25000 元时,企业亏损1000元。求:

(1) 盈亏平衡时的销售收入是多少?

(2) 目标利润为20000 元时的销售收入是多少?

(3) 当销售收入为100000 元时,单位变动成本增加10%,为了保证实现目标利润20000元,则固定成本应降低多少?

7. 某修配厂生产离合器的技术方案中,成本函数和收入函数分别为:

$C = 180000 + 100Q + 0.01Q^2$,$R = 300Q - 0.01Q^2$。求其盈亏平衡产量和最大盈利产量。

8. 某投资项目主要经济参数的估计值为:初始投资15000 万元,运营期为10 年,残值为0,年收入为3500 万元,年支出为1000 万元,折现率为15%,试就年收入、年支出分别变化时,对内部收益率的影响进行敏感性分析。

9. 某企业为研究一项投资方案,提供了如表9-16 所示的参数估计。要求:

(1) 分析当寿命、贴现率和年经营费中每改变一项时,净现值的敏感性,指出最敏感因素,画出敏感性分析曲线。

(2) 进行投资和年经营收入的双参数敏感性分析。

(3) 进行投资、年经营收入及寿命三个参数敏感性分析。

某企业投资方案　　　　　　　　　　表9-16

参数名称	初始投资	寿命	残值	年经营收入	年经营费	基准贴现率
数值	160 万元	10 年	20 万元	180 万元	100 万元	8%

10. 某建设期为1 年的项目,初始投资为18 万元,预测经营期内的年收入可能为6 万元、12 万元和16 万元,相应的概率分别为0.3、0.5 和0.2。考虑技术进步和市场情况的影响,预测该项目的经营期可能为2 年、3 年、5 年和10 年,对应的概率分别为0.2、0.2、0.5 和0.1。若折现率为10%,试计算净现值的期望值和离散系数,并对净现值作累计概率分析。

第10章 交通系统决策分析与评价

10.1 交通系统决策概述

一、决策概述

1. 决策的定义与基本概念

决策是人们生活工作中普遍存在的一种活动,是为解决当前或未来可能发生的问题,选择最佳方案的一种过程。具体来说,决策是为了实现特定的目标,根据客观的可能性,在占有一定信息和经验的基础上,借助一定的工具、技巧和方法,对影响目标实现的诸因素进行分析、计算和判断选优后,对未来行动作出决定。实际生产生活中,凡是对同一问题,面临几种情况,而又有多种方案可供选择时,就形成一个决策。

系统决策分析就是根据系统评价的结果,对多个方案进行抉择。确定条件下的情况,是容易做出直接判断、进行决策的,但对含随机性条件不确定的情况,进行决策就比较困难了,这时,必须借助于决策理论。决策论是根据系统状态、可选取策略以及选取这些策略对系统所产生的后果等对系统进行综合研究,以便选取最优决策的一种方法。

系统决策分析就是根据系统评价的结果,对多个方案进行抉择。在进行决策分析前,需要先明确以下概念：

(1)自然状态。自然状态简称状态或条件，是不依决策者主观意志为转移的客观环境条件。它的特点：①不以决策者主观意志为转移，而是在决策过程中的客观存在；②同一决策问题，几种自然状态不能并存，只能出现其中一种；③在决策过程中，可以对它们进行数学表述或预测它们出现的概率。比如你要出行：交通拥堵或畅通；下雨或不下雨。

(2)备选方案。备选方案或称行动方案、策略，是可供决策者选择的方案。备选方案必须在两个或两个以上，如果只有一个方案，那么只要照此采取行动就可以了，而不需要进行选择。

(3)损益值。损益值是在不同自然状态下相应方案所产生的损失和效益状态。

2. 决策的特点

一般来说，系统决策具有如下特点：

(1)多目标：在复杂的问题中，决策者关心的目标很多，而且这些目标往往是互相冲突或矛盾的，决策者必须善于在这些目标中进行分析和处理，包括必要的折中和调整。

(2)时间延续性：决策的结果不可能仅局限在某一时限内出现，一些重要问题的决策，其影响往往要延续若干年。

(3)模糊性：决策中常常有一些模糊的因素，如某种设计外形是否美观，颜色是否满意等，要用"很好、一般、较差"等这样一些含糊不清的概念。

(4)不确定性：决策者在某个时刻应该选择一个方案，每个方案又会出现不同的结果，各种结果的出现具有随机性。

(5)信息样本的必要性：通常，我们要设法收集信息样本来帮助选定方案，否则，选出的方案往往是不可靠的。如市场预测的信息，是制订生产计划的依据。

(6)决策的动态性：一个方案在实施当中，常常会有变化，往往再经过一段时间，又需要作出新的决策，强调另外几个目标。

(7)相关的影响：经过决策选定方案，往往会影响到许多方面，因此在决策方案实施以后，应随时注意从各个方面收集情报，以便使决策者更全面地了解决策带来的各种结果。

3. 决策问题的构成

决策是一项系统工程，组成决策系统的基本要素有 5 个，即决策主体、决策目标、方案、结果和决策准则。

(1)决策主体。决策的主体既可以是单位的个人，也可以是一个组织——由决策者所构成的系统。决策者进行决策的客观条件是他必须具有判断、选择和决断能力，承担决策后果的法定责任。

(2)决策目标。决策是围绕着目标开展的，决策的开端是确定目标，终端是实现目标。决策目标既体现了决策主体的主观意志，又反映了客观事实，决策目标是决策者希望达到的成果。

(3)方案。方案即决策者根据要求可能采取的一系列活动或措施。一个决策中方案应多于一个。

(4)结果。结果是方案实施后产生的效果。确定的情况下，一个方案只有一个结果；不确定的情况下，一个方案有多个可能的结果。

(5)决策准则。决策准则是评价与选择方案的价值依据。决策准则不但由决策目标决定,而且受决策者的价值观影响。

4. 决策过程

一个完整的决策一般包括以下几个阶段,如图10-1所示。

由上图可看出,决策过程一般包括四个阶段:

(1)准备阶段:明确决策问题的性质、背景、特征、条件,收集与决策问题相关的政治、经济、社会、技术等方面的信息资料,并按照一定的要求将收集到的信息进行分析、加工和处理。

(2)计划阶段:在对所掌握的信息进行分析研究的基础上,确定预测目标,并对影响预测结果的重要因素进行预测。在此基础上提出可行方案,并对方案进行研究和论证。

(3)选择阶段:对各种可行方案进行分析评价,在此基础上,按照一定的价值准则选择满意方案。

(4)实施控制阶段:决策方案实施过程中,常会出现偏差或出现未预料的新情况。需要实施过程中根据实际情况不断调整和补充。

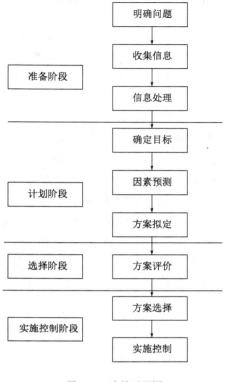

图10-1 决策过程图

二、交通系统决策的定义与特点

1. 交通系统决策的定义

在道路与交通工程的规划、设计、施工中,普遍存在着方案选择的问题,即决策问题。决策问题是指为了实现系统的预期目标,从多个备选方案中,选择一个最优的或最满意的方案付诸实施。决策是交通系统管理的核心问题,而交通系统决策与交通系统中的各项管理工作息息相关,例如公交票价的制定、在某地建设甩挂场站是否可行以及道路交通组织方案的选择等都需要作出合理的决策。决策正确无误,交通系统的各项工作就能按预期目标迅速展开;反之,决策失误则会产生错误的行动,导致不良的结果。

交通系统决策问题,就是在交通系统中,与交通活动有关的决策问题,如交通经济决策、交通科技决策、交通发展决策等。具体来说,就是系统决策在交通运输系统中的应用。

2. 交通系统决策的特点

交通系统决策要兼顾行业发展特征、解决方法、技术手段、综合协调等问题,除了传统系统决策所具有的多目标、时间延续性、模糊性、不确定性、信息样本的必要性及决策的动态性外,还呈现出如下特点:

(1)资源配置效率和社会公益需要兼顾

交通系统的资源配置不仅要适应行业发展、区域交流的需要,更要着眼于社会大众的公共需要。运输服务的提供,必须以公平且普及的服务于大众为前提,而不能像工商企业单纯地以谋利为目标。

（2）资源密集性与沉没成本性共存

相对于一般的工商企业，交通系统属于需要大量投资的大型资本密集性行业，而且大部分交通系统投资都具有沉没成本的特性，即一旦投资后，一般很难转移他用，如不继续经营，则很多设施特别是基础设施（如铁路线路、机车、车辆、港站与机场设施等）的残值都极为有限。

（3）市场机制与行政管制并行

投资庞大与沉没成本特性使政府必须赋予交通运输企业相当的独占经营地位，以保护市场免遭过度竞争。但独占对经营效率及消费者利益可能产生不利影响，而交通运输业所具有的公益性与基础设施性又使政府不得不采取措施，以确保使用者及其他社会大众的利益，并配合推行政府的各项政策目标。因此，政府基于保护企业、保护使用者及社会大众的需要，对交通运输业应实行严格的管制。一般来说，企业加入和中断营业、营业地区和营业项目、运价、服务水准、利润水平、设备等，均应列为政府管制之列。其他工商产业部门很少像交通运输业那样，受到政府如此广泛而又严格的管制。而从企业的角度讲，必须在市场机制和政府的行政管制下充分发挥能动性，利用已有的各类设施设备人力条件，及时作出各类决策，谋求效益最大化。

（4）产品易逝性和竞争替代性

由于运输需求有明显的高峰与平峰之别，而供给能量却是固定不变的，因此，高峰期间供给不足，非高峰期间供给过多，供需无法完全平衡在交通运输业可以说是无法避免的现象。

在同一地区内，同种交通运输工具之间以及不同交通运输工具之间，彼此互为代替的可能性相当大，易引起彼此间的激烈竞争，而且导致竞争的可能因素很多。例如设备的更新、服务的变动、运价的调整等，都会引发交通系统内的激烈竞争。因此，在制定交通系统政策及作出交通系统决策时，必须从战略的角度，从行业发展和市场竞争的观念出发，对各种交通工具所造成的相互竞争与影响予以考虑。

三、交通系统决策的步骤

结合下面的例子，在一般决策过程的基础上，分析交通系统决策的步骤。

【例10-1】 某工程队需要决定第二天是否施工。若施工，当天下雨时将损失1000元，当天不下雨时将获得收益10000元；若不施工，无论是否下雨，由于窝工将损失300元。根据天气预报，决策者估计下雨的可能性为0.3，不下雨的可能性为0.7。

在这个问题中，需要决策者在面对第二天是否下雨这样具有随机因素的问题时，对是否施工这两个方案做出决策，使工程队收益最大。具体分析步骤如下：

（1）确定目标。在调查研究的基础上，决策者根据实际需要和可能性制定目标。一般来说，决策者的目的总是设法使其所控制的系统或实体，能按所要求的方式进行活动，以达到预期的结局，如利润最大、成本最小、在最短时间内完成任务等。在本例中，工程队是以效益最大为目标的。如出行要到达某地，如果目标是最省时间，就要考虑{道路拥堵，道路通畅}两种自然状态下，{骑自行车，步行，乘公共汽车，乘出租车}四种方案的时间性能，再进行决策；如果是以经济性能为目标，或以锻炼身体为目标，那么相应的决策方案将不同。

（2）判定自然状态及其概率。分析可能出现的自然状态，对各自然状态出现的可能性大小进行估计。例中自然状态分别为天下雨和天不下雨两种，并对两者作出相应的概率判断，分别为 0.3 和 0.7。

对不确定自然状态出现概率的估计，需要决策者根据试验或调查收集到的信息情报和决策者的经验进行分析综合处理，对各自然状态出现的可能性定出具体数值，也就是将可能性判断量化。上述量化过程，是决策者对未来的主观估计，称之为主观概率。

（3）拟定备选方案。根据目标和客观条件的限制，拟定多个可行备选方案供比较选择。例中共有两个备选方案{开工，不开工}。

（4）评价方案。对各备选方案进行评价，分析计算出的各备选方案在各自然状态下的损益值。例中，对"开工"这一方案，在自然状态分别为天下雨和天不下雨，收益值分别为 −1000 和 10000；对"不开工"这一方案，无论自然状态是天下雨还是天不下雨，收益值均为 −300。

（5）选择方案。根据前面的工作，决策者选择出最优（或满意）方案，即做出决策。应当注意的是，选择方案是在一定的决策准则下进行的。决策准则反映了在决策者心中最优方案的"最优"意义何在，也反映了为什么同一问题，对于不同的决策者而能作出不同的决策。

四、交通系统决策的类型

决策所要解决的问题多种多样，决策过程、思维方式、运用技术也各不相同。因此，可以从不同的角度、按照不同的标准进行分类。

1. 按照决策的重要性分类

按照决策重要性的不同，将决策分为战略决策、策略决策及执行决策。

战略决策是涉及系统全局和长远问题的决策：如某大城市是否采用地铁系统作为其客运交通的骨架，就是该城市交通发展的战略决策。

策略决策是为了完成战略决策所规定的目标而进行的决策。如某大城市决定采用地铁系统后，各线路、车站的选择确定即为策略决策。

执行决策是根据策略决策的要求，对行动方案选择的决策。如对地铁系统各线路、车站设计方案的确定属于执行决策。

2. 按照决策的可靠度分类

按决策的可靠度可分为确定型决策、风险型决策及不确定型决策三种。

确定型决策实际上是某种自然状态，而且这种自然状态一定会发生，即该自然状态出现的概率为 1。

风险型决策是知道有 n 种可能的自然状态，虽然不知道哪一种自然状态将会出现，但是知道每种自然状态发生的概率。

不确定型决策所面临的情况是：知道有 n 种可能的自然状态，但既不知道 n 种状态中会发生哪一种情况，也不知道每种状态发生的概率有多大。

3. 按照决策目标的数量进行分类

按照决策目标的数量可以分为单目标决策和多目标决策：

单目标决策问题仅有一个决策目标，如决策目标是提高经济效益。

多目标决策问题存在多个决策目标，如决策目标是既要提高经济效益，又要降低成本。

本章接下来三节将按照确定型决策、风险型决策和不确定型决策分别对相应的交通系统决策问题进行介绍。

10.2 确定型问题的决策

一、确定型问题的描述

确定型问题的决策是指决策环境是完全确定的,作出选择的结果也是确定的,能够确定计算出各方案的损益值的决策问题。

确定型问题的决策的主要特征如下:
(1)存在决策者希望达到的一个明确的目标(最大或最小)。
(2)存在一个确定的自然状态。
(3)存在可供决策者选择的两个或两个以上的行动方案。
(4)不同的行动方案在确定状态下的损益值可以计算出来。

在确定型决策问题中,供决策者选择的可行方案有两个以上,同时自然状态是确定的,不含随机因素。由于每一个方案都有一个确定的结果,因此只要直接比较各方案的益损值就可以判别方案的优劣,从而完成决策。

如某建设项目,有 A_1、A_2、A_3 三种投资方案,三种方案投资所获年利润不同:A_1 方案年获利 50 万元,A_2 方案年获利 60 万元,A_3 方案年获利 55 万元,问应选择哪个方案。该问题不涉及具体的自然状态,每个方案的结果是确定的。所以,该问题属于确定型决策问题。方案 A_2 年获利最高,A_2 为最优方案。

二、确定型问题的决策

确定型决策问题看起来似乎简单,但是实际工作中往往是很复杂的,可供选择的方案是很多的,仅仅通过直观的比较难以确定出最优方案。对于确定型决策问题。常用的决策方法有:线性规划、非线性规划、动态规划、目标规划、整数规划等。

【例 10-2】 某施工单位有过剩的生产工具需处理,现有两种处理方案。方案 A:卖掉过剩生产工具,得现金 10000 元;方案 B:把过剩工具租给其他工程公司,租金每年 1500 元,工具使用期限为 10 年,10 年后报废,不考虑残值。假定年利率为 10%,哪个方案比较合理?

解 本题中不涉及具体的自然状态,但每个行动方案的结果都是确定的。所以本题属于确定型决策问题。用现值法比较方案如下。

方案 A 的现值为:$P_A = 10000$ 元

方案 B 的现值为:

$$P_B = A \cdot \frac{(1+i)^n - 1}{i(1+i)^n} = 1500 \times \frac{(1+0.10)^{10} - 1}{0.10 \times (1+0.10)^{10}} = 9217(元)$$

即方案 A 的损益值为 $P_A = 10000$ 元,方案 B 的损益值为 $P_B = 9217$ 元。$P_A > P_B$,所以方案 A 优于方案 B。

10.3 不确定型问题的决策

不确定型问题决策是指决策者既不知道哪一种自然状态发生,也不知道自然状态发生的概率,但可以通过分析对决策事件变化的各种因素,估计出几种可能发生的自然状态以及各个方案在各种状态下的损益值。

不确定型问题决策的主要特征为:
(1)存在决策者希望达到的一个明确目标(最大或最小)。
(2)存在两个或两个以上的自然状态。
(3)存在可供决策者选择的两个或两个以上的行动方案。
(4)不同的行动方案在不同自然状态下的损益值可以计算出来。

在不确定型决策问题中,决策者选择的行动方案有两个或两个以上,存在两个或两个以上的自然状态。这时决策者主要根据自己的主观倾向进行决策,用的决策方法有:悲观准则、乐观准则、折中准则、等可能性准则、遗憾准则。

一、乐观决策准则

乐观决策准则,也称为赫威兹(Hurwicz)决策准则或大中取大(max-max)准则。这种决策准则的特点是决策者对现实方案的选择持乐观的态度,有信心取得每一决策方案的最佳结果,这种决策带有一定的冒险性质,反映了决策者的乐观、冒进的态度。

设未来时间能出现 n 种自然状态 $\theta_1,\theta_2,\cdots,\theta_n$,决策者可采用 m 种行动方案 $d_1,d_2,\cdots,d_m$,当决策采取行动方案 d_i 时,若出现自然状态 θ_j 时,决策者有损益值 L_{ij}($i=1,2,\cdots,m;j=1,2,\cdots,n$),因此,所有的这些决策信息可由表 10-1 表示,称为乐观准则决策矩阵表。

根据决策矩阵表,采用乐观决策准则进行决策的步骤为:
(1)确定各种可行方案。
(2)确定决策问题将面临的各种自然状态。
(3)将各种方案在各种自然状态下的损益值列于决策矩阵表中。

设某一决策问题有 m 个行动方案 $d_1,d_2,\cdots,d_m$,n 个自然状态 $\theta_1,\theta_2,\cdots,\theta_m$,损益值 L_{ij}($i=1,2,\cdots,m;j=1,2,\cdots,n$),则乐观准则决策矩阵表如表 10-1 所示。

乐观决策准则矩阵表 表 10-1

行动方案	自然状态				$\max\limits_{\theta_j}\{L_{ij}\}$
	θ_1	θ_2	$\cdots$	θ_n	
d_1	L_{11}	L_{12}	$\cdots$	L_{1n}	
d_2	L_{21}	L_{22}	$\cdots$	L_{2n}	
$\cdots$	$\cdots$	$\cdots$	$\cdots$	$\cdots$	
d_m	L_{m1}	L_{m2}	$\cdots$	L_{mn}	
决策	$\max\limits_{d_i}\left\{\max\limits_{\theta_j}\{L_{ij}\}\right\}$				

(4)求出每一方案在各自然状态下的最大损益值：
$$\max\{L_{11}, L_{12}, \cdots, L_{1n}\}$$
$$\max\{L_{21}, L_{22}, \cdots, L_{2n}\}$$
$$\max\{L_{m1}, L_{m2}, \cdots, L_{mn}\}$$
将其填写在决策矩阵表的最后一列。

(5)取 $\max_{\theta_j}\{L_{ij}\}$ 中的最大值 $\max_{d_i}\left\{\max_{\theta_j}\{L_{ij}\}\right\}$，所对应的方案 d_i 为最佳决策方案。如果决策矩阵表是损失矩阵，则应采取"最小最小"决策准则，即取 $\min_{\theta_j}\{L_{ij}\}$ 中的最小值 $\min_{d_i}\left\{\min_{\theta_j}\{L_{ij}\}\right\}$，所对应的方案 d_i 为最佳决策方案。

【例10-3】 某个道路交叉口需要改造，可以采用的方案有四个：P_1-修建互通式立交桥；P_2-修建普通立交桥；P_3-对原有交叉口入口进行扩建，增加车道数；P_4-不进行交通设施建设，仅改进信号控制配时和进行交叉口交通流渠化，优化调整车流运行方式。预测未来该交叉口交通量的增长有四种可能：θ_1（年增长率>20%）、θ_2（年增长率15%~20%）、θ_3（年增长率10%~15%）、θ_4（年增长率<10%）。各方案在不同交通量情况下获得的经济效益见表10-2。根据上述条件，采用决策分析方案确定最优方案。

交叉口改造损益矩阵表（单位：万元） 表10-2

行动方案	自然状态			
	θ_1	θ_2	θ_3	θ_4
d_1	105	70	30	35
d_2	95	75	65	40
d_3	80	45	90	35
d_4	5	35	50	80

解 在乐观决策准则中，决策者充分考虑可能出现的最大利益，在各个最大利益中选取最大者，将其对应的方案作为最优方案。其对应的计算损益矩阵如表10-3所示。

对应的计算损益矩阵表（单位：万元） 表10-3

行动方案	自然状态				$\max\{L_{ij}\}$
	θ_1	θ_2	θ_3	θ_4	
d_1	105	70	30	35	105
d_2	95	75	65	40	95
d_3	80	45	90	35	90
d_4	5	35	50	80	80
决策 d_*		$=\max_{d_i}\{\max_{\theta_j}\{L_{ij}\}\}=105$			

对于每个方案 d_i（$i=1,2,3,4$），有：
$$d_1 = \max\{L_{1j}\} = 105$$
$$d_2 = \max\{L_{2j}\} = 95$$
$$d_3 = \max\{L_{3j}\} = 90$$

$$d_4 = \max\{L_{4j}\} = 80$$
则
$$d_* = \max\{d_1, d_2, d_3, d_4\} = 105$$
所以,方案 d_1 为采取乐观决策准则得到的最优方案。

二、悲观决策准则

悲观决策准则又称为 Wald 决策准则或小中取大决策准则(或最大最小准则),这种决策准则的特点是决策者对当前的形势持悲观的态度,认为未来的形势比较严峻,在未来发生的自然状态中,最坏状态的出现可能性较大,因此决策时采取较为保守的决策态度。

设有一非确定型决策,备选方案为 $d_i(i=1,2,\cdots,m)$,自然状态有 n 种(其出现概率未知),损益值为 $L_{ij}(i=1,2,\cdots,m;j=1,2,\cdots,n)$,若 $f(d_i)$ 表示采取行动方案 d_i 时的最小收益,即:

$$f(d_i) = \min\{L_{i1}, L_{i2}, L_{i3}, L_{i4}\} \quad (i=1,2,L,m) \tag{10-1}$$

则满足 $f(d_*) = \max\{f(d_1), f(d_2), \cdots, f(d_m)\}$ 的方案 d_* 就是悲观决策准则的最优方案。

在例 10-3 中,如果采用悲观决策准则,决策者在最不利的收益中,选取一个收益最大的方案作为决策方案,即在各最小利益中选取最大者,将其对应的方案作为最优方案。其对应的计算损益矩阵如表 10-4 所示。

对应的计算损益矩阵表(单位:万元)　　　　　　表 10-4

行动方案	自然状态				$\min\{L_{ij}\}$
	θ_1	θ_2	θ_3	θ_4	
d_1	105	70	30	35	30
d_2	95	75	65	40	40
d_3	80	45	90	35	35
d_4	5	35	50	80	5
决策 d_*	$= \max_{d_i}\{\min_{\theta_j}\{L_{ij}\}\} = 40$				

对于每个方案 $d_i(i=1,2,3,4)$,有:
$$d_1 = \min\{L_{1j}\} = 30$$
$$d_2 = \min\{L_{2j}\} = 40$$
$$d_3 = \min\{L_{3j}\} = 35$$
$$d_4 = \min\{L_{4j}\} = 5$$
则
$$d_* = \max\{d_1, d_2, d_3, d_4\} = 40$$
所以,方案 d_2 为最优决策。

三、乐观系数决策准则

乐观系数决策准则也称为 Hurwicz 乐观系数决策准则。乐观系数决策准则是介于乐观决策准则和悲观决策准则之间的一种决策准则。乐观准则总认为会出现最好的情况,而悲观决策准则总认为会出现最坏的情况,而乐观系数准则既非完全乐观也非完全悲观,是一种折中的决策准则,所以又称折中决策准则。决策者在决策时对未来不应过分地悲观、保守,也不应过分地乐观、冒进,应该根据决策者的经验和对未来的估计确定一个乐观系数 $\alpha(0 \leq \alpha \leq 1)$,

对每一种行动方案的最大收益值和最小收益值进行加权平均,即:

$$f(d_i) = \alpha \left\{ \max_{\theta_j}\{L_{ij}\} \right\} + (1-\alpha) \left\{ \min_{\theta_j}\{L_{ij}\} \right\} \quad (i=1,2,\cdots,m) \quad (10\text{-}2)$$

式中:$f(d_i)$——折中收益值。

由上式可知,折中收益值$f(d_i)$依赖于乐观系数α,α越趋向于1,表示决策者对状态的估计越乐观;α越趋向于0,表示决策者对状态的估计越悲观。当$\alpha=1$时,即为乐观决策准则;$\alpha=0$时,即为悲观决策准则。用乐观系数决策准则进行决策的步骤为:

(1)确定乐观系数α($0\leq\alpha\leq1$),计算$f(d_i)$。

$$f(d_i) = \alpha \left\{ \max_{\theta_j}\{L_{ij}\} \right\} + (1-\alpha) \left\{ \min_{\theta_j}\{L_{ij}\} \right\} \quad (i=1,2,\cdots,m) \quad (10\text{-}3)$$

(2)求最大的折中收益值。

$$f(d_*) = \max_{d_i}\{f(d_i)\} \quad (10\text{-}4)$$

(3)进行决策。方案d_*即为按乐观系数决策准则进行决策的方案。

在例10-3中,如果采用乐观系数决策准则,决策者考虑各方案的最大收益和最小收益并利用系数α进行加权平均,选取一个加权平均收益最大的方案作为决策方案,即在各最小收益中选取最大者,将其对应的方案作为最优方案。其对应的计算损益矩阵如表10-5所示。

交叉口改造损益矩阵计算表 $\alpha=0.6$(单位:万元) 表10-5

行动方案	自然状态				$f(d_i)$
	θ_1	θ_2	θ_3	θ_4	
d_1	105	70	30	35	75
d_2	95	75	65	40	73
d_3	80	45	90	35	68
d_4	5	35	50	80	50
决策d_*			$=\max_{d_i}\{f(d_i)\}=75$		

经分析去乐观系数为$\alpha=0.6$,则$1-\alpha=1-0.6=0.4$,对于每个方案d_i($i=1,2,3,4$)对应的损益值$f(d_i)$,其计算过程和结果如下:

$$f(d_1) = 0.6\times\max\{105,70,30,35\} + 0.4\times\min\{105,70,30,35\}$$
$$=0.6\times105+0.4\times30$$
$$=75(万元)$$

$$f(d_2) = 0.6\times\max\{95,75,65,40\} + 0.4\times\min\{95,75,65,40\}$$
$$=0.6\times95+0.4\times40$$
$$=73(万元)$$

$$f(d_3) = 0.6\times\max\{80,45,90,35\} + 0.4\times\min\{80,45,90,35\}$$
$$=0.6\times90+0.4\times35$$
$$=68(万元)$$

$$f(d_3) = 0.6\times\max\{80,45,90,35\} + 0.4\times\min\{80,45,90,35\}$$
$$=0.6\times80+0.45$$
$$=50(万元)$$

则最佳方案产生最大的收益值 $d_* = \max\{75,73,68,50\} = 75$（万元），方案 d_1 为最优方案。

四、后悔值决策准则

后悔值决策准则也称为萨维奇(Savage)决策准则。这种决策准则的基本思想为：当决策者在选择方案的过程中，由于自然状态的不确定性，决策者选择的方案可能是最优方案，也可能不是最优方案。当自然状态确定后，若决策者选定的方案恰恰是最优方案，决策者不会感到后悔，因此后悔值为零。当决策者选定的方案不是最优方案，则往往会因为舍优取劣而感到后悔，这种后悔程度可以用后悔值来表示。所谓后悔值，就是在一定自然条件下因为没有选择最好的方案而带来的机会损失。设在自然状态 θ_j 下选择了方案 d_i，则方案 d_i 在状态 θ_j 下的后悔值 r_{ij} 为：

$$r_{ij} = \max_i\{L_{ij}\} - L_{1j} \quad (i=1,2,\cdots,m; j=1,2,\cdots,n) \tag{10-5}$$

后悔值决策准则的基本思路是，在作决策时，先计算出在各种自然状态下各方案的后悔值，然后从各方案的最大后悔值中，选择后悔值最小的方案为最优方案。

用 Savage 决策准则进行决策的具体步骤为：

(1) 计算各方案在每种自然状态下的后悔值 r_{ij}，得到后悔值矩阵，如表 10-6 所示。方案 d_* 即按 Savage 决策准则进行决策的方案。

后悔值决策准则矩阵表 表 10-6

行动方案	自然状态			
	θ_1	θ_2	$\cdots$	θ_n
d_1	r_{11}	r_{12}	$\cdots$	r_{1n}
d_2	r_{21}	r_{22}	$\cdots$	r_{2n}
$\cdots$	$\cdots$	$\cdots$	$\cdots$	$\cdots$
d_n	r_{m1}	r_{m2}	$\cdots$	r_{mn}

(2) 找出各方案的最大后悔值，即：

$$G(d_i) = \max_{1\leqslant j\leqslant n}\{r_{ij}\} \quad (i=1,2,\cdots,m) \tag{10-6}$$

(3) 在各方案的最大后悔值中求出最小值：

$$G(d_*) = \min_{i=1,2,\cdots,m}\{G(d_i)\} \tag{10-7}$$

在例 10-3 中，如果采用后悔值决策准则，决策者首先计算每个方案的最大损失值，然后从中选取损失值最小的方案，即在各方案的"最大后悔值" $G(d_m)$ 中选取最小者，将其对应的方案作为最优方案。其对应的计算损益矩阵表如表 10-7 所示。

对应的计算损益矩阵表 $\alpha=0.6$（单位：万元） 表 10-7

行动方案	自然状态				$G(d_i)$
	θ_1	θ_2	θ_3	θ_4	
d_1	105	70	30	35	60
d_2	95	75	65	40	40

续上表

行动方案	自然状态				$G(d_i)$
	θ_1	θ_2	θ_3	θ_4	
d_3	80	45	90	35	45
d_4	5	35	50	80	100
决策 d_*			$=\min\limits_{d_i}\{G(d_i)\}=40$		

这是一个不确定性决策问题,备有四个方案、四种自然状态。由于:

$$\max\{L_{i1}\}=\max\{105,95,80,5\}=105$$
$$\max\{L_{i2}\}=\max\{70,75,45,35\}=75$$
$$\max\{L_{i3}\}=\max\{30,65,90,50\}=90$$
$$\max\{L_{i4}\}=\max\{35,40,35,80\}=80$$

所以,方案的最大后悔值为:

$$G(d_1)=\max\{105-105,75-70,90-30,80-35\}=\max\{0,5,60,55\}=60$$
$$G(d_2)=\max\{105-95,75-75,90-65,80-40\}=\max\{10,0,25,40\}=40$$
$$G(d_3)=\max\{105-80,75-45,90-90,80-35\}=\max\{25,30,0,45\}=45$$
$$G(d_3)=\max\{105-5,75-35,90-50,80-80\}=\max\{100,40,40,0\}=100$$

最优方案按下式决定:

$$d_*=\min\{G(d_i)\}=\min\{60,40,45,100\}=40$$

计算结果表明,方案 d_2 为采取后悔值准则得到的最优方案。

五、等可能决策准则

等可能决策准则是19世纪数学家拉普拉斯(Laplare)提出来的,又称为拉普拉斯准则。Laplare决策准则的思想是:在各自然状态发生的可能性不清楚的时候,决策者只能认为各状态发生的概率相等。等可能准则也称平均值准则。当决策者在决策过程中,不能肯定哪种状态容易出现、哪种状态不容易出现时,即认为这些状态出现的可能性(概率)是相同的。将每个方案在各种可能情况下的收益加以平均,收益值最大的方案就是最优方案。

若决策矩阵表如表10-1所示,则按等可能准则进行决策的步骤为:

(1)求各决策方案的期望收益值。因各自然状态出现的概率相等,即:

$$P(\theta_1)=P(\theta_2)=\cdots=P(\theta_n)=\frac{1}{n} \tag{10-8}$$

所以方案 d_i 的期望收益值为:

$$E(d_i)=\sum_{j=1}^{n}P(\theta_j)L_{ij}=\frac{1}{n}\sum_{j=1}^{n}L_{ij}\quad(i=1,2,\cdots,m) \tag{10-9}$$

(2)求各决策方案期望收益值的最大值:

$$E(d_*)=\max_{i=1,2,\cdots,m}\{E(d_i)\} \tag{10-10}$$

(3)进行决策。d_* 即为最优方案。

在例10-3中,如果使用等可能决策准则,决策者首先计算每个方案的期望收益值,然后从中选取期望收益值最大的方案将其对应的方案作为最优方案。其对应的计算损益矩阵表如表 10-8 所示。

对应的计算损益矩阵表(单位:万元) 表 10-8

行动方案	自然状态				$E(d_i)$
	θ_1	θ_2	θ_3	θ_4	
d_1	105	70	30	35	60
d_2	95	75	65	40	68.75
d_3	80	45	90	35	58.75
d_4	5	35	50	80	42.5
决策 d_*	$=\max\limits_{d_i}\{E(d_i)\}=68.75$				

$$E(d_1) = \frac{1}{n}\sum_{j=1}^{n}L_{1j} = \frac{1}{4}(105+70+30+35) = 60(万元)$$

$$E(d_2) = \frac{1}{n}\sum_{j=1}^{n}L_{2j} = \frac{1}{4}(95+75+65+40) = 68.75(万元)$$

$$E(d_3) = \frac{1}{n}\sum_{j=1}^{n}L_{3j} = \frac{1}{4}(80+45+90+35) = 58.75(万元)$$

$$E(d_4) = \frac{1}{n}\sum_{j=1}^{n}L_{4j} = \frac{1}{4}(5+35+50+80) = 42.5(万元)$$

则最优方案产生最大的收益值 $d_* = \max\{60,68.75,58.75,42.5\} = 68.75$(万元),所以方案 d_2 为最优决策方案。

以上介绍的 5 种不确定型决策方法,都是决策者从不同角度出发,依据不同的决策准则来选取最优方案。决策过程都涉及决策者的主观意识,决策者考虑问题的角度不同,往往会导致决策结果也不相同。如果对同一问题处在同一客观环境下,可以依不同决策准则进行决策,得到不同的决策结果,则会使决策的可靠性受到质疑。因此,就一个具体的决策问题,为能客观、科学地作出决策,决策准则的选取必须以决策问题所处的客观条件作为基础,尽可能充分地考虑实际的情况,确定准则,从而作出合理的解释。

10.4 风险型问题的决策

未来情况未知,但各种自然状态出现的概率已知,这种条件下的决策称为风险型决策,它是以概率或概率密度为基础的,具有随机性。由于各种自然状态的发生与否是与概率相关联的,而决策又是根据概率做出的选择,所以这种决策具有一定的风险,称为风险型决策,也称为随机型决策或统计型决策。

风险型问题决策的主要特征包括:
(1) 存在决策人希望达到的目标(收益最大或损失最小)。
(2) 存在两个或两个以上的备选方案可供决策人选择,最后只选定一个方案。
(3) 存在两个或两个以上的自然状态。

(4) 不同的备选方案在不同自然状态下的损益值可以计算出来。

(5) 相对应于各种自然状态发生的概率可以预先估计或计算出来。

风险型问题是介于确定型与不确定型之间的。在不确定决策中，自然状态是不确定的，每一个可行方案所得到的结果也是不确定的。在风险型决策中，决策者不能确切知道未来将出现何种自然状态，但决策者通过调查，经验或主观估计等途径可以知道未来各种自然状态出现的概率，也就可以知道每一可行方案取得某一结果的概率。

风险型决策中，各种情况出现的概率，可以用统计资料、实验结果得出，但大多数情况下要凭经验，知识甚至是预感，对未来情况进行估计。对同一事件，不同人作出概率估计值是不同的，所得到的决策结果也是不同的，但也不完全是主观臆断，还是有一定的客观依据的。在风险型决策中，所有的决策结果都是建立在"概率"基础上的。概率只能说明未来出现某种自然状态可能性的大小，而不能说明一定出现某状态或一定不出现某状态，风险型决策方法带有一定的风险。

风险型决策问题常用的决策方法有：最大可能准则、期望值准则、决策树法。

一、最大可能准则

最大可能准则的基本思想是将风险型决策问题转化为确定型决策问题。风险型决策问题中，每种自然状态的发生都有一个概率值，某种状态的发生概率越大，说明该状态发生的可能性越大。基于这种想法，在风险决策中，若某种状态出现概率远比其他状态大得多的时候，就可以忽略其他状态，而只考虑概率特别大的这一状态。这样，风险型决策问题就转变成确定型决策问题。

决策步骤：从各自然状态的概率值中选出最大者，其对应状态是各状态中最有可能出现的状态；由于仅在最大可能状态下决策，而不考虑其他状态，故决策问题可以看成是确定型问题，可根据此状态下各方案的损益值进行决策。

【例 10-4】 某工程队承接了一项道路工程，可供选择的施工方案有四种：d_1、d_2、d_3、d_4，不同施工方案在不同天气情况下的收益是不同的。施工期间可能遇到的天气状态有四种：θ_1（施工期间下雨天数 $D<10$），θ_2（$10 \leq D < 20$）、θ_3（$20 \leq D < 30$）、θ_4（$D \geq 30$）。各方案在不同天气情况下获得的经济效益见表 10-9。假设根据以往气象统计数据，在施工期间出现四种天气状况的概率分别为：出现 θ_1 的概率 $P(1)=0.2$，出现 θ_2 的概率 $P(2)=0.5$，出现 θ_3 的概率 $P(3)=0.2$，出现 θ_4 的概率 $P(4)=0.1$。

施工方案损益矩阵表（单位：千元） 表 10-9

行动方案	自然状态			
	θ_1	θ_2	θ_3	θ_4
d_1	40	70	30	35
d_2	95	75	65	40
d_3	80	45	90	35
d_4	60	50	65	45

可以看出，出现第二种天气状况 $P(2)$ 的概率最大，则认为在施工期间肯定出现天气状态 θ_2（$10 \leq D < 20$），其他天气状态不会出现，从而风险型决策问题转化为确定型决策问题。θ_2 是最有可能发生的状态，通过比较各方案的损益值，可得 d_2 为最佳方案。

二、期望值准则

在风险型决策问题中,未来出现哪种状态是不确定的,是一个随机事件,每一可行方案能获得的收益也是个随机事件,但获得某个收益的概率是知道的。因此,每一可行方案所能获得收益的数学期望值为:

$$E(d_i) = \sum_{j=1}^{n} P(\theta_j) x_{ij} \quad (10\text{-}11)$$

式中:$E(d_i)$——第i个可行方案的收益期望值;

d_i——第i个可行方案;

$P(\theta_j)$——出现自然状态j的概率;

x_{ij}——可行方案i在自然状态j下的损益值。

决策变量的期望值包括三类:①收益期望值,如成本、投资等;②损失期望值,如利润、产值等;③机会期望值,如机会收益、机会损失等。

每一个行动方案其取值就是每个方案在不同自然状态下的损益值。把每个方案的各损益值和相对应的自然状态概率相乘再加总,得到各方案的期望损益值,然后选择收益期望值最大者损失期望值最小者为最优方案。

在期望值准则中,首先计算每一可行方案所能获得收益的数学期望值,然后选择收益期望值最大者为最优方案,在例 10-4 中,其对应的计算损益矩阵如表 10-10 所示。

对应的计算损益矩阵表(单位:千元)　　表 10-10

行动方案	自然状态				$E(d_i)$
	θ_1	θ_2	θ_3	θ_4	
d_1	40	70	30	35	52.5
d_2	95	75	65	40	73.5
d_3	80	45	90	35	60
d_4	60	50	65	45	54.5
决策 d_*	$= \max\limits_{d_i}\{E(d_i)\} = 73.5$				

对于每个方案 $d_i(i = 1,2,3,4)$,有:

$$E(d_1) = \sum_{j=1}^{4} P(\theta_j) \cdot x_{1j} = 0.2 \times 40 + 0.5 \times 70 + 0.2 \times 30 + 0.1 \times 35 = 52.5(千元)$$

$$E(d_2) = \sum_{j=1}^{4} P(\theta_j) \cdot x_{2j} = 0.2 \times 95 + 0.5 \times 75 + 0.2 \times 65 + 0.1 \times 40 = 73.5(千元)$$

$$E(d_3) = \sum_{j=1}^{4} P(\theta_j) \cdot x_{3j} = 0.2 \times 80 + 0.5 \times 45 + 0.2 \times 90 + 0.1 \times 35 = 60(千元)$$

$$E(d_4) = \sum_{j=1}^{4} P(\theta_j) \cdot x_{4j} = 0.2 \times 60 + 0.5 \times 50 + 0.2 \times 65 + 0.1 \times 45 = 54.5(千元)$$

由以上计算可知,方案 d_2 的收益期望值最大,故方案 d_2 为最优方案。

最大的收益期望值是平均意义下的最大收益,因此期望值准则适用于一次决策多次重复进行的情况。

将期望值准则与不确定型准则中的等可能原则进行比较。在等可能原则中,假设各种自然状态出现的概率相同,即:

$$P_1 = P_2 = \cdots = P_n \tag{10-12}$$

因为：

$$P_1 + P_2 + P_3 + \cdots + P_n = 1 \tag{10-13}$$

所以：

$$P_1 = P_2 = P_3 = \cdots = P_n = \frac{1}{n} \tag{10-14}$$

则每个可行方案损益值的期望值为：

$$E(d_i) = P_1 x_{i1} + P_2 x_{i2} + P_2 x_{i3} + \cdots + P_n x_{in} = \frac{1}{n}(x_{i1} + x_{i2} + x_{i3} + \cdots + x_{in}) = M(i) \tag{10-15}$$

可见，期望值 $E(d_i)$ 就是平均值 $M(i)$。也就是说，等可能准则就是期望值准则的特例，它假设了各个自然状态出现的概率相等。

决策者制定决策后，若情况未能符合理想，将有后悔的感觉。每一种自然状态下总有一个方案可以达到最好的情况或取得最优值，如果选择其他方案，其结果将达不到最优值，每种状态下的最大收益值与该状态下各方案收益值之差称为该状态下各方案的后悔值。在应用期望值准则时，除计算可行方案的收益期望值外，也可以根据各方案的后悔值计算后悔值的期望。从后悔值的期望中选取最小值，相应的方案即为最优方案。

三、决策树法

决策树法是进行风险型决策分析的重要方法之一，它将决策问题按从属关系分为几个等级，可以利用决策树表示出来。决策树法实际上仍是期望值准则，不过在该方法中将期望值准则的决策过程用树状图来表示，便于决策者在决策过程中瞻前顾后。该方法将决策分析过程以图解方式表达整个决策的层次、阶段及其相应决策依据，具有层次清晰、计算方便等特点，因而在决策活动中被广泛运用。

1. 决策树基本分析

决策树又称为决策图，是以方框和圆圈及节点，并由直线连接而形成的一种像树枝形状的结构。决策树如图 10-2 所示。

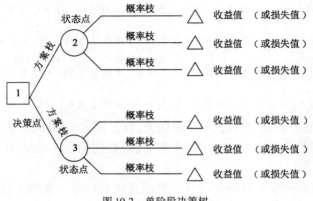

图 10-2 单阶段决策树

(1) 决策树所用图解符号及结构

①决策点：是以方框表示的节点。

②方案枝：是由决策点起自左而右画出的若干条直线，每条直线表示一个备选方案。

③状态节点：在每个方案枝的末端画上一个圆圈"○"并注上代号，叫作状态节点。

④概率枝：从状态结点引出若干条直线"—"即概率枝，每条直线代表一种自然状态及其可能出现的概率（每条分枝上面注明自然状态及其概率）。

⑤结果点：是画在概率枝末端的一个三角结点。

(2) 运用决策树进行决策的步骤

①根据实际决策问题，以初始决策点为树根出发，从左至右分别选择决策点、方案枝、状态点、概率枝等画出决策树。

②从右至左逐步计算各个状态结点的期望收益值或期望损失值，并将其数值标在各点上方。

③在决策点将各状态节点上的期望值加以比较，选取期望收益值最大的方案。对落选的方案要进行"剪枝"，即在效益差的方案枝上画上"∥"符号。最后留下一条效益最好的方案。

2. 单阶段决策

针对例10-4的情况，共有四个方案、四个自然状态，其决策树如图10-3所示。

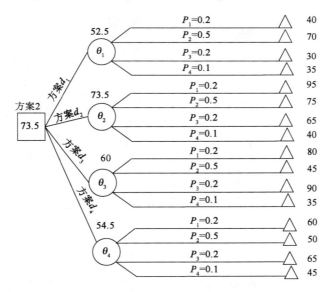

图10-3 单阶段决策树

由以上计算可知，方案d_2的收益期望值最大，故方案d_2为最优方案。

3. 多阶段决策

多阶段决策是指在一个决策问题中包含着两个或两个以上层次的决策，即在一个决策问题的决策方案中又包含着另一个或几个决策问题。只有当低层次的决策方案确定之后，高一层次的决策方案才能确定。因此，处理多阶段决策问题必须通过依次计算、分析和比较，直到整个问题的决策方案确定为止。

【例10-5】 某连锁店经销商准备在一个新建居民小区兴建一个新的连锁店，经市场行情分析与推测,该店开业的头3年,经营状况好的概率为0.75,营业差的概率为0.25;如果头3年经营状况好,后7年经营状况也好的概率可达0.85;但如果头3年经营状态差后7年经营状态好的概率仅为0.1,差的概率为0.9。兴建连锁店的规模有两个方案:一是建中型商店。二是先建小型商店,若前3年经营效益好,再扩建为中型商店。各方案年均收益及投资情况如表10-11所示。该连锁店管理层应如何决策?

投资收益表(单位:万元) 表10-11

方案	投资	年 收 益			
		前3年		后7年	
		经营好	经营差	经营好	经营差
甲:建中型店	400	100	10	150	10
乙:建小型店	150	60	2	60	2
经营好再扩建	再投210			150	10

解 (1)根据问题,绘制决策树,如图10-4所示。

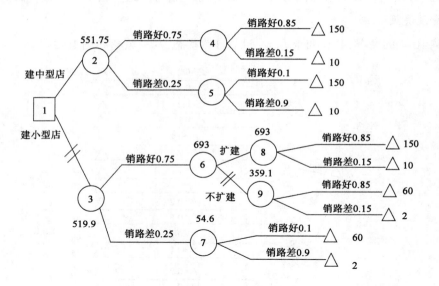

图10-4 决策树

(2)计算各节点及决策点的期望损益值。从右向左计算每个节点处的期望损益值,并将计算结果填入图10-3的相应各节点处。

节点⑧:$(150 \times 0.85 + 10 \times 0.15) \times 7 - 210 = 693$

节点⑨:$(60 \times 0.85 + 2 \times 0.15) \times 7 = 359.1$

对决策点⑥来说,由于扩建后可得净收益693万元,而不扩建只能得净收益359.1万元。因此,应选择扩建方案,再决策点⑥处可得收益693万元,将不扩建方案枝剪掉。

所以有:

节点⑥:693

节点④:$(150 \times 0.85 + 10 \times 0.15) \times 7 = 903$

节点⑤:$(150 \times 0.1 + 10 \times 0.9) \times 7 = 168$

节点⑦:$(60 \times 0.1 + 2 \times 0.9) \times 7 = 54.6$

节点②:$(100 \times 0.75 + 10 \times 0.25) \times 3 + 903 \times 0.75 + 168 \times 0.25 - 400 = 551.75$

节点③:$(60 \times 0.75 + 2 \times 0.25) \times 3 + 54.6 \times 0.25 + 693 \times 0.75 - 150 = 519.9$

(3)剪枝决策。比较各个方案可以看出,建中型商店可获净收益551.75万元。先建小商店,若前3年效益好再扩建,可得净收益519.9万元。因此,应该选择建中型商店的方案为最佳方案,对另一个方案进行剪枝。

通过以上例子可以看出,决策树分析法对于较复杂的多阶段决策十分有效,结合图形进行计算,使分析过程层次清晰。

四、风险决策的敏感性分析

1. 敏感性分析的概念

风险型决策的关键在于各种自然状态出现的概率是已知的,而且是根据过去经验估计出来的。可见,根据这样的概率数值计算出来的损益值,不可能十分精确可靠。一旦概率值发生变化,据以确定的决策方案是否仍然有效,就成为值得重视的问题。因此,在决策过程中,就有了解概率值变化对最优方案的选择究竟存在多大影响的必要。概率变化到什么程度才引起方案的变化,这一临界点的概率称为转折概率。对决策问题作出这种分析,就叫作敏感性分析,或者灵敏度分析。经过敏感性分析后,如果决策者所选择的最优方案不因自然状态概率在其允许的误差范围内变动而变动,这个方案就是比较可靠的。

敏感性分析的步骤为:①求出在保持最优方案稳定的前提下,自然状态概率所容许的变动范围;②衡量用于预测和估算这些自然概率的方法,其精度是否能保证所得概率值在允许的误差范围内变动;③判断所作决策的可靠性。

2. 两状态两行动方案的敏感性分析

【例10-6】 某公路工程队签署一项开赴远地施工的合同,由于出发之前有一段必要的准备时间,故当前面临着决定是否在下个月开工的问题。如果开工后天气好,则本月可顺利完工,获得利润12.5万;如开工后天气坏,则将造成各种损失计4.8万元。若下月不开工,即原地待命,那么,天气好可临时承包一些零星工程;利润估计可达5.5万元;天气坏则付出损失费(主要是窝工费)1.2万元。根据气象预测,下月天气好的概率是0.65,天气坏的概率是0.35。试作出行动方案,并进行敏感性分析。

解 首先画出决策树图(图10-5),计算两个行动方案的期望利润值。

开工的期望利润值 $= 12.5 \times 0.55 + (-4.8) \times 0.35 = 7.957$(万元)

不开工的期望利润值 $= 6.5 \times 0.55 + (-1.2) \times 0.35 = 3.805$(万元)

计算结果表明,开工方案是最佳方案。

气象预测可能会出现较大的误差。$P = 0.65$是根据过去的气象统计资料估计的。若其概率$P = 0.5$,开工方案是否仍为最优,则需进行敏感性分析,求出下个月开工方案作为最优方案的稳定性条件。

敏感性分析是通过引起方案另选的临界概率来进行的。一旦出现概率大于或小于某个值时,方案就得另选;否则,原方案仍属有效,可以继续采用,这样的概率数值称为临界概率。令

上例开工和不开工方案的期望值相等,求得的概率为临界概率 P,即:

开工的期望利润值是 $= P \times 12.5 + (-4.8) \times (1-P) = 17.3P - 4.8$(万元)

不开工的期望利润值是 $= P \times 6.5 + (-1.2) \times (1-P) = 7.7P - 1.2$(万元)

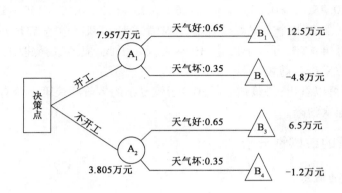

图 10-5　施工决策树

由于假设两个方案的期望值相等,故:$17.3P - 4.8 = 7.7P - 1.2$,即 $P = 0.375$。0.375 就是临界概率。当 $P > 0.375$ 时,说明开工方案作为最佳决策是稳定的,即奔赴外地开工优于就地待命;当 $P < 0.375$ 时,说明开工方案劣于不开工方案,即奔赴外地开工不如就地待命;当 $P = 0.375$ 时,说明开工和不开工无差别,即奔赴外地开工和就地待命的效益相同。

敏感性分析为决策方案的选择提供了很大方便。只要掌握的概率数值不超过临界概率,原方案就仍有效。例如,上述天气好的概率由 0.65 变为 0.5,由于没有低于临界概率 0.375,所以原方案仍为最优。可见,敏感性分析对风险决策是非常重要的。

3. 三状态三行动方案的敏感性分析

【例 10-7】 某过滤设备出厂由上、中、下三层组成,每层有一个过滤筛,是易损件。在修理时测不出是哪层坏了,只有换上才能试出是不是这层坏了。各层的修理费用不同,过滤筛本身并不贵,主要是费工。换上层筛需要 20 元;换中层筛需要拆开上、中两层,共需要 35 元;换下层筛则要大拆大卸,共需要 65 元。现有三种行动方案:d_1 方案,一拆到底,直到下层,全换新筛,需要 65 元;d_2 方案,先换上、中两层,需要 35 元,若不行,再换下层,需要 65 元,共需 100 元;d_3 方案,一层一层换下去,最多需要 $20 + 35 + 65 = 120$(元)。根据过去的大量统计资料,这种设备上、中、下层过滤筛出现故障的概率分别是 0.35、0.30 和 0.35,且这个比例比较稳定。根据期望值标准,可以计算出各种行动方案的期望修理费,如表 10-12 所示。

三种行动方案的期望修理费用表(单位:元)　　　　表 10-12

行动方案	状　态			期望修理费用(元)
	上层故障	中层故障	下层故障	
	故障概率			
	0.35	0.30	0.35	
d_1	65	65	65	65
d_2	35	35	100	57.75
d_3	20	55	120	65.5

由表 10-14 可知，行动方案 d_2 的希望修理费用最小，因此，可选方案 d_2 为最优方案。然而，如果各层出现故障的概率稍有变化，如上、中、下三层的概率分别是 0.40、0.30、0.30，选择方案是否会发生变化呢？可以重新计算其期望修理成本，即：

$$E(d_1) = 65 \times 0.40 + 65 \times 0.30 + 65 \times 0.30 = 65 \text{（元）}$$
$$E(d_2) = 35 \times 0.40 + 35 \times 0.30 + 100 \times 0.30 = 54.5 \text{（元）}$$
$$E(d_3) = 20 \times 0.40 + 55 \times 0.30 + 120 \times 0.30 = 60.5 \text{（元）}$$

计算结果仍然是方案 d_2 的期望修理费用最低，这说明这一决策并不十分敏感。但是，从逻辑上可以看出，随着故障在上层的概率增加，就不利于方案 d_1，而向有利于方案 d_3 变化。但要对每种概率的变化都重新计算期望值是困难的，所以要进一步了解这些概率变化到什么程度才会引起方案的改变，这就需要计算转折概率。

设 P_1、P_2、P_3 分别代表上、中、下三层出现故障的概率。因为 $P_1 + P_2 + P_3 = 1$，所以只用 P_1 和 P_3 两个未知参数就够了，$P_2 = 1 - P_1 - P_3$。这时，三个行动方案的期望修理费用分别是：

方案　　　　　　　　　　　$d_1 = 65$ 元
方案　　　　$d_2 = 35P_1 + 35 \times (1 - P_1 - P_3) + 100P_3 = 35 + 65P_3$
方案　　　　$d_3 = 20P_1 + 55 \times (1 - P_1 - P_3) + 120P_3 = 55 - 35P_1 + 65P_3$

如果选中方案 d_2，说明方案 d_2 的期望修理费用低于方案 d_1 和 d_3，就应同时满足：

$$35 + 65P_3 \leq 65 \text{ 和 } 35 + 65P_3 \leq 55 - 35P_1 + 65P_3$$

解上述方案，得：$P_1 \leq 0.571$，$P_3 \leq 0.462$。用同样的方法可求得选中方案 d_1 的条件是 $P_3 > 0.462$，选中方案 d_3 的条件是 $P_1 > 0.571$（图 10-6）。

原来 P_1 和 P_3 的经验概率为 0.3 和 0.35，这和临界概率 0.571 和 0.462 还有一段距离，所以即使稍有变化，也不影响对方案的选择。敏感性分析提供了应当改变修理方案的界限。若一旦发现上层故障出现的概率大于 0.571，就应该改选方案 d_3；当下层故障出现的概率大于 0.462 时，就应该按方案 d_1 进行修理，这样才能保证平均修理费用最小。

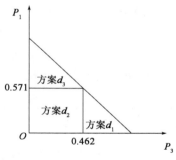

图 10-6　三状态三行动概率图

五、案例分析

风险型决策在公路工程中的应用

公路工程的施工中，根据天气变化的预测来确定工期时，需用风险型的决策。

某公路干线遭到水毁，领导要求某施工单位在 6 月份一个月内将公路干线抢通，根据当地气象台预报，在 6 月 15 日以后可能出现中雨和暴雨天气的概率（P）及其对施工的影响是：

$P = 0.4$，好天气，可按时完成施工任务。
$P = 0.5$，中雨天气，将施工任务拖延 5 天。
$P = 0.1$，暴雨天气，将施工任务拖延 10 天。

如果拖延 5 天完成施工任务，每天造成的经济损失为 500 元，如拖延 10 天完成施工任务，则从第二个 5 天起每天造成的经济损失为 600 元。若采用常规加班，则每天的常规加班费 75 元，若突击加班，则每天的紧急加班费为 200 元。应怎样安排施工使经济损失最小呢？

决策分析可能出现下列方案:

(1)在6月15日前每天正常加班争取在雨天前提前完工,则需多支付的正常加班费(用负数表示)为:
$$15 \times 75 = -1125(元)$$

(2)在6月15日前按常规施工,工程在6月15日前不能结束,之后遇中雨,则可能出现下列两种情况:

①遇中雨延期6天完工,则所造成的经济损失为:
$$5 \times 500 = -2500(元)$$

②遇中雨后,为弥补延期5天所造成的经济损失,采取紧急加班的应急措施,以缩短工期,这样可能造成的经济损失,分析结果列于表10-13中。

中雨经济损失表　　　　　　　　　　表10-13

天　气	应急措施	概　率	经济损失(元)
中雨	提前1天	0.5	$4 \times 500 + 4 \times 200 = -2800$
	提前2天	0.3	$3 \times 500 + 3 \times 200 = -2100$
	提前3天	0.2	$2 \times 500 + 2 \times 200 = -1400$

(3)在6月15日前按常规施工,工程在6月15日前不能结束,之后遇暴雨,则可能出现下列两种情况:

①在6月15日前按常规施工,遇暴雨后延期10天完工,则所造成的经济损失为:
$$5 \times 500 + 5 \times 600 = -5500(元)$$

②遇暴雨后,为弥补延期10天所造成的经济损失,采取紧急加班的应急措施,以缩短工期,这样可能造成的经济损失,分析结果列于表10-14。

暴雨经济损失表　　　　　　　　　　表10-14

天　气	应急措施	概　率	经济损失(元)
暴雨	提前1天	0.4	$(5 \times 500 + 3 \times 600) + 9 \times 200 = -6700$
	提前2天	0.3	$(5 \times 500 + 3 \times 600) + 8 \times 200 = -5900$
	提前3天	0.2	$(5 \times 500 + 2 \times 600) + 7 \times 200 = -5100$
	提前4天	0.1	$(5 \times 500 + 1 \times 600) + 6 \times 200 = -4300$

如图10-7所示决策树,先由下向上逐段计算决策状态点 C、E、A 的数学期望值。

$$E(C) = 0.5 \times (-2800) + 0.3 \times (-2100) + 0.2 \times (-1400) = -2310$$
$$E(E) = 0.4 \times (-6700) + 0.3 \times (-5900) + 0.2 \times (-5100) + 0.1 \times (-4300) = -5900$$
$$E(A) = 0.4 \times (0) + 0.5 \times (-2310) + 0.1 \times (-5500) = -1705$$

根据上述决策树图10-7的分析,从下向上依次比较各方案的数学期望值,取其最小的数学期望值,把选择好的数学期望值写在该决策结点上。然后,选择经济损失最小的方案,作为我们的决策方案,如图10-7所示决策树,采用6月15日前正常加班的方案,所受的经济损失(-1125元)最小,是最优方案。

从上述风险型决策问题的分析过程中,可归纳出分析风险型决策问题的步骤:①首先要明确问题,充分认识问题的实质及它与客观事物的关系;②收集资料,确定假设条件发生的概率;

③制定出各种可行的方案;④为各种可行的方案建立价值系统,决策中一个重要的环节就是要解决好对各种方案的价值估计,价值估计的正确与否,是决策成败的关键;⑤综合分析,对多种决策方案进行反复比较,最后确定最优方案。

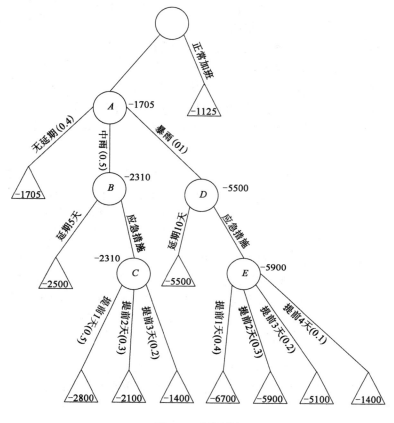

图 10-7　决策树图

在决策分析中,特别是在风险型的决策分析中,往往存在着目前尚不能确定的一些因素,因此决策分析所得的最优方案,仅供决策者在选择各方案时的科学参考依据,但是有这个科学依据同没有这个科学依据,所做出的决策是大不相同的,这个科学依据能帮助决策者在复杂纷繁的情况中找到一条可行的道路。

(节选自:钟孝顺. 风险型决策在公路工程中的应用)

10.5　综合评价的基本原理

交通项目综合评价与决策是通过一定的数学模型将多个相互联系、相互作用的评价指标值作为整体考虑,按照一定的评价目的和评价标准对评价客体进行综合评价,以此为基础进行方案选择或决策分析。各种决策分析评价方法的整体思路是相同的,即确定评价对象、确立指标体系、确定指标权重、确定评价等级、建立数学模型,然后进行评价结果分析。

一、交通项目综合评价的含义及原则

交通项目的综合评价是对评价对象的社会、经济、环境等因素的综合评价值进行权衡、比较、优选和决策的活动,是一种重要的优化方法。任何系统都有自身的有机构成、属性及功能,并形成系统的目标。综合评价的目的是通过对系统属性和功能的分解,找出它们对系统总目标的作用与联系,再通过系统综合,对系统的综合价值作出评价,以揭示系统的状态和发展规律。交通项目的实施通常是为了达到一定的技术、经济、社会及资源等的多重目标。为此,要针对预期的目标,构造多种可供选择的方案,以便从中优选。对多种方案进行综合评价就可以为实现预期目标选择一种最佳的方案,因此对科学决策具有重要的意义。

综合评价的结果将直接影响决策的效果。因此,综合评价应遵循下列原则:

1. 科学性

综合评价的科学性主要体现在评价目标的确立、评价指标体系的建立、各指标值的测定,以及指标的合理合并等关键环节上。要处理好这些环节,必须遵循系统观点,对评价对象作系统分析,包括评价对象的构成要素以及各构成要素之间的相互联系和作用。

2. 客观性

客观性是综合评价的生命。评价的目的是寻求系统真实的价值状态。如果达不到客观性,评价本身就失去了意义。实现客观性的难点是对那些模糊的难以量化的指标的处理,应切忌主观随意性。另一个难点所在是对系统逻辑结构、层次及因果关系的正确分析。逻辑关系出错也就失去了真实性。

3. 可比性

综合评价通常是对若干评价方案作横向比较分析,因此,评价目标、评价指标体系、指标价值的测定以及合并方法都要具备可比性,只有这样才能得到公平的评价结果。

4. 可行性

可行性是指综合评价的一整套方法应具有可操作性。

二、综合评价与决策的一般程序

(1) 确定评价目标。综合评价时,应该对评价对象的总目标及分目标作出明确的定义。

(2) 建立综合评价指标体系。指标是目标内涵的体现及衡量测定的尺度。

(3) 确定指标值。主要包含两项内容:将指标定义数量化;将指标值归一化。

(4) 确定指标权重。由于各指标对目标的相对重要程度不同,或者说各指标对目标的贡献不同,各指标应赋予不同的权重。

(5) 构造综合评价模型。综合评价要根据一定的数学方法进行处理,其数学方法称为评价模型。

(6) 综合评价结果排序与决策分析。对被评价的各个方案按照综合评价结果进行排序,做出方案的选择与决策。

三、综合评价的内容

交通运输项目的技术方案在其构思、规划、设计和实施的每一个阶段都需要进行评价。各阶段评价的内容由该阶段主要完成的任务而定。这里针对技术方案构思、规划确定后、设计之前,作为可行性研究的组成部分,介绍其综合评价的内容,一般包含以下 7 个方面:

1. 技术评价

技术评价是以技术方案中所采用的技术措施为评价对象,如技术、工艺路线、生产设备、生产组织方式等。评价的目的是考核技术措施能否实现系统的整体功能及实现程度如何。不同的技术方案有不同的技术评价内容,应结合专门技术进一步具体化。

2. 经济评价

经济评价是以技术和其他要素投入对经济发展与增长为评价对象,并以一组经济指标做出定量描述。技术的先进性将直接表现在产品的功能、质量上,最终反映在产品的成本费用和效益上。

3. 社会评价

对技术方案的评价不仅着眼于它的技术效果和经济效益,必须同时考虑它对社会带来的利益和影响,如人民建设和文明建设等。

4. 资源评价

资源评价的内容包括技术方案对保护资源、开发利用资源、扩大和节约资源的作用。

5. 环境评价

环境评价的内容包括技术方案对防止污染、环境改善、改善劳动条件和保护生态平衡的作用和影响等。

6. 政治评价

政治评价的内容包括技术方案是否符合国家技术、经济政策及方针;对国家的政治地位和国力影响;是否符合国家、地区、部门及行业发展规划等。

7. 国防评价

国防评价是指将技术方案对国家安全、防御能力的影响等。

在此,可以将上述七项内容归并为三个方面:技术、经济、社会,并把这三个方面设想为一个三维空间,某技术方案的技术价值、经济价值和社会价值对应于三维空间的三个点。综合评价就是选择一个最接近于理想点的最佳方案。

四、综合评价指标体系

综合评价指标体系是被评价对象的目标及衡量这些目标的指标按照其内在的因果和隶属关系构成的树状价值结构。不同种类的项目评价指标具有不同的用途,项目的评价指标最主要的分类有:

1. 描述性指标和评价性指标

描述性指标用于描述评价对象的各个特性或属性,它们多数是定量化的指标。相反,评价性指标用于给出对于评价对象好坏的评价,它们既有定量化的指标,也有定性化的指标。

2. 计划性指标和度量性指标

计划性指标多数是一种要求性指标,它们一般是根据人们对于评价对象的预测和推断给出的。度量性指标多是评价对象的实际统计信息指标,它们是通过统计和度量得到的。

3. 定性指标和定量指标

综合评价中的定性指标是对评价对象质的描述或度量,定量指标是对评价对象量的描述或度量。在综合评价中这两种指标都会用到,但是一般以定量评价指标为主。

4. 客观指标和主观指标

综合评价中的客观指标是对评价对象实际情况的客观反映,它们有具体的客观事实作为实际依据;主观指标是人们根据客观实际情况作出的主观判断和预测,它们是人们的某种期望。

5. 经济指标和非经济指标

综合评价中的经济指标用于评价评价对象的经济特性,而非经济指标则用于评价评价对象的技术和社会等方面的特性。前者多数是价值量的指标,后者多数是实物量或定性的指标。

实际上,根据交通项目综合评价的对象、内容和方法的不同,交通项目综合评价指标的体系也会千差万别。但一般情况下,交通运输项目指标体系是一个递阶层次结构。

需要注意的是,在对备选方案进行综合评价之前,要注意评价指标类型的一致化处理。

10.6 交通项目决策分析与评价常用方法

20世纪60年代,模糊数学在综合评价中得到了较为成功的应用,产生了特别适合于对主观或定性指标进行评价的模糊综合评价方法。20世纪70—80年代,产生了多种应用广泛的评价方法,诸如层次分析法、数据包络分析法等。20世纪80—90年代,将人工神经网络技术和灰色系统理论应用于综合评价。当前,多目标、多层次综合评价已经涉及人类生活领域的各个方面,其应用的范围越来越广,所使用的方法也越来越多。下面主要介绍层次分析法、数据包络分析法、模糊综合评价法、德尔菲法、BP神经网络预测法、SWOT分析法等方法及其应用。

一、层次分析法(Analytic Hierarchy Process,简称 AHP)

层次分析法是美国运筹学家 T. L. Saaty 教授于20世纪70年代初期提出来的,简称 AHP 法。这是一种简明的、实用的定性分析与定量分析相结合的系统分析、评价的方法。

AHP 法的基本思想:先按问题的要求建立起一个描述系统功能的层次结构模型,给出评价标准,对每一层次的系统要素(如目标、准则、方案)进行两两比较,建立判断矩阵。通过判断矩阵特征向量的计算,得出该层要素对上一层要素的权重。在此基础上,计算出各层要素对于总体目标的综合权重,从而得出不同方案的综合评价值,为选择最优方案提供依据。

将层次分析法应用于交通系统能够实现对交通系统的多指标综合评价,在实际的应用过程中,不同的指标对综合效益的贡献是不一样的。

运用层次分析法进行系统评价时,大致经过以下4个步骤:

(1)分析评价系统的要素集合及相关关系,用结构分析法建立系统的层次结构模型。

(2)确定评价基准或判断标度,从最上层要素开始,依次以最上层要素为依据,对下一层要素两两比较,建立判断矩阵。

(3)根据判断矩阵,计算单一准则下各要素的优先级向量(或称判断矩阵的特征向量)。

(4)计算各层要素的组合权重,对系统进行分析、评价和排序。

具体介绍如下:

1. 建立层次结构模型

例如对物流配送中心项目进行方案评价与选择时可建立如图10-8所示层次结构。

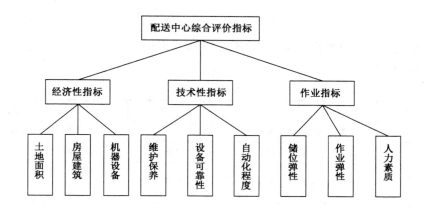

图10-8 某物流配送中心项目方案选择层次结构示意图

2. 构造判断矩阵

判断矩阵是层次分析的核心。判断矩阵是通过两两比较得出来的。设 W_i 表示反映第 i 个方案对于某个最底层目标的优越性或某层第 i 目标的重要程度的权重,以每两个方案(或子目标)的相对重要性为元素的矩阵:

$$A = \begin{pmatrix} W_1/W_1 & W_1/W_2 & \cdots & W_1/W_n \\ W_2/W_1 & W_2/W_2 & \cdots & W_2/W_n \\ \vdots & \vdots & \vdots & \vdots \\ W_n/W_1 & W_n/W_2 & \cdots & W_n/W_n \end{pmatrix}$$

若 a_{ij} 表示 W_i/W_j,则当矩阵 A 满足下列条件时,$\lambda_{max} = n$。特征向量 W 可用于表示权重值。

(1)矩阵 A 为方阵。

(2)$a_{ij} = 1$(主对角线上的元素为1)。

(3)$a_{ij} = 1/a_{ji}$,$1 \leqslant i$、$j \leqslant n$(主对角线两边对应元素互为倒数)。

(4)$a_{ij} = a_{ik}/a_{jk}$,$1 \leqslant i$、$j \leqslant n$(相应元素之间的关系)。

若不能完全满足上述条件,需进行一致性检验。

设 A 中 k 层的元素 A_k 与下一层 $B_1, B_2, \cdots, B_n$ 有关,那么可建立相对 A_k 元素,$B_1, B_2, \cdots, B_n$ 之间两两比较的判断矩阵:

A_k	B_1	B_2	$\cdots$	B_j	$\cdots$	B_n
B_1	b_{11}	b_{12}	$\cdots$	b_{1j}	$\cdots$	b_{1n}
B_2	b_{21}	b_{22}	$\cdots$	b_{2j}	$\cdots$	b_{2n}
$\vdots$	$\vdots$	$\vdots$	$\vdots$	$\vdots$	$\vdots$	$\vdots$
B_i	b_{i1}	b_{i2}	$\cdots$	b_{ij}	$\cdots$	b_{in}
$\vdots$	$\vdots$	$\vdots$	$\vdots$	$\vdots$	$\vdots$	$\vdots$
B_n	b_{n1}	b_{n2}	$\cdots$	b_{nj}	$\cdots$	b_{nn}

为了量化各因素间的两两比较结果,萨迪(Saaty)引用了 1,2,…,9 以及它们的倒数作为标度方法,如表 10-15 所示。

表 10-15　1-9 标 度 法

标度	定　义	标度	定　义
1	i 因素与 j 因素同等重要	9	i 因素与 j 因素极端重要
3	i 因素与 j 因素稍微重要	2,4,6,8	介于以上两种判断之间的状态的标度
5	i 因素与 j 因素明显重要	倒数	若 j 因素与 i 因素比较,得到的结果为:$b_{ij} = 1/b_{ji}$
7	i 因素与 j 因素强烈重要		

3. 层次单排序及一致性检验

这一步是为了求出每个判断矩阵的最大特征根 $\lambda_{\max}$ 及对应的特征向量 W。判断矩阵 A、最大特征根 $\lambda_{\max}$、特征向量 W 三者之间满足下列关系:

$$AW = \lambda_{\max} W \quad (W = W_1, W_2, \cdots, W_n) \tag{10-16}$$

(1) 求解特征向量 W 的方法

① "和法":

a. 将判断矩阵 A 的元素按列归一化

$$\overline{a_{ij}} = \frac{a_{ij}}{\sum_{k=1}^{n} a_{kj}} \quad (i,j = 1,2,\cdots,n) \tag{10-17}$$

b. 将归一化后的矩阵,按行相加并除以 n,即求各行和的平均值,为权重向量。

$$W_i = \frac{1}{n} \sum_{j=1}^{n} \overline{a_{ij}} \tag{10-18}$$

② "根法":

a. 计算判断矩阵每一行元素的乘积:

$$M_i = \prod_{i=1}^{n} a_{ij} \quad (i = 1,2,\cdots,n) \tag{10-19}$$

b. 计算 M_i 的 n 次方根:

$$\overline{W_i} = \sqrt[n]{M_i} \quad (i = 1,2,\cdots,n) \tag{10-20}$$

c. 对 $\overline{W_i}$ 进行归一化处理，即为所求权重向量 W：

$$W_i = \frac{\overline{W_i}}{\sum \overline{W_i}} \quad (i=1,2,\cdots,n) \tag{10-21}$$

（2）求解最大特征根 λ_{max} 的方法

$$\lambda_{max} = \sum_{i=1}^{n} \frac{(AW)_i}{nW_i} \tag{10-22}$$

式中：A——判断矩阵；

W——特征向量；

n——矩阵 A 的阶数。

（3）判断矩阵的一致性检验

① 计算一致性指标 $CI = \frac{\lambda_{max} - n}{n-1}$。

② 计算相对一致性指标（3 阶以上，含 3 阶）如式（10-23）所示，通常 $CR \leq 0.1$ 时，判断矩阵有满意的一致性，否则就需要重新调整判断矩阵。

$$CR = \frac{CI}{RI} \tag{10-23}$$

式中：RI——平均随机一致性指标，可通过表 10-16 查得。

RI 系数表 表 10-16

阶数	3	4	5	6	7	8	9
RI	0.58	0.90	1.12	1.24	1.32	1.41	1.45

4. 层次总排序及一致性检验

设 A、B、C 各层之间的层次结构如图 10-9 所示。

B 层对 A 层的排序权值分别为 b_1，b_2，…，b_m；

C 层对 B_j 层的单排序权值分别为 C_{1j}，C_{2j}，…，C_{nj}（当 C_i 与 B_j 无联系时，记作 $C_{ij} = 0$），如表 10-17 所示。

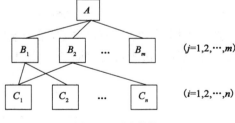

图 10-9 层次结构图

C 层对 B 层的排序权值 表 10-17

| C 层 | B_1 | B_2 | … | B_j | … | B_m | C 层总排序权值 | 排序 |
	b_1	b_2	…	b_j	…	b_m		
C_1	C_{11}	C_{12}	…	C_{1j}	…	C_{1n}		
C_2	C_{21}	C_{22}	…	…	…	C_{2n}		
…	…	…	…	…	…	…	$\sum_{j=1}^{m} b_j C_{ij}$	
C_i	C_{i1}	…	…	C_{ij}	…	…		
…	…	…	…	…	…	…		
C_n	C_{n1}	C_{n2}	…	…	…	C_{nm}		
$CI = \sum_{j=1}^{m} b_j CI_j$，$RI = \sum_{j=1}^{m} b_j RI_j$								

总排序的一致性检验也是从高到低逐层进行的。利用单排序的结果,求得总一致性指标 CI、平均随机一致性 RI,则总排序相对一致性指标为:

$$CR = \frac{CI}{RI} \quad (10\text{-}24)$$

当 CR≤0.1 时,认为总排序结果具有满意的一致性。

【例 10-8】 在进行公交站点选址决策时,确定准则层为经济效益 S_1、社会效益 S_2、技术效能 S_3,并具体将三个效益分别为 $M_1, M_2, M_3, \cdots, M_8, M_9$ 子准则层,同时制定 3 种方案,具体如图 10-10 所示,现欲从中选择一种方案来加以实施。

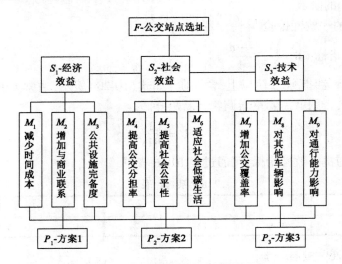

图 10-10 公交站点选址层次结构示意图

解 根据层次结构,首先构造第一层次的判断矩阵。为避免个人能力水平等方面的限制,可运用专家评分法来进行判断,使之更具合理性。

F	S_1	S_2	S_3
S_1	1	1	5
S_2	1	1	3
S_3	1/5	1/3	1

(1)利用特征向量法

可求得 $W^{(0)} = (0.479557 \quad 0.4055 \quad 0.11496)^T$,具体计算如下:

①将第 1 列加和 $\frac{1}{5}$。

$$\sum_{k=1}^{3} a_{k1} = 1 + 1 + \frac{1}{5} = \frac{11}{5}$$

$$\overline{a_{11}} = \frac{a_{11}}{\sum_{k=1}^{3} a_{k1}} = \frac{1}{\frac{11}{5}} = 0.4545$$

$$\overline{a_{21}} = \frac{a_{21}}{\sum_{k=1}^{3} a_{k1}} = \frac{1}{\frac{11}{5}} = 0.4545$$

用同样的方法计算其他两列,可得 $\overline{a_{31}} = \dfrac{a_{31}}{\sum_{k=1}^{3} a_{k1}} = \dfrac{\frac{1}{5}}{\frac{11}{5}} = 0.0909$

$$\mathbf{F'} = \begin{pmatrix} 0.4545 & 0.4286 & 0.5556 \\ 0.4545 & 0.4286 & 0.3333 \\ 0.0909 & 0.1429 & 0.1111 \end{pmatrix}$$

②按行相加:$M_1 = 1.4387, M_2 = 1.21645, M_3 = 0.34488$。

③将向量 $M = (1.4387 \quad 1.21645 \quad 0.34488)^T$ 正规化,得到特征向量为:

$$W^{(0)} = (0.479557 \quad 0.4055 \quad 0.11496)^T$$

④计算最大特征根:

$$\mathbf{FW} = \begin{pmatrix} 1 & 1 & 5 \\ 1 & 1 & 3 \\ \frac{1}{5} & \frac{1}{3} & 1 \end{pmatrix} \begin{pmatrix} 0.479557 \\ 0.4055 \\ 0.11496 \end{pmatrix} = \begin{pmatrix} 1.45984 \\ 1.2299 \\ 0.3460 \end{pmatrix}$$

$$\lambda_{\max} = \sum_{i=1}^{3} \frac{(\mathbf{FW})_i}{nW_i} = \frac{1.45984}{3 \times 0.479557} + \frac{1.2299}{3 \times 0.4055} + \frac{0.3460}{3 \times 0.11496} = 3.02913$$

(2)进行一致性检验

$$CI = \frac{3.02913 - 3}{3 - 1} = 0.014565$$

$$CR = \frac{0.014565}{0.58} = 0.025112 < 0.1$$

故判断矩阵具有满意一致性。

同理,分别对各层次构造判断矩阵,用同样的方法求特征根并进行一致性检验,可得:

S_1	M_1	M_2	M_3
M_1	1	1	7
M_2	1/3	1	5
M_3	1/7	1/5	1

$$WS_1 = (0.643389 \quad 0.282839 \quad 0.073772)^T$$

$$\lambda_{max} = 3.065512 \quad CI = 0.032756 \quad CR = 0.056476 < 0.1000$$

S_2	M_4	M_5	M_6
M_4	1	3	3
M_5	1/3	1	1
M_6	1/3	1	1

$$WS_2 = (0.6 \quad 0.2 \quad 0.2)^T$$

$$\lambda_{max} = 3 \quad CI = 0 \quad CR = 0 < 0.1000$$

S_3	M_7	M_8	M_9
M_7	1	5	5
M_8	1/5	1	1
M_9	1/5	1	1

$$WS_3 = (0.714286 \quad 0.142857 \quad 0.142857)^T$$

$$\lambda_{max} = 3 \quad CI = 0 \quad CR = 0 < 0.1000$$

所以：

$$W^{(1)} = \begin{pmatrix} 0.643389 & 0.282839 & 0.073772 \\ 0.6 & 0.2 & 0.2 \\ 0.714286 & 0.142857 & 0.142857 \end{pmatrix}$$

用同样的方法构造第4层对第3层的每一个准则的成对比较矩阵，不妨设为：

$$M_1 = \begin{pmatrix} 1 & 2 & 6 \\ 1/2 & 1 & 4 \\ 1/6 & 1/4 & 1 \end{pmatrix} \quad M_2 = \begin{pmatrix} 1 & 2 & 5 \\ 1/2 & 1 & 2 \\ 1/5 & 1/2 & 1 \end{pmatrix} \quad M_3 = \begin{pmatrix} 1 & 1/3 & 1/8 \\ 3 & 1 & 1/3 \\ 8 & 3 & 1 \end{pmatrix}$$

$$M_4 = \begin{pmatrix} 1 & 1 & 3 \\ 1 & 1 & 3 \\ 1/3 & 1/3 & 1 \end{pmatrix} \quad M_5 = \begin{pmatrix} 1 & 3 & 4 \\ 1/3 & 1 & 1 \\ 1/4 & 1 & 1 \end{pmatrix} \quad M_6 = \begin{pmatrix} 1 & 1 & 1/4 \\ 1 & 1 & 1/4 \\ 4 & 4 & 1 \end{pmatrix}$$

$$M_7 = \begin{pmatrix} 1 & 2 & 3 \\ 1/2 & 1 & 2 \\ 1/3 & 1/2 & 1 \end{pmatrix} \quad M_8 = \begin{pmatrix} 1 & 1/4 & 1/2 \\ 4 & 1 & 2 \\ 2 & 1/2 & 1 \end{pmatrix} \quad M_9 = \begin{pmatrix} 1 & 1 & 1/4 \\ 1 & 1 & 1/3 \\ 4 & 3 & 1 \end{pmatrix}$$

同样计算各矩阵的特征向量及最大特征根,以及一致性指标 CI_M 和检验系数 CR_M,结果如表 10-18 所示。

各指标计算数据 表 10-18

M	1	2	3	4	5	6	7	8	9
W	0.587	0.595	0.082	0.429	0.633	0.166	0.539	0.143	0.174
	0.324	0.277	0.236	0.429	0.193	0.166	0.297	0.571	0.192
	0.089	0.129	0.682	0.142	0.175	0.668	0.164	0.286	0.634
$\lambda_{\max}$	3.009	3.005	3.002	3	3.009	3	3.009	3	3.009
CI_M	0.0045	0.003	0.001	0	0.005	0	0.0046	0	0.0045
CR_M	0.008	0.005	0.002	0	0.009	0	0.008	0	0.008

由表中数据可知判断矩阵均具有满意的一致性。

所以:

$$W^{(2)} = \begin{pmatrix} 0.587 & 0.324 & 0.089 \\ 0.595 & 0.277 & 0.129 \\ 0.082 & 0.236 & 0.682 \\ 0.429 & 0.429 & 0.142 \\ 0.633 & 0.193 & 0.175 \\ 0.166 & 0.166 & 0.668 \\ 0.539 & 0.297 & 0.164 \\ 0.143 & 0.571 & 0.286 \\ 0.174 & 0.192 & 0.634 \end{pmatrix}$$

于是,各方案关于公交站点选址的权重为:

$$W = W^{(0)} W^{(1)} W^{(2)} = (0.5218 \quad 0.3014 \quad 0.1772)$$

由于方案 P_1 的权重最大,因此,应该选择方案 P_1。

AHP 法的评价结果是强烈依赖该法使用者个人的知识、经验和判断的。现在有不少人在研究如何使该法更客观。但无论如何,AHP 法是一个很好的评价方法,其主要优点就是把其他难以量化的评价因素通过两两比较加以量化,把复杂的评价因素构成化简为一目了然的层次结构,使评价过程程序化,易于使用。正因为如此,AHP 法在我国得到了广泛应用。

二、数据包络分析法

数据包络分析是一种基于线性规划的用于评价同类型组织(或项目)工作绩效相对有效性的特殊工具手段。1978 年,著名运筹学家 A. Charnes 提出了基于相对效率的多投入多产出分析法——数据包络分析法(Data Envelopment Analysis,简称 DEA)。DEA 的原型可以追溯到 1957 年,Farrell 在对英国农业生产力进行分析时提出的包络思想。此后,在运用和发展运筹学理论与实践的基础上,逐渐形成了主要依赖线性规划技术并常常用于经济定量分析的非参数方法。经过美国著名运筹学家 A. Charnes 和 W. W. Copper 等的努力,非参数方法以数据包络(DEA)的形式在 20 世纪 80 年代初流行起来。因此,DEA 有时也被称为非参数方法或 Farrell 型有效分析法。

1. 数据包络分析法基本思想

DEA 方法以相对效率概念为基础,用于评价具有相同类型的多投入、多产出的决策单元是否技术有效的一种非参数统计方法。其基本思路是把每一个被评价单位作为一个决策单元(Decision Making Units,简称 DMU),再由众多 DMU 构成被评价群体,通过对投入和产出比率的综合分析,以 DMU 的各个投入和产出指标的权重为变量进行评价运算,确定有效生产前沿面,并根据各 DMU 与有效生产前沿面的距离状况,确定各 DMU 是否 DEA 有效,同时还可用投影方法指出非 DEA 有效或弱 DEA 有效 DMU 的原因及应改进的方向和程度。由于 DEA 方法不需要预先估计参数,在避免主观因素和简化运算、减少误差等方面有着不可低估的优越性,该方法近年来被广泛运用到技术和生产力进步、技术创新、关于成本收益利润问题、资源配置、金融投资、非生产性等各个领域,进行有效性分析,从而进行评价决策。

2. 数据包络分析法的基本模型

数据包络分析法的一个基本模型为 C^2R 模型,传统的 C^2R 模型由 Charnes,Cooper 和 Rhodes 于 1978 年提出的,用于评价 DMU 的规模及技术有效性,对于第 j_0 个决策单元 DMU_{j0} 的 DEA 投入和产出有效模型如下论述。

设有 n 个单位 DMU,每个 DMU 都有 m 种类型的输入(表示对资源的耗费)以及 s 种类型的输出(表明成效的信息量),其形式为:

$$X = \begin{pmatrix} x_{11} & x_{12} & \cdots & x_{1j} & \cdots & x_{1n} \\ x_{21} & x_{22} & \cdots & x_{2j} & \cdots & x_{2n} \\ \vdots & \vdots & & \vdots & & \vdots \\ x_{i1} & x_{i2} & \cdots & x_{ii} & \cdots & x_{in} \\ \vdots & \vdots & & \vdots & & \vdots \\ x_{m1} & x_{m2} & \cdots & x_{mi} & \cdots & x_{mm} \end{pmatrix}$$

$$Y = \begin{pmatrix} y_{11} & y_{12} & \cdots & y_{1j} & \cdots & y_{1n} \\ y_{21} & y_{22} & \cdots & y_{2j} & \cdots & y_{2n} \\ \vdots & \vdots & & \vdots & & \vdots \\ y_{r1} & y_{r2} & \cdots & y_{ri} & \cdots & y_{rn} \\ \vdots & \vdots & & \vdots & & \vdots \\ y_{s1} & y_{s2} & \cdots & y_{si} & \cdots & y_{sn} \end{pmatrix}$$

其中:其中每个决策单元 $j(j = 1,2,\cdots,n)$ 对应一个输入向量 $X_j = (x_{1j},x_{2j},\cdots,x_{mj})^T$ 和一个输出向量 $Y_j = (y_{1j},y_{2j},\cdots,y_{mj})^T$。$x_{ij}$ 为第 j 个决策单元对第 i 种类型输入的投入总量,$x_{ij} > 0$;y_{rj} 为第 j 个决策单元对第 r 种类型输出的产出总量,$y_{rj} > 0$。

为了将所有的投入和所有的产出进行综合统一,即将这个生产过程看作是一个只有一个投入量和一个产出量的简单生产过程,我们需要对每一个输入和输出进行赋权,设输入和输出的权向量分别为: $v = (v_1,v_2,\cdots,v_m)^T$,$\mu = (\mu_1,\mu_2,\cdots,\mu_s)^T$。$v_i$ 为第 i 类型输入的权重,μ_r 为第 r 类型输出的权重。这时,则第 j 个决策单元投入的综合值为 $\sum_{i=1}^{m} v_i x_{ij}$,产出的综合值为 $\sum_{r=1}^{s} \mu_r y_{rj}$,定义每一个决策单元 DMU_j 的效率评价指数:

$$h_j = \frac{\sum_{r=1}^{s} u_r y_{rj}}{\sum_{i=1}^{m} v_i x_{ij}} \tag{10-25}$$

模型中 x_{ij}、y_{rj} 为已知数(可由历史资料或预测数据得到),于是问题实际上是确定一组最佳的权向量 v 和 μ,使第 j 个决策单元的效率值 h_j 最大。这个最大的效率评价值是该决策单元相对于其他决策单元来说不可能更高的相对效率评价值。我们限定所有的 h_j 值($j=1,2,\cdots,n$) 不超过 1,即 $\max h_j \leqslant 1$。这意味着,若第 k 个决策单元 $h_k = 1$,则该决策单元相对于其他决策单元来说生产率最高,或者说这一系统是相对而言有效的;若 $h_k < 1$,那么该决策单元相对于其他决策单元来说,生产率还有待于提高,或者说这一生产系统还不是有效的。

根据上述分析,第 j_0 个决策单元的相对效率优化评价模型为:

$$\max h_{j_0} = \frac{\sum_{r=1}^{s} u_r y_{rj_0}}{\sum_{i=1}^{m} v_i x_{ij_0}}$$

$$\text{s.t.} \begin{cases} \dfrac{\sum_{r=1}^{s} u_r y_{rj}}{\sum_{i=1}^{m} v_i x_{ij}} \leqslant 1, j = 1,2,\cdots,n \\ v = (v_1, v_2, \cdots, v_m)^{\mathrm{T}} \geqslant 0 \\ u = (u_1, u_2, \cdots, u_s)^{\mathrm{T}} \geqslant 0 \end{cases} \tag{10-26}$$

这是一个分式规划模型,我们必须将它化为线性规划模型才能求解。为此,令:

$$t = \frac{1}{\sum_{i=1}^{m} v_i x_{ij_0}}, \mu_r = t u_r, w_i = t v_i \tag{10-27}$$

则模型转化为:

$$\max h_{j_0} = \sum_{r=1}^{s} \mu_r y_{rj_0}$$

$$\text{s.t.} \begin{cases} \sum_{r=1}^{s} \mu_r y_{rj} - \sum_{i=1}^{m} w_i x_{ij} \leqslant 0, \ j=1,2,\cdots,n \\ \sum_{i=1}^{m} w_i x_{ij_0} = 1 \\ \mu_r, w_i \geqslant 0, \ i=1,2,\cdots,m; \ r=1,2,\cdots,s \end{cases} \tag{10-28}$$

写成向量形式有:

$$\max h_{j_0} = \mu^{\mathrm{T}} Y_0$$

$$\text{s.t.} \begin{cases} \mu^{\mathrm{T}} Y_j - w^{\mathrm{T}} X_j \leqslant 0 \\ w^{\mathrm{T}} X_0 = 1, j = 1,2,\cdots,n \\ w \geqslant 0, \ \mu \geqslant 0 \end{cases} \tag{10-29}$$

线性规划中一个十分重要也十分有效的理论是对偶理论,通过建立对偶模型更易于从理论及经济意义上作深入分析,其对偶问题为:

$$\min \theta$$

$$\text{s.t.} \begin{cases} \sum_{j=1}^{n} \lambda_j x_j \leq \theta x_0 \\ \sum_{j=1}^{n} \lambda_j y_j \geq y_0 \\ \lambda_j \geq 0, \ j=1,2,\cdots,n \end{cases} \tag{10-30}$$

进一步引入松弛变量 s^+ 和剩余变量 s^-,将上面的不等式约束化为等式约束:

$$\min \theta$$

$$\text{s.t.} \begin{cases} \sum_{j=1}^{n} \lambda_j x_j + s^+ = \theta x_0 \\ \sum_{j=1}^{n} \lambda_j y_j - s^- = y_0 \\ \lambda_j \geq 0, j=1,2,\cdots,n \\ s^+ \geq 0, s^- \geq 0 \end{cases} \tag{10-31}$$

设上述问题的最优解为 v^*、s^{*-}、θ^*,则有如下结论与经济含义:

①若 $\theta^* = 1$,且 $s^{*-} = 0$,$s^{*+} = 0$,则决策单元 DMU_{j0} 为 DEA 有效,即在原线性规划的解中存在 $\omega^* > 0, \mu^* > 0$,并且其最优值 $h_{j0}^* = 1$。此时,决策单元 DMU_{j0} 的生产活动同时为技术有效和规模有效。

②但至少有某个输入或者输出松弛变量大于零。则此时原线性规划的最优值 $h_{j0}^* = 1$,称 DMU_{j0} 为弱 DEA 有效,它不是同时技术有效和规模有效。

③若 $\theta^* < 1$,决策单元 DMU_{j0} 不是 DEA 有效。其生产活动既不是技术效率最佳,也不是规模效率最佳。

④另外,我们可以用 C^2R 模型中 λ_j 的最优值来判别 DMU 的规模收益情况。若存在 $\lambda_j^* (j=1,2,\cdots,n)$,使 $\sum \lambda_j^* = 1$ 成立,则 DMU_{j0} 为规模效益不变;若不存在 $\lambda_j^* (j=1,2,\cdots,n)$,使 $\sum \lambda_j^* = 1$ 成立,则若 $\sum \lambda_j^* < 1$,那么 DMU_{j0} 为规模效益递增;若不存在 $\lambda_j^* (j=1,2,\cdots,n)$,使 $\sum \lambda_j^* = 1$ 成立,则若 $\sum \lambda_j^* > 1$,那么 DMU_{j0} 为规模效益递减。

技术有效:输出相对输入而言已达最大,即该决策单元位于生产函数的曲线上。

规模有效:指投入量既不偏大,也不过小,是介于规模收入收益由递增到递减之间的状态,即处于规模收益不变的状态。

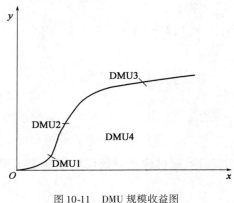

图 10-11 DMU 规模收益图

如图 10-11 所示,DMU1、DMU2、DMU3 都处于技术有效状态;DMU1 不为规模有效,实际上它处于规模收益递增状态;DMU3 不为规模有效,实际上它处于规模收益递减状态;DMU2 是规模有效的。如果用 DEA 模型来判断 DEA 有效性,只有 DMU2 对应的最优值 $\theta^0 = 1$。可见,在 C^2R 模型下的 DEA 有效,其经济含义是:既为"技术有效",也为"规模有效"。

三、模糊集综合评价方法

1. 模糊集基本概念

(1) 模糊集的概念

普通集合可以表达概念,如{1,2,…}表达了自然数这一概念。但普通集合不能表达所有的概念。例如"好""较好""适当"……就不能用普通集合表达,因为这种概念具有一种外延的不确定性。当对一个技术方案进行评价时,有时很难做出肯定或否定的回答,比如在"较好"和"一般"之间就没有一个确定的界限。这种概念外延的不确定性称为模糊性。要表达这些模糊概念,以解决具有模糊性的实际问题,就必须把普通集合的概念加以推广,这就是模糊子集(简称模糊结合)。

(2) 模糊矩阵的概念及运算

①模糊矩阵。矩阵 $r_{ij} = (r_{ij})_{n \times m}$ 称为一个模糊矩阵,对于任意的 $i \leq n$ 及 $j \leq m$ 都有 $r_{ij} \in [0,1]$。

②模糊矩阵的合成。模糊矩阵合成的定义:一个 n 行 m 列的模糊矩阵 $Q = (q_{ij})_{n \times m}$,对一个 m 行 l 列的模糊矩阵 S,S 的第 i 行第 k 列的元素等于 Q 的第 i 行元素与 R 的第 k 列元素的对应元素两两取小者,然后再在所得的结果中取较大者,即:

$$S_{ik} = \bigvee_{j=1}^{m}(q_{ij} \wedge r_{jk}) \qquad (1 \leq i \leq n, 1 \leq k \leq l)$$

式中:∨、∧——扎德算子,"∨"表示取最大,"∧"表示取最小。

S——Q 对 R 的模糊乘积。

③隶属度的概念。

隶属度表示某一元素属于某模糊子集的程度。隶属度的定义为对论域的每个元素 u_0 在闭区间[0,1]中给出一个对应的数学指标,用以表明 u_0 对模糊子集 $\tilde{A}_*$ 的隶属度,并用 $\mu_{\tilde{A}_i}(u_0)$ ($i \in \{1,2,\cdots,n\}$)表示。

所有隶属度均满足:

$0 \leq \mu_{\tilde{A}_i}(u_0) \leq 1$。

$\mu_{\tilde{A}_i}(u_0)$ 越大,u_0 对 $\tilde{A}_*$ 的隶属程度越高。

$\mu_{\tilde{A}_i}(u_0) = 1$,表示 u_0 肯定属于 $\tilde{A}_*$。

$\mu_{\tilde{A}_i}(u_0) = 0$,表示 u_0 肯定不属于 $\tilde{A}_*$。

2. 模糊综合评价

模糊综合评价就是一个模糊变换,其模型可分为一级模型和多级模型。

(1) 一级模型

利用一级模型进行模糊综合评价的步骤大致如下:

①确定评价指标的因素集。确定评价对象因素集 $X = \{x_1, x_2, \cdots, x_n\}$,即评价指标体系。

例如:对员工的表现,需要从多个方面进行综合评判,如员工的工作业绩、工作态度、沟通能力、政治表现等。所有这些因素构成了评价指标体系集合,即因素集,记为 $U = \{u_1, u_2, \cdots, u_n\}$。

②确定评语集。由于每个指标的价值的不同,往往会形成不同的等级。如对工作业绩的评价有好、较好、中等、较差、很差等。由各种不同决断构成的集合被称为评语集,记为 $V = \{v_1, v_2, \cdots, v_n\}$。

③确定各因素的权重。一般情况下,因素集中的各因素在综合评价中所起的作用是不相同的,综合评价结果不仅与各因素的评价有关,而且在很大程度上还依赖于各因素对综合评价所起的作用,这就需要确定一个各因素之间的权重分配,它是 u 上的一个模糊向量,记为 $A = \{a_1, a_2, \cdots, a_n\}$。其中,$a_i$ 表示第 i 个因素的权重且满足 $\sum_{i=1}^{n} a_{ij} = 1$。确定权重的方法很多,例如 Delphi 法、加权平均法、众人评估法等。

④确定模糊综合判断矩阵。对指标 u_i 来说,对各个评语的隶属度为 V 上的模糊子集。对指标 u_i 的评判记为 $R_i = \{r_{i1}, r_{i2}, \cdots, r_{im}\}$。各指标的模糊综合判断矩阵为:

$$\underset{\sim}{R} = \begin{pmatrix} r_{11} & r_{12} & \cdots & r_{1m} \\ r_{21} & r_{22} & \cdots & r_{2m} \\ \vdots & \vdots & \vdots & \vdots \\ r_{n1} & r_{n2} & \cdots & r_{nm} \end{pmatrix}$$

它是一个从 U 到 V 的模糊关系矩阵。

⑤综合评判。如果有一个从 U 到 V 的模糊关系 $R = (r_{ij})_{n \times m}$,那么利用 R 就可以得到一个模糊变换。

$$TR: F(U) \to F(V)$$

由此变换,就可得到综合评判结果 $B = AR$。

综合后的评判可看作是 V 上的模糊向量,记为 $B = \{b_1, b_2, \cdots, b_m\}$。

【例 10-9】 某运输企业对员工的年终综合评定。由于考核的目的、考核对象、考核范围等的不同,考核的具体内容也会有所差别。有的考核,涉及的指标较少,有些考核,又包含了非常全面丰富的内容,需要涉及很多指标。企业可以根据需要,在指标个数较少的考核中,运用一级模糊综合评价对员工做年终综合评定。

解 (1)取因素集

$$U = \{政治表现 u_1, 工作能力 u_2, 工作态度 u_3, 工作成绩 u_4\}$$

(2)取评语集

$$V = \{优秀 v_1, 良好 v_2, 一般 v_3, 较差 v_4, 差 v_5\}$$

(3)确定各因素的权重

$$A = (0.25, 0.2, 0.25, 0.3)$$

(4)确定模糊综合评判矩阵,对每个因素 u_i 作出评价。

①u_1 由群众评议打分来确定。

$$R_1 = (0.1, 0.5, 0.4, 0, 0)$$

上面的式子表示,参与打分的群众中,10% 的人认为政治表现优秀,50% 的人认为政治表现良好,40% 的人认为政治表现一般,认为政治表现较差或差的人为 0,用同样方法对其他因素进行评价。

②u_2、u_3 由部门领导打分来确定。

$$R_2 = (0.2, 0.5, 0.2, 0.1, 0) \qquad R_3 = (0.2, 0.5, 0.3, 0, 0)$$

③ u_4 由考核组成员打分来确定。
$$R_4 = (0.2, 0.6, 0.2, 0, 0)$$

以 R_i 为第 i 行构成评价矩阵：

$$R_1 = \begin{pmatrix} 0.1 & 0.5 & 0.4 & 0 & 0 \\ 0.2 & 0.5 & 0.2 & 0.1 & 0 \\ 0.2 & 0.5 & 0.3 & 0 & 0 \\ 0.2 & 0.6 & 0.2 & 0 & 0 \end{pmatrix}$$

它是从因素集 U 到评语集 V 的一个模糊关系矩阵。

(5) 模糊综合评价。进行矩阵合成运算

$$B = AR = (0.25 \quad 0.2 \quad 0.25 \quad 0.3) \begin{pmatrix} 0.1 & 0.5 & 0.4 & 0 & 0 \\ 0.2 & 0.5 & 0.2 & 0.1 & 0 \\ 0.2 & 0.5 & 0.3 & 0 & 0 \\ 0.2 & 0.6 & 0.2 & 0 & 0 \end{pmatrix}$$

$$= (0.175 \quad 0.53 \quad 0.275 \quad 0.02 \quad 0)$$

取数值最大的评语作为综合评判的结果，则评判结果为"良好"。

(2) 多级模型

利用多级模型进行模糊综合评价的一般步骤：

① 将因素集 X 分成若干子集。因素集 X 按某种属性分成 s 个子集，记作：

$$X_1, X_2, \cdots, X_s$$

满足 $\bigcup\limits_{i=1}^{s} X_i = X$，$X_i \cap X_j = \phi$ ($i \neq j$)。$\cup$、$\cap$ 分别为集合运算中并和交的运算符号，ϕ 表示空集，即 X_i 与 X_j 不相交。

设每个子集 $X_i = \{X_{i1}, X_{i2}, \cdots, X_{in_i}\}$ ($i = 1, 2, \cdots, s$)，则：

$$\sum_{i=1}^{s} n_i = n$$

式中：n——因素集中的全部因素项目。

② 对每个子集 X_i 利用一级模型分别进行模糊综合评价。假定评价集 $Y = \{y_1, y_2, \cdots, y_m\}$，$X_i$ 中的各指标的权重分配为 $A_i = (a_{i1}, a_{i2}, \cdots, a_{in_i})$，这里只要求 $\sum\limits_{i=1}^{s} a_{ij} = 1$。$X_i$ 的单因素模糊评价矩阵为 R_i，于是第一级模糊综合评价为：

$$B = A \cdot R = (b_{i1}, b_{i2}, \cdots, b_{im}) \quad (i = 1, 2, \cdots, s)$$

③ 进行多级模糊综合评价。将每个 X_i 当作一个因素对待，用：

$$R = \begin{pmatrix} B_1 \\ B_2 \\ \vdots \\ B_s \end{pmatrix} = (b_{ij})_{s \times m}$$

作为 ($X_1, X_2, \cdots, X_s$) 的单因素模糊评价矩阵，而每个 X_i 作为 X 中的一部分，反映 X 的某种属性，并按相对重要性给出权重分配 $A = (A_1^*, A_2^*, \cdots, A_s^*)$，于是二级模糊综合评价为 $B =$

$A \cdot R$。二级模糊综合评价的模型框图如图 10-12 所示。

对于三级、四级以至更多级的模糊综合评价,均是在 R_i 的基础上再细分来完成的。此时可将指标利用模糊聚类分析先进行分类,然后从最低一级评价逐步做到最高一级评价,从而得出结论。

现将前面所述部门员工的年终评定问题改为多级模型来解决。

假定按某种属性将如表 10-19 所示。将根据该部门工作人员的工作性质,将 18 个指标分成工作绩效(U_1)、工作态度(U_2)、工作能力(U_3)和学习成长(U_4)这 4 个子因素集。

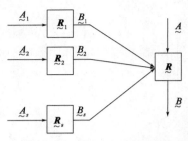

图 10-12 二级模糊综合模型评价框图

员工考核指标体系及考核表　　表 10-19

一级指标	二级指标	评价				
		优秀	良好	一般	较差	差
工作绩效	工作量	0.8	0.15	0.05	0	0
	工作效率	0.2	0.6	0.1	0.1	0
	工作质量	0.5	0.4	0.1	0	0
	计划性	0.1	0.3	0.5	0.05	0.05
工作态度	责任感	0.3	0.5	0.15	0.05	0
	团队精神	0.2	0.2	0.4	0.1	0.1
	学习态度	0.4	0.4	0.1	0.1	0
	工作主动性	0.1	0.3	0.3	0.2	0.1
	满意度	0.3	0.2	0.2	0.2	0.1
工作能力	创新能力	0.1	0.3	0.5	0.1	0
	自我管理能力	0.2	0.3	0.3	0.1	0.1
	沟通能力	0.2	0.3	0.35	0.15	0
	协调能力	0.1	0.3	0.4	0.1	0.1
	执行能力	0.1	0.4	0.3	0.1	0.1
学习特长	勤情评价	0.3	0.4	0.2	0.1	0
	技能提高	0.1	0.4	0.3	0.1	0.1
	培训参与	0.2	0.3	0.4	0.1	0
	工作提案	0.4	0.3	0.2	0.1	0

设专家设定指标权重,一级指标权重为:

$$A = (0.4, 0.3, 0.2, 0.1)$$

二级指标权重为:

$$A_1 = (0.2, 0.3, 0.3, 0.2)$$
$$A_2 = (0.3, 0.2, 0.1, 0.2, 0.2)$$
$$A_3 = (0.1, 0.2, 0.3, 0.2, 0.2)$$
$$A_4 = (0.3, 0.2, 0.2, 0.3)$$

对各个子因素集进行综合评判：
$$B_1 = A_1 \cdot R_1 = (0.39, 0.39, 0.17, 0.04, 0.01)$$
$$B_2 = A_2 \cdot R_2 = (0.025, 0.33, 0.235, 0.125, 0.06)$$
$$B_3 = A_3 \cdot R_3 = (0.15, 0.32, 0.355, 0.115, 0.06)$$
$$B_4 = A_4 \cdot R_4 = (0.27, 0.35, 0.26, 0.1, 0.02)$$

这样，二级综合评判为：
$$B = A \cdot R = (0.4 \quad 0.3 \quad 0.2 \quad 0.1) \begin{pmatrix} 0.39 & 0.39 & 0.17 & 0.04 & 0.01 \\ 0.25 & 0.33 & 0.235 & 0.125 & 0.06 \\ 0.15 & 0.32 & 0.355 & 0.115 & 0.06 \\ 0.27 & 0.35 & 0.26 & 0.1 & 0.02 \end{pmatrix}$$
$$= (0.288 \quad 0.354 \quad 0.2355 \quad 0.0865 \quad 0.036)$$

根据最大隶属度原则，认为对该员工的评价为良好。同理可对该部门其他员工进行考核。

模糊综合评价法的一级模糊综合评判和多层次模糊综合评判在实践中取得了良好的效果，它将定性分析和定量分析很好地结合起来，为人事考核工作等的量化提供了一个新的思路。

3. 模糊综合评价法的特点

模糊综合评价法的特点主要体现在以下几个方面：

（1）评价结果是一个向量，向量在信息的质和量上都有优势。能够较为准确地刻画事物本身的模糊情况，而且模糊综合评价结果可以通过再加工，得到一系列参考综合价值，如评价对象的对应等级等。

（2）模糊综合评价从层次角度分析复杂事物。能够更清晰地体现出不同指标的差异性，将所有指标分层处理，使得每个层次内指标较少，而且重要程度差异也比较容易确定，因此，层次越多、结构越复杂的事物，应用多层次模糊综合评价效果就越理想。

（3）模糊综合评价方法在主观指标的评价具有优势。有很多指标属性的度量是无法明确的，模糊综合评价借助一个模糊数来表示，发挥模糊方法的独特作用，使评价效果更优。

（4）权重可灵活调整。可根据评价者的着眼点不同，改变评价指标的权重，或者同时用几套不同的权重对同一被评价对象进行综合评价。

四、Delphi 法（专家意见法）

Delphi 法是根据问题函请相关领域的专家，将专家提出的意见加以综合、整理、归纳，以匿名方式将结果反馈给专家并再次征询意见，经过多轮反复，直到意见趋于集中，从而得到较为一致的、可靠性较高的意见。

1. Delphi 法的基本理论

20 世纪 40 年代，德尔菲法（Delphi Method，也称专家意见法）由 O·赫尔姆和 N·达尔克提出，经过 T·J·戈登和兰德公司进一步发展而成。1946 年，兰德公司首次用 Delphi 法进行预测，并被广泛采用。

其大致流程是：德尔菲预测法是预测部门根据预测目的、要求，设计意见咨询表，有选择地聘请专家，向他们提供与预测问题有关的情况和资料，发放征询表，要求专家根据自己的经验进行判断，对征询表的问题作出回答。预测人员把每一轮征询表收回后，将各位专家的意见归纳、整理，并编制第二轮意见征询表，再发给各位专家，使他们能把自己的判断和他人的意见进行比较,修正自己的判断。这样,经过几轮的意见反馈,当各专家的意见比较统一以后,调查即结束。最后,进行意见汇总、统计、计算、分析、整理成预测报告。因此,德尔菲的预测步骤是用"轮"来描述的。德尔菲法的实施步骤为:

第一步:拟定决策提纲。就是首先确定决策目标,如设计出专家应回答问题的调查表;对判断的依据和判断的影响程度做出说明;对决策问题熟悉程度做出估计。

第二步:专家的选择。这是德尔菲法的关键。所选择的专家一般是指有名望的或者从事该工作几十年的有关方面的专家。

第三步:提出预测和决策。发函或请个别谈,要求每位专家提出自己决策的意见和依据,并说明是否需要补充资料。

第四步:修改决策。决策的组织者将第一次决策的结果和资料进行综合整理、归纳,使其条理化,再反馈给有关专家,据此提出修改意见和提出新的要求。

第五步:确定决策结果。经过专家们几次反复修改的结果,根据全部资料,确定出专家趋于一致的决策意见。

Delphi 法只能用于历史资料不多的情况下对未来的预测,要想得到较为精确的估计还需利用概率估计或模糊数学等其他方法来进行的量化。这类方法简单且易于使用,但主观性太强,逻辑思维的局限性会影响最终的结果,因此往往用于一些不太复杂的对象系统的评价和对比。预测需要的时间较长,所以适用于中、长期预测。

2. Delphi 法实例

某港区现有泊位数不敷使用,计划扩建。为对该项目进行可行性研究,须对未来的运量情况进行预测。邀请 4 位经济学家、3 位研究人员、4 位领导人员、6 位业务管理人员、3 位用户代表分别对最高货船量、最可能货船量和最低货船量三种情况进行预测。预测方法采用德尔菲法进行。经过三轮的意见反馈,得到货船量预测统计结果,第三轮的统计结果如表 10-20 所示。

货船量预测统计表　　　　表 10-20

专家组成员		第 一 轮			第 二 轮			第 三 轮		
		最低货船量	最可能货船量	最高货船量	最低货船量	最可能货船量	最高货船量	最低货船量	最可能货船量	最高货船量
经济学家	A	100	240	340	100	280	320	100	300	320
	B	140	200	300	140	200	300	140	200	300
	C	200	240	280	160	200	240	200	280	300
	D	20	48	148	36	88	188	36	164	188
研究人员	A	120	220	340	140	200	280	100	200	300
	B	160	220	320	140	180	280	100	140	240
	C	40	100	220	88	140	240	80	140	240
领导人员	A	60	180	240	80	176	240	88	180	240
	B	76	88	124	88	112	136	88	112	136
	C	80	120	180	88	136	176	88	136	176
	D	64	88	124	68	100	124	112	148	248

续上表

专家组成员		第 一 轮			第 二 轮			第 三 轮		
		最低货船量	最可能货船量	最高货船量	最低货船量	最可能货船量	最高货船量	最低货船量	最可能货船量	最高货船量
业务管理人员	A	80	140	200	80	140	200	100	180	200
	B	80	140	220	80	140	220	120	200	240
	C	90	130	210	85	140	210	85	140	210
	D	85	140	230	85	130	230	85	130	200
	E	90	160	220	90	160	220	90	160	230
	F	85	150	200	85	140	210	80	150	220
用户代表	A	30	70	100	40	100	120	40	110	140
	B	220	250	300	180	220	280	160	220	260
	C	70	140	280	80	150	250	80	150	225
合计								1972	3440	4613

根据统计表可以采用适当的计算方法求出需要预测的货船量,如用平均数和中位数预测(还可用加权平均进行预测)。

(1)用平均数求解,具体计算为:

$$最低货船量平均数 = 1972 \div 20 = 99(艘)$$
$$最可能货船量平均数 = 3440 \div 20 = 172(艘)$$
$$最高货船量平均数 = 4613 \div 20 = 231(艘)$$
$$第四年每月到港货船量 = (99 + 172 + 231) \div 3 = 167(艘)$$

(2)用中位数求解:

$$最低货船量中位数 = 95(艘)$$
$$最可能货船量中位数 = 155(艘)$$
$$最高货船量中位数 = 223(艘)$$
$$所求货船预测量:(95 + 155 + 223) \div 3 = 158(艘)$$

五、BP 神经网络预测与评价方法

随着计算机技术的发展,按照预先编制的程序机械地运行已经不能满足人们的需求。因此,从模仿人脑智能的角度出发,构造了一种大量连接的并行分布式的处理器,即人工神经网络。神经网络能够自动地从数据样本中学习以前的经验而无需复杂的查询和表述过程,并能够自动地逼近那些最佳刻画了样本数据规律的函数,揭示出数据样本中所蕴含的非线性关系,神经网络的这种非线性映射能力及对任意函数的一致逼近性能,在模式识别与图像处理、控制系统设计、市场预测管理和通信技术等方面得到广泛应用。

1. 神经网络的基本理论

最早对神经系统中的神经元建模的是美国心理学家 W. McCulloch 和数学家 W. Pitts,他们在分析和研究人脑细胞神经元后发现,人脑神经元的活动像一个通断的开关,为此他们引入了阶跃阈值函数,并用电路构成简单的神经网络模型,这就是后来的 BP 模型,其结构如图 10-13 所示。

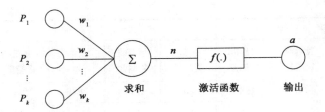

图 10-13　MP 神经元结构模型

MP 神经元结构模型包括：一组连接权 P_j，连接强度受各连接上的权值控制，权值 w_j 为正表示激励，为负表示抑制；求和单元 Σ 用于求取各输入信息的加权和；非线性激励函数 $f(.)$ 起非线性映射作用并限制神经元输出范围（一般为 $[0,1]$ 或 $[-1,+1]$）；阈值 θ_k。神经元 k 的输出公式为式(10-32)：

$$y_k = \varphi(\sum_{j=1}^{r} w_j p_j - \theta_k) = \begin{cases} 1, & v_k \geq 0 \\ 0, & v_k < 0 \end{cases} \tag{10-32}$$

式中：$v_k = \sum_{j=1}^{r} w_j p_j - \theta_k$。

BP 神经网络评价原理：输入信号 A^k 通过中间节点（隐含点）作用于输出节点，经过非线性变换，产生输出信号 C^k，对于期望输出 Y^k，通过调节输入节点与隐含节点的连接强度 W^{ij} 和隐含层节点与输出节点之间的连接强度 V^{ji} 以及阈值，使误差沿梯度方向减小，确定与误差相对应的网络参数（权值和阈值）。

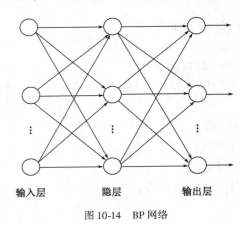

图 10-14　BP 网络

由 MP 神经元构成的 BP 网络（Back Propagation）通常是基于误差方向的传播算法，可以把神经元表示函数连接的节点组成的有向图，如图 10-14 所示。BP 网络由输入层、隐层和输出层组成，第 i 层输入只与第 $i-1$ 层输出相连，如图 10-13 所示。主要是反映函数映射关系，可用于模式识别和函数逼近。设第 $k-1$ 层中第 i 个神经元的输入为 $y_i^{(k-1)}$，输出为 $y_j^{(k)}$，则输入与输出的关系表示为式(10-33)。

$$y_j^{(k)} = f\left[\sum_{i=1}^{N_{k-1}} w_{ij}^{(k-1)} y_i^{(k-1)} - \theta_j^{(k)}\right] \tag{10-33}$$

式中：$w_{ij}^{(k-1)}$——第 $k-1$ 层第 i 个神经元到第 k 层的第 j 个神经元的连接权值；

　　　N_k——第 k 层神经元的数目；

　　　$f(x)$——神经元的传递函数。

2. 学习方法

神经网络是通过调节自身参数随时间逐步达到的，按环境提供信息量的多少，学习方式可分为监督学习、非监督学习和再励学习。

监督学习需要给定一组输入-输出相对应的训练样本集（即给出正确的答案），学习系统根据已知输出与输入之间的差值来调节系统参数；非监督学习是系统通过自组织，完全按照环境提供数据的某些统计规律来调节自身参数或结构，表示外部输入的特征；再励学习介于以上两种情况之间，外部环境对输出结果只给出评价信息而非正确答案，学习系统通过评价改善自身性能。

同时，神经网络拥有自适应能力，即当系统的稳定状态发生变化时，神经网络对每一不同输入都作为一个新例子来对待，重复学习。

3. 基于BP神经网络城市生态系统评价案例

（1）待评价城市

现将与样本城市具有生态交通竞争关系的珠海市为例，运用建立好的BP神经网络模型对其城市生态交通水平进行评价。

珠海是珠江三角洲南端的一个重要城市，位于广东省珠江口的西南部，它是中国的五个经济特区之一，人口156.02万人（2010年人口普查统计），珠海为珠江口西岸的核心城市，新型花园城市，珠海属国家新颁布的"幸福之城"，具有"浪漫之城"的称号。玉溪市位于云南省中部，人口213万，因粮食高产，烟叶质地优良而享有"滇中粮仓""云烟之乡"的美誉，被授予"中国十佳休闲宜居生态城市"的称号，2010年又被命名为国家园林城市，2011年被命名为国家卫生城市。日照市是山东省的一个地级市，位于中国大陆沿海中部，山东东南部，黄海之滨，是山东半岛的南翼。日照是一座新兴的沿海港口城市，被称为生态宜居家园，并获得联合国人居奖，被称为中国金融生态城市水上运动之都。海口市，海南省省会，人口204万人，它有"十佳城市""国家环境保护模范城市""国家园林城市"等美誉，曾荣获"中国人居环境奖"。

由上可得四个城市规模相当，并都以生态宜居作为自己的主要发展目标，因此在城市生态交通建设方面具有很强的竞争关系，为有效指导其生态交通发展战略，有必要对他们的城市生态交通状况进行评价。

根据前文建立的城市生态交通评价指标体系，收集相关城市的生态交通评价指标数据如表10-21所示。

相关城市原始指标数据　　　　　　　　　　　　　表10-21

准则层	指 标 层	原 始 数 据			
		海口市	日照市	珠海市	玉溪市
B1 完善的交通体系	C1 居民90%出行时耗(min)	36	37	32	33
	C2 万人公交车标台数(标台/万人)	12	14.3	15.8	9.3
	C3 公交站台500覆盖率(%)	90	91	91	87
	C4 平均换乘系数(次)	1.2	1.6	1.7	1.2
	C5 公交出行比例(%)	18.6	17.2	16.5	17.6
	C6 中心区停车泊位供需比	0.2	0.5	0.3	0.4
	C7 主干道平均车速(km/h)	28	30	30	27
	C8 干道D级以下服务水平比重(%)	21	25	22	23
	C9 城市道路网密度(km/km)	6.5	5.2	7.5	4.6
	C10 人均道路面积(%)	6.45	24.5	22.6	8.15
	C11 城市道路网连通度	63	60	65	63
	C12 交通管理信息化水平(%)	82	77	81	76
	C13 城市交通专门人才比例(%)	64	63	66	69

续上表

准则层	指标层	原始数据			
		海口市	日照市	珠海市	玉溪市
B2 安全的交通网络	C14 事故应对能力	82	84	86	79
	C15 群众对交警工作的满意率	82	83	86	76
	C16 警力服务密度(人/万车公里)	—	—	—	—
	C17 交通安全协调系数(人)	3.77	4.5	4.1	5.4
B3 健康的交通环境	C18 城市交通用地消耗比重(%)	2.86	1.5	1	0.98
	C19 交通环保投资占 GDP 比重(%)	0.8	0.7	1	0.8
	C20 清洁能源使用替代率(%)	1.3	1.3	1.2	1.9
	C21 城市绿地覆盖率(%)	37	43	42.1	40.2
	C22 大气影响协调系数(%)	0.74	0.7	0.66	0.71
	C23 燃油消耗协调系数(%)	0.6	0.5	0.4	0.7
B4 协调的交通景观	C24 历史文化自然景观保护率(%)	0.95	0.92	0.93	0.9
	C25 季相数	0.75	0.75	0.75	0.5
	C26 景观敏感度	0.5	0.5	0.5	0.75
	C27 观赏度	0.75	0.75	0.5	0.5
B5 公平的交通文化	C28 交通法规保障能力(%)	78	82	79	78
	C29 城市交通科技进步率(%)	42	47	39	42
	C30 行车舒适度(%)	75	71	68	72

(2)城市生态系统评价具体过程

首先将数据用 MATLAB 软件中 tramnmx 函数归一化。tramnmx 函数是将新的样本用于已经训练好的网络时进行归一化的函数,它的调用格式为:

$$[\text{pln}] = \text{tramnmx}(\text{pl}, \min p, \max p) \qquad (10\text{-}34)$$

式中:pln——归一化后的样本数据值;

pl——新的样本数据值。

将城市原始数据归一化后,输入前面训练好的 BP 神经网络,得到的结果再经 MATLAB 软件中的 postmnmx 函数进行反归一化运算后,得到四个城市生态交通水平分值排名结果,见表 10-22。

神经网络输出值 表 10-22

城市	玉溪市	海口市	珠海市	日照市
神经网络输出值	77.39	86.84	79.13	80.63

(3)实例评价结果分析

从评价结果来看,四个城市生态交通水平排名为:海口、日照、珠海、玉溪,其中珠海和日照生态交通水平比较接近,它们相比于海口的劣势则比较明显。

六、多方法结合使用——SWOT 分析方法和熵权决策理论

1. SWOT 分析法

SWOT 分析法又称为态势分析法,是由旧金山大学的管理学教授于 20 世纪 80 年代初提出来的,是一种能够较客观而准确地分析和研究一个单位或系统现实情况的方法。"SWOT"四个英文字母分别代表:优势(Strength)、劣势(Weakness)、机会(Opportunity)、威胁(Threat)。从整体上看,SWOT 可以分为两部分:第一部分为 SW,主要用来分析内部条件;第二部分为 OT,主要用来分析外部条件。利用这种方法可以从中找出对自己有利的、值得发扬的因素,以及对自己不利的、要避开的东西,发现存在的问题,找出解决办法,并明确以后的发展方向。根据这个分析,可以将问题按轻重缓急分类,明确哪些是目前亟待解决的问题,哪些是可以稍微拖后的事情,哪些属于战略目标上的障碍,哪些属于战术上的问题,并将这些列举出来,依照矩阵形式排列,然后用系统分析的思想,把各种因素相互匹配起来加以分析,从中得出一系列相应的结论,而结论通常带有一定的决策性,有利于领导者和管理者做出较正确的决策和规划。

(1) SWOT 法的基本原理

SWOT 分析模式提出了由上述四种因素交叉结合生成的四种新的关系概念:杠杆效应(L)、抑制性(C)、脆弱性(V)和问题性(P)。这八种主要因素相互作用影响,从而对系统的发展构成巨大影响。具体分析如图 10-15 所示。

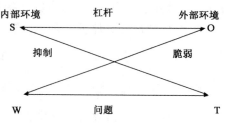

图 10-15 内部因素与外部环境分析

S + O = SO
优势 + 机遇 = 杠杆效应
战略:把握机遇,发挥优势,全面发展

W + O = WO
劣势 + 机遇 = 抑制
战略:追加资源,变劣势为优势

W + T = WT
劣势 + 威胁 = 问题
战略:追本溯源,解决问题

T + S = TS
威胁 + 优势 = 脆弱
战略:优化系统,克服威胁,发挥优势

(2) SWOT 分析法的应用步骤

SWOT 分析就是用矩阵分析法对系统内部的优势与劣势,外部的机遇与竞争情况等进行客观的评价,定量内外部的影响因素,结合现状,制订最适应的发展战略与模式选择策略。具体包括:

① 系统发展的环境因素分析。运用各种调查研究方法,分析出系统所处的各种环境因素,即外部环境因素和内部能力因素。

② 建立内、外部因素评价矩阵,构造 SOWT 分析矩阵。将调查得出的各种因素根据轻重缓急或影响程度等排序方式,构造 SWOT 矩阵。

③ 制订发展策略和行动计划。在完成环境因素分析和 SOWT 矩阵的构造之后,便可以制订处相应的行动计划。制订计划的基本思路是:发挥优势因素,克服弱点因素,利用机会因素,化解威胁因素。运用系统分析的综合评价方法,将排列与考虑的各种环境因素相互匹配起来加以组合,得出一系列统计未来发展的可选择对策。

2. 熵权决策理论

熵(Entropy)的概念源于热力学。按照熵的思想,人们在评估决策中获得信息的多少是评估精度和可靠性的决定因素之一。信息熵是系统无序程度(或系统中数值离散程度)的一种度量,当系统处于 n 种不同的状态,状态概率为 $P(i=1,2,\cdots,n)$ 时,则系统熵的表达式为:

$$E(P_1,P_2,\cdots,P_n) = -k\sum_{i=1}^{n}P(x_i)\ln P(x_i) \tag{10-35}$$

式中:E——熵;
  k——玻尔兹曼常量;
  x_i——第 i 个状态值;
  $P(x_i)$——出现第 i 个状态值的概率。

对于一个决策问题,假设有 m 个评价指标、n 个被评价方案[简称(m,n)评价问题],有指标判断矩阵 $\boldsymbol{R'} = \{r'_{ij}\}_{m\times n}(i=1,2,\cdots,m;j=1,2,\cdots,n)$,经过规范化处理后得到 $\boldsymbol{R} = \{r_{ij}\}_{m\times n}$,式中,$r_{ij}$ 为 j 个评价方案在指标 i 上的值,$r_{ij}\in[0,1]$。

定义1:在(m,n)评价问题中,第 i 个评价指标的熵定义为:

$$E_i = -k\sum_{i=1}^{n}P_{ij}\ln P_{ij} \tag{10-36}$$

式中,$P_{ij} = r_{ij}\Big/\sum_{j=1}^{n}r_{ij}$,$k = \dfrac{1}{\ln n}$,并假定,当 $P_{ij}=0$ 时,$P_{ij}\ln P_{ij} = 0$。

定义2:在(m,n)评价问题中,第 i 项指标的熵权定义为:

$$\omega_i = \frac{1-E_i}{m-\sum_{i=1}^{m}E_i} \tag{10-37}$$

对于有 m 个评价指标、n 个被评价对象的方案评估问题,应用熵权决策法的主要过程如下:

(1)确定方案优先级的评价指标。

(2)确定多方案关于多指标的非模糊评价矩阵 $\boldsymbol{R'}$,并对矩阵 $\boldsymbol{R'}$ 进行标准化,得到标准化矩阵 $\boldsymbol{R}$。

(3)按照式(10-36)、式(10-37)计算各指标的熵值和熵权值。

(4)对矩阵 $\boldsymbol{R}$ 加熵权 E_i 进行规格化,得到属性矩阵 $\boldsymbol{B}$:

$$\boldsymbol{B} = \begin{pmatrix} b_{11} & \cdots & b_{1n} \\ \vdots & & \vdots \\ b_{m1} & \cdots & b_{mn} \end{pmatrix} = \begin{pmatrix} E_1 r_{11} & \cdots & E_1 r_{1n} \\ \vdots & & \vdots \\ E_m r_{m1} & \cdots & E_m r_{mn} \end{pmatrix}$$

(5)求理想点:$P^* = (P_1^*,P_2^*,\cdots P_m^*)$,式中 $P^* = \max\{b_{ij}\}(i=1,2,\cdots,m;j=1,2,\cdots,n)$。负理想点:$P_* = (0,0,\cdots,0)^T$。

(6)计算被评对象到理想点 P^* 的距离:

$$d_j^* = \sqrt{\sum_{i=1}^{m}(b_{ij}-P_i^*)^2} \tag{10-38}$$

(7) 计算被评对象与理想点的贴近度：

$$T_j = \frac{(P^* - O_j)^\mathrm{T}(P^* - P_*)}{\|P^* - P_*\|} = \frac{(P^* - O_j)^\mathrm{T} P^*}{\|P^*\|^2} = 1 - \frac{O_j^\mathrm{T} P^*}{\|P^*\|^2} = 1 - \frac{\sum_{i=1}^{m} b_{ij} P_i^*}{\sum_{i=1}^{m} (P_i^*)^2} \tag{10-39}$$

式中，$O_j = (b_{1j}, b_{2j}, \cdots, b_{mj})^\mathrm{T}$，$T_j \in [0,1]$。

最后，根据算出的值对各方案进行排序，低值为先；若值相等，则以第6步中的公式加以区分，低值为先。

3. SWOT 分析与熵权决策在城间交通模式配置中的应用

(1) 应用基础

从协调发展的角度考虑，经济、社会和资源环境可以看作是城间交通发展的外部环境，像企业必须适应市场变化、与市场发展相协调一样，交通系统也必须与经济、社会、资源环境等的发展相协调，自身才能够得到不断的完善和发展。因此，SWOT 分析方法在城间交通模式配置方案及发展策略分析方面是完全可以应用的。

实践中，SWOT 分析法的应用往往带有较强的主观色彩，尤其是内、外部因素权重和评价值的确定往往依赖于专家法。从协调发展的要求来研究城间交通模式的配置，需要在客观分析内外部发展因素的基础上，尽可能做出科学合理的决策。在没有专家权重的情况下，熵权决策是一种基于客观熵权基础上的综合评价决策方法。因此，本书考虑将其与 SWOT 分析法相结合，来研究城间交通模式的配置方案及发展策略。

(2) 基本思路

大城市-卫星城间交通模式配置应在相关政策指导下，在各方面因素的限制和制约下，综合考虑现状及发展需要，考虑协调发展的要求和不同交通模式的特性，确定在城间交通模式配置方面所需采取的手段、方法和途径等。作为城间交通建设主体的政府，如何从协调发展的角度选择科学合理的交通模式配置方案和发展策略是本书研究的重点内容。研究思路如图 10-16 所示。

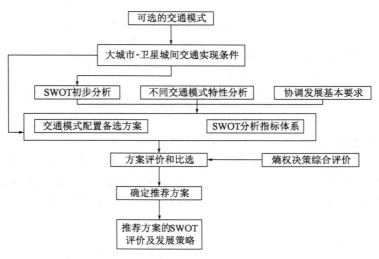

图 10-16 大城市-卫星城间交通模式配置研究思路

(3) 应用步骤

SWOT 分析与熵权决策相结合在大城市-卫星城间交通模式配置研究中的应用过程如下：

①结合大城市-卫星城间交通模式配置的主要影响因素分析,确定大城市-卫星城间交通模式选择应主要考虑的外部环境,分析其面临的机遇与挑战。

②在此基础上,考虑大城市-卫星城间现实的交通条件和不同交通模式特性,提出中心城市和卫星城(新城)间交通模式配置备选方案。

③从城间交通系统发展的内、外部因素出发,对交通模式配置中需重点考虑的内部优劣势和外部机遇、挑战等加以提炼,基于城间交通系统协调发展的要求,形成能够适用于 SWOT 分析和熵权决策的指标体系。结合协调发展的基本要求和关于系统协调发展状态评价的指标体系,同时考虑不同交通模式的特性,构建了如图 10-17 所示的指标体系。

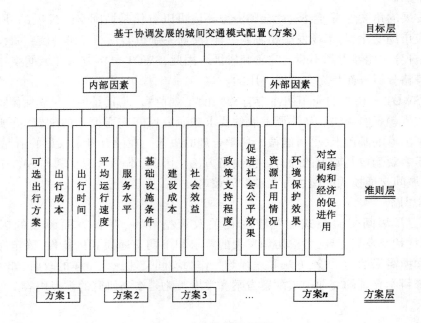

图 10-17　SWOT 分析及熵权综合评价的层次结构与指标体系

④相应于提出的指标体系和熵权决策过程,应用熵权决策法确定备选方案的优先级别和排序,提出最优的配置方案(或推荐方案)。

⑤建立推荐方案的 SWOT 分析矩阵,并根据分析结果,提出实现城间交通模式最优配置的发展策略。

(4) 分析测算过程

高陵是西安第三轮城市规划中规划的六个卫星城之一,位于西安市辖域北部,距离西安市中心区 42km。西安-高陵目前有高速公路相连,城间交通模式以私人小汽车和普通公交为主。高陵县城与火车站相距较远,旅客采用铁路出行相对不便,现有出行量极少。现以西安-高陵间交通模式配置为例。

①SWOT 初步分析及备选配置方案确定

西安-高陵交通模式配置相关因素(内外部环境)的初步分析如表 10-23 所示。

基于现状的西安-高陵交通模式配置因素分析   表10-23

内部因素		外部因素	
优势(S)	劣势(W)	机遇(O)	威胁(T)
城间有高速公路相连,且与主城的联系距离较短	公交通行能力低,服务水平差,仅有的一条公交线路拥挤不堪	城市有很强经济优势和优势度,与主城联系紧密,发展潜力大	行业发展相关政策变化(如土地利用政策)
具备建设BRT的基础设施条件和进一步发展城铁的基础	铁路距离县城较远,出行不便,且为过路车	经济与产业发展存在差异和互补,城间有较大交通需求	旅客对运输条件要求的提高
基本满足人们多样性的出行选择	高速公路收费对个体交通出行有一定影响	公交优先发展政策的实施	旅客出行观念和出行偏好的改变
公共交通有成本优势,可争取相当客源	人们出行选择相对单一	大容量公共交通建设与管理技术相对成熟	环境立法及可持续发展政策的实施

根据上述基于现状的 SWOT 分析,结合不同交通模式的特性,拟定三种交通模式配置方案:

方案一:小汽车 + 普通公交 + 快速公交(BRT);
方案二:小汽车 + 普通公交 + 轻轨;
方案三:小汽车 + 普通公交 + 市郊铁路。

②SWOT 分析与熵权决策评价指标的计算

针对上述方案,计算分析可得如图 10-18 所示指标体系中部分指标的属性值(主要是内部因素指标)。对其他难以量化的指标,则采用专家打分法确定,评估采用差、较差、中等、较好、好五个等级,其对应的打分情况分别为 1、2、3、4、5。最终得到各指标的属性值如表 10-24 所示。

SWOT 分析及熵权决策评价准则信息   表10-24

类型	指标	方案一	方案二	方案三
内部因素	可选出行模式	3	3	3
	平均出行成本(元)	7.16	8.15	8.95
	平均出行时间(min)	76.33	77.23	76.19
	平均运行速度(km/h)	57.54	57.42	61.82
	服务水平(V/C)	0.81	0.71	0.65
	基础设施建设条件	1	0	4
	平均年度建设成本(亿元)	0.1	1.605	0.724
	社会效益	3	4	4
外部环境	政府支持程度	5	4	4
	促进社会公平的效果	5	4	4
	资源占用情况(耕地)	0.68	0.40	0.15
	环境保护效果	3	4	5
	对空间结构和经济的促进作用	3	4	5

③基于熵权决策的方案评价与优选

根据熵权决策过程对上述三个方案进行评价,具体如下:

a. 对表 10-24 的数值进行标准化处理,得到 3 个方案的标准化矩阵 R。案例中采用的标准化方法如下式所示,从而得到矩阵 R。

$$r_{ij} = \frac{r'_{ij}}{\max_j r'_{ij}}, i \in I_1 (I_1 为效益型指标)$$

$$r_{ij} = \frac{\min_j r'_{ij}}{r'_{ij}}, i \in I_2 (I_2 为成本型指标)$$

$$R = \begin{pmatrix} 1 & 1 & 1 \\ 1 & 0.878528 & 0.8 \\ 0.998166 & 0.986534 & 1 \\ 0.930767 & 0.928826 & 1 \\ 0.25 & 0 & 1 \\ 1 & 0.062305 & 0.138122 \\ 0.75 & 1 & 1 \\ 1 & 0.8 & 0.8 \\ 1 & 0.8 & 0.8 \\ 0.220588 & 0.375 & 1 \\ 0.6 & 0.8 & 1 \\ 0.6 & 0.8 & 1 \end{pmatrix}$$

b. 计算各指标的熵值和熵权值,计算结果如表 10-25 所示。

各评价指标熵值及熵权 表 10-25

评价指标	可选出行模式	平均出行成本（元）	平均出行时间（min）	平均运行速度（km/h）	服务水平（V/C）	基础设施建设条件	平均年度建设成本（亿元）
熵	1	0.667636	0.666913	0.666987	0.334069	0.162491	0.364980
熵权	0	0.056418	0.056540	0.056528	0.113039	0.142164	0.107792

评价指标	社会效益	政策支持程度	促进社会公平效果	资源占用情况（耕地）	环境保护效果	对空间结构和经济促进作用	合计
熵	0.669672	0.334517	0.334517	0.576331	0.665369	0.665369	7.108851
熵权	0.056072	0.112963	0.112963	0.071916	0.056802	0.056802	1

c. 把熵权加入属性矩阵,得到加权规格化属性矩阵 B:

$$B = \begin{pmatrix} 0 & 0 & 0 \\ 0.056418 & 0.049564 & 0.045134 \\ 0.056437 & 0.055779 & 0.05654 \\ 0.052614 & 0.052504 & 0.056528 \\ 0.111644 & 0.113039 & 0.104965 \\ 0.035541 & 0 & 0.142164 \\ 0.107792 & 0.006716 & 0.014888 \\ 0.042054 & 0.056072 & 0.056072 \\ 0.112963 & 0.090371 & 0.090371 \\ 0.112963 & 0.090371 & 0.090371 \\ 0.015864 & 0.026969 & 0.071916 \\ 0.034081 & 0.045442 & 0.056802 \\ 0.034801 & 0.045442 & 0.056802 \end{pmatrix}$$

则理想点：$P^* = $（0,0.056418,0.05654,0.056528,0.113039,0.142164,0.107792, 0.056072,0.112963,0.112963,0.112963,0.071916,0.056802,0.056802）。

d. 计算各方案与理想点的距离和与理想点的贴近度及优选顺序，如表10-26所示。

各方案的距离、贴近度及优选顺序　　　　　　　　　　　　　　表10-26

评价指标	方案一	方案二	方案三
距离	0.125525	0.18382	0.099219
按距离的优序	2	3	1
贴近度	0.242832	0.438117	0.17643
按贴近度的优序	2	3	1

根据计算结果，将方案三作为推荐方案，方案一作为备用方案。

④ 基于SWOT分析矩阵的交通模式配置策略

对于推荐方案，将各指标熵权按内部因素和外部因素进行归一化处理后，分别得到SWOT分析评价内部因素和外部因素各指标的权重，同时根据对熵权决策标准化矩阵的分析，相应于每一指标，若其在标准化矩阵是最大值、中间值和最小值，则给其评价值分别为3、2、1，相应的评价等级为好、中等、差，由此得到推荐方案的SWOT分析评价矩阵，如表10-27所示。

推荐方案的SWOT分析评价矩阵　　　　　　　　　　　　　　表10-27

内部因素	熵权	权重	熵权决策标准化矩阵 R 中数值			指标评价值	综合评价值
			方案一	方案二	方案三		
可选出行模式	0	0	1	1	1	3	0
出行成本（元）	0.056418	0.09586	1	0.878528	0.8	1	0.0959
出行时间（min）	0.05654	0.09607	0.998166	0.986534	1	3	0.2882
平均运行速度（km/h）	0.056528	0.09605	0.930767	0.928826	1	3	0.2881
服务水平（V/C）	0.113039	0.19206	0.987654	1	0.928571	1	0.1921

续上表

内部因素	熵权	权重	熵权决策标准化矩阵 R 中数值			指标评价值	综合评价值
			方案一	方案二	方案三		
基础设施建设条件	0.142164	0.24155	0.25	0	1	3	0.7246
建设成本（亿元）	0.107792	0.18315	1	0.062305	0.138121	2	0.3663
社会效益	0.056072	0.09527	0.75	1	1	3	0.2858
合计	0.588553	1	—	—	—	—	2.2410
外部因素	熵权	权重	熵权决策标准化矩阵 R 中数值			指标评价值	综合评价值
			方案一	方案二	方案三		
政策支持程度	0.112963	0.27455	1	0.8	0.8	2	0.5491
促进社会公平的效果	0.112963	0.27455	1	0.8	0.8	2	0.5491
资源占用（耕地）	0.071916	0.17479	0.220588	0.375	1	3	0.5244
环境保护效果	0.056802	0.13805	0.6	0.8	1	3	0.4142
对空间结构和经济促进作用	0.056802	0.13805	0.6	0.8	1	3	0.4142
合计	0.411446	1	—	—	—	—	2.4509

从表 10-27 可以看出,推荐方案内部因素方面的综合评价值为 2.241,稍高于中等水平,说明系统在充分发挥系统优势,规避劣势方面,没能充分做到扬长避短;外部因素评价值为 2.4509,基本上介于中等和好之间,说明系统在把握机遇,迎接挑战方面总体效果较好。

对比表 10-27 和表 10-23,通过分析可知:在西安—高陵现状交通的基础上,要使推荐方案能够更好地发挥作用,城间交通模式配置宏观上应采取 WO 策略(劣势 + 机遇)和 SO 策略(优势 + 机遇),并以 SO 策略为主,把握机遇、发挥优势,消除劣势,在消除其抑制性的基础上,充分发挥其杠杆效应。从微观上考虑,交通模式配置的重点措施包括:

a. 把握当前实施公交优先的机遇,提升现有公交的通行能力和服务水平,满足城间大规模交通需求(W + O)。

b. 考虑现有的铁路发展基础,强化其他运输方式与铁路的衔接,改变当前铁路在城间交通出行中不发挥作用的局面,满足出行者多样化的出行选择(W + O)。

c. 在此基础上,充分利用现状基础设施条件,对现有铁路进行扩建和改造,建设完善的市郊铁路,满足未来城间大规模的交通需求(S + O)。

d. 加强公共交通发展,强化公共交通出行的成本优势,提升服务品质,增强公交出行对乘客的吸引力(S+O)。

七、基于 NL 模型的交通拥堵收费决策案例

商场 A、B 是居民购物出行的目的地,居民出行总吸引量为 125000 人次/d。按照出行时间价值(VOTT)的不同将出行总量平均分为两组即 VOTT = 6 美元/h、VOTT = 12 美元/h。到商场 A 只有 1 条行驶路线、3 种方式可供选择,分别为小汽车(Auto)、公交(Bus)和步行(Walk);到商场 B 有 2 条行驶路线、2 种方式可供选择,分别为小汽车和公交,但公交不走路线 1。出行时间计算公式采用美国联邦公路局路段阻抗函数:

$$t_l = t_{\text{free},l}[1 + 0.85(V_l/C_l)^{5.5}]$$

式中:t_l——路线 l 出行时间;

$t_{\text{free},l}$——路线 l 自由行驶时间;

V_l——路线 l 的流量;

C_l——路线 l 的通行能力。

出行方式选择结构图如图 10-18 所示。

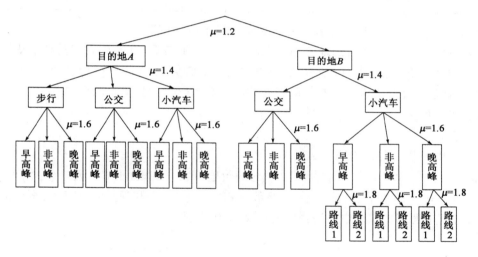

图 10-18 居民购物出行方式选择结构图

利用给定资料,分析不同收费政策下路线 1、路线 2 交通状态,见表 10-28。

购物出行路段、方式属性表 表 10-28

指 标	时 段	目 的 地		
		A	B	
			路线 1	路线 2
通行能力 (pcu/TOD)	早高峰	12000	12000	12000
	非高峰	24000	24000	24000
	晚高峰	16000	16000	16000
速度 (英里/h)	步行	4.47	—	—
	小汽车	10	60	60
	公交	—	60	60

续上表

指标	时段	目的地		
		A	B	
			路线1	路线2
车外时间 (min)	步行	13.4	—	—
	小汽车	0		0
	公交	15		15
车票费用 (美元/人次)	步行	0	—	—
	小汽车	0	0	0
	公交	0.5	—	0.5
运行费用 (美元/人次)	步行	0	—	—
	小汽车	0.2	1.6	1.6
	公交	0	—	0
长度(英里)		1	8	8

基础方案:假设到达目的地 B 只有1条路线且不收拥挤费。
情景方案1:假设到达目的地 B 有2条路线均不收拥挤费(在基础方案基础上新建1条)。
情景方案2:假设到达目的地 B 的新建路线按0.05美元/英里收取拥挤费。
情景方案3:假设到达目的地 B 的新建路线按0.10美元/英里收取拥挤费。
求解步骤如下:
(1)定义。
肢状图由下往上分别为第1、2、3、4水平。
i、d、m、p、r 分别表示出行居民类型(按时间价值分)、目的地(A、B)、模式(小汽车、公交和步行)、TOD(一天中的出行时段,包括早高峰 AMP、非高峰 OP 和晚高峰 PMP)、路线(1、2)。
(2)分别求解第1水平中各选择肢的广义费用,公式如下:

$$\mathrm{GC}_{i,\mathrm{dmpr}} = \mathrm{VOTT}_i \cdot t_{\mathrm{dmpr}} + \tau_{\mathrm{dmpr}} + \mathrm{OC}_{\mathrm{dmpr}}$$

式中:t——出行时间(车外时间 + 车内时间);
  τ——收费及票价;
  OC——运营费用。
(3)分别求解第1水平中各选择肢的固定效用 $V_{i,\mathrm{dmpr}}$,公式如下:

$$V_{i,\mathrm{dmpr}} = (\ln \mathrm{attr}_d - \ln \mathrm{attr}_B) + \mathrm{ASC}_m + \mathrm{ASC}_p - \mathrm{GC}_{i,\mathrm{dmpr}}$$

式中:ASC_m——方式固有常数,即 $\mathrm{ASC}_{\mathrm{Auto}}=0$、$\mathrm{ASC}_{\mathrm{Bus}}=-1.1$、$\mathrm{ASC}_{\mathrm{Walk}}=-1.3$;
  ASC_p——出行时间固有常数,即 $\mathrm{ASC}_{\mathrm{AMP}}=0$、$\mathrm{ASC}_{\mathrm{OP}}=-0.3$、$\mathrm{ASC}_{\mathrm{PMP}}=0.2$;
  attr——吸引值。
(4)分别求解第2、3、4水平中各选择肢的包容系数 $\Gamma_{i,\mathrm{dmp}}$、$\Gamma_{i,\mathrm{dm}}$、$\Gamma_{i,d}$,公式如下:

$$\Gamma_{i,\text{dmp}} = \frac{1}{1.8}\ln[\exp(1.8_1 \cdot V_{i,\text{dmp},\text{Route1}}) + \exp(1.8 \cdot V_{i,\text{dmp},\text{Route2}})]$$

$$\Gamma_{i,\text{dm}} = \frac{1}{1.6}\ln[\exp(1.6 \cdot \Gamma_{i,\text{dm},\text{AMP}}) + \exp(1.6 \cdot \Gamma_{i,\text{dm},\text{OP}}) + \exp(1.6 \cdot \Gamma_{i,\text{dm},\text{PMP}})]$$

$$\Gamma_{i,\text{d}} = \frac{1}{1.4}\ln[\exp(1.4 \cdot \Gamma_{i,\text{d},\text{Walk}}) + \exp(1.4 \cdot \Gamma_{i,\text{d},\text{Bus}}) + \exp(1.4 \cdot \Gamma_{i,\text{d},\text{Auto}})]$$

(5)分别计算各选择方案的发生概率,求解公式如下:

$$\text{Pr}_{i,\text{d}} = \frac{\exp(\mu_4 \cdot \Gamma_{i,\text{d}})}{\sum_{j \in D}\exp(\mu_4 \cdot \Gamma_{i,j})}$$

$$\text{Pr}_{i,\text{dm}} = \text{Pr}_{i,\text{d}} \cdot \frac{\exp(\mu_3 \cdot \Gamma_{i,\text{dm}})}{\sum_{j \in M}\exp(\mu_3 \cdot \Gamma_{i,\text{dj}})}$$

$$\text{Pr}_{i,\text{dmp}} = \text{Pr}_{i,\text{dm}} \cdot \frac{\exp(\mu_2 \cdot \Gamma_{i,\text{dmp}})}{\sum_{j \in \text{TOD}}\exp(\mu_2 \cdot \Gamma_{i,\text{dmj}})}$$

$$\text{Pr}_{i,\text{dmpr}} = \text{Pr}_{i,\text{dmp}} \cdot \frac{\exp(\mu_1 \cdot \Gamma_{i,\text{dmpr}})}{\sum_{j \in R}\exp(\mu_1 \cdot \Gamma_{i,\text{dmpj}})}$$

(6)结果汇总。

结构如表10-29所示。

路线1、路线2不同方案下路段状态   表10-29

指标	路线	出行时段	基础方案	情景方案1	情景方案2	情景方案3
出行时间 (min)	1	早高峰	19.12	13.69	14.26	14.94
		非高峰	14.2	9.69	10.11	10.67
		晚高峰	19.26	13.81	14.39	15.07
	2	早高峰	—	13.72	11.85	10.28
		非高峰	—	9.71	8.51	8.06
		晚高峰	—	13.84	11.97	10.38
出行费用 (美元)	1	早高峰	0	0	0	0
		非高峰	0	0	0	0
		晚高峰	0	0	0	0
	2	早高峰	—	0	0.40	0.80
		非高峰	—	0	0.40	0.80
		晚高峰	—	0	0.40	0.80
V/C	1	早高峰	—	0.97	0.99	1.00
		非高峰	—	0.78	0.81	0.84
		晚高峰	—	0.97	0.99	1.01
	2	早高峰	1.08	0.96	0.89	0.80
		非高峰	0.98	0.77	0.62	0.42
		晚高峰	1.09	0.96	0.89	0.81

由以上实例可知:利用 NL 模型分析出行者方式选择,通过设置若干情景方案,从而量化各情景方案出行效益变化值,为相关交通政策的制定及实施提供科学依据。

（引自:Kockelman K M. *Anticipating new-highway impacts: opportunities for welfare analysis and credit-based congestion pricing*）

思考与练习

1. 交通系统决策的特点是什么？
2. 交通系统决策的一般步骤有哪些？
3. 简述不确定性决策的方法及其适用特点。
4. 什么叫决策树？如何用决策树进行决策分析？
5. 评价指标的分类有哪些？建立评价指标体系应该遵循哪些原则？
6. 为改善某交叉口的交通状况,提出三个方案:方案 A 为建设高标准立交桥,投资最大,效益也最大;方案 B 建设简易立交桥,投资较少,收益也较少;方案 C 为改建原有设施,调整车流运行方式,加强交通管理,投资最少,收益也最少。预测未来该交叉口交通量有三种增长情况:迅速增长、一般增长及缓慢增长。各方案相对于不同交通量增长情况的效益净现值见表 10-30。试分别采用悲观准则、乐观准则、乐观系数准则、等概率准则进行决策。

效益净现值　　　　　　　　　　　　　　　　　　表 10-30

方　案	迅速增长	一般增长	缓慢增长
A	150	80	−70
B	100	60	−30
C	−50	20	40

7. 某企业为了生产某种新产品,决定对一条生产线的技术改造问题拟出两种方案,一是全部改造,二是部分改造。若采用全部改造方案,需投资 280 万元;若采用部分改造方案只需投资 150 万元。两个方案的试用期都是 10 年。估计在此期间,新产品销路好的概率是 0.7,销路不好的概率是 0.3,两个改造方案的年度损益值如表 10-31 所示。该企业的管理者应如何决策改造方案？

损益值表　　　　　　　　　　　　　　　　　　表 10-31

方　案	投资（万元）	年益损值（万元）		试用期（年）
		销路好（$P=0.7$）	销路差（$P=0.3$）	
A_1:全部改造	280	100	−30	10
A_2:部分改造	150	45	10	10

8. 为生产某种新型的港口装卸机械,提出了两个建厂方案（均考虑 10 年经营期）:一是投资 300 万元建大厂;另一个方案是:先投资 160 万元建小厂,若产品销路好,则三年后考虑是否扩建成大厂,扩建投资为 140 万元。扩建后产品的经营期为 7 年,每年的收益情况与大厂相

同。据预测,在这10年经营期内,前三年该产品销路好的概率为0.7;而若前三年销路好,则后七年销路好的概率为0.9;若前三年销路差,则后七年销路肯定差。另外,估计每年两个建厂方案的益损值,如表10-32所示,要求用决策树法确定应采用那种建厂方案?

损益值表　　　　　　　　　　　　　表10-32

建厂方案	年益损值(万元)	
	销路好	销路差
建大厂	100	−20
建小厂	40	10

9. 某城市决定改变闹市区的交通环境,制定了三种备选方案:修建天桥(D_1)、修建地下人行横道(D_2)、搬迁商场(D_3),评价标准有六个:通过能力(A_1)、方便过往行人及当地居民(A_2)、所花费用不能太高(A_3)、具有安全性(A_4)、保持市容美观(A_5),两两对比的判断矩阵列于下表,试用层次分析法对此问题决策。判断矩阵如表10-33～表10-38所示。

表10-33

最优方案	A_1	A_2	A_3	A_4	A_5
A_1	1	3	5	3	5
A_2	1/3	1	3	1	3
A_3	1/5	1/3	1	1/3	3
A_4	1/3	1	3	1	3
A_5	1/5	1/3	1/3	1/3	1

表10-34

A_1	D_1	D_2	D_3
D_1	1	1	5
D_2	1	1	5
D_3	1/5	1/5	1

表10-35

A_2	D_1	D_2	D_3
D_1	1	3	5
D_2	1/3	1	2
D_3	1/5	1/2	1

表10-36

A_3	D_1	D_2	D_3
D_1	1	4	7
D_2	1/4	1	4
D_3	1/7	1/4	1

表 10-37

A_4	D_1	D_2	D_3
D_1	1	1/2	1/3
D_2	2	1	1
D_3	3	1	1

表 10-38

A_5	D_1	D_2	D_3
D_1	1	1/2	1/3
D_2	2	1	1
D_3	3	1	1

第 11 章
交通投资与政策的经济影响分析

11.1 经济影响分析概述

一、经济影响分析的定义

随着经济发展的需要,市场机制的运作,对社会经济问题的分析和政策制定,常常需要定量分析。譬如,某市要投资建设地铁,对就业有什么影响?对相关的不同产业,如制造业或者餐饮业,各有什么影响?由于国民经济各个部门密切相关,牵一发而动全身,我们不但需要对直接影响的部门做定量分析,而且,需要考虑各个部门的相互依存和关联关系。

经济影响分析(Economic Impact Analysis,简称 EIA)是分析项目投资建设和运营所发生的费用和效益对区域经济发展、产业发展及宏观经济所带来的影响,为协调项目与区域经济、产业发展和宏观经济之间的关系,促进项目的顺利实施及提高项目的经济影响效果提出措施建议。具体分析以下内容:

1. 区域经济影响分析

对于区域经济可能产生重大影响的项目,从区域经济发展、产业空间布局、当地财政收支、社会收入分配、市场竞争结构以及是否可能导致结构失衡等角度进行分析评价。

2. 行业经济影响分析

行业现状基本情况，拟建项目在行业中所处地位，对所在行业及关联产业发展、结构调整、行业垄断等的影响。

3. 宏观经济影响分析

投资规模巨大的重大项目和对国民经济有重要影响的项目，应进行宏观经济影响分析。涉及国家经济安全的项目，应分析拟建项目对国家经济安全的影响及维护国家经济安全的措施。

经济影响主要是由于商品和服务在生产、分配和消费阶段产生变化而由此带来的货币数量、流动和分配的变化。交通是经济整体的一部分，交通产生的变化很有可能以某种方式影响经济的发展。一个交通投资行为和政策是否能产生带动经济增长的影响，需要详细的数据收集和分析来进行判断，这些将在本章中描述。不能直接或间接反映经济变化的影响被认为是非经济性影响，比如社区舒适感和生活质量，在经济影响分析中通常不予考虑。

二、经济影响分析的任务

经济影响分析的任务主要体现在以下几个方面：

1. 分析项目经济影响的范围、途径及影响程度

通过经济影响分析，尽可能地分析项目投资建设引起的效益及费用是如何分布的，分析项目的实施对当地或国家经济社会发展目标的影响，分析谁从项目中受益，受益多少；分析项目的实施是促进还是阻碍了当地或国家社会发展目标的实现，项目对经济影响的产生途径、传递方式、影响范围、影响途径。

2. 分析项目对当地和宏观经济的适应性

通过对拟建项目的经济影响分析，判断国家或当地政府承担项目投资建设的能力，项目对国民经济总量增长和结构改善的贡献，项目对劳动就业、收入分配、物价变化等方面的影响，项目可能存在的各种风险，当地或国民经济发展水平对项目的支撑能力，拟建项目适合当地或宏观经济环境的能力，以及为优化区域布局、推动区域经济协调发展所做出的贡献。

3. 研究制定适合经济发展的对策措施

应站在区域或宏观经济发展总体战略的角度，对调整产业结构及经济发展空间布局提出政策建议，以便当地能够更好地利用拟建项目提供的机遇，促进当地经济发展，确保项目的建设与区域开发战略目标的协调性。从区域经济协调发展的角度，进行相关的战略规划背景分析，提出优化布局，确保项目效益得到充分发挥的政策建议。

三、经济影响分析的目的与作用

进行经济影响分析可以预测未来基础设施投资或政策变化所产生的经济影响，根据项目或政策实施前后的情况来评估经济的变化等。具体来说，预测和评价经济影响的主要目的和作用如下：

1. 规范项目评估

进行经济影响分析的主要动机往往是基于相关法律法规对项目评估的要求。例如，项目

后评价的基本内容包括技术评价、经济后评价、过程后评价和可持续性评价,经济影响评价属于影响后评价的一部分。美国德克萨斯州多个法规都规定经济影响分析应作为项目评价的一部分;美国国家环境政策法案(NEPA)和环境质量委员会要求涉及联邦投资和土地的交通项目必须进行环境影响声明,且声明中必须包括经济影响分析。

2. 提供公共信息和规划指导

经济影响分析需要给公众提供现有和规划的交通设施影响,以此来证明设施的价值从而获得公众的支持,或者来评估如何扩大或改变运营。例如,通过评估德克萨斯机场带来的经济影响,发现商业航空活动能产生显著的经济活动。商业航空业务和相关支出对经济贡献约449亿元,增加工人收入超过200亿元,并在全州提供超过70万个工作岗位。

3. 研究的需要

主要用于交通项目、交通系统、交通设施或交通政策的变化如何以及为什么会对经济指标产生影响,主要影响因素及其变化等。这种研究往往并非针对专门的或特定的项目,而是需要系统或项目的横截面数据以找到在此种类型和规模经济影响下的模式或规律。例如,德克萨斯曾对绕城公路内的23个中小规模社区和绕城公路外的19个社区进行经济影响比较。建模表明,对于测试的四个部门(加油业、零售业、餐饮娱乐业、服务业),绕城公路对加油站人均销售产生的影响最大。人均销售在其他三个部门(零售、餐饮娱乐、服务业)产生的影响主要取决于转移交通量的大小。当大约一半的交通量转移到绕城公路,三个部门都会受到严重的影响。因此,从交通角度来看,绕城公路起的作用越大,对当地人均销售产生的不利影响也越大。类似于这种研究的成果有助于促进政策制定、学术研究和交通运输经济学的发展。

11.2 经济指标

指标(Indicator)是在原始统计数据基础上通过分析和整理得到的、能反映事物本质特征的一类信息,是统计理论与实践操作的结合点。指标一般具有以下特征:具有明确的含义;容易解释和说明;具有综合概括反映事物关键因素的能力;在时间上具有动态性,对事物的变化具有敏感性;指标是一定复杂事物或现象的替代物,力求逼真但却不能等同。

按照统计学的概念,指标是指综合反映社会现象某一方面情况的绝对数,相对数或平均数,因此,项目评价中指标的设立,应能够确定地反映出研究对象某一方面情况的特征依据,包括数量特征和质量特征。质量特征往往采用定性描述的方式比较多。

一、经济指标及其分类

经济指标是反映一定社会经济现象数量方面的名称及其数值,其在反映经济现象及其发展规律的数量表现时,是以理论经济学所确定的经济范畴的含义为依据。

按照经济指标所反映的经济现象的不同,有以下分类:
(1) 按照经济指标反映经济现象的范围,分为单项指标和综合指标。
(2) 按照经济指标反映计划目标或实际情况,分为计划指标和统计指标。
(3) 按照经济指标的计量单位属性的不同,分为实物指标和价值指标。

(4) 按照经济指标反映经济发展的规模或生产经营效益,分为数量指标和质量指标。数量指标一般用绝对数表示,质量指标一般用相对数或平均数表示。

(5) 按照经济指标职能的不同,分为核算指标和考核指标。

二、常用经济指标

预测和评价交通项目经济的影响,需要测量经济指标的变化,这些指标与货币在经济系统中的总量、流动和分布有关。通常情况下,经济影响研究使用以下一个或多个指标:

(1) 家庭和企业支出。

(2) 就业情况,如工作岗位数。

(3) 收入(城镇/农村居民平均工资或可支配收入)。

(4) 企业销售额。

(5) 出口和进口。

(6) 资本投资支出。

(7) 价值总量或增值(如国内生产总值、工农业产值等)。

如表 11-1 所示是某区域经济影响研究的例子及分析指标,包括税收收入、土地利用发展、自然资源消耗和工作机会的分布等。

经济影响分析经济指标举例　　　　　　　　　表 11-1

研　　究	经济指标
绕城公路对中小规模社区的经济影响:计量经济学分析	(1) 人均销售额; (2) 设施数量; (3) 绕城公路相关四个部门总销售额; (4) 零售、加油服务站、餐饮机构和服务业部门
德克萨斯港口评价指南	(1) 就业总人数; (2) 个人收入; (3) 企业销售额; (4) 本地、州、联邦税收入
德克萨斯公路扩建项目经济影响评价	(1) 房产价值; (2) 销售税收入; (3) 房产税收入; (4) 就业总人数; (5) 出口总额(商品和服务的价值)

三、经济指标影响因素

经济指标的变化受多种因素的影响,一般包含以下几个方面:

(1) 交通成本和效益方面:如事故减少、在途时间节省等。

(2) 交通联系的种类、数量等:如增加或去除轨道、航空或海港服务;修建与现有公路平行的高速公路等。

(3) 环境质量方面:如空气、噪声、水污染等的变化;空间的隔离等。

(4)社区影响:如系统安全方面的变化(事故增加或减少)、居住或其他方面可达性的限制、交通项目用地对税收的影响、企业或居民搬迁等。

11.3 生成和再分配影响

交通项目的实施可能会改变经济指标。例如,消除货运铁路瓶颈缩短了货物运输时间,进而降低运输成本,运输成本的节约可以用来提高企业的生产能力,从而增加企业的收入。由于交通系统或交通网络改善导致出行成本下降,家庭和企业收入可能会随着成本节约而增加,属于生成影响,其往往产生经济净收益。如果收益的增加是以另一方面的福利损失为代价,如造成上游或下游的进一步瓶颈制约,或将企业和家庭转移到新的区域,则称交通运输项目的再分配。

对于不同主体,同一交通项目将会产生不同的经济影响。例如,新建的城市绕城公路,从企业的角度看,如果新建绕城公路导致企业利润的增加,那这种对企业的影响就是生成影响。从城镇的角度,企业将移至城镇边界,沿着新建公路发展,那么绕城公路的建设对城镇产生再分配影响。

交通基础设施的投资建设也可能会对当地经济产生消极影响。例如,由于多式联运的兴起,交通工具之间相互衔接、转运,共同完成运输,这时对劳动力的需求大大减少,这就使得劳动就业率下降。又例如,为缓解主干道上的道路拥挤,提高道路平均行驶速度,应增加主干道的投资建设。速度的增加将降低主干道上的购物吸引力。因此,对道路的建设不但会缓解道路的拥挤程度,还会造成主干道沿线销售量下降的非预期结果。

理想状态下,项目的经济目标尽可能在较大区域内产生。但是,局部区域的生成影响可能在更大的区域产生再分配影响。例如,某区域想要通过税收的激励和交通系统的改进吸引其他区域企业入驻。在这个例子中,对该城市或区域而言,产生的影响都是生成影响,但是企业的迁移并不会在更大范围内(如全国)带来经济净效益的增加。

例如:城镇A新建一条主要道路,新建道路附近土地增加值。道路通过提升土地总体价值对当地有生成影响(图11-1)。

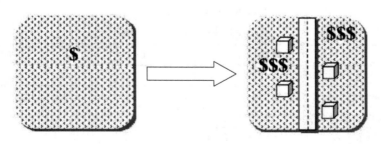

图11-1　生成影响:土地价值增加

然而,由于城镇A路网质量的提升和出行成本的减少,企业选择城镇A。因此,城镇B的土地价值可能下降。土地价值进行再分配,整个区域可能没有土地价值净增加(图11-2)。

图11-1和图11-2中的货币符号也可以代表营业销售额或工作机会数量。若地区之间只有一个指标发生变化,为了避免重复计算和净产值增长的错误报告,不管使用哪种经济指标,都应对生产和再分配影响进行正确评价。经济影响分析一般评价净生成影响和净增益(或净

损失),相关的影响被称作财政转移(不是经济影响),因为财政转移仅仅实现地区间的资金转移,比如从中央政府转移到地方政府。

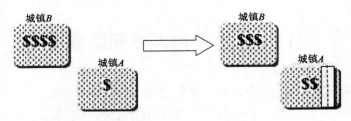

图 11-2　再分配影响:城镇 B 土地价值减少和城镇 A 土地价值增加

11.4　经济分析方法

一、经济费用效益分析与经济影响分析

经济分析被广泛地应用在许多研究中,一般用来评估项目的经济价值(Economic Value)和经济影响(Economic Impact)。前者即通常所说的经济费用效益分析(CBA,国民经济评价),回答的是:"项目的收益是否超过成本";后者即投资项目的经济影响分析(EIA),旨在估计项目对经济指标的影响。

成本效益分析法(CBA)用于量化经济影响,体现经济影响的价值。在实际中,成本效益分析法是以消费者剩余理论为基础的,它从项目或行动的结果中得到社会总效益和总成本。成本效益分析法揭示了最具经济效益的投资选择,即合理地利用资源分配,最大限度地给公众带来净效益。经济影响分析不注重投资回报最优化,而是注重于投资项目对地区或区域就业模式、工资水平、企业活动、旅游以及住房等产生的影响。

经济价值和经济影响分析中考虑的许多因素都是相同的,只是以不同的方式呈现。经济影响分析排除了个人和家庭的时间节约等不能被视为纯经济交易的影响,而成本效益分析法则将个人时间节约货币化。表 11-2 对两种情况进行了比较。

成本效益分析和经济影响分析　　　　　　　　　　表 11-2

影响的形式	在 CBA 中计算	在 EIA 中计算
企业成本节约	√	√
相关企业和家庭实际支付成本节约	√	√
个人和家庭实际支付成本节约	√	√
个人和家庭时间节约,但没有产生实际支付成本的节约*	√	×
没有产生实际经济交易的其他效益*	√	×
企业活动吸引(搬迁)到某地方	×	√
非公路部门和供应商产生的收入	×	√

注:*表示这些节约在 CBA 中可进行货币化。

另一种方法是通过衡量两种方法产生的社会影响来区分成本效益分析法和经济效益分析法。具体见表 11-3。

成本效益分析和经济影响分析目的   表 11-3

CBA	CIA
(1)确保稀缺资源的高效利用； (2)在各方案满足需求条件下,最小化方案成本； (3)在资源可供使用条件下,最大化绩效结果	(1)在最需要的地方(如贫困地区),增加工作机会和工资收入； (2)在收入可持续增加的成长型行业中(富有经济活力、可持续性和竞争性),吸引收入高、稳定、有保障的高质量工作； (3)确保给弱势群体提供公平机会和帮助； (4)减少对国外供应商(进口替代)依赖的脆弱性风险

二、经济分析方法

经济分析的方法有很多种,其选择取决于所需的最终产物、所属地理区域、关注的时间段、数据的可用性和分析师的专业水平等。表 11-4 列举了每种方法的适用范围。

经济分析方法比较   表 11-4

内容	分析方法	典型区域	典型时间框架
经济价值	成本效益分析	项目-区域	项目或政策寿命周期(多年)
经济影响	投入-产出模型	区域	单一的时间点(一年)
	可计算一般均衡模型	区域、国家、国际	时间段(多年)
	经济模拟和预测	任何层次	时间段(多年)
	经济分析	任何层次	任何时间(前/后;单个或多个时间段)

三、经济模型

经济模型本质上是在经济理论的指导下发展起来的数学方法和方程式。目的是为了反映经济现象的内部联系及其运动过程,帮助人们进行经济分析和经济预测,解决现实的经济问题。例如,投入-产出表通常用于行业间建模交换和购买、投资乘数效应,使用矩阵代数,使用建模经济中许多工业和非工业部门方程式。与此相反,时间-序列模型通常只依赖于一个单一的方程来预测变量,如就业、通过不同时间点的交通量等。表 11-5 列出和对比了经济模型中一些特点。

经济模型的特性   表 11-5

理论的:测试理论和使用模拟数据	经验的(应用的):用真实数据来解决现实问题
微观的:在非集计层面上研究个体工商户	宏观的:在集计层面研究经济实体间的相互作用
静态的:单个时间段	动态的:多个时间段,未来时段受先前时段影响
近期:单个时间段解决当前问题,不考虑未来经济行为	远期:多个时间段考虑未来经济行为变化
确定的:通过固定值和无误差项预先确定方程	随机的:通过未知参数和校正误差确定方程
标定的:有限的数据和判断中选择方程参数	估计的:用统计方法通过方程式推导来估计参数
整合的:预测系统包括运用具有反馈机制的多模型或方程式	连续的:预测系统包括独立子模型

接下来的两部分描述了相对全面的经济影响分析中两个重要模型的核心概念和应用,一个是投入产出模型(IO),另一个是可计算一般均衡模型(CGE)。

11.5 投入产出模型

一、投入产出模型发展背景

投入产出模型是经济分析中应用最广泛的模型,也称为 IO 模型,是诺贝尔经济学奖获得者 W. Leontief(列昂惕夫)在 20 世纪 30 年代首先提出的一种经济计量方法分析,早期主要是用来研究美国的经济结构和宏观经济活动。联合国于 1968 年开始推荐使用这一方法,并把投入产出核算作为新的国民经济核算体系的一个组成部分。

投入产出模型是指利用数学方法和电子计算机技术,来研究各种经济活动的投入与产出之间的数量依存关系,特别是研究与分析国民经济各个部门在产品的生产与消耗之间的数量依存关系所建立起来的一种数学模型。其主要含义如下:

(1)投入产出方法的理论基础是计量经济学理论,集中体现在投入产出方法的原理与方法。

(2)投入产出模型的关键任务是直接消耗系数与列昂惕夫逆矩阵的求算。

(3)投入产出模型的基本方法是数学方法与计算机技术的应用,集中体现在投入产出模型中数学模型的建立及运用计算机进行逆矩阵运算的求解。

(4)投入产出模型的最终目的是研究与分析各个经济部门之间的数量依存关系,为国家的经济建设中的科学决策服务。

投入产出模型注重产业间投入和产出的流动,以及最终需求(如消费者和国际贸易)的产出。该模型中一个产业的产出是另一个产业的投入,如材料产业中钢材、玻璃、橡胶和塑料等产品(产出)可作为小汽车制造商的原材料投入,用其生产小汽车(产出)来满足客户需求。因此,当对小汽车的需求发生改变时,玻璃、塑料、钢铁等材料的需求都会受到不同程度的影响。

通常在投入产出模型中,根据投入最终需求的变化(政府支出、家庭支出、区域和对外贸易、企业投资),来确定企业产出、个人/家庭收入、就业和政府税收的变化。通过投入产出模型能辨别出有影响力和乘数效益最大的部门。

在投入产出模型中,也可根据供给的变化(而不是需求),来估计产出的变化。例如,投入产出模型可以衡量由于交通系统改进而导致的企业收入变化对就业、家庭收入、企业利润和政府税收收入的影响。

如图 11-3 所示,经济指标的变化分类为直接影响、间接影响和诱增影响。

(1)直接影响。通常是在交通设施和项目实地观测到的企业产出(商品和服务的价值)、工作机会和收入的变化。直接影响仅在直接受经济影响的产业中发生。例如,如果关闭汽车制造设施,那么该工厂会有人失业,这就是直接影响。

(2)间接影响。与直接影响不同,间接影响衡量产业间的交易。以汽车制造设施为例,工厂的关闭直接减少对原材料的需求,而原材料的供应商会受其影响,造成经济上的损失。直接和间接影响统称为第一轮影响。

(3)第二轮影响或称之为诱增影响,来源于个人收入的变化。该变化直接或间接地受工作影响。收入的变化影响购买力,进而对需求变化产生多轮影响。仍以上面的例子为例,汽车制造厂的倒闭,会使其雇佣的员工失业,减少家庭收入,从而可能会影响家庭支出,进而对当地商店、餐馆的生意造成影响。

直接、间接、诱增影响统称为乘数效应。通过对产业间的交易数据进行处理来获得最终需求乘数和直接影响,以快速估计单位投资经济影响。通常,乘数在 2~4 间变化,变化取决于直接受影响的产业和影响区域的大小。

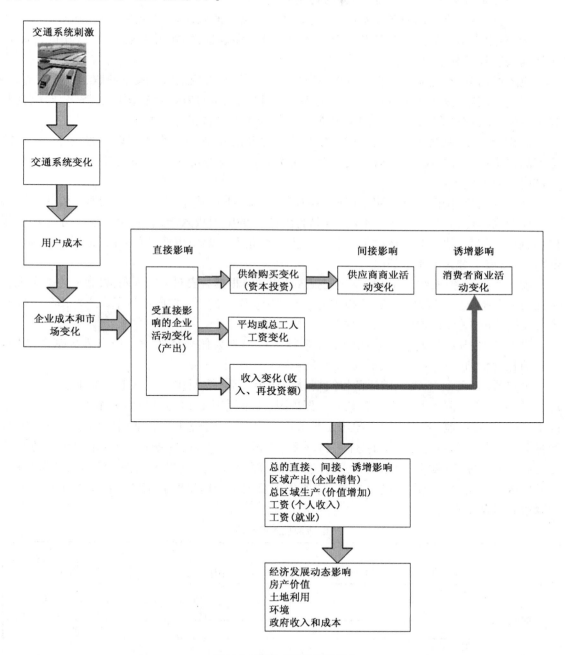

图 11-3　直接、间接和诱增影响

二、投入产出模型的相关概念

投入:产品生产所消耗的原材料、辅助材料、燃料、动力、固定资产折旧和劳动力等。投入包括中间投入和初始投入。

中间投入:也叫中间消耗,即生产性消耗,如修建铁路所要消耗的木材、钢铁、土木材料等;生产性消耗是直接转移到新产品中去的物质消耗。

初始投入:是指增加值各要素的投入,如修建铁路所消耗人力、固定资产折旧等。

产出:生产出来的产品数量及其分配使用的方向和数量,例如用于生产消费(中间产品)、生活消费、积累和净出口等(后三项称为最终产品)。

投入产出分析:是研究经济系统各部分之间投入和产出相互依存关系的数量分析方法。

研究的问题:投入产出分析是研究经济体系(国民经济、地区经济、部门经济、公司或企业经济)中各个部分(部门)间投入与产出的相互依存关系的数量分析方法。

研究内容:编制投入产出表和建立相应的线性方程组,构成一个模拟现实的经济结构与社会产品再生产过程的经济数学模型,综合分析和确定国民经济各部门间错综复杂的联系和再生产的重要比例关系。

部门的划分:国民经济按照生产产品的经济性质、生产技术方法(工艺过程)和材料结构等方面的同类性,可分为若干个部门。例如,1997 年的中国投入产出表,第一层次分为 6 个部门:农业、工业、建筑业、运输邮电业、商业饮食业和非物质生产部门;第二层次分为 40 个部门;第三层次分为 124 个部门。

投入产出表:投入产出分析的基础是投入产出表。根据编表对象的不同,可划分为国家级、地区级和企业级。地区级表与国家级表的主要区别在于表的第二象限增加了调入调出项。投入产出表按计量单位的不同可分为实物型表和价值型表。

投入产出表的结构:现以简化的价值型投入产出表为例来说明投入产出表的基本结构。一种简化的价值型投入产出表如表 11-6 所示。

可以看出,表 11-6 由纵横两条粗线划分为四个部分,按照左上、右上、左下、右下的顺序,分别称为Ⅰ象限、Ⅱ象限、Ⅲ象限、Ⅳ象限。设国家或地区经济分为 n 个部门,每一个部门生产一种(或一类)产品。第Ⅰ象限是投入产出表的主体,说明了各部门之间投入与产出的数量关系,反映了各部门之间的技术经济联系。其中 $x_{ij}(i,j=1,2\cdots n)$ 表示 i 部门生产的产品分配给 j 部门的产品数量(价值量),或者说是第 j 部门再生产过程中消耗 i 部门的产品数量;第Ⅱ象限反映了最终产品及使用方向;第Ⅲ象限反映了国内生产总值的初次分配情况;第Ⅳ象限编表时常被省略。

价值型投入产出表　　　　表 11-6

投入		中间产出					消费	积累	净出口	总产出
		部门1	部门2	…	部门n	小计				
中间投入	部门1	x_{11}	x_{12}	…	x_{1n}				Y_1	X_1
	部门2	x_{21}	x_{22}	…	x_{2n}				Y_2	X_2
	⋮	⋮	⋮	Ⅰ	⋮			Ⅱ		⋮
	部门n	x_{n1}	x_{n2}	…	x_{nn}				Y_n	X_n
中间投入合计										

续上表

投 入		中间产出					消费	积累	净出口	总产出
		部门1	部门2	...	部门n	小计				
固定资产折旧		D_1	D_2	...	D_n					
最初投入	劳动报酬	V_1	V_2	...	V_n		Ⅳ			
	社会纯投入	M_1	M_2	Ⅲ	M_n					
	小计									
总收入		x_1	x_2	...	x_n					

三、投入产出模型的基础

投入产出模型的基础是交易数据表格,如表 11-7 所示。各产业的产出被分割成其他产业的投入(中间交易)和最终消费或产出(最终需求)。

投入产出交易表 表 11-7

		中间需求		最终需求				总产出
		产业部门 A	产业部门 B	家庭/消费者支出 C	私人投资/积累 I	净出口 $X-M$	政府支出 G	
中间投入	产业部门 A	150	500	50	150	100	50	1000
	产业部门 B	200	100	400	900	250	150	2000
增加值	家庭收入	300	500	50	25	0	25	900
	企业利润	250	750	300	50	25	25	1400
	政府税收	100	150	100	25	0	25	400
总投入		1000	2000	900	1150	375	275	5700

1. 中间交易数据

表 11-7 灰色数据格(第Ⅰ象限)是两个产业或同一产业中的交易。例如,产业 A 所在的列和产业 A 所在的行相交的数据格是产业 A 销售价值 150 元的产出给产业 A。发电厂就是一个例子,发电厂使用自己的产出作为投入(需要电力来运营发电厂)。在相同的行和行业 B 的列相交表明行业 A 将价值 500 元的产出销售给了 B。也就是说,行业 B 购买了行业 A 价值 500 元的产出。

某个产业产出的总价值是其所在行的产出总和。某个产业投入的总价值是其所在列的投入总和。也就是说,行代表了销售者或者供给者,列代表了消费者或使用者。

2. 最终需求

通常,我们用最终需求的变化估计不同交通项目的经济影响。表 11-7 中没有灰色阴影的其他四列(第Ⅱ象限),包括了四项最终需求经济指标($C, I, X-M, G$):

(1)家庭/消费者支出 C 包括所有用于购买商品和服务的消费。

(2)私人投资 I 是私营企业和非盈利组织(在某些情况下为家庭)对新的固定资产(如建筑物和设备)的花费,或者改善这些资产的支出。

(3)净产出($X-M$)包括区域 X 出口的产出总价值减去从区域 M 进口的投入。如果进口的总价值比出口的多,区域 X 的净出口是负数。

(4)政府对项目的支出 G 导致最终需求变化,这通常会增加当地需求和当地产出。此外,该项目可能会降低企业的经营成本,这可能刺激并允许更多的私营企业投资 I,进一步增加最终需求。

通过对产业最终需求产出的相加,我们可以得到一个区域或国家的国内生产总值(GDP),即 $GDP = C + I + G + (X - M)$。GDP 是一个国家在某段时间内,所有生产出来的最终商品和服务的总的市场价值。媒体和调查研究机构经常用 GDP 作为衡量经济发展的指标。

3. 增加值

增加值是用收益法来估算 GDP,也可以表示为初始投入。表 11-7 的底下三行(第Ⅲ象限)包含了增加值的内容:用于支付工资(劳动)的产业资金、企业利润和政府的税收等。家庭总产出是整个产业和最终需求部门的地区或区域员工的总薪酬。企业利润可以看作是意料之外的投入,但是该利润有助于推进生产的进程。因此,企业利润一定要计算在表格和整个经济系统中。政府的税收和费用包括生产和进口补贴较少的税收。需要注意的是,用支出法和收益法对国内生产总值估计,一定要得出相同的值。

4. 主要平衡关系

行平衡关系:中间需求 + 最终需求 = 总产出
列平衡关系:中间投入 + 增加值(初始投入) = 总投入
总量平衡关系:每个部门的总投入 = 该部门的总产出
中间投入合计 = 中间需求合计
总投入 = 总产出

四、投入产出模型的使用

1. 基本框架

交易表格是投入产出分析的基础。用这种分析可以直接找到最终需求变化乘数效应和乘数本身。如图 11-4 所示显示了获得项目经济影响方法的选择。

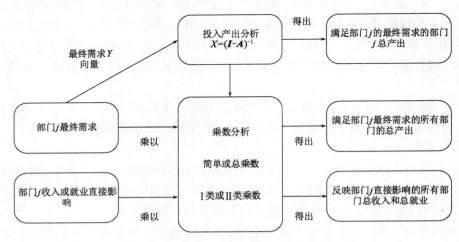

图 11-4　用投入产出法求经济影响的步骤

2. 乘数分析

投入产出基本模型 $X = (I - A)^{-1}Y$ 中,如果给定某个或若干个部门最终需求的增量,最终会带来各部门总产出的若干倍的增加,产生这种倍数关系的列昂惕夫逆矩阵$(I-A)^{-1}$就是投入产出乘数。

投入产出乘数表明的是 1 个单位最终需求的扩大会带来中间投入的直接增加,而为生产这些中间产品又会同样带来相应的中间投入的增加,如果相互需求不断放大,而最终使总产出数倍于最终需求的增加,而带来投入产出乘数的倍数关系。

乘数是从投入产出计算中得出的一个数字,可以通过产出变化的乘数来估计交通投资总的直接、间接和诱增影响。一般来说,区域越大,乘数越大。因为小区域内的进口在较大区域中不再视为进口,因此对于大区域出口变多而进口变少。一些产业相比其他产业乘数较大。一些产业收入乘数较高但却拥有相对较低的就业乘数,这表明这些产业用于产出的支出产生了相对较少的高收入职位。下面介绍不同的方法来应用和估计乘数。

(1) 乘数种类

乘数是专门为各部门定制的,最常见的经济指标有产出、就业和收入。大多数的乘数定义为简单乘数或总乘数(Ⅰ型和Ⅱ型)。

简单乘数(Ⅰ型)和总乘数(Ⅱ型)也叫作最终需求乘数。因为它们的分母是最终需求的单位变化(如,1元),并且它们的乘数由新的最终需求和最终需求变化产生。通常,一单位是 1 元的变化。如表 11-8 所示为乘数使用的案例。

乘数表举例　　　　表 11-8

简单乘数/Ⅰ型	总的乘数(Ⅱ型)
(直接 + 间接影响)	(直接 + 间接 + 诱增影响)
(部门最终需求变化)	(部门最终需求变化)
当地政府将花费额外的 1000 万元用于交通项目(最终需求增加)。产业产出简单乘数是 1.2,新的产出则为 1000 万乘以 1.2,为额外的 1200 万元	当地政府建设支出 1 元的就业乘数为 7.5。意味着,在该地区,每 1 元的直接、间接和诱增影响的新增就业岗位为 7.5
由于新增公路,一家公司计划搬迁至公路附近。这家公司将给当地带来 800 个就业机会。Ⅰ型的就业乘数是 1.6,整个经济中,直接和间接就业机会总数是 800 乘以 1.6,为 1280。这 1280 个就业机会包括 800 个由公司直接带来的直接机会	Ⅱ型乘数为 2.2,公司 800 个直接的就业机会乘以 2.2 得到该地区 1760 个就业机会,这是由于家庭支出诱增的影响。这 1760 个总的就业机会包括了 800 个直接的机会

由于Ⅱ型乘数包括了诱增影响,因此,Ⅱ型乘数比Ⅰ型乘数大。

(2) 乘数的获取

如前面所提及的,列昂惕夫逆矩阵$(I-A)^{-1}$,提供了得到简单乘数和总乘数所需要的信息。一般情况下,对列昂惕夫逆矩阵中每列的值求总和,可以得到每个部门简单乘数和总乘数。如表 11-9 所示,产业 A 的简单产出乘数是 1.5181。如表 11-10 所示,产业 A 总的产出乘数是 2.5366。

简单产出乘数表　　　　表 11-9

			产业 A	产业 B
产业 A	$(I-A)^{-1}=$		1.2541	0.3300
产业 B			0.2640	1.1221
简单产出模型	和 =		1.5181	1.4521

表 11-9 表明,产业 A 产品的最终需求每增加 1 元,需要产业 A 投入 1.254 元的产品和产业 B 投入 0.264 元的产品。简单产出乘数 1.5181 是产业 A 最终需求增加一所带来的产业 A 总产出的增加值。

总产出乘数表　　　　　表 11-10

			产业 A	产业 B	家庭收入
产业 A			1.3815	0.43941	0.28811
产业 B	$(I-A)^{-1}=$		0.5663	1.3815	0.68341
家庭			0.5888	0.5053	1.3313
总产出模型		和 =	2.5366	2.3262	2.3028

表 11-10 表示家庭和劳动力也在模型中考虑,此时,产业 B 最终需求增加一元需要产业 A 的产出 0.4394 元、产业 B 的产出 1.3815 元和家庭的产出 0.5053 元(以劳动的形式)。总的产出乘数 2.3262,它表示产业 B 最终需求增加 1 元对应的产业 B 总的产出增加值。

总产出乘数比简单产出乘数大,因为总产出乘数考虑了家庭支出和收入的诱增影响。

3. 投入产出模型的局限性

标准的投入产出模型忽视了投入需求的变化(增加或减少)和稀缺资源对价格产生的是消极还是积极的影响。同时忽视了金融市场和货币政策的影响,金融市场和货币政策可以影响利率和其他因素,这些因素影响乘数效应、成本、供给和需求。

投入产出模型实际上是生产函数,表示在给定数量的投入下每个部门可以实现的最大产出。生产函数是先前提及的产业内部交易表的基础。

列昂惕夫投入产出生产函数有如下等式形式:

$$X_j = \min\left\{\frac{x_{1j}}{a_{1j}}, \frac{x_{2j}}{a_{2j}}, \cdots, \frac{x_{nj}}{a_{nj}}\right\} \tag{11-1}$$

式中:X_j——产业 j 总产出;
　　　x_{nj}——从产业 n 到产业 j 的流动;
　　　a_{nj}——技术系数,为 x_{nj} 和 X_j 比率。

这个函数表达的是投入和最大总产出的数学关系(这也是显示为达到最大产出量,而需要的每个产业投入的数量)。可以绘制生产函数来显示不同产出水平的等产量线。

事实上,列昂惕夫投入产出假设对直接投入系数 a_{ij}(生产单位某种产品对另一种产品的消耗量,或每一单位产出的投入,即后面提到的技术系数,或投入产出系数)的规定,当 x_{ij} 为商品单位(如劳动时间、钢铁吨数、能源千焦耳)时,则意味着该生产函数是柯布—道格拉斯生产函数。柯布-道格拉斯生产函数的等产量线是平滑的。在投入产出方程中,假定生产的规模收益不变。这意味着,如果总投入以相同的比例增加(如所有的投入都加倍),那么产出也以相同的比例增加。当然,也不能保证这种假定绝对存在。一些产业表现出增加或减少规模收益。

尽管存在缺陷,投入产出模型仍被广泛地用来估计经济影响。虽然使用投入产出模型作为获取经济部门间交易的基础,但经济学家们已经开发出更加复杂的模型,如下节所介绍的可计算一般均衡模型。

五、投入产出模型的建立与分析

以美国德克萨斯州为例来进行说明投入产出模型的分析过程。

1. 投入产出表的创建

德克萨斯州有13个经济分析局(Bureau of Economic Analysis,简称BEA)。BEA首先收集每一家商业机构的生产账户(Business Establishment's Production Accounts,简称BEPAs)信息并按照列昂惕夫交易表中所需的信息形成一个"T"账户,如表11-11所示。

描述国民经济循环的"T"账户起源于企业的会计核算,此后被引入国民经济核算中,形成了一种非常重要的宏观核算方法——收入、政府购买等计入"T"账户的右端,称为贷方;支出、资产的变动计入"T"账户的左端,称为借方。在1993年国民经济核算体系对经济过程的表述中,每一个流量账户均对应于某一特定的经济活动,比如生产、消费、分配和再分配等。对于一个部门来说,单一种类的交易均按照复式记账的原则被记录两次,一次作为来源被记录在账户右端,一次作为使用被记录在账户左端,或者同时被记录在两端但符号相反,账户中的平衡项目将一个账户顺次结账到下一账户。假设形成的"T"账户如表11-11所示。

商业机构的生产账户(BEPAs) 表11-11

借　　方	贷　　方
购买	销售
产业部门 A	产业部门 A
产业部门 B	产业部门 B
工资和薪金	销售给家庭
收益	政府购买
其他增加值	其他最后需求
总费用和收益	总收入

拥有同类产品的企业由北美产业分类体系规范(NAICS)归类,结果如表11-12所示。

NAICS 规范表 表11-12

NAICS 水平	NAICS 规范	举　　例
非常一般	数字2	建设
一般	数字3	建筑物建设
有些一般	数字4	非住宅类的建筑物建设
特殊	数字5	商业和公共机构的建筑建设
非常特殊	数字6	商业和公共机构的建筑建设

在此基础上,将同一行业的所有企业的BEPA"T"表(表11-11)中的值相加。由此产生的表格包含相同的"T"表信息,但是是针对行业水平的统计(而不是公司的水平)。接下来,建立国民民收入和生产账户表,如表11-13所示。

国民收入和生产账户表　　　　　　　　　　　　表 11-13

借　方	数　量	贷　方	数　量
工资和薪金		销售给家庭	
产业部门 A		产业部门 A	
产业部门 B		产业部门 B	
收益		政府购买	
产业部门 A		产业部门 A	
产业部门 B		产业部门 B	
其他增加值		其他最终需求	
产业部门 A		产业部门 A	
产业部门 B		产业部门 B	
国民生产的总费用	合计	国民生产的总贡献	合计

然后表 11-13 被用于创建投入产出交易表(表 11-7)。表 11-14 再次给出这一交易表,但最终需求和增加值部分合并简化描述。表 11-15 给出了以单元格中的变量,而不是特定的数字的一个通用的扩展表。其中:

C 值代表家庭消费;

I 值是个人(私人)投资;

$X-M$ 值代表净出口(出口区域[X]的产出总价值减去来自区域[M]的投入);

G 值是指政府支出;

L、N 和 T 分别是个人的劳动力费用,产业收益和税费;

x_{ij} 的值表示行产业 i 和列产业 j 之间的现金流,在流量中,第一个下标"i"代表行,第二个下标"j"代表列。

投入产出表　　　　　　　　　　　　　　　表 11-14

投　入		中间需求		最终需求	总产出
		产业部门 A	产业部门 B		
中间投入	产业部门 A	150	500	350	1000
	产业部门 B	200	100	1700	2000
增加值		650	1400	650	2700
总投入		1000	2000	2700	5700

交易表的注释表　　　　　　　　　　　　　表 11-15

投　入		中间需求		最终需求(和 = Y_i)				总产出
		产业部门 A	产业部门 B	家庭/消费者消费 C	私人投资 I	净出口	政府支出 G	
中间投入	产业部门 A	x_{11}	x_{12}	C_1	I_1	X_1-M_1	G_1	X_1
	产业部门 B	x_{21}	x_{22}	C_2	I_2	X_1-M_2	G_2	X_2
增加值	家庭收入(劳动,L)	L_1	L_2	L_C	L_I	L_X	L_G	L

续上表

投　　入		中间需求		最终需求(和 = Y_i)				总产出
		产业部门 A	产业部门 B	家庭/消费者消费 C	私人投资 I	净出口	政府支出 G	
增加值	企业收益收入 N	N_1	N_2	N_C	N_I	N_X	N_G	N
	政府税收/费用 T	T_1	T_2	T_C	T_I	T_X	T_G	T
总投入		X_1	X_2	C	I	X – M	G	X

表 11-16 显示了如何使用投入产出表计算总产出。宏观经济平衡要求总投入(产业投入加增加值)等于总产出(产业产出加最终需求)。

总产出的代数方程式表　　　　　　　　　　　　　　　　表 11-16

部　　门	总产出方程	表 11-14 例
产业 A	$X_1 = x_{11} + x_{12} + Y_1$	$X_1 = 150 + 500 + 350 = 1000$
产业 B	$X_2 = x_{21} + x_{22} + Y_2$	$X_2 = 200 + 100 + 1700 = 2000$

2. 投入产出系数的确定

一个部门的产出与其他部门的投入的线性方程组是投入产出分析的基础。计算反映最终需求变化的总产出是通过矩阵方程 $X = (I - A)^{-1}Y$ 解决的,其中,X 是总产出的向量,Y 是最终需求的向量,A 是投入产出技术系数的矩阵,I 是单位矩阵。从交易表到公式 $X = (I - A)^{-1}Y$,要求首先计算矩阵 A 中的技术系数 a_{ij}。

要做到这一点,每个单元中的投入值 x_{ij} 除以列 X_j 中部门的总产出。这一投入与产业产出的比率就是技术系数 a_{ij},也被称为投入产出系数或直接投入系数。

$$a_{ij} = \frac{x_{ij}}{X_j} \quad (11\text{-}2)$$

产出的这部分 a_{ij} 是无单位的数字,这是因为 x_{ij} 和的 X_j 单位都是货币(元),从而相互抵消。表 11-17 显示了计算是如何完成的,包括增加值和最终需求部门,同时也包括从其他的增加值和最终需求部门分离的家庭收入和支出(所以来自家庭支出的诱导效应可以随后计算)。

技术系数的计算表　　　　　　　　　　　　　　　　表 11-17

收　　入		支　　出		最终需求		产出 X_j
		产业部门 A	产业部门 B	家庭支出	其他最终需求	
收入	产业部门 A	$\frac{150}{1000}$	$\frac{500}{2000}$	$\frac{50}{900}$	$\frac{300}{1800}$	1000
	产业部门 B	$\frac{200}{1000}$	$\frac{100}{2000}$	$\frac{400}{900}$	$\frac{1300}{1800}$	2000
增加值	家庭收入	$\frac{300}{1000}$	$\frac{500}{2000}$	$\frac{50}{900}$	$\frac{50}{1800}$	900
	其他增加值	$\frac{350}{1000}$	$\frac{900}{2000}$	$\frac{400}{900}$	$\frac{50}{1800}$	1800
总投入		$\frac{1000}{1000}$	$\frac{2000}{2000}$	$\frac{900}{900}$	$\frac{1800}{1800}$	5700

由此产生的技术系数表(表 11-18)被称为直接需求表("A"矩阵)。技术系数给出了产业生产 1 元所需的投入比例。例如,产业部门 A 为了生成 1 元的产出,需要从产业部门 A 投入 0.15 元,产业部门 B 投入 0.20 元和劳动(家庭收入)投入 0.30 元。

直接需求表——"A"矩阵　　　　　　　　　　　　　　　　　表 11-18

收　入		支　出		最终需求		总产出 X_j
		产业部门 A	产业部门 B	家庭支出	其他最终需求	
收入	产业部门 A(行 1)	0.15	0.25	0.0556	0.1667 (Y_1)	X_1
	产业部门 B(行 2)	0.20	0.05	0.4444	0.7222 (Y_2)	X_2
增加值	家庭收入(行 3)	0.30	0.25	0.0556	0.0278 (Y_3)	X_3
	其他增加值(行 4)	0.35	0.45	0.4444	0.0833	—
总投入		1.0	1.0	1.0	1.0	—

3. $X = (I - A)^{-1}Y$ 的推导

投入产出分析的一个典型目标是在每个部门的最终需求 Y 变动之后确定新的总产出 X。这通过使用矩阵公式 $X = (I - A)^{-1}Y$ 实现。使用上表的技术系数,将其他的最终需求作为外生需求向量 Y,则有表 11-19;如果家庭支出包含在最终需求 Y 中,则以表 11-20 为准。

内生家庭收入的产业内流量方程　　　　　　　　　　　　　　　　表 11-19

部门	一般形式方程	使用表 11-18 系数的方程
产业 A	$X_1 = a_{11}X_1 + a_{12}X_2 + a_{13}X_3 + Y_1$	$X_1 = 0.15X_1 + 0.25X_2 + 0.0556X_3 + Y_1$
产业 B	$X_2 = a_{21}X_1 + a_{22}X_2 + a_{23}X_3 + Y_2$	$X_2 = 0.20X_1 + 0.05X_2 + 0.4444X_3 + Y_2$
家庭	$X_3 = a_{31}X_1 + a_{32}X_2 + a_{33}X_3 + Y_3$	$X_3 = 0.30X_1 + 0.25X_2 + 0.0556X_3 + Y_3$

注:Y = 其他最终需求。

外生家庭收入的产业内流量方程　　　　　　　　　　　　　　　　表 11-20

部门	一般形式方程	使用表 11-18 系数的方程
产业 A	$X_1 = a_{11}X_1 + a_{12}X_2 + Y_1$	$X_1 = 0.15X_1 + 0.25X_2 + Y_1$
产业 B	$X_2 = a_{21}X_1 + a_{22}X_2 + Y_2$	$X_2 = 0.20X_1 + 0.05X_2 + Y_2$

注:Y = 家庭支出 + 其他最终需求。

每个部门在最终需求值 Y 改变之后的产出 X,要求我们重新排列表 11-21 的方程来解决 Y。

为解决最终需求重排的产业内流量方程　　　　　　　　　　　　　表 11-21

部门	一般形式方程	系数方程
产业 A	$X_1 - a_{11}X_1 - a_{12}X_2 - a_{13}X_3 = Y_1$	$X_1 - 0.15X_1 - 0.25X_2 - 0.0556X_3 = Y_1$
产业 B	$X_2 - a_{21}X_1 - a_{22}X_2 - a_{23}X_3 = Y_2$	$X_2 - 0.20X_1 - 0.05X_2 - 0.4444X_3 = Y_2$
家庭	$X_3 - a_{31}X_1 - a_{32}X_2 - a_{33}X_3 = Y_3$	$X_3 - 0.30X_1 - 0.25X_2 - 0.0556X_3 = Y_3$

利用表 11-21 的三个公式和三个未知数 X_1、X_2、X_3,如果给出了最终需求 Y,我们可以利用

基本的代数求解总产出 X_1、X_2、X_3。然而,在大多数的投入产出分析中产业数大于 3 并使用矩阵代数。这种矩阵代数要求技术系数放置在矩阵"A"中,X 和 Y 在它们自己的列向量中,如式(11-3)所示。

$$A = \begin{pmatrix} a_{11} & a_{12} & a_{13} \\ a_{21} & a_{22} & a_{23} \\ a_{31} & a_{32} & a_{33} \end{pmatrix} \quad X = \begin{pmatrix} X_1 \\ X_2 \\ X_3 \end{pmatrix} \quad Y = \begin{pmatrix} Y_1 \\ Y_2 \\ Y_3 \end{pmatrix} \tag{11-3}$$

与这三个矩阵相关的方程是$(I-A)X=Y$,其中 I 是单位矩阵(沿着对角线为 1,其余为 0 的方阵)。它和 A 的大小相同或如例 3×3 中的矩阵。由此产生的方程如表 11-22 所示,而 I、A 和 $I-A$ 的关系如表 11-23 所示。通常,目标是求解每一产业 i 的总产出 X_i。

求解最终需求的产业内流量方程　　　　　　　　　　　　　　　表 11-22

部门	一般形式方程	系数方程
产业 A	$(1-a_{11})X_1 - a_{12}X_2 + a_{13}X_3 = Y_1$	$(1-0.15)X_1 - 0.25X_2 - 0.0556X_3 = Y_1$
产业 B	$-a_{21}X_1 + (1-a_{22})X_2 - a_{23}X_3 = Y_2$	$-0.20X_1 + (1-0.05)X_2 - 0.4444X_3 = Y_2$
家庭	$-a_{31}X_1 - a_{32}X_2 + (1-a_{33})X_3 = Y_3$	$-0.30X_1 - 0.25X_2 + (1-0.0556)X_3 = Y_3$

I-A 矩阵的形成表　　　　　　　　　　　　　　　　　　　　　表 11-23

$I=$	1	0	0	$A=$	a_{11}	a_{12}	a_{13}	$I-A=$	$1-a_{11}$	$-a_{12}$	$-a_{13}$
	0	1	0		a_{21}	a_{22}	a_{23}		$-a_{21}$	$1-a_{22}$	$-a_{23}$
	0	0	1		a_{31}	a_{32}	a_{33}		$-a_{31}$	$-a_{32}$	$1-a_{33}$
$I=$	1	0	0	$A=$	0.15	0.25	0.0556	$I-A=$	0.85	-0.25	-0.0556
	0	1	0		0.20	0.05	0.4444		-0.2	0.95	-0.4444
	0	0	1		0.30	0.25	0.0556		-0.30	-0.25	0.9444

为得到 X,在两边同时乘以 $I-A$ 的逆矩阵:$(I-A)^{-1}(I-A)X = (I-A)^{-1}Y$,求出:

$$X = (I-A)^{-1}Y \tag{11-4}$$

可以在任何线性代数教材中找到关于$(I-A)^{-1}$的矩阵运算的解释。只有方阵才有逆矩阵,这就在矩阵 A 中行数必须等于列数的原因。

4. 求解 X 的经济影响

公式 $X = (I-A)^{-1}Y$ 提供了每个部门的最终需求 Y 被设置为外生时每个部门 X_i 的值或总产出。这个重要的方程是用来回答如下问题:当最终需求(家庭支出、政府支出、企业投资和/或出口)改变时,一个产业的产出会发生什么变化?

继续上面矩阵 $I-A$,X 和 Y 的定义,产业 A 和 B(不包括家庭支出的内生模型)的最终需求可以分别设置为 600 元和 1500 元。这些值可能来自于小型交通项目的支出,为了现场工作的完成增加了建筑业 300 元和钢铁行业 200 元的支出。表 11-24 显示了当地产业的投资预计将高于产出和/或超出之前状况的支出(旧 X 和旧 Y)。

内生家庭中新、旧最终需求总产出的比较　　　　表 11-24

					最终需求		总产出
产业 A		1.3815	0.4394	0.2881	300		1000
产业 B	$(I-A)^{-1}=$	0.5663	1.3815	0.6834	旧 $Y=$　1300	旧 $X=$	2000
家庭		0.5888	0.5053	1.3313	0		900
产业 A		1.3815	0.4394	0.2881	600		1487.98
产业 B	$(I-A)^{-1}=$	0.5663	1.3815	0.6834	新 $Y=$　1500	新 $X=$	2412.00
家庭		0.5888	0.5053	1.3313	0		1111.18

X 的结果表明,当产业 A 的最终需求从 300 元变化到 600 元,产业 B 的最终需求从 1300 元上升至 1500 元时,产业 A 的总产出预计从 1000 元增至 1488 元。整体影响列于表 11-25。

在投入产出分析结果中识别直接、间接和诱增影响　　　　表 11-25

直接、间接和诱增影响	1111 元
直接影响	500 元
间接和诱增影响	611 元

如果只有直接和间接影响产生收益,那么矩阵中不应该包括家庭收入行和家庭支出列。反而最终需求 Y 需要包括家庭支出,所以产业 A 的家庭需求为产业 A 的家庭支出变为 350 元,产业 B 的变成 1700 元。当这两个产业间的最终需求分别上升至 650 元、1900 元时,它们的总产出水平跃升至 1442 元和 2304 元。如表 11-26 所示。

外生家庭中新、旧最终需求总产出的比较　　　　表 11-26

	计算直接影响和间接影响总产出			最终需求		总产出
产业 A		1.2541	0.3300	350		1000
产业 B	$(I-A)^{-1}=$	0.2640	1.1221	旧 $Y=$　1700	旧 $X=$	2000
				最终需求		总产出
产业 A		1.2541	0.3300	650		1442
产业 B	$(I-A)^{-1}=$	0.2640	1.1221	新 $Y=$　1900	新 $X=$	2304

表 11-25 和表 11-26 的对比结果直观显示了这样的情况:移除家庭诱增影响减少了每个部门的总产出,而总产出又影响了经济(表 11-27)。

结　果　对　比　表　　　　表 11-27

部门	产出(直接和间接影响,元)		总产出(直接、间接和诱增影响,元)	
	旧	新	旧	新
产业 A	1000.00	1500.00	1000.00	1487.98
产业 B	2000.00	2000.00	2000.00	2412.00
家庭	—	—	900.00	1111.18
所有部门总产出	3000.00	3500.00	3900.00	5011.16
旧、新产出的不同	500.00		1111.16	

上述过程分析了最终需求的变化对新部门产出的影响。该节提出的投入产出分析是最常见的。差异是存在并且允许的,例如,政府支出的诱增影响(包含政府税收和支出,而不是家庭收入和支出)或工作和收入的直接影响。$(I-A)^{-1}$矩阵仍用于评估经济乘数并确定每个部门的最终需求是如何通过经济改变总产出、就业或收入的。

11.6 可计算一般均衡模型

可计算一般均衡模型(Computable General Equilibrium Models,简称CGE模型),是根据著名经济学家瓦尔拉斯的一般均衡理论建立起来的反映所有市场活动的经济模型,它用几组方程来描述经济系统中的供给、需求以及市场关系,其着眼于经济系统内的所有市场、所有价格,以及各种商品和要素的供求关系,要求所有市场都达到供求平衡。

一、可计算一般均衡模型的特点及分类

1. 可计算一般均衡模型的三个基本特点

(1)供给和需求函数明确地反映出生产者追求利润最大化和消费者追求效益最大化的行为。

(2)数量和相对价格都是模型内生的,并且资源的配置方式由这种具有瓦尔拉斯一般均衡结构特点的模型所确定。

(3)这种模型模拟的重点在于经济体中的实物层面,经济体的资源在模型中都得到了充分利用。

2. 可计算一般均衡模型的分类

(1)新古典主义可计算一般均衡模型

该模型假定生产者追求利润最大化、消费者追求效用最大化,而且市场通过工资和价格的弹性调节达到出清状态。

(2)结构主义可计算一般均衡模型

该模型则是基于凯恩斯等人的政治经济学理论开发出来的,这种模型将注意力集中在经济的结构特征并且以制度经济分析和政治经济学为基础,其基本特征在于着重分析居民不同收入阶层和国家、银行、企业之间的相互作用。

除了这种分类方法以外,可计算一般均衡模型还有其他一些分类方式,如:被分为静态模型和动态模型;或被分为国家模型(包括多国家模型和单一国家模型)和区域模型(包括多区域模型和单区域模型);或被分为校准方法模型和计量经济方法模型。

二、可计算一般均衡模型的优点和局限性

在可计算一般均衡模型之前,已有局部均衡模型、投入产出模型、线性规划模型和宏观经济计量模型等被用于经济系统的定量分析。同这些模型相比,可计算一般均衡模型凭借自身特点而具有相对优势。

我们知道,局部均衡模型是将经济系统的一部分分割出来,观察一部分变量之间的关系,同时把其他部分作为常量考虑,其着眼于一个或几个经济部门内部的联系,或几个经济变量之

间的关系,而可计算一般均衡模型则是把经济系统作为一个整体,强调的是经济系统各部门、各变量之间的相互作用。因此,当经济系统受到一个外来冲击时,在局部均衡模型中,这一冲击只是沿着指定的渠道传递,而可计算一般均衡模型则能更确切地描述在经济系统中牵一发而动全身的整体性。

投入产出模型和线性规划模型尽管也可以被认为是多部门的整体经济模型,能够描述一国经济中特定部门的变化对整个经济所产生的影响,但是它们不能直接将价格激励机制引入模型中,即它们对于价格机制在资源配置中占有重要地位并且在生产和需求过程中存在重要的替代可能性的混合经济(即既有市场机制的作用,又有不同程度的政府干预)难以进行模拟分析。而可计算一般均衡模型由于引入了经济主体的优化行为,刻画了生产之间的替代关系和需求之间的转换关系,用非线性函数取代了传统的投入产出模型中的许多线性函数,并引入了通过价格激励发挥作用的市场机制和政策工具,从而将生产、需求、价格和国际贸易等有机地结合在一起,能够模拟在混合经济条件下,不同产业、不同消费者对由于政策变化所引致的相对价格变动的反应。

宏观经济计量模型也属于整体经济模型。然而,宏观经济计量模型主要是通过经济变量之间过去的统计关系来预测未来,对历史数据的依赖性很强,而且只是概括性地确定哪些变量应该设置在模型方程中,缺乏微观经济的理论基础。而可计算一般均衡模型则是建立在坚实的微观经济理论之上,具有清晰的微观经济结构、明确的因果关系和行为机制,并且把宏观和微观变量有机地结合在一起,从而与宏观经济计量模型相比具有更牢固的分析基础,适应性也更强。

然而,可计算一般均衡模型依赖于一系列不完全的假设,包括如下几点:

(1)商品、服务的同质性:这意味着各生产部门所生产的商品及服务都是相同的,各商品及服务之间是没有区别的。

(2)各个市场之间处于理想的竞争状态,这意味着:

①生产者和消费者可以完全准确的了解价格状况。

②企业利润最大化。

③消费者效用最大化(他们可以理性的挑到最好的商品)。

④在任何时候,产出价格渐渐趋近于供需平衡时的状态。

⑤所有商品生产的销售回报不变或逐渐下降。

⑥不存在外部效应和市场失灵。

⑦任意某个家庭或企业都不能自主影响价格机制,即他们都是被动者(他们从市场中获取价格,并不能像垄断者一样设定价格)。

(3)生产和生产函数表现为在整个投入中替代弹性恒定。

(4)可计算一般均衡模型通常适用于某一个单独地区(就像大多数的投入产出模型一样),所以就忽略了当地伴随着交通费用和交通模式的生产、消费和价格的差异。

当然,CGE 模型仍存在一些局限性:

(1)由于现实原因,我们在最大化消费者效用的同时无法满足生产者利润最大化,它们两者之间的平衡点在现实中是不存在的。

(2)由于大部分数据直接取自投入产出表,意味着任何存在于投入产出表中的错误都会对模型的结构产生影响,而无从校准。

(3)模型方程体系中涉及的许多参数很难获得,这使得研究者们在获取数据的时候不得不根据一些前人经验定义参数。

（4）在建模过程中生产及需求函数的选择也会增加模型的不确定性。

（5）现实经济中普遍存在着随着随机波动,使得 CGE 模型的政策模拟效果受到很大的影响。

三、可计算一般均衡模型基础

1. 局部均衡与一般均衡

一般均衡指的是一种所有经济投入和产出市场的相互联系系统(包括家庭和政府)，如图 11-5 所示。可计算一般均衡分析是为了检验这些市场之间是如何同时相互影响的。相反，局部均衡指的是一种市场或只有某几个市场之间相互联系的系统。假设那些没有被考虑在内的市场的价格和数量是常数,如果存在溢出,则将被忽略。

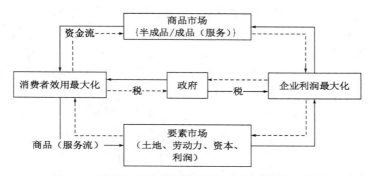

图 11-5　可计算一般均衡模型中资金、商品和服务的流动图

在一般均衡状态下,消费者已经是效用最大化而企业也已经是利润最大化。供应函数是企业利润最大化下做出的供应决定,而需求函数是消费者效用最大化下做出的需求决定。因此,我们可以从生产函数和效用函数和它们的优化条件下求得商品和要素各自的供应和需求函数。然而,一般均衡方法的一个缺点是它总体依赖于集计的数据,这将造成某些细节数据的缺失。

尽管可计算一般均衡模型有着与投入产出模型相似的目标,但是其本身仍具有如下特点:

（1）弹性需求和投入产出的替代。

（2）基于每个产业部门代表企业的不同产品功能。

（3）基于具有代表性的"效用最大化"消费者的不同实用功能。

相反,投入产出模型假设了固定的(支出)份额并忽略价格的影响。

2. 可计算一般均衡模型的结构

从可计算一般均衡模型所要描述的经济结构和可计算一般均衡模型所依据的一般均衡理论来看,可计算一般均衡模型的方程组可以分为三个部分:供给部分、需求部分及供求关系部分。

在供给部分,模型主要对商品和要素的生产者行为以及优化条件进行描述,包括生产者的生产方程、约束方程、生产要素的供给方程以及优化条件方程等。由于其广为采用新古典理论框架下的生产函数,如柯布-道格拉斯生产函数、常替代弹性、生产函数、二层或多层嵌套的 CES 生产函数等,因而允许中间投入之间及生产要素之间存在着不完全弹性替代关系。为了描述各生产部门分散地追求利润最大化的企业行为,一般在可计算一般均衡模型中均包括一个优化方程,使各要素的报酬等于要素的边际生产率。在开放经济条件下,可计算一般均衡模型还要给出商品供给在国内和国外市场之间的不完全弹性转换关系。

在需求部分，一般把总需求分为最终消费需求、中间产品需求及投资需求三部分，把消费者分为居民、企业及政府三类。模型主要对消费者行为及其优化条件进行描述，包括消费者需求方程、约束方程、生产要素的需求方程、中间需求方程及优化条件方程等。在开放经济条件下，可计算一般均衡模型的消费需求函数允许进口品与国内商品之间的不完全替代。

供求关系部分由一系列市场出清条件和宏观平衡条件组成，主要包括：

(1)商品市场出清。商品市场出清条件要求在国内市场上任一商品的总供给等于对其的总需求，这不仅要求在数量上达到均衡，同时也要求在价值上达到均衡。如果对某一商品出现了不均衡，则供求之差可以处理为库存。包括库存变量在内的可计算一般均衡模型所描述的是广义的均衡。

(2)劳动力市场出清。劳动力市场出清条件要求劳动力的总供给等于总需求。劳动力可以在各部门之间流动以达到生产者和消费者的优化目标，其流动的原因是各部门之间的边际利润率不同。如果在某一时期，劳动力的供给大于需求，那么在劳动力市场上会出现失业。可计算一般均衡模型中劳动力市场均衡经常是指包含失业在内的广义的均衡。

(3)资本市场出清。由于资本在短期内具有部门专有性，因此资本市场出清条件在短期内要求建立各部门在各时期的资本出清公式；但长期而言，资本可以在部门间流动，因此资本市场出清条件在长期内要求所有行业的资本需求必须等于外生给定的固定资本总量。

(4)储蓄投资平衡。储蓄投资平衡条件要求总投资等于总储蓄，如果投资规模与储蓄水平不相符，则通过出售债券、引入外资或增减政府财政储备来弥补以达到平衡。

(5)政府预算平衡。如果政府支出不等于政府收入，那么把财政赤字当作一个变量加入政府收入一边，就可以用一组均衡方程来表示政府预算的不均衡状态。

(6)国际收支平衡。外贸出超在可计算一般均衡模型中表现为外国资本流入，外贸入超表现为本国资本流出，如果把国外净资本流入当作变量处理，那么国际收支也可以达到平衡。

3. 发展中可计算一般均衡模型的联系(Developing CGE Model Linkages)

可计算一般均衡模型的问题包括解联立方程组(可能是上千个)。一个相对简单的可计算一般均衡模型叫作最小化模型(MINIMAL)。

模型流程的第一步则是使用投入产出表格、社会核算矩阵或相似数据集收集产业和经济部门信息。图 11-6 显示了产业之间的数据是如何在 MINIMAL 中显现的，看起来类似于之前提到的投入产出表。

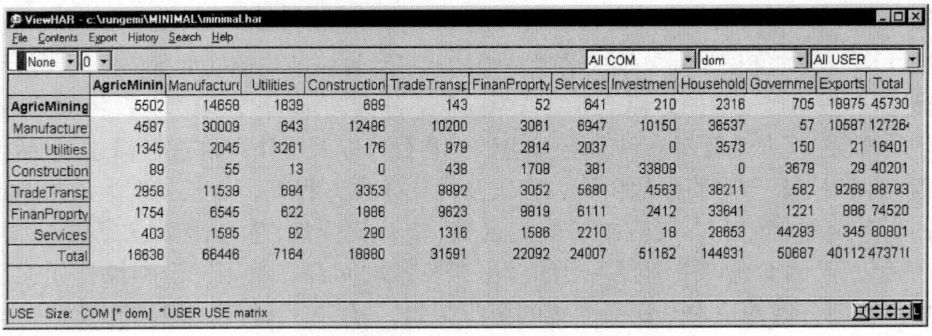

	AgricMinin	Manufactur	Utilities	Construction	TradeTransp	FinanProprty	Services	Investmen	Household	Governme	Exports	Total
AgricMining	5502	14658	1839	689	143	52	641	210	2316	705	18975	45730
Manufacture	4587	30009	643	12486	10200	3061	6947	10150	38537	57	10587	12726
Utilities	1345	2045	3261	176	979	2814	2037	0	3573	150	21	16401
Construction	89	55	13	0	438	1708	381	33809	0	3679	29	40201
TradeTransp	2958	11539	694	3353	8892	3052	5680	4563	38211	582	9269	88793
FinanProprty	1754	6545	622	1886	9623	9819	6111	2412	33641	1221	886	74520
Services	403	1595	92	290	1316	1586	2210	18	28653	44293	345	80801
Total	16638	66446	7164	18880	31591	22092	24007	51162	144931	50687	40112	47371

图 11-6　MINIMAL 模型中产业间的部分数据

要想在市场结算价格下达到总体均衡,那么,在宏观经济水平下,必须实现消费者效用最大化和各产业利润最大化。应当追踪和平衡资金流,从而避免"支付黑洞"和中介费。

为了模拟利润最大化,该模型必须包含生产和成本函数,该函数将建立投入和所有产业中代表行业的产量和成本的关系。同样,对于具有代表性的个人或家庭,关乎消费者对商品和价格偏好取向的效用函数也必须考虑在内。每个函数都有着规定的或给定的参数。图11-7区分了宏观经济水平和微观经济水平。

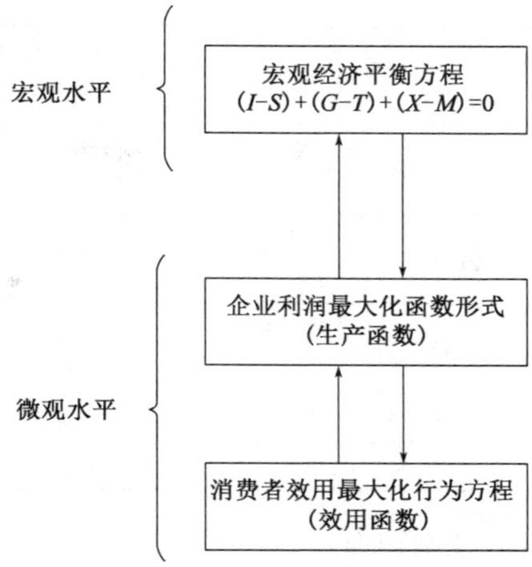

校准是建模者可以使用的另一种方法,它是指从文献和专家判断中选择初始参数值,然后将模型运行的结果与基准值(即特定年或特定时期的实际经济数据)进行比较。

图 11-7 宏观和微观层面的经济函数和均衡方程

典型的可计算一般均衡生产和效用函数依赖于常数替代弹性模型(CES)、列昂惕夫或柯布-道格拉斯函数,因为这些都是相互约束的(考虑到参数方面的需求),如表11-28所示。

可计算一般均衡模型常用的生产和效用函数　　　　表 11-28

函数名称(用于产出或效用)	一般形式(X为输入值)	估计和检验参数
常替代弹性(CES)	$(a_1 x_1^p + a_2 x_2^p + \cdots + a_n x_n^p)^{\frac{1}{p}}$	在x_1和x_2间替代弹性为$\frac{1}{1-p}$,a和b表征投入是如何影响产出的
列昂惕夫 (仅生产函数)	$\min\left\{\dfrac{X_{1j}}{a_{1j}}, \dfrac{X_{2j}}{a_{2j}}, \cdots, \dfrac{X_{nj}}{a_{nj}}\right\}$	X是产业流,a_i是技术系数,来自投入产出模型的直接需求"A"矩阵
柯布-道格拉斯	$\alpha_{X_1}^{a_1} \alpha_{X_2}^{a_2} \cdots \alpha_{X_n}^{a_n}$	α-衡量产出;a_i-反映产出的弹性

这些方程中的替换弹性理论表明企业是如何替代投入的(例如,用劳动替代资本)以及消费者是如何权衡不同的商品和服务的。为了简化事件大多数可计算一般均衡模型在每对输入值中假定为常替代弹性,而不考虑价格和生产水平。有趣的是,列昂惕夫和柯布—道格拉斯函数本质上体现了常替代弹性(CES)函数的特殊情况。当$s = \dfrac{1}{1-p}$的值趋近于1时,CES即柯布—道格拉斯函数,当$s = \dfrac{1}{1-p}$的值趋近于0时,CES体现的即列昂惕夫函数。

可计算一般均衡模型中包括大量的代码和方程,具体见表11-29。

可计算一般均衡模型方程示例　　　　表 11-29

方程	方程描述	方程数	内生变量	外生变量	参数
$Z = \sum_i (\text{SLACK}_i + \text{SLACK2}_i)$	目标函数	1	Z、SLACK_i、SLACK2_i		
运行系统					
1. $\text{LAB}_i = \dfrac{\alpha_i^L \cdot \text{PN}_i X_i}{\text{PL}}$	劳动需求	n	LAB_i、PN_i、PL、X_i		α_i^L

续上表

方　程	方程描述	方程数	内生变量	外生变量	参数
运行系统					
2a. $CAP_i = \dfrac{\alpha_i^K PN_i X_i}{PK_i}$	资本需求 SR	n	CAP_i、PN_i、PK_i、X_i		α_i^K
2b. $CAP_i = \dfrac{\alpha_i^K PN_i X_i}{PK}$	资本需求 LR	n	CAP_i、PN_i、PK、X_i		α_i^K
3. $LAND_{ag} = \dfrac{\alpha_{ag}^T PN_{ag} X_{ag}}{PT_{ag}}$	土地需求	n	$LAND_{ag}$、PN_{ag}、PT_{ag}、X_{ag}		α_i^T
4. $VA_i = a_{0i} X_i$	综合因素需求	n	VA_i、X_i		a_{0i}
5. $V_{ji} = a_{ji} X_i$	中间投入需求	$n \cdot n$	V_{ji}、X_i		a_{ji}

4. 模型闭合

为了求解经济学中可计算一般均衡模型的未知变量,方程数必须等于未知变量的数量,但是在一般情况下这已经被证明是做不到的,我们只能达到有条件的均衡。为了解决这一问题,我们或者需要从模型中去掉一组约束,或者需要将模型中的某一外生变量或模型参数变为内生变量,我们将此称之为模型闭合。可计算一般均衡模型所采用的闭合规则对于模型的均衡解以及这些均衡解在政策分析中的含义具有重要影响,模型结果将随着依不同假设而采用的闭合规则的不同而改变,建模者必须根据不同闭合规则所内含的假设和所要分析的问题慎重地选择模型的闭合方式。目前可计算一般均衡模型通常采用四种不同的闭合规则:新古典闭合、凯恩斯闭合、卡尔多闭合、约翰逊闭合。

在最小化模型软件的界面,上面菜单栏第四个标签是为了选择外生变量并赋予一定数值。图 11-8 显示了一组这样的变量。

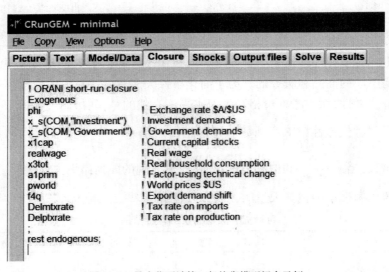

图 11-8　最小化可计算一般均衡模型闭合示例

5. 模型求解

可计算一般均衡模型的求解包括寻求产生市场平衡的价格机制。可计算一般均衡模型的运行包括采用某一种数值(近似和迭代)算法(而不是直接使用计算机程序来解决方案)并运用计算机编程来求解所有的方程。图11-9 显示了最小化模型的结果,表 11-30 是对该结果的解释。由于可计算一般均衡模型在基准数据上呈现出一定的变动,因而价值、价格和数量结果在百分比上发生了一些变化(相比于基准方案)。

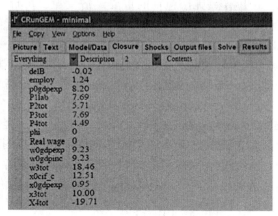

图 11-9　最小化可计算一般均衡模型的结果

最小化同计算一般均衡模型的结果解释　　　　表 11-30

Varidbie(变量)	Description(指标)	Change(变化率)%
del B	Balance of trade/GDP(贸易平衡)	-0.04
empioy	Aggregate empioyment(总就业数)	1.24
p0gdpexp	GDP price index,expenditure side(国内生产总值价格指数,支出角度)	8.20
P1lab	Economy-wide wage rate(工资率)	7.69
P2tot	Investment price index(投资价格指数)	5.71
P3tot	Consumer price index(消费者价格指数)	7.69
P4tot	Export price index(出口价格指数)	4.49
phi	Exchange rate(汇率)	0.00
Real wage	Wage rate deflatedby CPI(考虑消费物价指数的工资率)	0.00
w0gdpexp	Nominal GDP from income side(国内生产总值,收入角度)	9.23
w0gdpinc	Nominal GDP from expenditure side(国内生产总值,支出角度)	9.23
w3tot	Nominaltotal household consumption(家庭总消费)	18.46
x0cif-c	Import volume index,CIF prices(进口量,到岸价)	12.51
x0gdpexp	Real GDP from expenditure side(实际国内生产总值,支出角度)	0.95
x3tot	Real household consumption(家庭实际消费)	10.00
X4tot	Export volume index(出口量)	-19.71

为了求解一组方程,需要多个平衡或极值才可能求解该模型。如果有多个平衡解,可能是出现了问题,只有极少数的可计算一般均衡模型会出现这种错误。Wing 指出:已经做了大量的工作解决这个问题,但至今仍没有能力预测或解决多重平衡问题,大多数应用型建模者假定他们通过仿真提出的解决方案是独一无二且稳定的。

四、社会核算矩阵

可计算一般均衡模型可以包括投入产出模型,但是它比投入产出模型更能模拟复杂的部门关系,能够包括很多投入产出模型无法包括的重要经济变量。可计算一般均衡模型的数据基础是社会核算矩阵,简称 SAM 或者 SAM 表。SAM 包括了所有社会经济核算的账目,如投入产出数据矩阵,居民、企业、政府、对外部门的核算,如资本账目、税收、财政支出、转移支付、储蓄和投资等。可计算一般均衡模型将这些账目之间的关系,用现代一般均衡理论,建立成一个联立的非线性方程组。可计算一般均衡模型可以包括所有相关的价格变量,如商品价格、要素价格、利率以及汇率等。

社会核算矩阵(Social Accounting Matrix,简称 SAM)反映了国民经济核算体系的矩阵,它是对一定时期内一国(地区)或多国(多地区)经济的全面描述。它将投入产出表和国民经济核算表呈现到同一张表上,从宏观上反映了整个经济态势,从而体现出了整个经济系统一般均衡的基本特点,同时又为复杂的可计算一般均衡模型 CGE 的建模提供了重要的理论数据基础。社会核算矩阵 SAM 作为一种系统性的、综合性的社会经济核算形式,其用途绝不仅限于提供一套具有高度一致性的数据统计材料,也体现在从多方面构建模型数据基础,校验核准统计数据,提供政策分析工具,描述社会经济现实,因此,要想描述可计算一般均衡模型 CGE 所包含的数值均衡关系就必须建立社会核算矩阵 SAM。

1. 社会核算矩阵的结构

一个开放型经济社会核算矩阵 SAM 账户通常包括生产活动、商品、要素(一般为劳动力和资本)、机构(包括居民、企业、政府)、投资(储蓄)以及世界其他地区等账户,行与列的账户名称相同。行表示账户的收入,列表示账户的支出,如表 11-31 所示。

开放型经济社会核算矩阵 SAM 结构　　　　　表 11-31

一	生产活动	商品	劳动力	资本	居民	企业	政府	投资储蓄	国外
生产活动		国内生产国内供给							出口
商品					居民消费		政府消费	固定成本投资	
劳动力	一般商品中间投入								
资本	劳动收入								
居民	总资本收入		劳动收入	居民资本收入					
企业				企业资本收入					
政府	生产税	进口关税			居民所得税	企业所得税			
投资储蓄				资本折旧	居民储蓄	企业储蓄	政府储蓄		国外储蓄
国外		进口							

表中各账户的主要核算内容是:

(1)"生产活动"账户

核算生产者的生产活动。与"生产活动"对应的是投入产出核算中的生产部门,反映中间投入的生产关系。账户的行方向表示生产活动的收入来自各种不同商品的供应,行的总和构成生产活动的总产出;账户的列方向表示"生产活动"的投入,通过支出,"要素"和"商品"账户获得要素投入和中间投入,而且还需向"机构"(政府)支付生产税,列的总和构成生产活动的总成本。"生产活动"账户需要满足"总投入 = 总支出"。

(2)"商品"账户

核算各种商品的供应来源和使用。账户的行方向反映国内各机构和世界其他地区购买或使用各种商品的情况,核算的是对"生产活动"的中间投入、各经济主体的最终使用以及出口,行的总和构成对各种商品的总需求;账户的列方向表示本国或国外各种商品的来源,国内生产活动的供给和进口加上进口环节税收就构成了国内市场的总供给。"商品"账户需满足"总供给 = 总需求"。

(3)"要素"账户

在经济政策研究中主要分为劳动力和资本两部分,在其他方向研究里也会加入其他要素禀赋,能源、土地等。"要素"账户核算各种要素的收入和要素收入在要素提供者之间的分配。账户的行方向反映各要素从生产活动中获得的要素报酬,反映初次分配;账户的列方向则描述的是要素收入在生产要素提供者即机构间的分配。"要素"账户需要满足"总收入 = 总支出"。

(4)"机构"账户

一般包括居民、企业和政府。"机构"账户核算各机构的收入来源和各项支出。账户的行方向反映机构的收入来源与要素收入和机构间的转移,行的总和是各机构的总收入;账户的列方向反映机构的收入使用情况,除了部分转移支出外,其余收入都在储蓄和消费之间分配,列的总和反映机构总支出。

居民的收入来源包括劳动力收入、资本收入及企业、政府和国外对居民的转移支付;居民的支出包括上缴给政府的个人所得税以及对商品的消费,居民的储蓄为收支差额。

企业的收入包括企业资本收入以及政府对企业的转移支付。企业的支出包括缴给政府的各种税收以及对居民的转移支付。企业的储蓄等于收支差额。

政府的收入主要来源于各种税费。包括居民个人所得税、企业所得税、间接税以及进口关税。政府的支出项主要为自身消费以及对居民和企业的转移支付,政府的储蓄也为其收支差。

"机构"账户需要满足"总收入 = 总支出"。

(5)"资本"账户

核算社会的总资本来源和使用。账户的行方向反映各机构的资本来源于储蓄和机构间的资本转移,行的总和表示总储蓄;列的总和反映社会的总投资。"资本"账户满足"总投资 = 总储蓄"。

(6)"国外"账户

核算与国外有关的交易。账户的行方向反映国外各种商品的进口和支付给国外要素的报酬;账户的列方向则反映商品的出口和从国外得到的各项净收入。"国外"账户描述了"国际收支平衡"这一关系。

2. 社会核算矩阵的编制

确定社会核算矩阵的基本结构之后,就进入数据填充阶段。这时在填充方向上面临两个选择:先确定宏观 SAM 再做细化,还是先填充细化数据再加总。不同的选择对应不同的 SAM 编制原则,现实中主要有两种思路和做法:自顶向下(Top-down)、自底向上(Bottom-up),前者强调数据的一致性,后者强调数据的准确性。

(1) 自顶向下

此种方法类似于演绎法,它是先确定宏观的社会核算矩阵 SAM,进行细化,制出微观社会核算矩阵 SAM。它先根据查找到的宏观核算数据在总量上对各个账户加以控制,后再进行逐步细化分解。

(2) 自底向上

此种方法是先填充细化的数据,对数据进行加总。这种方法相当于归纳法,先收集各类相关的信息和数据,然后逐步向上集结,最后得出总量。相比较而言,两种方法中,第一种更强调数据的一致性,第二种更强调数据的准确性。选取哪种原则取决于研究者更加注重数据的一致性还是准确性,但是在很多时候需要在两者之间进行折中。

但是,由于社会核算矩阵 SAM 中的这些数据来源不同,其统计口径存在着差异或者大量估算,从而使得社会核算矩阵 SAM 中对应的行和与列的总和不相等,因此社会核算矩阵 SAM 需要进行最终的配平处理。

思考与练习

1. 什么是经济影响评价?经济影响评价的意义与作用是什么?
2. 什么是生产和再分配影响?两者有什么区别?
3. 试论述经济价值和经济影响的区别和联系。
4. 经济指标的变化分为哪三种?试举例说明。
5. 试论述局部均衡与一般均衡的区别。
6. 某国的经济系统有 2 个生产部门,部门 1 和 2,以及一个要素投入劳动。投入表如表 11-32 所示。
   (1) 用矩阵写出它的行模型,包括矩阵里的元素。
   (2) 假如部门 2 产品的最终需求量增加了 100,求相应的两部门产量变化。

某国两部门的投入产出表　　　　　　　表 11-32

投　　入	部门 1 中间需求	部门 2 中间需求	最终需求	总　产　出
部门 1 中间投入	200	300	100	600
部门 2 中间投入	150	320	530	1000
增加值/劳动	250	380		
总投入	600	1000		

7. 已知某经济系统一个生产周期内投入产出情况如表 11-33 所示,试求直接消耗系数矩阵。

投 入 产 出 表　　　　表 11-33

投　　入		中间需求			最终需求	总产出
		1	2	3		
中间投入	1	100	25	30		400
	2	80	50	30		250
	3	40	25	60		300
净产值						
总投入		400	250	300		

参 考 文 献

[1] 荣朝和.西方运输经济学[M].北京:经济科学出版社,2008.
[2] 杨肖虎.世界交通运输的发展阶段和趋势[J].中学地理教学参考,1998(Z1):17-18.
[3] 朱文英,马天山.我国交通运输结构发展历程简析[J].交通企业管理,2009,24(05):62-63.
[4] 蒋慧园.交通运输经济学[M].武汉:武汉理工大学出版社,2009.
[5] Kenneth A Small, Erik T Verhoef. The Economics of Urban Transportation[M]. London and New York: Routledge, 2007.
[6] Barrt E Prentice, Barren Prokop. Concepts of Transportation Economics[M]. A Provisional Text, 2009.
[7] 刘芳.关于运输业基本属性及其现实意义的思考[J].特区经济,2007(02):244-246.
[8] Kockelman Kara. The economics of transportation systems: a reference for practitioners[M]. First edition. CreateSpace, 2014.
[9] Patrick S McCarthy. Transportation Economics Theory and Practice: A Case Study Approach[M]. Blackwell Publishers, 2001.
[10] 荣朝和.关于运输经济研究基础性分析框架的思考[J].北京交通大学学报(社会科学版),2009,8(02):1-9.
[11] 李晶.论运输经济学的研究对象[J].铁道经济研究,2016(1):32-34.
[12] 李超.运输经济理论发展阶段研究[J].经营管理者,2013(5):143-143.
[13] 秦四平.铁路运输经济学[M].北京:北京交通大学出版社,2012.
[14] 朱志恩.民航运输经济学[M].重庆:西南交通大学出版社,2014.
[15] 张丽娟.运输经济学[M].北京:中国人民大学出版社,2015.
[16] 袁剑波.公路经济学教程[M].北京:人民交通出版社,2002.
[17] 管楚度.新视域运输经济学[M].北京:人民交通出版社,2001.
[18] 高鸿业,刘文忻.西方经济学:微观部分[M].4版.北京:中国人民大学出版社,2007.
[19] 曼昆,Gregory N Mankiw.经济学原理:微观经济学分册[M].5版.北京:北京大学出版社,2010.
[20] 崔鑫生.公共部门经济学[M].北京:对外经济贸易大学出版社,2007.
[21] 江可申,刘瑛,邓晶.微观经济学[M].南京:东南大学出版社,2006.
[22] 严作人,杜豫川,张戎.运输经济学.[M].2版.北京:人民交通出版社,2009.
[23] 许庆斌.运输经济学导论[M].北京:中国铁道出版社,1995.
[24] 卢明银,王丽华,苑宏伟.运输经济学[M].北京:中国矿业大学出版社,2007.
[25] 徐玉萍,魏堂建.运输经济学[M].长沙:中南大学出版社,2014.
[26] 李琼,梁晓辉,李娜.运输供给与经济社会发展适应性分析[J].交通科技与经济,2009,11(06):123-125.
[27] 王成钢.交通运输市场特点分析[J].长沙交通学院学报,1995(02):79-84.
[28] 蒋惠园.内河航运需求与供给理论、方法研究[D].武汉:武汉理工大学,2004.

[29] 肖春光.国际航运市场分析及我国航运企业发展策略研究[D].青岛:中国海洋大学,2006.
[30] 贾顺平.交通运输经济学[M].北京:人民交通出版社股份有限公司,2015.
[31] 邵春福.交通经济学[M].北京:人民交通出版社,2008.
[32] 马绝尘.沃尔玛降低运输成本的学问[J].中国物流与采购.2003(19):27.
[33] 张荣忠.集装箱船队的规模经济[J].水运管理,2002(12):36-39.
[34] 付建飞.交通运输业外部成本计算方法研究[J].铁道运输与经济,2008(08):14-16.
[35] 杭文.运输经济学[M].南京:东南大学出版社,2008.
[36] 肯尼斯.巴顿.运输经济学[M].2版.北京:商务印书馆,2001.
[37] 宗芳,隽志才,张慧永,等.出行时间价值计算及应用研究[J].交通运输系统工程与信息.2009,9(03):114-119.
[38] 马书红,汤薛艳,叶建勇.基于Logsum差异和嵌套Logit模型的交通出行者效益测算研究[J].交通运输系统工程与信息,2016,16(5):45-50,78.
[39] 袁剑波,张起森.公路收费标准制定的基本方法研究[J].中国管理科学,2001,9(6):36-42.
[40] 赵良杰,陈义华,等.重庆轻轨票价方案研究[J].铁道运输与经济,2005.
[41] 刘健.一个城市规划师对城市机动性的几点思考[J].北京规划建设,2011(5):98-100.
[42] 卓健.城市机动性视角下的城市交通人性化策略[J].规划师,2014(7):5-12.
[43] 张玺.基于出行方式的城市交通可达性研究[D].成都:西南交通大学,2008.
[44] 李平华,陆玉麒.可达性研究的回顾与展望[J].地理科学进展,2005,24(3):69-78.
[45] Kwan M P, Murray A T. Recent advances in accessibility research:Representation, methodology and applications[J]. Geographical Systems,2003(5):129-138.
[46] Shen Q. Spatial technologies, accessibility, and the social construction of urban space[J]. Computers, Environment and Urban Systems,1998,22(5):447-464.
[47] 马书红,葛永,孙言涵,等.基于效用模型的城市区域交通可达性研究[J/OL].重庆交通大学学报(自然科学版),2018,37(5):71-76.
[48] 张文忠.经济区位论[M].北京:科学出版社,2000.
[49] 蒋卫玲.区位交通运输条件对区域经济发展的影响[J].交通世界(运输·车辆),2011(10):116-117.
[50] 马书红.中心城市与城市新区间交通协调发展理论与方法研究[D].西安:长安大学,2008.
[51] Bina M, Warburg V, Kockelman K M. Location Choice vis-à-vis Transportation: The Case of Apartment Dwellers [J]. Transportation Research Record, 2006:93-102.
[52] Zhou B, Kockelman K M. Microsimulation of Residential Land Development and Household Location Choices: Bidding for Land in Austin, Texas [J]. Transportation Research Record, 2008:106-112.
[53] Ma Shuhong, Kockelman M. Kara. Welfare measures to reflect home location options when transportation system are modified[C]. the 94th Annual Meeting of the TRB, 2015.
[54] 杨励雅.城市交通与土地利用相互关系的基础理论与方法研究[D].北京:北京交通大

学,2007.
[55] 李书剑.公路交通运输对区域经济发展贡献分析[D].西安:长安大学,2009.
[56] 王颖.城市轨道交通对周边房地产价值影响研究[D].大连:大连理工大学,2007.
[57] 边经卫.大城市空间发展与轨道交通[M].北京:中国建筑工业出版社,2006.
[58] 蒋先玲.项目融资[M].2版.北京:中国金融出版社,2004.
[59] 梁涛.基础设施项目融资模式及其资本结构优化研究[D].天津:天津大学,2011.
[60] 罗仁坚.交通基础设施投融资体制改革[M].北京:人民交通出版社股份有限公司,2014.
[61] 丁向阳.城市基础设施投融资理论与实践[M].北京:中国建筑工业出版社,2015.
[62] 鲍新中,高建立,刘澄.高速公路投融资模式研究[M].北京:知识产权出版社,2013.
[63] 王治,张鼎祖.工程项目投融资决策分析案例[M].北京:人民交通出版社,2012.
[64] 王守清.欧亚基础设施建设公私合作(PPP)案例分析[M].沈阳:辽宁科学技术出版社,2010.
[65] 隽志才.运输经济学[M].北京:人民交通出版社,2013.
[66] 林晓言,陈娟.交通运输工程经济学[M].北京:社会科学文献出版社,2015.
[67] 张正华,杨先明.工程经济学理论与实务[M].北京:冶金工业出版社,2010.
[68] 赵淑芝.运输工程经济学[M].北京:机械工业出版社,2014.
[69] 全国注册咨询工程师资格考试参考教材编写委员会.注册咨询工程师(投资)资格考试参考教材,项目决策分析与评价[M].3版.北京:中国计划出版社,2011.
[70] 全国注册咨询工程师(投资)资格考试教材编写委员会.项目决策分析与评价(2017年版)[M].北京:中国计划出版社,2017.
[71] 周伟,王选仓.道路经济与管理[M].北京:人民交通出版社,1998.
[72] 国家计委建设部.建设项目经济评价方法与参数[M].3版.北京:中国计划出版社,2008.
[73] 中华人民共和国住房和城乡建设部.公路建设项目经济评价方法与参数[M].北京:中国计划出版社,2010.
[74] 李梓华.基于蒙特卡洛风险模拟的高速公路投资决策[D].西安:长安大学,2013.
[75] 李华.预测与决策[M].西安:西安电子科技大学出版社,2005.
[76] 王炜,陆建.道路交通工程系统分析方法[M].北京:人民交通出版社,2011.
[77] 胡郁葱,黄玲.交通运输预测与决策技术[M].长沙:中南大学出版社,2015.
[78] 胡成江.企业非确定型决策问题决策探讨[J].现代商贸工业,2013,25(01):21-22.
[79] 徐国祥.统计预测和决策[M].上海:上海财经大学出版社,2012.
[80] 钟孝顺.风险型决策在公路工程中的应用[J].长安大学学报(自然科学版),1982(04):47-49.
[81] 朱若初.高速公路可持续性的评价指标体系研究[D].南京:东南大学,2006.
[82] 李美娟,陈国宏.数据包络分析法(DEA)的研究与应用[J].中国工程科学,2003,5(06):88-94.
[83] 王元庆,马书红.交通规划[M].西安:西安交通大学出版社,2017.
[84] 余跃武.基于BP神经网络的城市生态交通系统评价研究[D].南京:南京林业大

学,2013.

[85] 吴磊.高速公路路线方案综合评价研究与实例分析[D].西安:长安大学,2011.

[86] 陈宪.项目决策分析与评价(2008 注册咨询工程师投资执业资格考试教习全书)[M]. 北京:机械工业出版社,2008.

[87] K, M, Kockelman. Anticipating new-highway impacts: opportunities for welfare analysis and credit-based congestion pricing[J]. Transportation Research Part A: Policy and Practice, 2011, 45(8): 825-838.

[88] 夏明,张红霞.投入产出理论、方法与数据[M].北京:中国人民大学出版社,2013.

[89] 细江敦弘,长泽建二,桥本秀夫,等.可计算一般均衡模型导论:模型构建与政策模拟[M].大连:东北财经大学出版社,2014.

[90] 李立.试用投入产出法分析中国的能源消费和环境问题[J].统计研究,1994,11(05): 56-61.

[91] 庞军,石媛昌.可计算一般均衡模型理论、特点及应用[J].理论月刊,2005(03):51-53.

[92] 闫珺.基于CGE模型的中国铁路基础设施投资波及效应研究[D].北京交通大学,2013.

[93] 朱艳鑫.中国多区域可计算一般均衡政策模拟系统的开发与应用研究[D].北京:中国科学院研究生院,2008.

[94] 王其文,李善同.社会核算矩阵:原理、方法和应用[M].北京:清华大学出版社,2008.